全国机械行业职业教育优秀教材
“十三五”高职高专课程改革成果教材

汽车电工电子技术

第2版

主　编　贾宝会　张　文
副主编　孙　涌　魏所库　李启鸿
参　编　王宇轩　范智勇　聂玉东
　　　　王　斌　王　虎

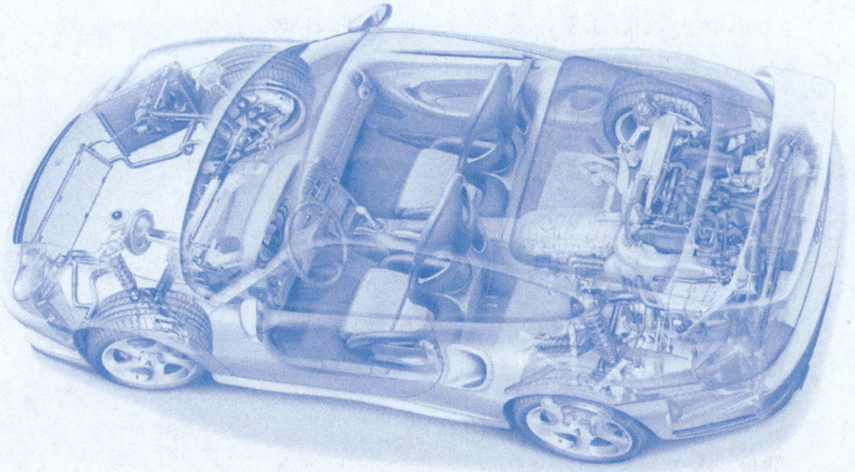

机械工业出版社

本书根据汽车类专业岗位群对电工电子技术的基本要求，适应现代汽车电器与电子技术的发展需要而编写。

全书共包括六个项目：汽车电路基础、汽车晶体管模拟电路的检测与应用、汽车常用电磁器件及应用、汽车电机原理分析及检测、汽车数字电路的分析与应用、汽车电子控制技术基础认知。以“项目为导向”“工作任务为引领”展开理论教学和实践任务。书后附有部分电气图形符号、汽车仪表指示灯符号。

本书可作为高职高专院校汽车类专业电工电子基础课程的教材，也可供相关技术人员参考。

本书配有电子课件及习题答案，凡使用本书作为教材的教师可登录机械工业出版社教育服务网 www. cmpedu. com 下载。咨询电话：010-88379375。

图书在版编目（CIP）数据

汽车电工电子技术/贾宝会，张文主编．—2 版．—北京：机械工业出版社，2018. 8（2026. 1 重印）

全国机械行业职业教育优秀教材 “十三五”高职高专课程改革成果教材

ISBN 978-7-111-60651-2

Ⅰ. ①汽… Ⅱ. ①贾… ②张… Ⅲ. ①汽车-电工技术-高等职业教育-教材②汽车-电子技术-高等职业教育-教材 Ⅳ. ①U463. 6

中国版本图书馆 CIP 数据核字（2018）第 180415 号

机械工业出版社（北京市百万庄大街 22 号 邮政编码 100037）

策划编辑：葛晓慧 责任编辑：葛晓慧 谢熠萌

责任校对：张 薇 封面设计：严娅萍

责任印制：郜 敏

河北虎彩印刷有限公司印刷

2026 年 1 月第 2 版第 7 次印刷

184mm×260mm · 13. 5 印张 · 332 千字

标准书号：ISBN 978-7-111-60651-2

定价：45. 00 元

电话服务	网络服务
客服电话：010-88361066	机 工 官 网：www. cmpbook. com
010-88379833	机 工 官 博：weibo. com/cmp1952
010-68326294	金 书 网：www. golden-book. com
封底无防伪标均为盗版	机工教育服务网：www. cmpedu. com

前言

随着汽车工业的快速发展，汽车已成为机械技术、自动控制技术、电子技术、计算机技术、通信技术及人工智能技术等高度融合的产物。汽车电器与电子控制技术及其相关产品在整车的比例不断上升，应用日益广泛，对汽车运用、汽车检测与维修及技术服务等岗位的技术人员提出了更新、更高的要求。

本书是全国机械行业职业教育优质规划教材，为适应现代汽车电器与电子技术的发展需要而编写。为了更好地满足课程教学要求，激发学生学习兴趣，全书在第一版章节体例格式、完成相关“工作任务”实现理论与实际结合的基础上，修改为项目体例格式。本书遵循以“项目为导向”“工作任务为引领”的模式，理论“必需、够用”的原则而编写，从学生的认知规律出发，内容安排由浅入深、循序渐进，在叙述上力求通俗易懂，对各种基本理论及基本原理阐述力求简明，对工作任务实施步骤讲解力求清晰，并设计任务目标测评环节。

本书主要特点如下：

1. 以电工电子知识为基础，根据电气元器件及电气设备在汽车上的典型应用来设计工作任务，精选教学内容，实现汽车专业基础课程与专业课程的有机结合。

2. 采用以“项目为导向”“工作任务为引领”的教学模式，使学生掌握相关的知识点，培养实践技能，提高学生运用所学理论知识分析问题和解决问题的能力。

3. 每一个工作任务由三个部分构成。

（1）任务描述：设计电工电子技术在汽车上典型应用工作任务、描述工作任务情境。

（2）知识准备：根据工作任务所需理论知识，选取知识点，以图文并茂的形式直观形象地对知识及应用进行讲解，力求使学生尽快将理论知识转化为技术应用能力。

（3）任务实施：根据设计的工作任务，创设工作情境，组织实践教学，做到学而能做、做而能用，在实践中培养学生的实践技能和团队协作精神，通过工作评价对工作任务应掌握的理论知识和技能进行综合考核，激发学生的学习积极性。

本书由贾宝会、张文担任主编，孙涌、魏所库、李启鸿担任副主编。编写分工为：天津科技大学贾宝会编写项目三和项目四、张文编写项目一和项目二、孙涌编写项目五和附录，天津市机电工艺学院王宇轩编写项目六，天津圣纳科技有限公司魏所库、高级工程师李启鸿参与了部分项目的编写与修订工作，天津科技大学范智勇、聂玉东、王斌、王虎参与了教材的部分修订和校正工作。

本书在编写过程中得到了天津大学赵志岗教授、天津科技大学陈世华教授、天津交通职业学院刘新宇副教授、天津圣纳科技有限公司张立强总工程师的帮助与支持。书稿由天津职业大学的李晶华教授主审。编写过程中还参阅了许多国内外参考文献，机械工业出版社为本书的出版给予了大力支持，在此，一并表示衷心感谢！

由于编者水平有限，书中难免存在不当之处，敬请广大读者批评指正。

编　者

目录

项目一

汽车电路基础

知识目标

- 掌握直流电路的组成和基本物理量。
- 掌握电阻、电容、电感元件的识别方法及其特性。
- 掌握欧姆定律和基尔霍夫定律。
- 掌握串、并联电路的结构和特点。
- 了解汽车电路的组成和特点。

技能目标

- 学会识读汽车简单电路图。
- 学会使用万用表对直流电路中的电阻、电压和电流进行测量。
- 掌握电路基本定律的应用和验证方法。
- 学会对汽车照明电路进行分析和检测。

任务1　电路基本物理量的认识和测量

任务描述

在工业生产和日常生活中，大多数用电设备都需要通过导线连接到电源上才能正常使用。将用电设备、连接导线和电源等连接在一起构成的整体称为闭合电路。根据控制电流的种类不同，电路可分成直流电路和交流电路两种，汽车电路多为直流电路，其电器设备大部分采用低压直流供电。

在汽车电路中，各种电器设备的安装位置、接线方法不尽相同，但测量电路中测量基本物理量的方法基本相同，学会使用仪器仪表测量这些物理量，掌握其中的某些规律，将对汽车的故障诊断和检修提供很大的帮助。

知识准备

一、电路的组成

1. 电路及电路模型

电路泛指电流通过的路径。一般实际电路（如电视机、电子计算机）都是由电阻器、电感线圈、电容器、电源、晶体管等电路元器件组成的。

图 1-1a 所示是一种最简单的实际照明电路。当开关闭合时，电流通过灯泡使其发光。该电路由三部分组成：

（1）电源　提供电能作为能源的装置，称为电源，它的作用是将其他形式的能量转换为电能。汽车上常用的电源是蓄电池和发电机，这两个电源并联在电路中。

（2）负载　用电的器件，称为负载，它将电源供给其的电能转换为其他形式的能量。汽车上的负载有起动机、电喇叭、照明灯及各种电子控制装置。

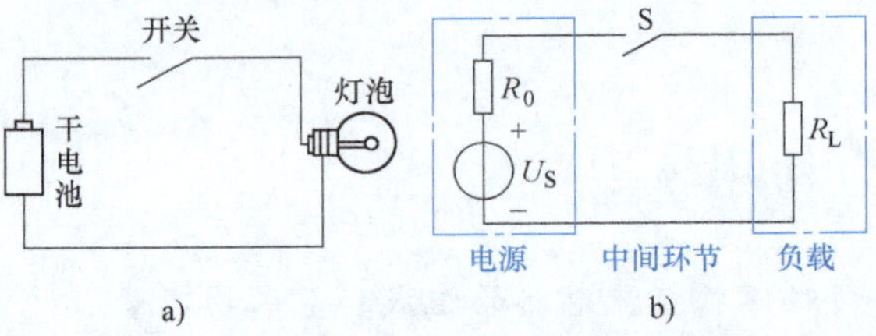

图 1-1　手电筒电路

a）实际电路　b）电路模型

（3）中间环节　电路的中间部分，称为中间环节，它是连接电源和负载的部分，具有输送、分配、控制和保护电路等功能。图 1-1a 中的中间环节由一个开关和导线组成。

汽车电路中间环节的控制装置和保护装置作用尤为重要。当某用电设备发生过载、短路，电流超过规定的值时，保护装置切断电路，防止电路的连接导线和用电设备烧坏；控制装置则实现电路的接通或断开功能。

由理想电路元件构成的电路称为电路模型。图 1-1b 所示为手电筒的电路模型，图中用理想电阻元件 R_L 来代替图 1-1a 中的灯泡，用理想电阻元件 R_0 和理想电压源 U_S 串联来代替图 1-1a 中的干电池。一般电路分析中讨论的电路都是电路模型。

2. 电路的作用

（1）实现电能与其他形式能量的转换、传输和分配　例如，发电厂把煤粉和油燃烧产生的热量转换成电能，再通过变压器、输电线送到各用户，用户把电能再转换为光能（照明）、热能（加热电器）和机械能（电动机）加以使用；汽车前照灯电路将蓄电池或发电机的电能传输给前照灯，前照灯再将电能转换为光能。

（2）实现信号的传递和处理　通过电路可以把输入的信号变换或“加工”成其他所需要的输出信号。例如，收音机天线收到的是一些很微弱的电信号，这些微弱的信号必须通过调谐环节选择到所需要的某个频率信号，再经过一系列的放大环节，最后从输出端重现所需的信号；汽车发电机的整流电路能够将发电机产生的交流电变换为能被汽车电器所使用的直流电。

二、电路的基本物理量

1. 电流

电荷的定向移动称为电流。带电粒子在电场作用下做定向运动，正电荷顺电场方向运动、负电荷逆电场方向运动。一般规定正电荷移动的方向或负电荷移动的反方向为电流的实际方向，如图 1-2 所示。

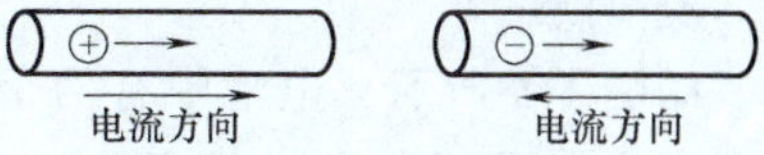

图 1-2 电流的方向

国标规定不随时间变化的物理量用大写字母表示，随时间变化的物理量用小写字母表示。

在直流电路中电流用 I 表示，它等于单位时间内通过导体横截面的电荷量，即

$$I=\frac{Q}{t} \tag{1-1}$$

式中 I——电流（A）；

Q——电荷量（C）；

t——时间（s）。

在交流电路中电流用 i 表示，它等于电荷量对时间 t 的变化率，即

$$i=\frac{\mathrm{d}q}{\mathrm{d}t} \tag{1-2}$$

在电力系统中电流都比较大，常以千安（kA）作为单位，而在常用电路中电流都比较小，常以毫安（mA）、微安（μA）作为单位，它们之间的换算关系是

$$1\text{kA}=10^3\text{A} \qquad 1\text{A}=10^3\text{mA} \qquad 1\text{mA}=10^3\,\mu\text{A}$$

电流的方向是客观存在的，在简单的直流电路中，很容易判断出电流的实际方向，但在复杂的直流电路中，电流的实际方向很难直观判定，因此引入电流的参考方向这一概念。

参考方向也称为正方向，是人为假定的方向。电流的参考方向可以任意选定，在电路中一般用箭头表示。电流的参考方向不一定就是电流的实际方向。

规定当电流的参考方向与实际方向一致时，电流为正值（$I>0$）；当电流的参考方向与实际方向相反时，电流为负值（$I<0$），如图 1-3 所示。在图 1-3a 中，电流选定的参考方向是从 a 流向 b，若经计算后得到 $I=1\text{A}$，则表示电流的实际方向就是从 a 流向 b；若经计算后得到 $I=-1\text{A}$，则表示电流的实际方向是从 b 流向 a。

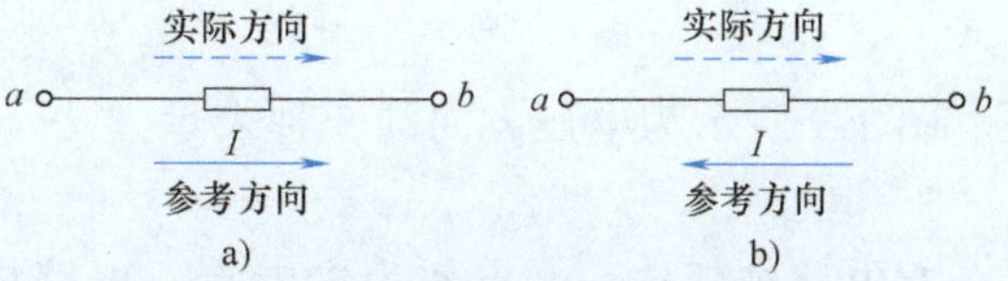

图 1-3 电流的参考方向与实际方向

a）$I>0$ b）$I<0$

【例 1-1】 请说明图 1-4 中电流的实际方向。

解： 图 1-4a 中电流参考方向为由 a 到 b，$I=2\text{A}>0$，为正值，说明电流的实际方向和参考方向相同，即从 a 到 b。

图 1-4b 中电流参考方向为由 a 到 b，$I=-2\text{A}<0$，为负值，说明电流的实际方向和参考方向相反，即从 b 到 a。

图 1-4c 中电流参考方向为由 b 到 a，$I=2\text{A}>0$，为正值，说明电流的实际方向和参考方向相同，即从 b 到 a。

图 1-4d 中电流参考方向为由 b 到 a，$I=-2\text{A}<0$，为负值，说明电流的实际方向和参考方向相反，即从 a 到 b。

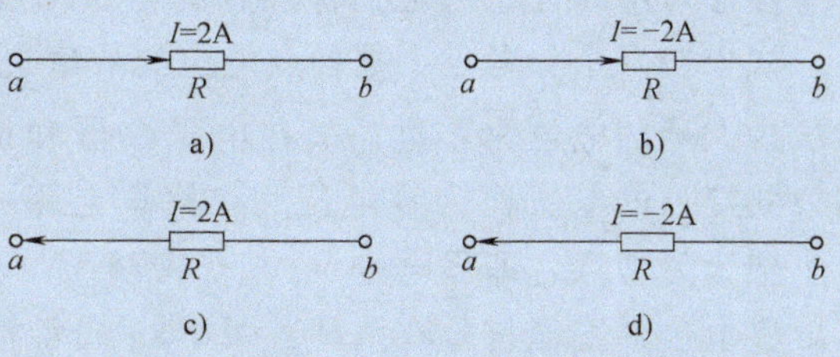

图 1-4 例 1-1 电路

2. 电压

如图 1-5 所示，电池中有两个电极，a 是正极带正电荷，b 是负极带负电荷。在 a、b 两极之间产生了一个均匀而且恒定的电场，其方向从 a 指向 b。如果用导体将 a、b 两极连接起来，那么在电场作用下，电极 a 中的正电荷将通过导体移动到电极 b。由于正电荷在电场中被移动了一段距离，电场力对正电荷做了功。把电场力将单位正电荷 Q 从 a 点移动到 b 点所做的功，称作 a、b 两点之间的电压，数学表达式为

$$U_{ab}=\frac{W}{Q} \tag{1-3}$$

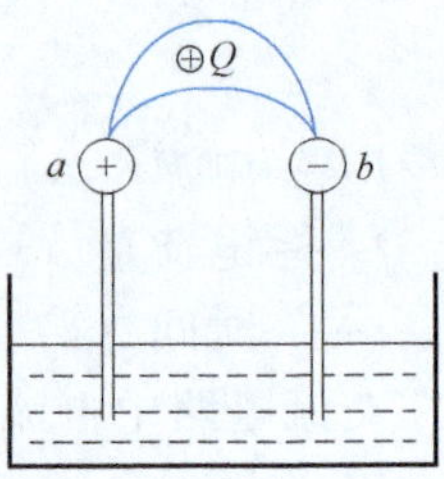

图 1-5　电压的示意图

式中　W——电场力做的功（J）；

Q——被移动电荷的电量（C）；

U_{ab}——a、b 两点之间的电压（V）。

计量微小电压时，常以毫伏（mV）、微伏（μV）为单位；计量高电压时，常以千伏（kV）为单位。它们之间的换算关系是

$$1\text{kV}=10^3\text{V} \qquad 1\text{V}=10^3\text{mV} \qquad 1\text{mV}=10^3\mu\text{V}$$

电压的实际方向习惯上规定为从高电位点指向低电位点，即电位降的方向。但在分析电路时，仍需选取电压的参考方向。当电压的参考方向与实际方向一致时，电压为正（$U>0$）；当电压的参考方向与实际方向相反时，电压为负（$U<0$），如图 1-6 所示。

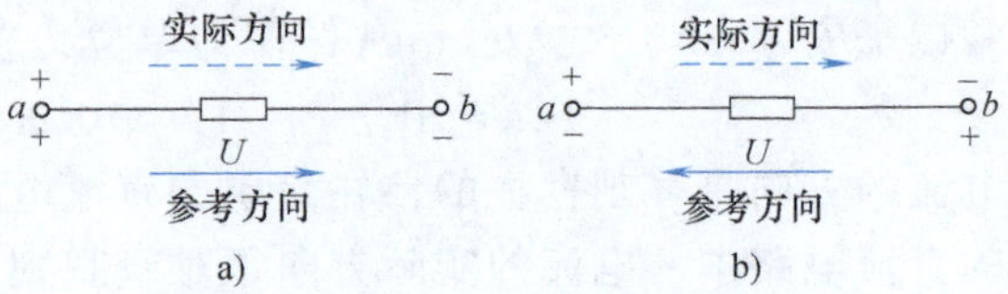

图 1-6　电压的参考方向与实际方向

a）$U>0$　b）$U<0$

电压的参考方向可用箭头“→”表示，也可用双下标（$U_{ab}=-U_{ba}$）表示，还可用极性“+”“−”表示，“+”表示高电位，“−”表示低电位。多数情况下采用双下标和极性表示法。图 1-7 所示为电压方向的 3 种表示方法。

3. 电位

在电路中任选一个点作为参考点，电路中某点与参考点之间的电压称为该点的电位。参考点的电位通常规定为零，所以又称为零电位点。A 点的电位用 V_A 表示，电位的单位也是伏特（V）。电路中任意两点之间的电压，等于这两点电位之差。因此，电位的测量实质上就是电压的测量，即测量该点与参考点之间的电压。电压与电位的关系为

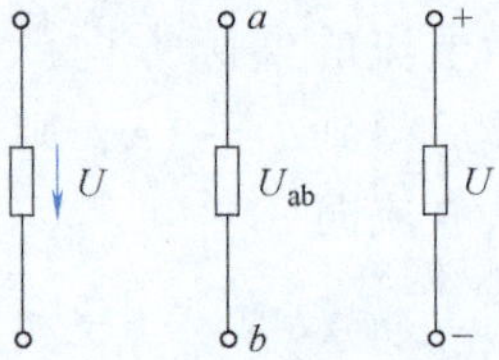

图 1-7　电压方向的 3 种表示方法

$$U_{ab}=V_a-V_b \tag{1-4}$$

参考点可以任意选定，将各点的电位与参考点进行比较，比它高的为正，比它低的为负。如果换一个参考点，则各点电位的数值也要发生变化。在工程上常选大地作为参考点，即认为大地的电位为零电位。在电子仪器和设备中又常把金属外壳或电路公共接点的电位作为零电位。在汽车电路中，常以发动机的金属壳体或车架为参考点，即零电位点。

零电位的图形符号有两种，图 1-8a 表示接地，图 1-8b 表示接公共点或接机壳。

图 1-8　零电位的图形符号

【例 1-2】　电路如图 1-9 所示，分别选定 a、b、c 为参考点，求各结点电位。

解：1）当选 a 点为参考点时：$V_a = 0$，$V_b = U_{ba} = 4V$，$V_c = U_{ca} = 10V$

2）当选 b 点为参考点时：$V_a = U_{ab} = -4V$，$V_b = 0$，$V_c = U_{cb} = 6V$

3）当选 c 点为参考点时：$V_a = U_{ac} = -10V$，$V_b = U_{bc} = -6V$，$V_c = 0$

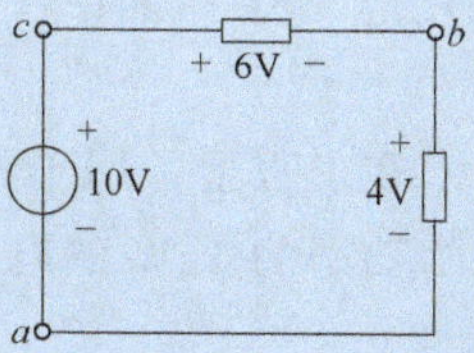

图 1-9　例 1-2 电路

由此可见，电路中参考点的选择不同，则各节点电位数值也不同，但任意两点间的电位差不变。计算结果表明，无论如何选择参考点，电路中 a、b 两点之间的电压都不会改变，U_{ab} 总是等于-4V，这说明电路中任意两点之间的电压与参考点的选择无关。

4. 电动势

电动势是衡量电源将非电能转换成电能本领大小的物理量。电动势的定义为：在电源内部，外力将单位正电荷从电源的负极移动到电源的正极所做的功。电动势用符号 E 表示，其数学表达式为

$$E = \frac{W}{Q} \tag{1-5}$$

式中　W——外力对电荷所做的功（J）；

Q——被移动电荷的电量（C）；

E——电源的电动势（V）。

电动势的大小只取决于电源本身的性质，对于给定的电源，电动势为一定值，与外电路无关。电动势的方向规定为：在电源内部由负极指向正极。如图 1-10 所示，一个电源既有电动势，又有端电压，电动势只存在于电源的内部，而端电压则是电源加在外电路两端的电压，其方向由正极指向负极。

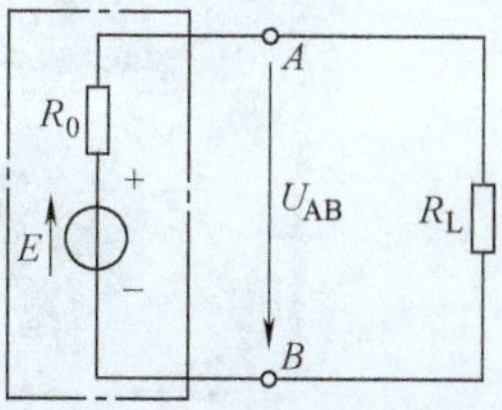

图 1-10　电源的电动势与端电压

5. 电功率

电功率是电路分析中常用的一个物理量。在电气工程中，电功率简称为功率。电功率是用来衡量单位时间内所消耗电能大小的物理量。

若 a、b 两点的电压为 U，流过的电流为 I，在时间 t 内，电荷 Q 受电场力作用从 a 点（电源正极）移动到 b 点（电源负极），电场力所做的功为

$$W = UQ = UIt$$

这个功也就是电阻 R 在 t 时间内所吸收的电能，对于电阻来说吸收的电能全部转换成热能，其大小为

$$W_R = UIt = I^2Rt \tag{1-6}$$

在国际单位制中，电能、热能的单位是焦耳，简称“焦”，用字母“J”表示。

电阻吸收的功率可定义为单位时间里电阻能量的变化。其数学表达式为

$$P = \frac{W_R}{t} = UI = I^2R = \frac{U^2}{R} \tag{1-7}$$

在国际单位制中，功率的单位是瓦特，简称“瓦”，用字母“W”表示，还可以用千瓦（kW），毫瓦（mW）作单位，它们之间的换算关系为

$$1\text{kW}=10^3\text{W} \qquad 1\text{W}=10^3\text{mW}$$

在工程上常用千瓦时来作为计量电能的实用单位，通常电度表上显示的读数1度电就是表示功率为1kW的电气设备使用1h所消耗的电能，可记为

$$1\text{度电}=1\text{kWh} \tag{1-8}$$

三、万用表的使用

1. 指针式万用表

（1）指针式万用表的结构　指针式万用表的内部结构主要由磁电式表头（电流表）、量程选择开关和调零机构构成，而外部结构主要包括表盘、面板和两支表笔等部件。在测量的过程中，通过选择面板的选择开关选择量程后，利用表笔进行测量，然后由表盘读取测量数值。图1-11所示为MF47型指针式万用表。

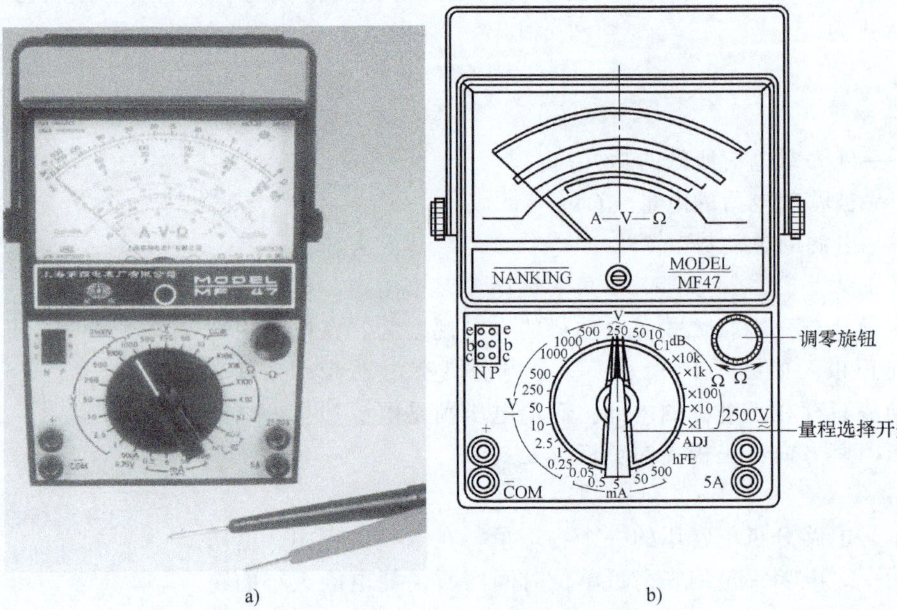

a)　　b)

图1-11　MF47型指针式万用表

a）实物照　b）示意图

在图1-11b中，面板右上角的旋钮称为“调零旋钮”，其作用是在测量电阻时对万用表进行调零。万用表中央偏下的圆形旋转开关就是“量程选择开关”，旋转这个开关可以实现两个作用：

1）选定要测量的参数，如电阻、电流、电压等。

2）选择合适的量程档位。

注意：电流和电压的档位表示的是仪表的最大量程，而电阻档位表示的是倍率。

（2）指针式万用表的使用方法

1）选定档位：选择电压档、电流档或电阻档。若档位弄错，就有可能损坏万用表，或

者损坏被测装置。如果烧坏了万用表内部的电阻，就会造成测量误差。

2）选择量程：测量前应先估测被测物相应测量参数的最大值，以选择合适的量程。为了提高测量精度，选取量程时，应尽量使表针偏转到满刻度的 1/2~1/3 处。如果预先不知道参数的大致范围，则应从最大量程开始测定，根据指针的偏转状况依次降低量程。

3）调零：测量电阻前，应先将万用表的两根表笔短接，旋转调零旋钮，使指针指在所选档位的“0”端。每换一档电阻量程，都要重新进行调零。

4）测试：将两根表笔分别接触被测物的两端（注：测直流电压时，红表笔接被测电压的高电位处，黑表笔接被测电压的低电位处；交流电压无正负之分，故红、黑表笔可随意接；测电阻时，电阻必须与其他元器件断开）。测量电流和电压时，应将测试表笔串联（测电流）或并联（测电压）在被测电路中进行测量，如图 1-12 所示。

提示：5A 和 2500V 量程为单独插孔，在使用 5A 直流电流插孔测直流电流时，量程选择开关应置于 500mA 电流量程位置；使用 2500V 电压插孔测量直流电压时，量程选择开关应置于直流 1000V 电压量程位置。

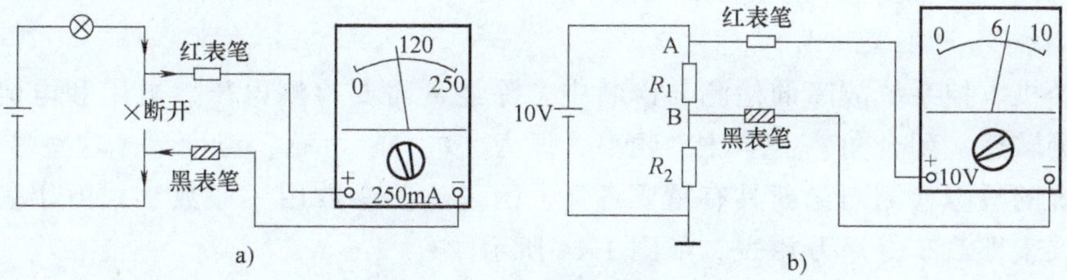

图 1-12　电路中电流和电压的测量方法

a）测电流　b）测电压

5）读数：观察表针指在何数值上，然后根据所选档位确定读数（电阻的数值由指针所指数值与档位的乘积来确定）。

2. 数字式万用表

（1）数字式万用表的特点　数字式万用表是用数字的方式直接显示被测量大小的测量仪表，十分便于读数。与一般的指针式万用表相比，该表具有测量精度高、显示直观、可靠性好、功能全、体积小等优点。除此以外，它还具有自动调零、显示极性、超量程显示及欠电压指示等功能，并且内部装有快速熔丝、过电流保护电路和过电压保护元件。

图 1-13 是一个典型的数字式万用表的外观图，数字式万用表与指针式万用表类似，不同之处在于表

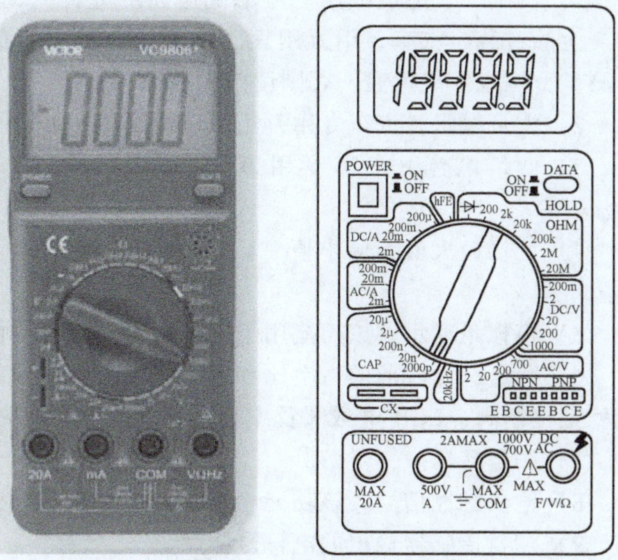

图 1-13　数字式万用表

盘由指针显示改为了液晶显示，具体的测量方法与指针式万用表类似。

（2）数字式万用表的使用方法

1）选择量程：测量前应先估测被测物相应测量参数的大约数值，以选择合适的量程。

2）测试。

交/直流电压的测量：根据需要将量程选择开关拨至 DC/V 或 AC/V 的合适量程，红表笔插入 V/Ω 孔，黑表笔插入 COM 孔，并将表笔与被测电路并联，读数即显示。

交/直流电流的测量：根据需要将量程选择开关拨至 DC/A 或 AC/A 的合适量程，红表笔插入 A 孔（<200mA）或 20A 孔（>200mA），黑表笔插入 COM 孔，并将万用表串联在被测电路中即可。测量直流量时，数字式万用表能自动显示极性。

电阻的测量：将量程选择开关拨至欧姆档的合适量程，红表笔插入 V/Ω 孔，黑表笔插入 COM 孔。如果被测电阻值超出所选择量程的最大值，万用表将显示“1”，这时应选择更高的量程。测量电阻时，红表笔为正极，黑表笔为负极，这与指针式万用表正好相反。因此，测量晶体管、电解电容器等有极性的元器件时，必须注意表笔的极性。

3）读数：显示屏上的数字为测量值。

3. 汽车专用万用表

在发动机电控系统故障的检测与诊断中，除经常需要检测电压、电阻和电流等参数外，还需要检测转速、闭合角、占空比、频率、压力、电容、电感、温度等。这些参数对于发动机电控系统的故障检测与诊断具有重要意义，但是这些参数用一般数字式万用表无法检测，需用专用仪表即汽车专用万用表，如图 1-14 所示。

（1）汽车专用万用表的组成　汽车专用万用表主要由数字及模拟量显示屏、功能按钮、测试项目选择开关、温度测量座孔、公用座孔（用于测量电压、电阻、频率、闭合角、占空比和转速等）、搭铁座孔、电流测量座孔等构成。

图 1-14　汽车专用万用表

（2）汽车专用万用表的功能

1）测量交、直流电压。考虑到电压的允许变动范围及可能产生的过载，汽车专用万用表应能测量大于 40V 的电压值，但测量范围也不能过大，否则读数的精度会下降。

2）测量电阻。汽车专用万用表应能测量 1MΩ 内的电阻。

3）测量电流。汽车专用万用表应能测量大于 10A 的电流。

4）记忆最大值和最小值。该功能用于检查某电路的瞬间故障。

5）模拟条显示。该功能用于观测连续变化的数据。

6）测量脉冲波形的占空比和点火线圈一次电流的闭合角。该功能用于检测喷油器、怠速稳定控制阀、EGR 电磁阀及点火系统等的工作状况。

7）测量转速。

8）输出脉冲信号。该功能用于检测无分电器点火系统的故障。

9）测量传感器输出的电信号频率。

10）测量二极管的性能。

11）测量大电流。配置电流传感器（霍尔式电流传感器）后，可以测量大电流。

12）测量温度。配置温度传感器后可以检测冷却液温度、尾气温度和进气温度等。

任务实施

1. 工作原理分析

在汽车电路中，各种电器设备的安装位置、接线方法不尽相同，但测量电路中基本物理量如电压、电流的方法基本相同，测量电压时万用表要与被测元器件并联，测量电流时万用表要与被测元器件串联，总结并掌握其中的某些规律，是学习汽车电路的基础。

2. 工作过程分析

（1）学习使用指针式万用表　关于指针式万用表的结构和基本使用方法前已说明，这里强调一下使用万用表前的准备工作：

1）观察外观：外观应完好无破损，当轻轻摇晃时，指针应摆动自如。

2）旋动量程选择开关：应切换灵活，无卡阻，档位应准确。

3）将万用表平放在桌面上：观察表针是否指在刻度线左端“0”位置，如果未指向该位置，进行下一步操作。

4）机械调零：将表针调到刻度盘电压刻度线（第二条刻度线）的“0”刻度处（或欧姆刻度线的“∞”刻度处）。

5）安插表笔：将红表笔插入“+”端插孔，将黑表笔插入“-”端插孔。

（2）测量电路中的电流和电压　按图 1-15 所示电路中，将开关 S_2 合在短路位置（不加直流电源 U_{S2}，只接一个直流稳压电源 U_{S1}）。用两条短导线分别将电阻 R_4 及 R_5 短路，此时 F、E、D 三点均连在一起。

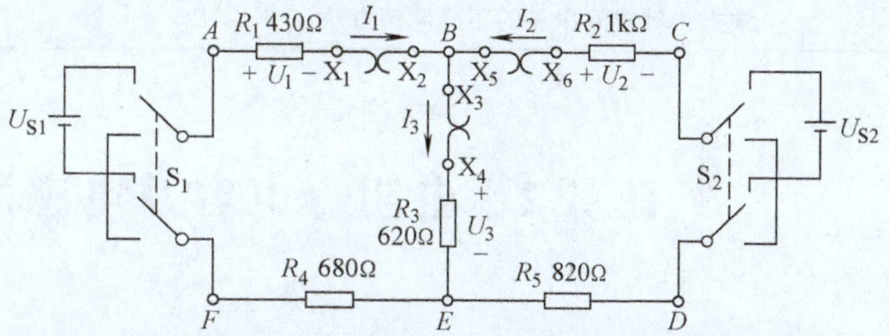

图 1-15　测量电流和电压的实验电路

1）图中 X_1、X_2、X_3、X_4、X_5、X_6 为节点 B 的三条支路电流 I_1、I_2、I_3 的测量接口。测量某支路电流时，需在该支路上串联一个直流电流表，然后用连接导线将另外两个电流测量接口短接，如图 1-16 所示。让电流从电流表“+”端流进，“-”端流出，用表笔轻触电路，若发现电流表指针反偏应立即调换表笔。

将直流稳压电源调在 $U_{S1}=10\text{V}$，用直流电流表分别测量电流 I_1、I_2、I_3，将数据记录在表 1-1 中。

2）测量电阻两端电压时，用连接导线将三个电流测量接口短接，将直流电压表并联在被测电阻两端，电压表“+”“-”极性不可接反。若无法区分正、负极，应先将量程选在较高档位，然后用表笔轻触电路，若指针反偏，

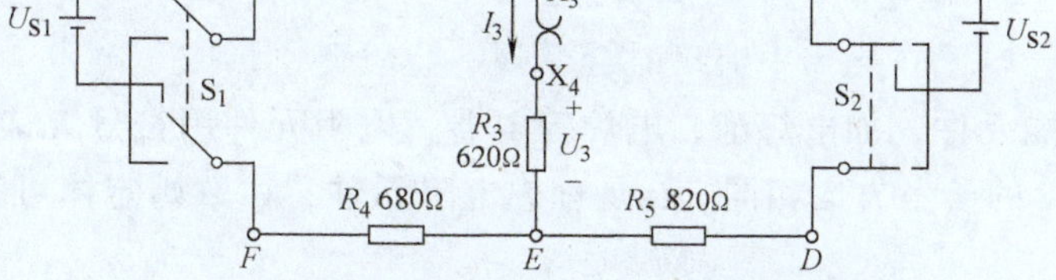

图 1-16　测量电路中支路电流的实验电路

则要调换表笔，如图 1-17 所示。

将直流稳压电源调在 U_{S1} = 10V，用直流电压表测量电压 U_1、U_2、U_3，并记录在表 1-1 中。

3）再将直流稳压电源调至 U_{S1} = 20V，按照上述方法重新测量 I_1、I_2、I_3 和 U_1、U_2、U_3，并记录在表 1-1 中。

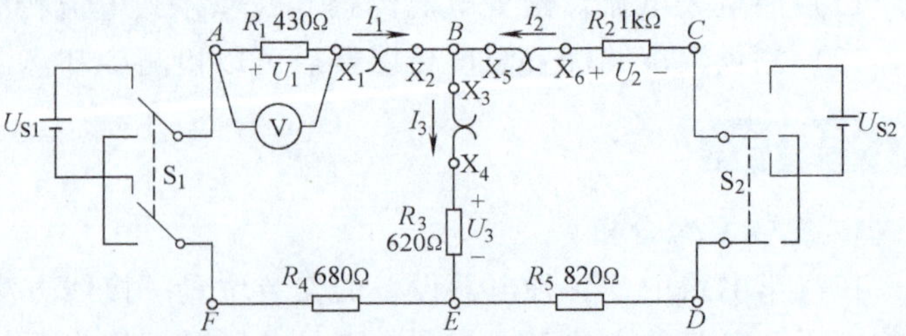

图 1-17　测量电路中电阻端电压实验电路

表 1-1　电压、电流测量数据表（U_{S2} = 0V）

U_{S1}/V	U_1/V	U_2/V	U_3/V	I_1/mA	I_2/mA	I_3/mA
10						
20						

3. 工作评价

序号	工作目标	自评	互评	师评
1	能够正确使用电压表测量电路中的电压			
2	能够正确使用电流表测量电路中的电流			
3	能够正确使用直流稳压电源			
4	掌握指针式万用表的正确使用方法			

任务 2　电阻、电容及电感的认识和测量

任务描述

电路的基本组成元件有电阻、电容、电感、电压源和电流源，了解它们的基本概念、表示方法、基本特性以及在汽车电路中的应用是学习电路的基础。学会通过色环辨识电阻的大小，能够正确使用指针式万用表测量电阻的阻值是基本技能。

知识准备

一、电阻元件

1. 电阻的定义及其特性

电子在导体中流动时会受到一些阻碍，形成了电阻。电阻元件是对电流呈现阻碍作用的耗能元件，如电灯泡、电炉等电器。电阻元件用符号 R 表示，如图 1-18a 所示，电压 u 和电流 i 的参考方向相同，R 是理想电阻元件，由欧姆定律可知，电阻元件的伏安特性可表示为

$$u = Ri \tag{1-9}$$

式（1-9）表示电阻元件的端电压和流过它的电流成正比。比例系数 R 称为电阻，是表

示电阻元件特性的参数，图 1-18b 是其伏安特性曲线，它是一条通过原点的直线。通常把伏安特性为直线的电阻称为线性电阻。

电路中电阻元件取用的功率为

$$P=ui=Ri^2=\frac{u^2}{R} \tag{1-10}$$

从式（1-10）可以看出，无论 u、i 是正值还是负值，P 总是大于零，说明电阻元件总是消耗电功率的，与电压、电流的方向无关，故电阻是耗能元件。

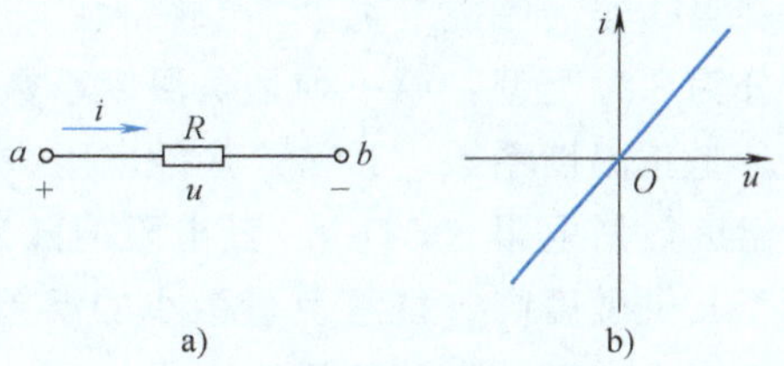

图 1-18　电阻元件

a）电路图　b）伏安特性

电阻的单位是欧姆，简称“欧”，用符号“Ω”表示。当电路两端的电压为 1V，通过的电流为 1A 时，该端电路的电阻就是 1Ω。常用的电阻单位还有千欧（kΩ）、兆欧（MΩ），它们之间的换算关系为

$$1\text{k}\Omega=10^3\Omega \quad 1\text{M}\Omega=10^6\Omega$$

2. 电阻的标注方法

（1）直标法　直标法是将电阻的阻值和误差直接用数字和字母印在电阻上（无误差标示时允许误差为±20%）的标注方法。

（2）色环表示法　色环表示法是将不同颜色的色环涂在电阻上来表示电阻的标称值及允许误差的标注方法，各种颜色所对应的数值见表 1-2。

1）四色环电阻：第一色环是十位有效数字，第二色环是个位有效数字，第三色环是倍乘数，第四色环是允许误差。例如，某电阻的四色环分别为棕、红、红、金，则其阻值为 $12\times10^2\Omega=1.2\text{k}\Omega$，误差为±5%，表示电阻值在标准值 1200Ω 上下 5%范围内波动是允许的，即在 1140~1260Ω 都是合格的电阻。

2）五色环电阻：第一色环是百位有效数字，第二色环是十位有效数字，第三色环是个位有效数字，第四色环是倍乘数，第五色环是允许误差。例如，某电阻的五色环分别为红、红、黑、棕、金，则其阻值为 $220\times10^1\Omega=2.2\text{k}\Omega$，误差为±5%。

表 1-2　四色环电阻色环各位的含义

颜色	第一位有效数字	第二位有效数字	倍乘数	允许误差(%)
黑	0	0	$\times10^0$	—
棕	1	1	$\times10^1$	±1
红	2	2	$\times10^2$	±2
橙	3	3	$\times10^3$	—
黄	4	4	$\times10^4$	—
绿	5	5	$\times10^5$	±0.5
蓝	6	6	$\times10^6$	±0.2
紫	7	7	$\times10^7$	±0.1
灰	8	8	$\times10^8$	—
白	9	9	$\times10^9$	—
金	—	—	$\times10^{-1}$	±5
银	—	—	$\times10^{-2}$	±10
无色	—	—	—	±20

3. 特殊电阻在汽车上的应用

（1）热敏电阻　热敏电阻是用陶瓷半导体材料与其他的金属氧化物按适当的比例混合后高温烧结而制成的温度系数很大的电阻。在工作范围内，按陶瓷半导体与温度的特性关系可分为3种类型：第一种是负温度系数（NTC）热敏电阻，其电阻值随温度升高而减小；第二种是正温度系数（PTC）热敏电阻，其电阻值随温度升高而按指数函数增加；第三种是临界温度热敏电阻（CTR），其电阻值随温度升高而按指数函数减小。热敏电阻式温度传感器由于其灵敏度高（能够测量微小的温差），结构简单，价格低廉，经济性好，在汽车电子控制系统中有着越来越广泛的应用。

进气温度传感器的结构如图1-19所示，检测元件采用的是负温度系数的热敏电阻。进气温度传感器在电子汽油喷射系统中用来测量进气温度，进气密度随温度的变化而变化，而喷油量是按空气质量计算的，理想的空气燃油比是14.7∶1，因此电子控制单元（ECU）必须根据进气温度对喷油量进行调整，从而获得最佳的空气燃油比。

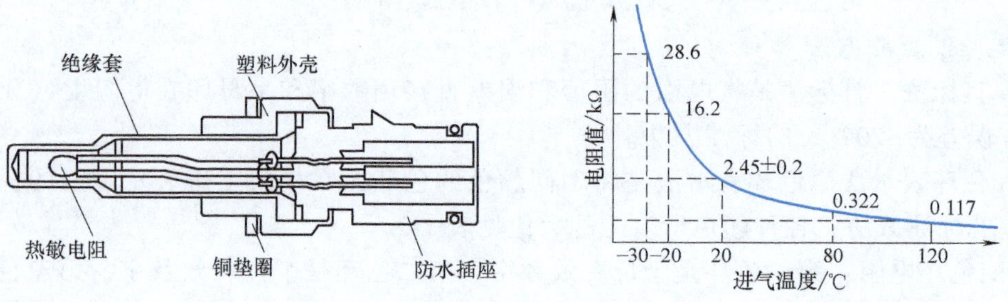

a)　　　　b)

图1-19　进气温度传感器的结构和工作特性

a）结构　b）工作特性

（2）压敏电阻　压敏电阻是一种压电转换元件，是利用半导体的压阻效应制成的硅膜片，其变形与压力成正比，可以利用电桥将硅膜片的变形转换成电信号。在当今汽车发动机电子控制系统中，压敏电阻式进气压力传感器具有体积小、精度高、成本低、响应快及再现性、抗振性较好等优点，故得到了广泛的应用。

用压敏电阻式进气压力传感器检测电控燃油喷射系统进气歧管的压力时，首先根据发动机的负荷检测出进气歧管内压力的变化，并将其转换成电信号传送给电子控制系统，进而决定喷油器的基本喷油量。该传感器由硅膜片、硅杯、真空室、底座、真空管接头和引线电极等组成。硅膜片是用单晶硅制成的压力转换元件，是边长约为3mm的正方形，厚度约为160μm，在硅膜片的中心部位经光刻腐蚀形成一个直径为2mm、厚度约为50μm的薄膜片，在薄膜片表面的圆周上有4个阻值相等的应变电阻，以惠斯顿电桥方式连接，如图1-20所示。硅膜片一面通真空室，另一面承受来自进气歧管中气体的压力，此压力与真空室压力之差使硅膜片产生变形，且压力越大变形越大，从而导致应变电阻的阻值发生变化，再经桥式电路变换成电压信号，因此信号比较微弱，故需要经过放大后再作为压力信号传送到发动机ECU中。

（3）光敏电阻　光敏电阻是利用半导体的光电效应制成的。在受到光照时，半导体中产生的载流子从一个电极到达另一个电极，有效地参与导电，从而使光电导体的电阻率发生

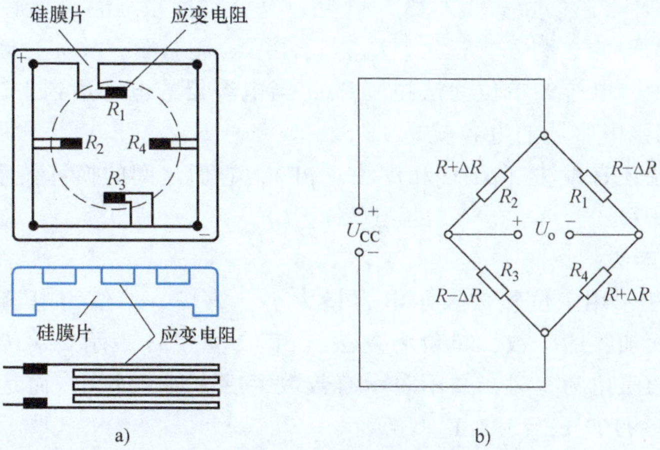

图 1-20　硅膜片结构及其等效电路图

a）结构　b）等效电路图

变化。在光敏电阻中，以硫化镉光敏电阻应用最为广泛。它的特性是，光照度越大，电阻值越小；光照度越小，电阻值越大。光敏式光量传感器内部就装有硫化镉光敏电阻，当有光照射到传感器上时，半导体元件的电阻值就将发生变化。这种传感器可以把周围亮度的变化转换成元件电阻值的变化。这种特性可以用于汽车上各种灯具亮、灭的自动控制。

二、电容元件

1. 电容的定义及其特性

电容元件是从实际电容器抽象出来的电路模型。任何两块非常靠近的金属导体，中间隔以绝缘物质就构成了一个电容器。给电容器加上电压后，两块极板上将出现等量的、极性相反的电荷，并在两极板间形成电场，储存电场能。电容器用符号 C 表示，如图 1-21 所示。电容器极板上储存的电荷量 q 与外加电压 u 成正比，即

$$C=\frac{q}{u} \tag{1-11}$$

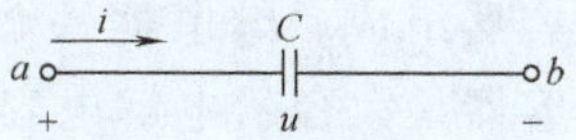

图 1-21　电容元件

式中，C 为电容，是表征电容元件的特征参数。

线性电容元件的电容 C 只与电容器的结构、介质、形状有关，与电容两端的电压大小无关，是一个常数。

电容的伏安特性为

$$i=\frac{\mathrm{d}q}{\mathrm{d}t}=C\frac{\mathrm{d}u}{\mathrm{d}t} \tag{1-12}$$

式（1-12）表明，只有电容上的电压变化时，电容两端才有电流。在直流电路中，电容上即使有电压，但其对时间的变化率为 0 时，电流为 0，即 $i=0$，此时电容相当于开路状态。据此可知电容具有隔直作用。

将式（1-12）两边乘上 u 并进行积分运算，可得电容元件极板间储存的电场能量为

$$W_{\mathrm{C}}=\int_0^t ui\mathrm{d}t=\int_0^u Cu\mathrm{d}u=\frac{1}{2}Cu^2 \tag{1-13}$$

W_C 的单位为焦耳（J）。由式（1-13）可见，电容元件在某时刻储存的电场能量与元件在该时刻所承受的电压的二次方成正比。电容元件不消耗能量，故称为储能元件。

在国际单位制中，电容的单位为法拉（F）。当电容器的电压达到1V时，极板上若储存了1C的电荷量，则该电容器的电容就是1F。

常用的电容单位还有微法（μF）和皮法（pF），它们之间的换算关系为

$$1F = 10^6 \mu F = 10^{12} pF$$

2. 电容的标识方法

（1）数字标注法　用三位整数表示电容量大小，第一、二位为电容量的有效数字，第三位为有效数字后面加零的个数，单位为皮法（pF）。如223表示 $22\times10^3 pF = 22000pF$ 的电容量。但应注意当第三位为9时，并不表示有效数字后面加9个0，而是表示有效数字乘以 10^{-1}，如339表示 $33\times10^{-1} pF = 3.3pF$。

（2）文字表示法　将电容量的整数部分写在电容量单位标注符号的前面，小数部分写在电容量单位标注符号的后面，如图1-22所示。

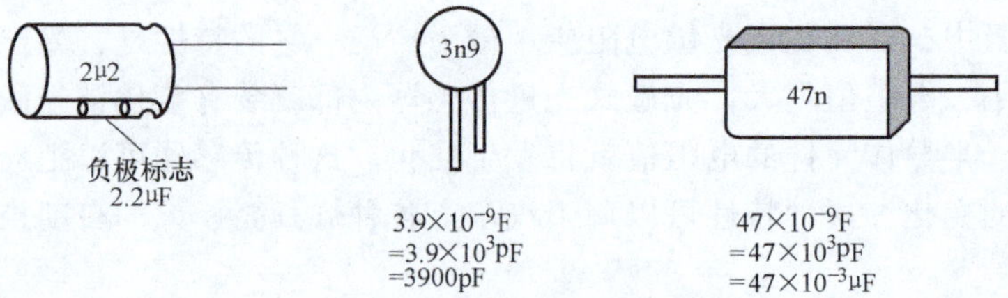

图1-22　电容的文字表示法

3. 电容器在汽车上的应用

电容器是一种储存电荷的容器，是广泛应用于汽车电气系统的电路元件之一。电容器充电、放电和隔直流、通交流的特性，可在电路中用于隔直流、耦合交流、旁路交流、滤波、定时和组成振荡电路等。电容式闪光器主要由继电器和电容器组成。继电器铁心上绕有串联线圈和并联线圈，电容器是大容量电解电容器（约1500μF）。电容式闪光器是根据电容器充、放电特性使继电器串联线圈和并联线圈的电磁力时而相加、时而相减，致使触点周期性的开和闭，从而使转向灯和转向指示灯闪烁，其电路如图1-23所示。

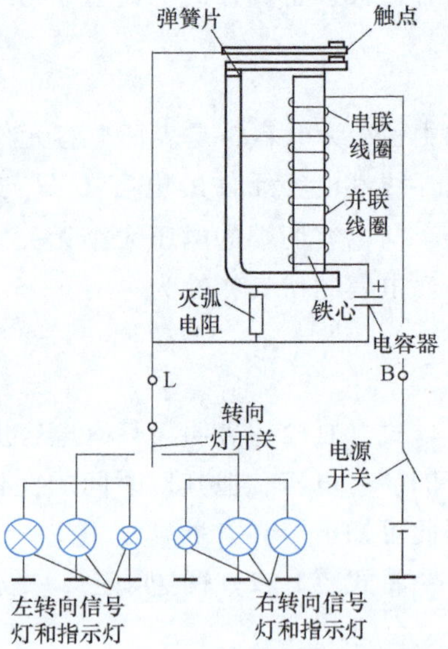

图1-23　电容式闪光器电路

其工作过程如下。

当转向灯开关拨至右转向时，其电路为：蓄电池的正极→串联线圈→动断触点→转向灯开关→搭铁→蓄电池负极。在串联线圈中有电流通过，铁心磁化产生电磁吸力，当电磁力矩大于弹簧片力矩时，触点迅速打开，转向灯熄灭。

触点断开后，蓄电池对电容充电，充电电路为：蓄电池正极→串联线圈→并联线圈→电容器→转向灯开

关→搭铁→蓄电池负极。随着电容器充电时间的增长，其两端的电压逐渐升高，充电电流逐渐减小，电磁吸力减小，在弹簧片作用下触点重新闭合。

触点闭合后，电容器通过并联线圈、触点放电，并联线圈产生的磁场削弱串联线圈已产生的磁场，使触点闭合时间延长，转向信号灯和转向指示灯中有较大电流流过，此时灯亮。随着放电时间增长，并联线圈中的电流减小，产生的磁场减弱，当对串联线圈产生的磁场的削弱作用小到一定程度时，触点重新断开，转向灯熄灭。如此反复，使转向灯闪烁。

三、电感元件

1. 电感元件的定义及其特性

电感元件是从实际电感线圈抽象出来的电路模型。当电感线圈通以电流时，将产生磁通，在其内部及周围建立磁场，储存磁场能量。当忽略导线电阻及线圈匝与匝之间的电容时，可将其抽象为只具有储存磁场能量性质的电感元件，如图 1-24 所示。电感上的磁通链与电流成正比，即

$$L=\frac{\psi}{i} \tag{1-14}$$

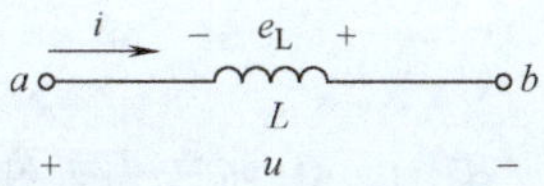

图 1-24　电感元件

式中，L 为电感，是表征电感元件的特征参数。

实际的电感线圈是用导线绕制而成的，因此实际线圈应包含电感和损耗电阻两部分。如果线圈的损耗电阻很小可以忽视不计时，则线圈可以等效为一个纯电感元件。根据电磁感应定律，当电感线圈中的电流 i 变化时，磁场也随之变化，并在线圈中产生自感电动势。当电压、电流、电动势的参考方向如图 1-24 所示时，则有

$$u=-e_L=L\frac{\mathrm{d}i}{\mathrm{d}t} \tag{1-15}$$

式（1-15）表明，只有电感线圈上的电流变化时，其两端才有电压。在直流电路中，电感线圈上即使有电流通过，但其对时间的变化率为 0 时，电压为 0，即 $u=0$，此时电感线圈相当于短路状态。

将式（1-15）两边乘以 i 并进行积分运算，可得电感元件中储存的磁场能量为

$$W_L=\int_0^t ui\mathrm{d}t=\int_0^i Li\mathrm{d}i=\frac{1}{2}Li^2 \tag{1-16}$$

W_L 的单位是焦耳（J）。式（1-16）说明，电感元件在某时刻储存的磁场能量与该时刻流过的电流的二次方成正比。因电感元件不消耗能量，故称为储能元件。

在国际单位制中，电感的单位为亨（H），当线圈中电流变化率为 1A/s，产生 1V 的感应电动势时，则该电感线圈的电感为 1H。

常用的单位还有毫亨（mH）和微亨（μH），它们之间的换算关系为

$$1\mathrm{H}=10^3\mathrm{mH}=10^6\mu\mathrm{H}$$

2. 电感在汽车上的应用

电感线圈在汽车上的一个典型应用是舌簧开关式电流传感器。舌簧开关式电流传感器广泛用于汽车照明系统，检测制动灯、尾灯、牌照灯及停车灯的灯丝是否断开，当有一个灯泡

灯丝断开时，警告灯点亮，该传感器的结构如图 1-25a 所示。舌簧开关式电流传感器在其电流线圈的外面绕有电压补偿线圈，它的作用是防止电压的变化引起传感器的误动作。在骨架的中间设置有舌簧开关。

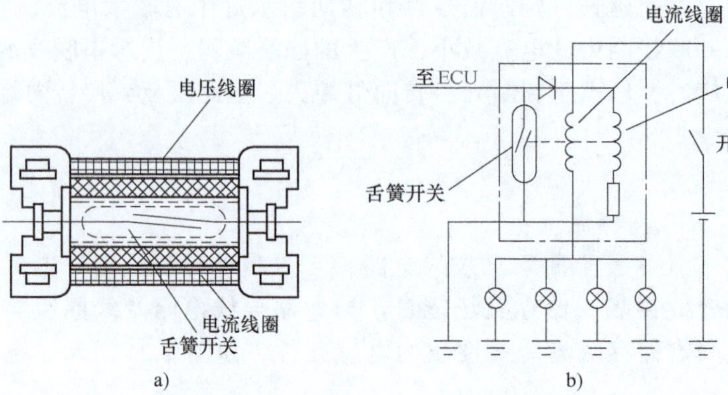

图 1-25　舌簧开关式电流传感器

a）结构图　b）电路原理图

图 1-25b 所示为舌簧开关式电流传感器电路。当开关闭合时，若灯泡全部工作正常，则电流线圈中有额定电流流过，这时在线圈产生的磁力的作用下，舌簧开关闭合；如果有灯泡断丝，则相应的电流线圈中的电流减小，磁力减弱，使舌簧开关断开，从而进行报警。

四、电压源与电流源

电源是能向电路提供电能的电路元件，实际电源可以用两种不同的电路模型来表示：以电压的形式向电路供电的模型，称为电压源模型；以电流的形式向电路供电的模型，称为电流源模型。

1. 电压源

在电路中，无论流过多大电流，都能提供确定电压的电路元件称为理想电压源，其电路如图 1-26a 所示。

U_S是理想电压源的电压，R 是外接负载电阻，电路中电压源电压 U_S与电流 I 的参考方向相反。

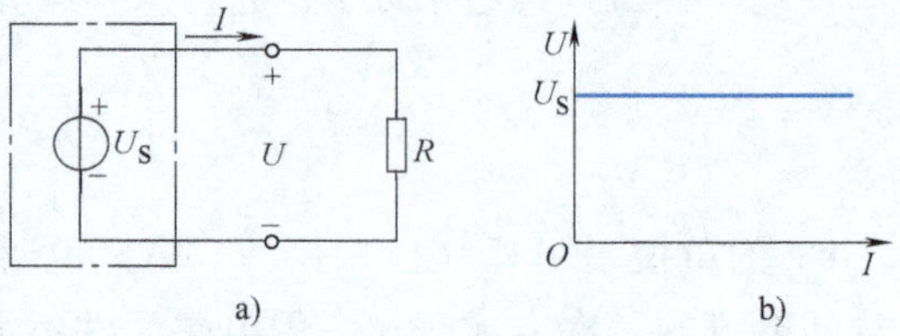

图 1-26　理想电压源

a）电路图　b）伏安特性

理想电压源向外提供了一个恒定的或按某一特定规律随时间变化的端电压，其大小为 U_S（或随时间按正弦规律变化的正弦电压），接上负载 R 以后，电路中电流 I 的大小是任意的，其大小仅取决于负载 R 的大小，不管负载如何变化，其端电压 U_S始终是恒定的。

理想电压源的电压电流关系称为伏安特性曲线，该曲线是一条平行于电流轴的直线，如图 1-26b 所示。

理想电压源实际上是不存在的，但如果电源的内阻远小于负载电阻，则端电压基本恒定，就可以忽略内阻的影响，可认为是一个理想电压源。通常，稳压电源（稳压器）和新的干电池都可以近似认为是理想电压源。

实际电源不具备上述理想电压源的特性，即当外接电阻 R 变化时，电源提供的端电压会发生变化，说明实际电源在提供电能的同时，必然还要消耗一部分电能。

所以，实际电源的电压源模型可以用一个理想的电压源 U_S 和一个内电阻 R_0 相串联的理想电路元件的组合来表示，如图 1-27a 所示。这时，实际电源的端电压和电路中的电流分别为

$$U=U_S-R_0I$$
$$I=\frac{U_S}{R_0+R} \quad (1\text{-}17)$$

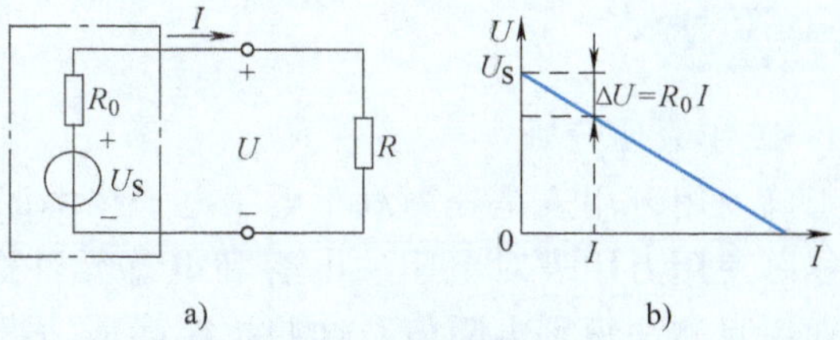

图 1-27　电压源模型

a）电压源模型与外电路的连接　b）伏安特性

由式（1-17）可知，当负载 R 发生变化时，其端电压 U 也随之发生变化，其伏安特性曲线如图 1-27b 所示。从伏安特性曲线中可知，实际电压源的端电压 U 和输出电流 I 的数值都不是恒定的，都与外电路有关。显然，内阻 R_0 越小，输出电流变化时输出电压的变化就越小，即输出电压越稳定，其伏安特性曲线越平坦。在理想情况下，内阻 $R_0=0$，U 为定值，即成为理想电压源。

2. 电流源

在电路中，无论端电压是多大，都能提供确定电流的电路元件称为理想电流源，如图 1-28a 所示。

I_S 是理想电流源的电流，R 是外接负载电阻，电路中电流源电流 I_S 与电压 U 的参考方向相反。理想电流源向外提供了一个恒定的电流 I_S，其大小与它的端电压大小无关，它的端电压大小仅仅取决于外电路负载电阻 R 的数值，即 $U=RI_S$。

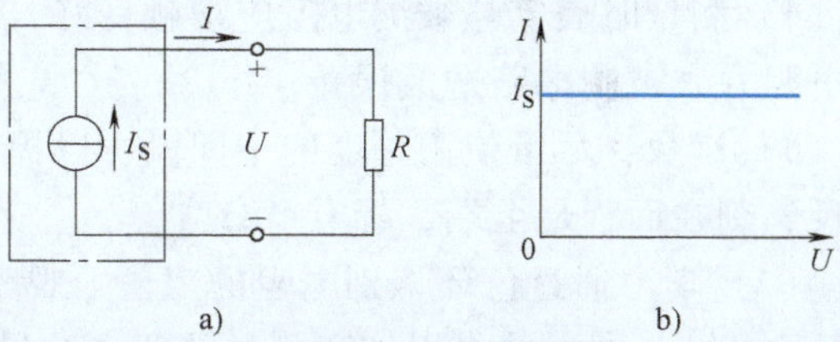

图 1-28　理想电流源

a）电路图　b）伏安特性

理想电流源伏安特性曲线是一条垂直于电流轴的直线，如图 1-28b 所示。从该曲线中可知，无论 U 如何变化，其电流值始终不变，大小都是 I_S。但端电压 U 随电阻 R 的变化而改变。

同样，理想电流源实际上也是不存在的，但如果电源的内阻远大于负载电阻，则电流基本恒定，也可认为是一个理想电流源。通常，恒流电源（恒流器）和光电池都可以近似认为是理想电流源。

实际电源的电流源模型可以用一个理想的电流源 I_S 和一个内电阻 R_0 相并联的理想电路元件的组合来表示，如图 1-29a所示。这时，电路中的电流为

$$I=I_S-\frac{U}{R_0} \quad (1\text{-}18)$$

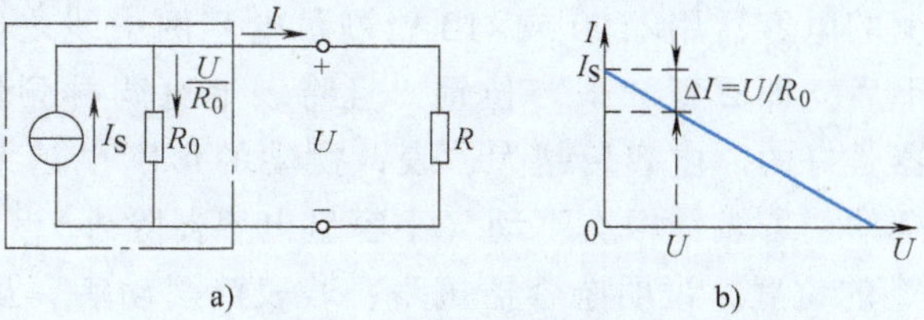

图 1-29　电流源模型

a）电流源模型与外电路的连接　b）伏安特性

由式（1-18）可知，输出电流 I 的

数值不是恒定的。当负载 R 短路时，输出电压 $U=0$，输出电流 $I=I_S$；当负载 R 开路时，输出电压 $U=R_0I_S$，输出电流 $I=0$。其伏安特性曲线如图 1-29b 所示。

从电流源的伏安特性曲线中可以看出，内阻 R_0 越大，输出电压变化时输出电流的变化就越小，即输出电流越稳定，其伏安特性曲线越平坦。在理想情况下，内阻无穷大，I 为定值，即成为理想电流源。

任务实施

1. 工作原理分析

正确使用万用表是提高汽车电工电子技术课程操作能力的基础，应掌握万用表的使用技巧，熟练使用万用表对电阻、电容和电感元件进行检测；还应学会通过色环辨识电阻的大小，即用目测法识别电阻值，这些技能都是学习电路的基础。

2. 工作过程分析

（1）进行电阻的测量　用指针式万用表测量实验台上几个不同阻值的电阻，记录在表 1-3 中。测量时应注意以下几点：

1）首先应断开被测电路的电源及连接导线。若带电测量，将损坏仪表；若直接在电路中测量，将影响测量结果。

2）将量程选择开关拨向“Ω”的位置。

3）进行欧姆调零：测量前，应先将“+”“-”两表笔短接，看指针是否指在零，否则应调节调零电位器进行校正，然后再去测量待测电阻。每换一档量程，都要重新调零。

4）测量时表笔与被测电阻应接触良好，双手不得同时触及表笔的金属部分，以防将人体电阻并入被测电路造成误差。

5）读数：尽量使用刻度的中间段，以提高准确度。电阻刻度方向与电流电压刻度方向相反，刻在面板最上端，标有“Ω”。

（2）学习通过色环识别电阻的阻值　观察实验台上的电阻，通过色环识别电阻的阻值，记录在表 1-3 中，并将识别和测量的两次结果进行比较。

表 1-3　电阻数据记录

R_1/Ω		R_2/Ω		R_3/Ω		R_4/Ω		R_5/Ω	
万用表测量	色环识别	万用表测量	色环识别	万用表测量	色环识别	万用表测量	色环识别	万用表测量	色环识别

（3）电容的检测　在通常情况下，电容用来滤波或隔直流，电路中对电容量的精确度要求不高，故无须测量实际电容量，只需对电容的性能进行检测，即用万用表的“Ω”档判断电容器短路、断路、漏电等故障。0.1μF 以下的电容器用万用表×1k 或×10k 档位，1μF 以上的电容器用×100 或×10 档测量电容两引线之间的电阻值。如表笔接触瞬间，指针摆动一下后立即回到“∞”位置，且将表笔对调再测量其阻值，表针出现同一现象，则说明电容器是好的。电容量越大，表针摆动的角度也越大，1000pF 以下的电容器几乎看不到表针的摆动。若表针根本不动（小容量电容器除外），则说明电容器已经断路；若表针一直停在“0”的位置，说明电容器短路；若表针摆动后，虽然向“∞”位置回摆，但始终不能达到“∞”（大容量电解电容器不能完全回到“∞”位置），说明电容器漏电，阻值越小，漏电越严重。断路、短路、漏电的电容器均不能使用。

（4）电感的检测

1）电感器外观结构检查。

在测量和使用电感器之前，应先对电感器的外观、结构进行仔细的检查，主要是观察外形是否完好无损；磁性材料有无缺损、裂纹；金属屏蔽罩是否有腐蚀氧化现象；线圈绕组是否清洁干燥；导线绝缘漆有无刻痕划伤；接线有无断裂；铁心有无氧化等。

2）用万用表测量电感器的直流电阻值及电感量。

用万用表的“Ω”档测量电感线圈的电阻值，若测量出的阻值趋于无穷大，说明内部线圈已开路，电感器已损坏；若测量出一定的阻值且在正常范围内，说明此电感器正常；若测量出的阻值偏小或阻值为零，说明导线的匝与匝之间有短路。

在测量电路板上的电感器时，应注意将电感器与外电路断开，以免外电路的元器件与线圈串联或并联，引起测量误差。

3. 工作评价

序号	工作目标	自评	互评	师评
1	能够正确使用万用表测量电阻的阻值			
2	能够通过色环识别电阻的阻值			
3	能够对以上两种方法测得的电阻进行误差分析			
4	能用万用表检测电容和电感			

任务3　电路基本定律的认识和验证

任务描述

汽车电路中经常要进行一些简单的物理量的计算，比如汽车用电器电阻、电流和功率的估算，需要应用到一些基本的电路定律，其中欧姆定律的应用最为广泛。在复杂电路的分析和计算中，需要应用基尔霍夫电流定律和电压定律，基尔霍夫电流定律用于电路的节点分析，基尔霍夫电压定律用于电路的回路分析。

知识准备

一、电路的基本工作状态

电路在不同的工作条件下会处于不同的工作状态，充分了解电路不同的工作状态和特点对安全用电和正确使用各种电气设备是十分有益的。现以图1-30所示的简单直流电路为例，来分析电路的通路、开路和短路三种工作状态。

1. 通路状态

将图1-30所示电路中的开关S合上，接通电源和负载R，电路中产生了电流I，电路处于通路状态，如图1-31所示。

2. 开路状态

在图1-30所示的电路中，将开关S断开，则电路不通，此时电路所呈现的状态称为开路状态，也可称为空载或断路状态。电源两端的电压称为开路电压或空载电压，用U_0表示，其值等于电源的电动势E。

3. 短路状态

在图1-31所示的电路中，将a、b两点用一根导线连接起来，此时电路所呈现的状态称为短路状态，如图1-32所示。此时，相对电源，外电路电阻值为零，电路中的电流不再流过负载电阻R，而是通过短路导线直接流回电源。在电流的回路中仅有阻值很小的电源内阻R_0，所以在电源电动势的作用下将产生极大的电流，此电流被称为短路电流，用I_S表示。电源所产生的电能全部被内阻R_0消耗并转换成热能，使得电源的温度迅速上升以致被损坏。

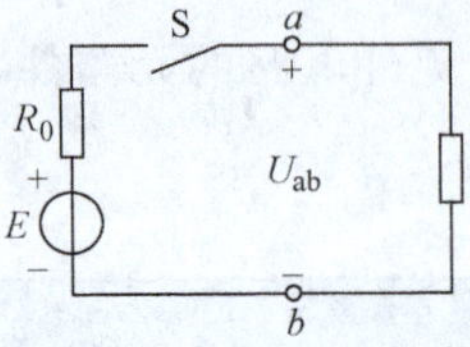

图1-30　简单直流电路

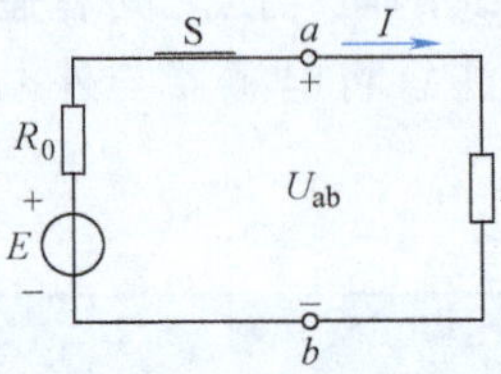

图1-31　电路的通路状态

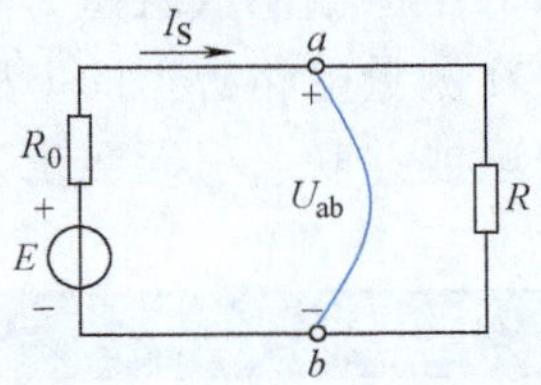

图1-32　电路的短路状态

二、欧姆定律

1. 部分电路的欧姆定律

欧姆定律是电路分析中的基本定律之一，用来确定电路各部分的电压与电流的关系，是分析汽车电路的关键。欧姆定律的内容是：导体中的电流I跟导体两端的电压U成正比，跟导体的电阻R成反比。

图1-33所示为一段不含电源而只有电阻的部分电路。根据欧姆定律可得

$$I=\frac{U}{R}$$

也可以写为

$$U=IR$$

或

$$R=\frac{U}{I} \tag{1-19}$$

式中　I——电路中的电流（A）；

U——电路两端的电压（V）；

R——电路的电阻（Ω）。

式（1-19）称为部分电路欧姆定律的表达式，部分电路中电阻两端的电压与流经电阻的电流之间的关系曲线称为电阻的伏安特性曲线，如图1-34所示。

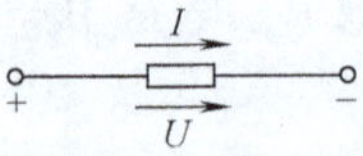

图1-33　部分电路

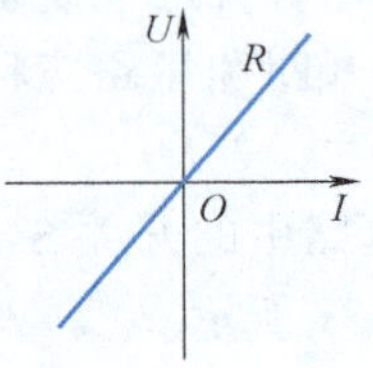

图1-34　电阻伏安特性曲线

【例 1-3】　某电热炉接在 220V 的电源上，通过的电流为 5A，求该电热炉的电阻。

解：
$$R=\frac{U}{I}=\frac{220}{5}\Omega=44\Omega$$

2. 全电路的欧姆定律

含有电源的闭合电路称为全电路，如图 1-35 所示。全电路中的电流 I 与电源的电动势 E 成正比，与电路的总电阻（外电路的电阻 R 和内电路的电阻 r_0 之和）成反比，即

$$I=\frac{E}{R+r_0} \tag{1-20}$$

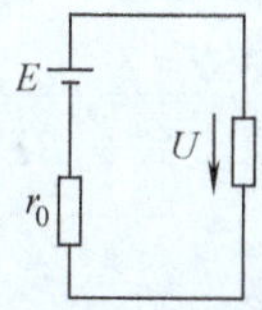

图 1-35　全电路

式中　I——电路中的电流（A）；

E——电源的电动势（V）；

R——外电路电阻（Ω）；

r_0——电源内阻（Ω）。

由式（1-20）可得

$$E=IR+Ir_0=U+Ir_0$$
$$U=E-Ir_0 \tag{1-21}$$

式（1-21）中，U 是外电路中的电压降，即电源两端的电压；Ir_0 是电源内部的电压降。

一般情况下，电源两端的电压是不变的，但由于电源存在一定内阻，当外电路的电阻变化时，电源的端电压也随之改变。当外电路的电阻 R 增大时，电流 I 减小，端电压 U 就增大；当外电路的电阻 R 减小时，电流 I 增大，端电压 U 就减小。电源的端电压 U 与负载电流 I 变化的规律称为电源的外特性，外特性曲线如图 1-36 所示。

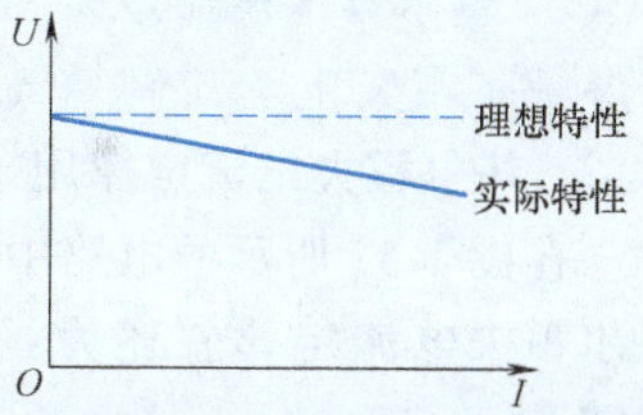

图 1-36　电源的外特性曲线

【例 1-4】　在图 1-35 所示电路中，已知电源的电动势 $E=24V$，内阻 $r_0=2\Omega$，负载电阻 $R=10\Omega$。求：1）电路中的电流；2）电源的端电压；3）负载电阻 R 上的电压；4）电源内阻上的电压降。

解：1）$I=\frac{E}{R+r_0}=\left(\frac{24}{10+2}\right)A=2A$

2）$U=E-Ir_0=(24-2\times2)V=20V$

3）$U=IR=(2\times10)V=20V$

4）$U_r=Ir_0=(2\times2)V=4V$

三、基尔霍夫定律

基尔霍夫定律用来计算复杂回路中的电压和电流。在汽车电路分析中，回路是一个最基本、最重要的概念。由于汽车电路的主要特点是单线制，各用电设备并联，因此汽车电路中回路的具体形式为电流从电源的正极出发，经熔断器、开关和导线等到达用电设备，再经导线回到电源的负极或搭铁。

1. 常用名词

基尔霍夫定律包括基尔霍夫电流定律（应用于节点）和基尔霍夫电压定律（应用于回路）。在介绍基尔霍夫定律之前，先熟悉一些名词。

（1）二端元件　凡具有两个端子可与外部电路相连接的元件称为二端元件。电阻元件、电感元件、电容元件、电压源和电流源均为二端元件。图 1-37 所示的电路中含有 5 个二端元件（即 R_1、R_2、R_3、U_{S1}、U_{S2}）。

（2）支路　电路中的一条分支称为支路，用字母“b”表示（branch），在一条分支上流过的电流相同。图 1-37 所示的电路中 $b=3$，分别是 $BADE$、$BCFE$ 和 BE，其中 $BADE$、$BCFE$ 为有源支路，BE 为无源支路。

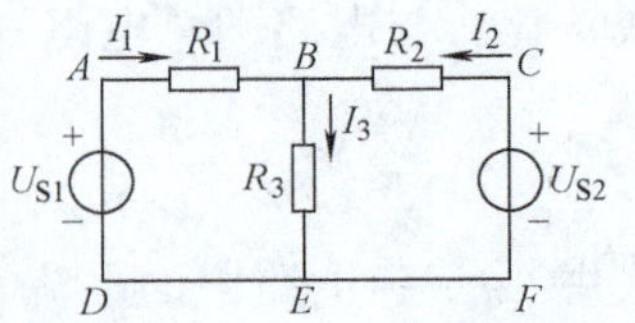

图 1-37　基尔霍夫定律示例

（3）节点　在电路中三条或三条以上支路的会聚点称为节点，用字母“n”表示（node）。图 1-37 所示的电路中 $n=2$，分别是 B 和 E。

（4）回路　由一条或多条支路所组成的闭合路径称为回路，用字母“l”表示（loop）。图 1-37 所示的电路中 $l=3$，分别是 $ABED$、$BCFE$ 和 $ACFD$。

（5）网孔　内部无其他支路穿过的回路称为网孔，用字母“m”表示（mesh）。图 1-37 所示的电路中 $m=2$，分别是 $ABED$、$BCFE$。

2. 基尔霍夫电流定律

基尔霍夫电流定律（Kirchhoff's Current Law）也可称为节点电流平衡方程式，简称 KCL。基尔霍夫电流定律用来确定连接在同一节点上的各支路电流之间的相互关系。

在图 1-37 所示的电路中有 5 个二端元件、3 条支路、2 个节点、3 个回路及 2 个网孔。基尔霍夫电流定律叙述为：任一瞬时，流过电路中任一节点的各支路电流的代数和恒等于零。

其数学表达式为

$$\Sigma I_i=0 \tag{1-22}$$

当该定律应用于电路中的某一节点时，必须首先假定各支路电流的参考方向，当假定流入节点的电流为正时，则流出节点的电流为负。这里的流入或流出都是根据参考方向而定。

对于节点 B 有

$$I_1+I_2-I_3=0 \tag{1-23}$$

或
$$I_1+I_2=I_3$$

对于节点 E 有
$$-I_1-I_2+I_3=0 \tag{1-24}$$

或
$$I_1+I_2=I_3$$

由式（1-23）和式（1-24）可知：

1）在任何一个瞬间、对于任何一个节点，流进节点的电流之和一定等于流出节点的电流之和，即 $\Sigma I_{进}=\Sigma I_{出}$。对于节点 B 有 $I_1+I_2=I_3$，对于节点 E 有 $I_3=I_1+I_2$。值得注意的是，流进或流出是针对假设的电流参考方向而言的。

2）如果在电路中有 n 个节点，则其中有（$n-1$）个是独立节点。在图 1-37 所示的电路中有 2 个节点（B、E），则有 1 个独立节点（任选一个）。若将节点 B 的方程，即式(1-23)乘以 -1，即可得到节点 E 的方程，即式（1-24），因此，这两个方程中只有一个是独立的。

3）还可以把基尔霍夫电流定律推广应用于包围部分电路的任一假想闭合面（称为广义节点）。在任何瞬间通过任一假想闭合面的电流的代数和也恒等于零。

【例 1-5】 在图 1-38 所示的电路中，$I_1=2\text{A}$，$I_2=5\text{A}$，$I_3=-3\text{A}$，求电流 I_4。

解： 根据 KCL 的推广应用，设存在一个假想的闭合面（见图 1-38 中椭圆所圈），4 条支路上的电流 I_1、I_2、I_3 和 I_4，在某一瞬间通过此假想闭合面，可列方程为

$$I_1+I_2+I_3+I_4=0$$

所以 $I_4=-(I_1+I_2+I_3)=-[2+5+(-3)]\text{A}=-4\text{A}$

由该例题可知，公式的正负号与代数量的正负号不能混淆，经计算后得到的电流为负值，说明电流的实际方向与假设的参考方向相反。

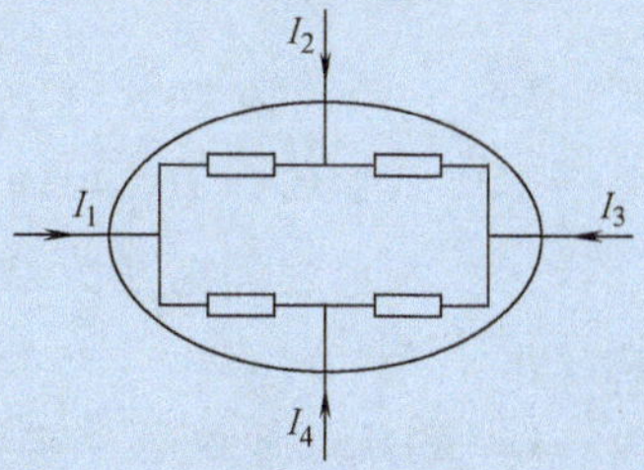

图 1-38　广义结点的计算

【例 1-6】 在图 1-39 所示的电路中，$I_1=4\text{A}$，$I_2=1\text{A}$，$I_4=-3\text{A}$，$I_5=-2\text{A}$，求电流 I_3。

解： 根据 KCL 有　$I_1-I_2+I_3-I_4-I_5=0$

所以　$I_3=-I_1+I_2+I_4+I_5=[-4+1+(-3)+(-2)]\text{A}=-8\text{A}$

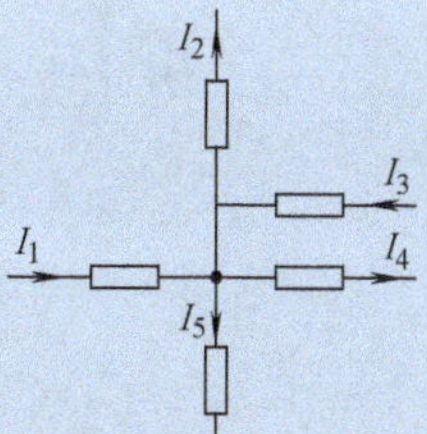

图 1-39　例 1-6 的电路

3. 基尔霍夫电压定律

基尔霍夫电压定律（Kirchhoff's Voltage Law）也可称为回路电压平衡方程式，简称 KVL。基尔霍夫电压定律用来确定回路中各支路电压之间的相互关系。

基尔霍夫电压定律叙述为：任一瞬时，作用于电路中任一回路的各支路电压的代数和恒等于零。其数学表达式为

$$\Sigma U_i=0 \tag{1-25}$$

当该定律应用于电路中的某一回路时，必须首先假定各支路电压、电流的参考方向，并指定回路的循行方向（顺时针方向或逆时针方向）。支路电压的参考方向与回路循行方向一致时取"+"号，相反时取"−"号；支路电流的参考方向与回路循行方向一致时，在电阻上产生的电压降取"+"号，相反时在电阻上产生的电压降取"−"号。

已知在图 1-40 所示的电路中有 3 个回路（$ABED$、$BCFE$ 和 $ACFD$），在图 1-40 所示的电路中假定各支路电压的参考方向和各回路的循行方向（取顺时针方向）。

根据 KVL，对 $ACFD$ 回路列写方程

$$U_{\text{AC}}+U_{\text{CF}}+U_{\text{FD}}+U_{\text{DA}}=0$$

式中，$U_{\text{AC}}=R_1I_1-R_2I_2$，$U_{\text{CF}}=U_{\text{S2}}$，$U_{\text{FD}}=0$，$U_{\text{DA}}=-U_{\text{S1}}$。

将上面 4 个方程式相加整理后得

$$R_1I_1-R_2I_2+U_{\text{S2}}-U_{\text{S1}}=0$$

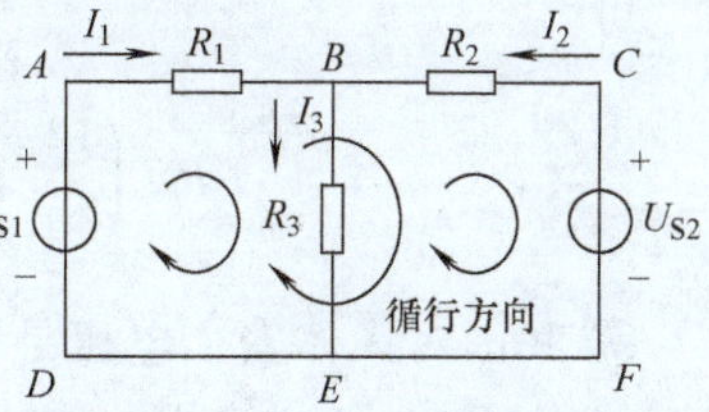

图 1-40　基尔霍夫电压定律

同理，对 *ABED* 回路列写方程得

$$R_1I_1+R_3I_3-U_{S1}=0$$

同理，对 *BCFE* 回路列写方程得

$$-R_2I_2+U_{S2}-R_3I_3=0$$

【例 1-7】 在图 1-41 所示的电路中，各支路的元件是任意的，各元件电压的参考方向如图所示。已知 $U_{AB}=3V$，$U_{BC}=4V$，$U_{ED}=-6V$，$U_{AE}=8V$。试求：1）U_{CD}；2）U_{AD}。

解：基尔霍夫电压定律不仅应用于闭合电路，也可以推广应用于开口回路。

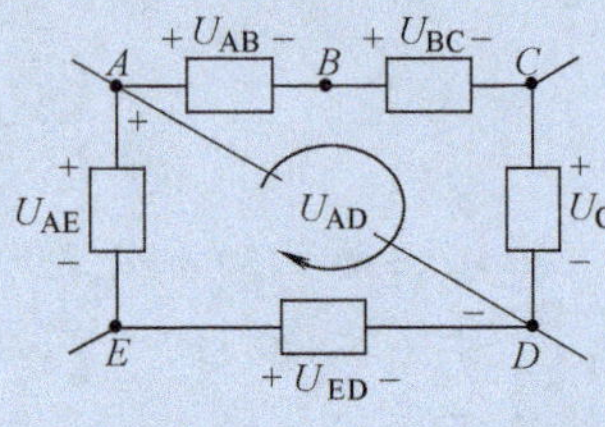

图 1-41 例 1-7 的电路

1）取顺时针方向为回路循行方向，根据 KVL 可列写出

$$U_{AB}+U_{BC}+U_{CD}+U_{DE}+U_{EA}=0$$

$$\begin{aligned}U_{CD}&=-U_{AB}-U_{BC}-U_{DE}-U_{EA}\\&=-U_{AB}-U_{BC}-(-U_{ED})-(-U_{AE})\\&=[-3-4-(6)-(-8)]V=-5V\end{aligned}$$

2）设 *ADEA* 为一个假想回路，取顺时针方向为回路循行方向，根据 KVL 可列写出

$$U_{AD}+U_{DE}+U_{EA}=0$$

$$\begin{aligned}U_{AD}&=-U_{DE}-U_{EA}=-(-U_{ED})-(-U_{AE})\\&=[-(6)-(-8)]V=(-6+8)V=2V\end{aligned}$$

任务实施

1. 工作原理分析

欧姆定律、基尔霍夫定律是分析和计算电路的基本定律，其内容虽然简单，但要灵活准确地掌握，还须进一步从实际应用中加深理解，并从解题过程中积累处理问题的实际经验。

2. 工作过程分析

（1）欧姆定律的应用

1）电阻值的估算。

① 如图 1-42 所示，已知蓄电池的电动势 $E=12V$，外电阻 $R=0.3\Omega$，电路中电流为 30A，问蓄电池的内阻 r 是多少？

解： 根据全电路欧姆定律

$$I=\frac{E}{R+r}$$

可得

$$r=\frac{E}{I}-R=\left(\frac{12}{30}-0.3\right)\Omega=0.1\Omega$$

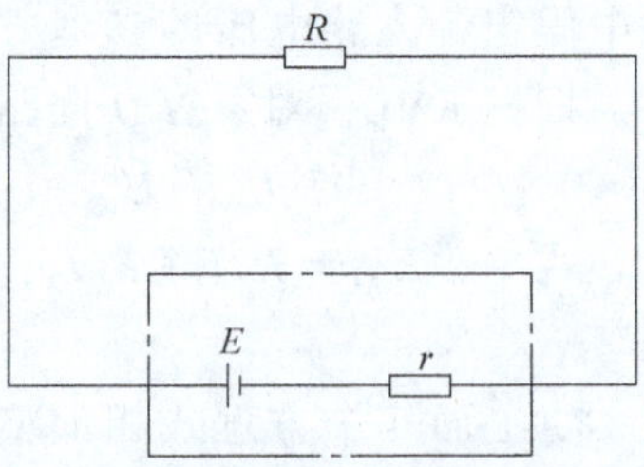

图 1-42 蓄电池内阻的估算电路

② 我国对人体安全电压是这样规定的，以通过人体的电流不能超过 30mA 为极限，安全电压为 30～36V，估算人体

电阻是多少？

解：根据部分电路欧姆定律

$$I=\frac{U}{R}$$

可得

$$R=\frac{U}{I}=\frac{30}{0.03}\Omega=1000\Omega \quad 或 \quad R=\frac{U}{I}=\frac{36}{0.03}\Omega=1200\Omega$$

所以，人体电阻应在1000~1200Ω之间。

2）用电器正常工作时，流过电流的估算

汽车前照灯上标有12V，50W字样，估算灯的电阻为多少？在12V的电压下工作，通过灯丝的电流是多少？

解：根据功率的表达式

$$P=\frac{W_R}{t}=UI=I^2R=\frac{U^2}{R}$$

可得

$$R=\frac{U^2}{P}=\frac{12^2}{50}\Omega=2.88\Omega$$

$$I=\frac{P}{U}=\frac{50}{12}\text{A}=4.17\text{A}$$

（2）基尔霍夫定律的验证实验

1）验证基尔霍夫电流定律（KCL）。本实验在直流电路单元板上进行，实验电路如图1-43所示。

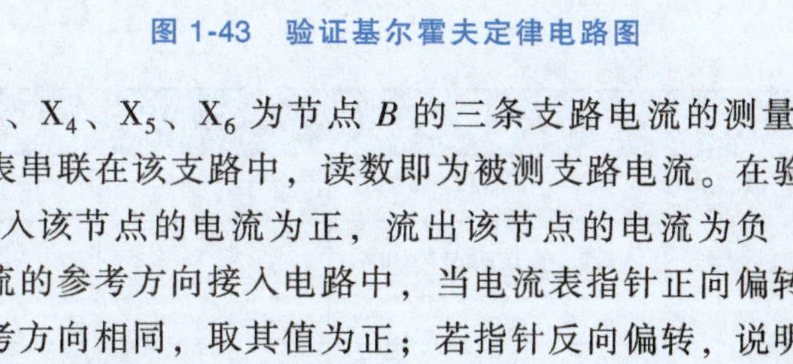

图1-43　验证基尔霍夫定律电路图

图中X_1、X_2、X_3、X_4、X_5、X_6为节点B的三条支路电流的测量接口，当测量某支路电流时，将直流电流表串联在该支路中，读数即为被测支路电流。在验证基尔霍夫电流定律（KCL）时，可假定流入该节点的电流为正，流出该节点的电流为负（反之也可）。电流表的正负极性按图中电流的参考方向接入电路中，当电流表指针正向偏转时，说明该支路电流是流入节点的，与参考方向相同，取其值为正；若指针反向偏转，说明该支路电流是流出节点的，与参考方向相反，倒换电流表表笔极性，再测量，取其值为负。将计算和测量的结果填入表1-4中（取$U_{S1}=10\text{V}$，$U_{S2}=18\text{V}$）。

表 1-4 验证 KCL 数据记录表

支路电流	计算值	测量值
I_1/mA		
I_2/mA		
I_3/mA		
$\sum I$/mA		

2）验证基尔霍夫电压定律（KVL）。本实验在直流电路单元板上进行，实验电路如图 1-43 所示。

当测量某闭合回路的各支路电压时，也应假定某一循行方向为参考方向。在按循行方向测量各支路电压时，若电压表指针正向偏转，则该电压取正值；若电压表指针反向偏转，则倒换电压表极性，再测量，该电压取负值。

用连接导线将三个电流接口短接，取两个验证回路（回路 1 为 *ABEFA*，回路 2 为 *BCDEB*）。用直流电压表依次测量 *ABEFA* 回路中各支路电压 U_{AB}、U_{BE}、U_{EF}和 U_{FA}；再依次测量 *BCDEB* 回路中各支路电压 U_{BC}、U_{CD}、U_{DE}和 U_{EB}，将测量结果填入表 1-5 中。测量时可选顺时针方向为回路的循行方向，并注意电压表的指针偏转方向及取值的正与负。

表 1-5 验证 KVL 数据记录表

回路电压	计算值	测量值
U_{AB}/V		
U_{BE}/V		
U_{EF}/V		
U_{FA}/V		
ABEFA 回路$\sum U$/V		
U_{BC}/V		
U_{CD}/V		
U_{DE}/V		
U_{EB}/V		
BCDEB 回路$\sum U$/V		

3. 工作评价

序号	工作目标	自评	互评	师评
1	正确表述及运用欧姆定律			
2	能够正确地从电器标志上估算出电器的电阻和额定电流			
3	能够独立验证基尔霍夫电压定律和电流定律			
4	正确计算实验电路中各支路电压值和电流值			

任务 4　汽车照明电路的分析和检测

任务描述

汽车电路为单线制，各电路负载并联在电路中，电源也是并联使用。汽车上安装的熔断器应串联在元器件或用电设备的回路中。学习汽车照明电路中串、并联电路的特点，要求能够利用串、并联的基本性质分析简单的汽车照明电路的电流流向，并能初步判断照明电路的故障所在位置。

知识准备

一、串联电路

如果一个电路中有若干个电阻按顺序首尾相连，在电源的作用下，各电阻上流过的电流相等，这种连接方式称为电阻的串联，如图 1-44a 所示。

电阻在串联时，可以用一个等效电阻 R 表示，等效电阻的大小等于各个串联电阻之和，如图 1-44b 所示，即

$$R=R_1+R_2+R_3 \tag{1-26}$$

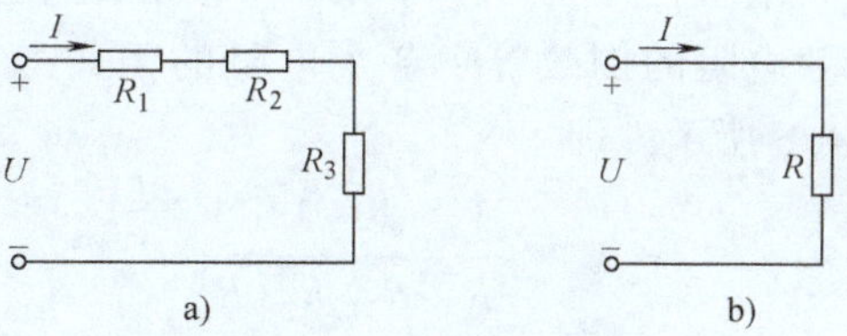

图 1-44　串联等效电阻

电阻在串联时，流过各个电阻的电流相等，但各个电阻两端的电压是不等的。电路总电压 U 等于各个电阻上的电压之和，即

$$U=U_1+U_2+U_3 \tag{1-27}$$

若电路中只有两个电阻串联，则电流为

$$I=\frac{U}{R}=\frac{U}{R_1+R_2}$$

各电阻两端的电压可通过下式求得

$$U_1=R_1I=\frac{R_1U}{R_1+R_2}$$

$$U_2=R_2I=\frac{R_2U}{R_1+R_2} \tag{1-28}$$

式（1-28）称为电阻串联时的分压公式。显然，串联电阻上电压的分配与电阻阻值的大小成正比。当其中某个电阻比其他电阻小得多时，其两端的电压也比其他电阻上的电压低得多。

电阻串联的应用很多。例如，当电源电压高于负载额定电压时，可以在负载上串联电阻，以降低负载上的电压。负载的工作状况与电流大小有直接关系，如直流电动机的转速与电流大小有关。捷达、桑塔纳轿车空调中的风扇电动机电路就串联了三个电阻，通过风扇电

动机开关可以改变串联电阻的个数，从而改变流过风扇电动机的电流，以达到改变风扇电动机转速的目的。

【例 1-8】 电路如图 1-45 所示，已知 $U_{ad}=100V$，求 U_{ab}、U_{bc}和 U_{bd}。

解： 100V 电压加在串联的三个电阻上，根据分压公式，每个电阻所分到的电压与本身的电阻成正比，可得

$$U_{ab}=\frac{10}{10+40+50}\times100V=10V$$

$$U_{bc}=\frac{40}{10+40+50}\times100V=40V$$

$$U_{bd}=\frac{40+50}{10+40+50}\times100V=90V$$

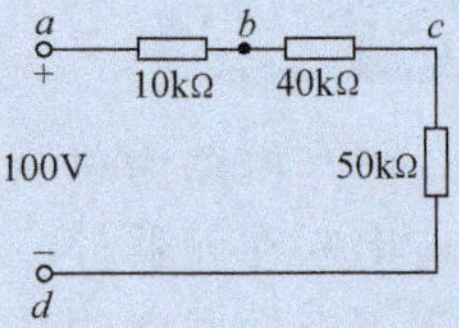

图 1-45　例 1-8 电路

二、并联电路

如果在一个电路中，若干个电阻的首端、尾端分别相连在一起，则在电源的作用下，各电阻两端的电压相等，这种连接方式称为电阻的并联，如图 1-46a 所示。

电阻在并联时，可以用一个等效电阻 R 表示，等效电阻的倒数等于各个电阻的倒数之和，如图 1-46b 所示，即

$$\frac{1}{R}=\frac{1}{R_1}+\frac{1}{R_2}+\frac{1}{R_3} \tag{1-29}$$

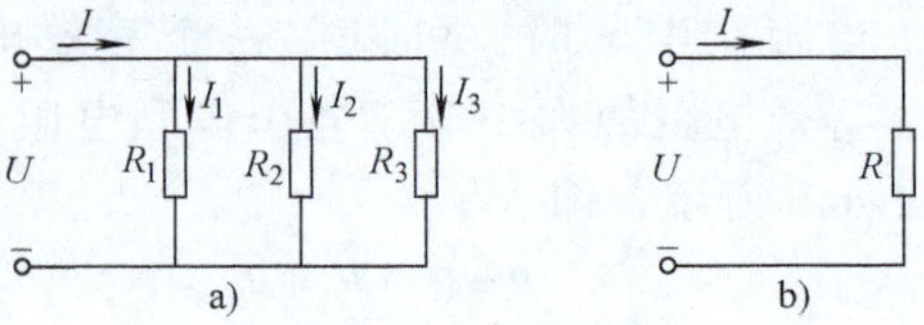

图 1-46　并联等效电阻

值得注意的是：这个等效电阻一定小于并联电阻中的任何一个。

电阻并联最简单的情况是两个电阻 R_1 和 R_2 的并联，这时等效电阻为

$$R=\frac{R_1R_2}{R_1+R_2} \tag{1-30}$$

电阻在并联时，虽然各个电阻两端的电压均相等，但各个电阻中流过的电流是不等的。电路总电流 I 等于各个电阻上流过的电流之和，即

$$I=I_1+I_2+I_3 \tag{1-31}$$

若只有两个电阻并联，在已知总电流的情况下，电路两端的电压为

$$U=RI=\frac{R_1R_2}{R_1+R_2}I$$

则两个电阻上流过的电流可以通过下式分别求得

$$I_1=\frac{U}{R_1}=\frac{R_2}{R_1+R_2}I$$

$$I_2=\frac{U}{R_2}=\frac{R_1}{R_1+R_2}I \tag{1-32}$$

式（1-31）称为电阻并联时的分流公式。显然，并联电阻上电流的分配与电阻阻值的大

小成反比。当其中某个电阻比其他电阻大得多时，通过此电阻的电流就比通过其他电阻的电流小得多。

一般情况下，负载都是并联接入电路中的。多个负载并联时，它们处于同一电压作用之下，任何一个负载的工作情况基本上不受其他负载的影响。

汽车上的电器设备，如喇叭、照明灯和电动机等都是并联在直流电源上的。并联电路的优点在于各个电器能单独工作、互不影响。对于几个额定电压相同的负载来说，只要电源能满足全部负载的电流要求，就可以把它们并联在同一电压源上。

任务实施

1. 工作原理分析

串、并联电路在汽车电路中的典型代表就是照明电路，如图 1-47 所示是桑塔纳 2000 轿车照明电路基本原理图。要求能够利用串、并联的基本性质分析简单的汽车照明电路的电流流向，并能在桑塔纳 2000 全车电器示教台上判断照明电路的故障所在位置。

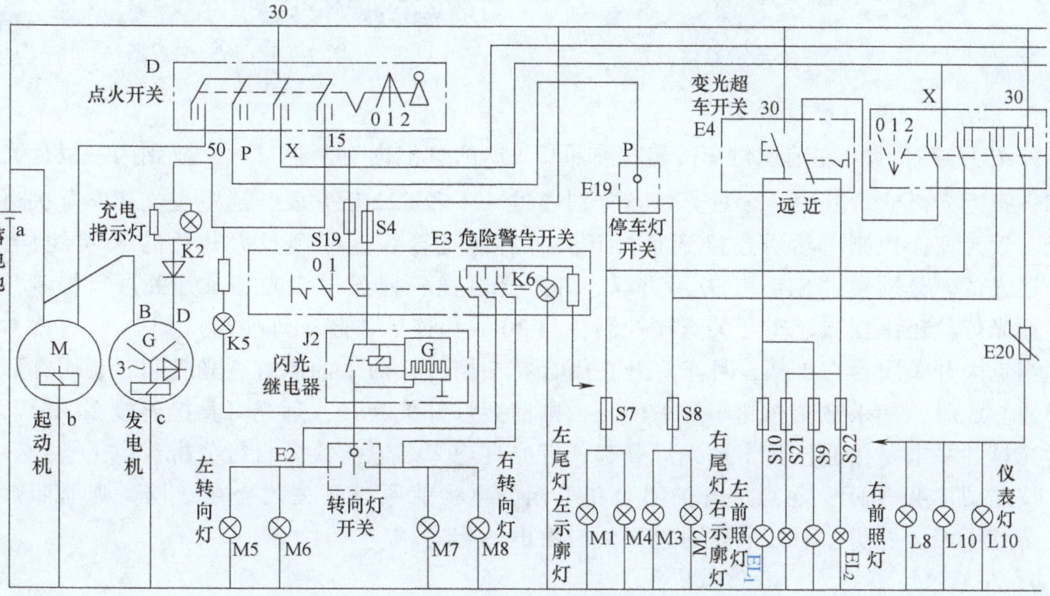

图 1-47 桑塔纳 2000 轿车照明电路基本原理图

2. 工作过程分析

示廓灯、尾灯电路分析及检测参见图 1-47，示廓灯与尾灯兼作停车灯使用，当汽车停驶时，用作停车灯；当汽车行驶时，用作示廓灯和尾灯。左示廓灯 M1 和左尾灯 M4 并联，右示廓灯 M3 和右尾灯 M2 并联。它们尾端搭铁，首端分别并联后与两个熔丝 S7 和 S8 串联，后经车灯开关与 30 线相连。这样只要将车灯开关闭合至 1 档或者 2 档，左、右示廓灯和尾灯则会亮起。

电流流向分析：

蓄电池正极→30 线→车灯开关 1 档或 2 档→{ 熔丝 S7→M1、M4 并联→搭铁→蓄电池负极。
熔丝 S8→M2、M3 并联→搭铁→蓄电池负极。

检测过程在图 1-48 所示的桑塔纳 2000 全车电器示教台上进行。按照图 1-49 指示，不打开点火开关，将车灯开关闭合至 1 档或者 2 档，则左、右示廓灯和尾灯立即亮起，前照灯不亮。说明示廓灯、尾灯电路直接与蓄电池相连。

图 1-48　桑塔纳 2000 全车电器示教台

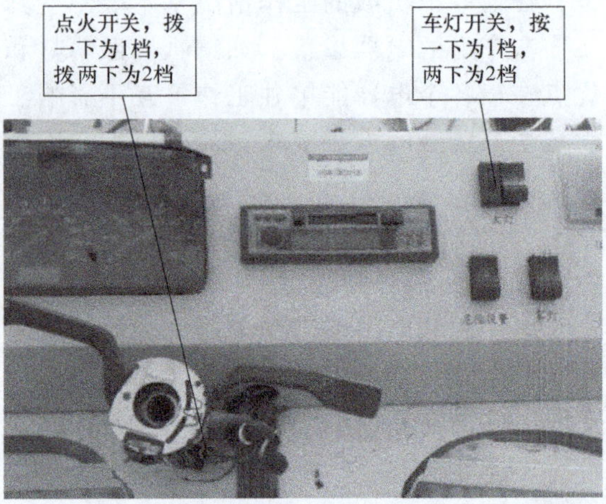

图 1-49　开关位置图

3. 前照灯电路分析及检测

如图 1-47 所示，左前照灯 EL_1 和右前照灯 EL_2 的灯泡内有两根灯丝，分别为一根远光灯丝和一根近光灯丝。其中两个近光灯丝分别通过 S21 和 S22 后并联，通过变光超车开关进行远光、近光变换控制，然后连接到车灯开关，再通过导线连接到点火开关的 X 接线柱上。两个远光灯丝分别通过 S10 和 S9 后并联，和近光灯丝一样通过变光超车开关进行控制。此外，远光灯丝还由变光超车开关直接控制，与 30 线相连，作超车灯使用。

当点火开关闭合在 1 档，且车灯开关闭合在 2 档时，两个前照灯近光亮起，说明并联电路导通。此时，如果把变光超车开关闭合，则前照灯开关断开，远光灯直接连接在 30 线上，即远光灯并联电路接通，两个远光灯亮起，近光灯熄灭。电流流向自行分析。

按照图 1-49 所示，将点火开关闭合在 1 档，再将前照灯开关闭合在 2 档，则前照灯亮起，尾灯不灭，说明前照灯电路通过开关与蓄电池相连。

4. 左前照灯不亮，判断故障位置

1）检测蓄电池到两个前照灯熔丝入口处电路是否正常。

将点火开关闭合在 1 档，车灯开关闭合在 2 档，将万用表红表笔插入实训台“前照灯测量端口”，黑表笔搭铁，如果电压为 12V，则说明前端电路无故障。

2）检测前照灯电流流入口是否有电压。

将万用表红表笔搭在前照灯电流输入口，黑表笔搭铁，按照并联电路的性质可知，如果电路正常导通，此两端电压应该等于蓄电池电压 12V。如果有电压，故障可能出现在灯泡；如果无电压，则故障可能出现在熔丝或者导线上。

5. 工作评价

序号	工作目标	自评	互评	师评
1	能够正确分析照明电路中串、并联部分			
2	能够叙述串、并联电路的特点			

（续）

序号	工 作 目 标	自评	互评	师评
3	正确分析出各电流通路的电流流动方向			
4	能够正确判定故障所在位置			

任务5　汽车电路的组成与识读

任务描述

汽车电路通常由电源电路、起动电路、点火电路、照明与灯光信号电路、仪表信息系统电路、辅助装置电路和电子控制系统电路组成。认识电路的基本组成和电路基础元器件，学会识读汽车电路图，是汽车专业的学生必须掌握的基础内容。

知识准备

一、汽车电路的组成

1. 电源电路

电源电路也称为充电电路，是由蓄电池（图1-50）、发电机、电压调节器及充电指示装置等组成的电路，电能分配及电路保护器件也可归入这一电路。

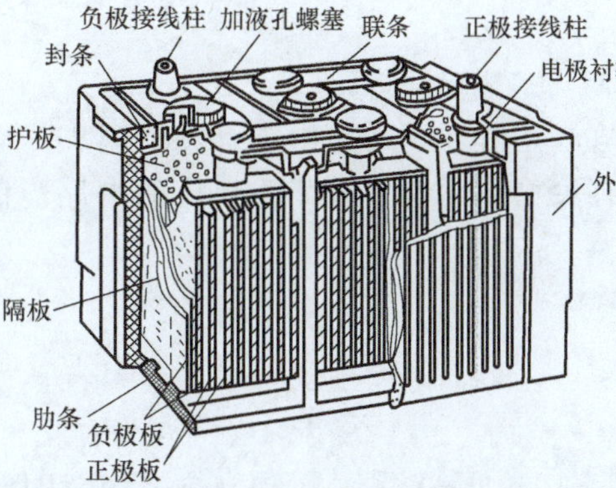

图1-50　蓄电池的外形及结构

2. 起动电路

起动电路是由起动机、起动继电器、起动开关（图1-51）及起动保护电路组成的电路，也可将低温条件下起动预热的装置及其控制电路归入这一电路。

3. 点火电路

点火电路是汽油发动机汽车特有的电路。它由点火线圈、分电器、点火控制器、火花塞及点火开关组成，其主要组成如图1-52所示。

a)　　b)　　c)

图 1-51　汽车起动电路主要组成

a）起动机　b）起动继电器　c）起动开关

a)　　b)　　c)

图 1-52　汽车点火电路主要组成

a）点火线圈　b）分电器　c）火花塞

4. 照明与灯光信号电路

照明与灯光信号电路是由前照灯、雾灯、示廓灯、转向灯、制动灯、倒车灯、车内照明灯及有关控制继电器和开关组成的电路。图 1-53 所示的是汽车前照灯灯泡的结构示意图。

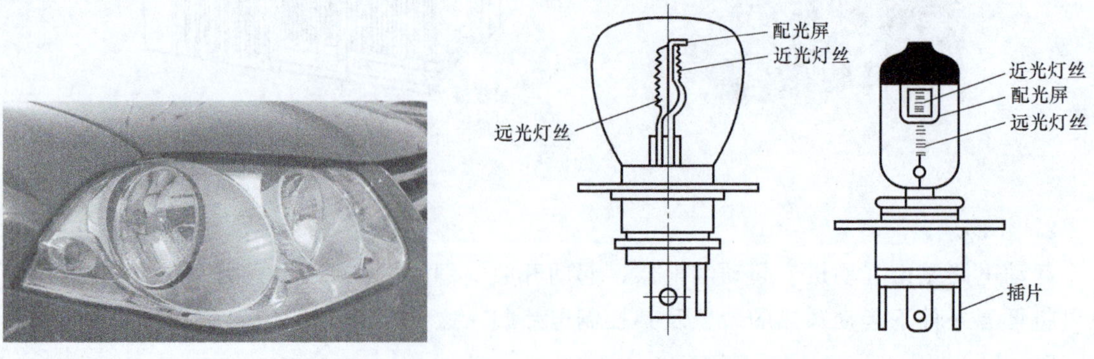

a)　　b)　　c)

图 1-53　汽车前照灯灯泡的结构示意图

a）前照灯实物照　b）普通灯泡　c）卤钨灯泡

5. 仪表信息系统电路

仪表信息系统电路是由仪表及其传感器、各种警告指示灯及控制器组成的电路。图1-54 所示的是汽车组合仪表，仪表板上有冷却液温度表、燃油表、车速里程表、发动机转速表、数字时钟以及发动机冷却液温度过高、机油压力不足、燃油量不足、制动液面过低等警告灯和转向、远光、充电等指示灯。全部仪表、指示灯和警告灯都装在仪表板框座内。

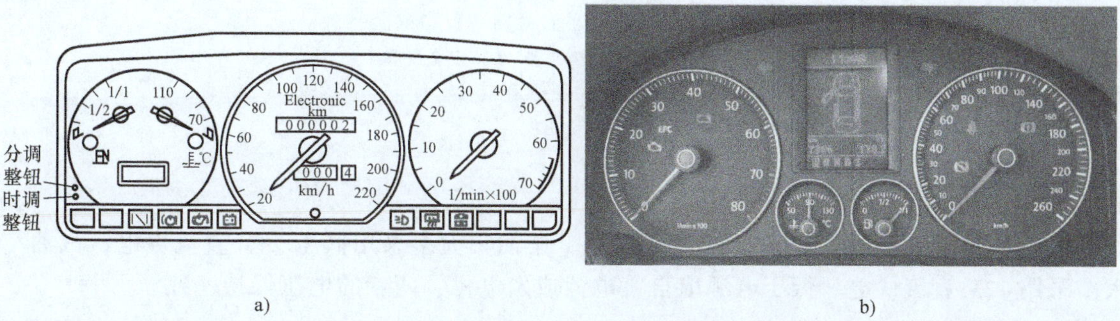

图 1-54　汽车组合仪表

a）机电模拟式仪表（桑塔纳 2000 型）　b）大众速腾组合仪表

6. 辅助装置电路

辅助装置电路是为提高车辆安全性、舒适性等而设置的，由各种电器装置组成的电路。辅助电器装置的种类随车型不同而有所差异，汽车档次越高，辅助电器装置越完善。一般包括风窗刮水器及清洗装置、风窗除霜（防雾）装置、空调装置、音响装置等。较高级车型上还装有车窗电动举升装置、电控门锁、电动座椅调节装置和电动后视镜等。图 1-55 所示为汽车音响和电动后视镜实物图。

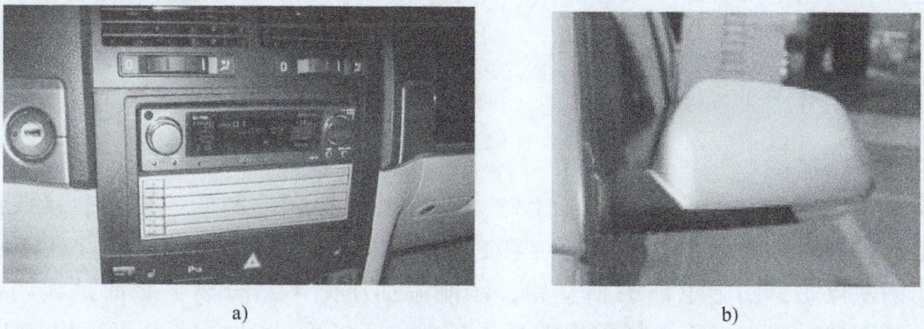

图 1-55　汽车音响和电动后视镜实物图

a）音响装置　b）电动后视镜

7. 电子控制系统电路

电子控制系统电路主要由发动机控制系统（包括燃油喷射、点火、排放等控制）、自动变速器及定速巡航控制系统、防抱死制动系统、安全气囊控制系统等电路组成。图 1-56 所示为汽车自动变速器换档装置和安全气囊。

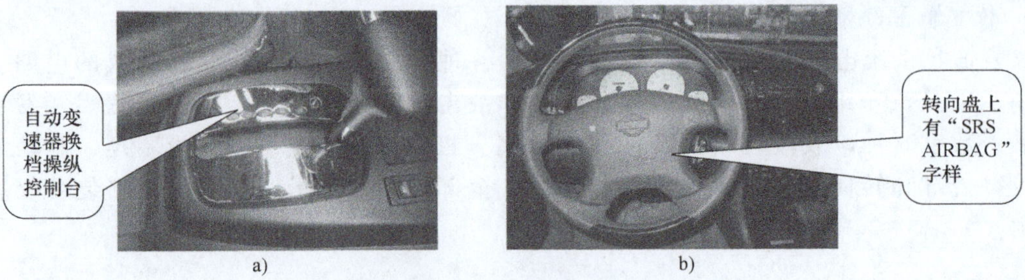

图 1-56　汽车自动变速器换档装置和安全气囊

a）自动变速器换档装置　b）安全气囊

二、汽车电路的特点

1. 低压直流供电

汽车电器设备采用低压直流（DC）供电。柴油车大多采用低压 24V 直流供电，汽油车大多采用 12V 直流供电。低压电源取自蓄电池或发电机，两者的电压保持一致。

2. 单线制

单线制是利用汽车发动机和底盘、车身等金属机件作为各种电器设备的公用连线（俗称“搭铁”），而用电设备到电源只需另设一根导线。对于负极搭铁电路，任何一个汽车电路中的电流都是从电源的正极出发，经导线流入用电设备后，由搭铁的负极通过金属车架流回电源负极而形成回路。

3. 负极搭铁

按电源搭铁的极性，可分为正极搭铁和负极搭铁。由于负极搭铁对无线电设备（汽车音响、通信系统）干扰较小，所以大多数国家的汽车都采用负极搭铁。

4. 用电设备并联

汽车上的各种用电设备都采用并联方式与电源连接，每个用电设备都由各自串联在其支路中的专用开关控制，互不产生干扰。

三、汽车电路图的种类

1. 电路接线图

电路接线图是按照电气设备在汽车上的大致安装位置来绘制的电路图。接线图的优点是：整车电气设备数量准确，电路的走向清楚，有始有终，便于循线跟踪，查找起来比较方便。接线图的缺点是：图上电路纵横交错，印制版面小则不易分辨，版面过大印装又受限制；识图、画图费时费力，不易抓住电路重点、难点；不易表达电路内部结构与工作原理。在电气系统复杂程度不高的情况下经常采用电路接线图。

2. 电路原理图

电路原理图是用图形符号按工作顺序或功能布局绘制的，是详细表示汽车电路的全部组成和连接关系，不考虑实际位置的简图，具有清晰、简单、便于理解等特点。电路原理图既表达了电器之间的连接，又体现了电气设备内部的电路情况，容易分析各电器工作时电流的具体路径，因此应用比较广泛。电路原理图既可以是全车电路原理图，也可以是各系统电路原理图或局部电路原理图。图 1-57 所示是桑塔纳轿车电源、起动、预热、点火、仪表与信

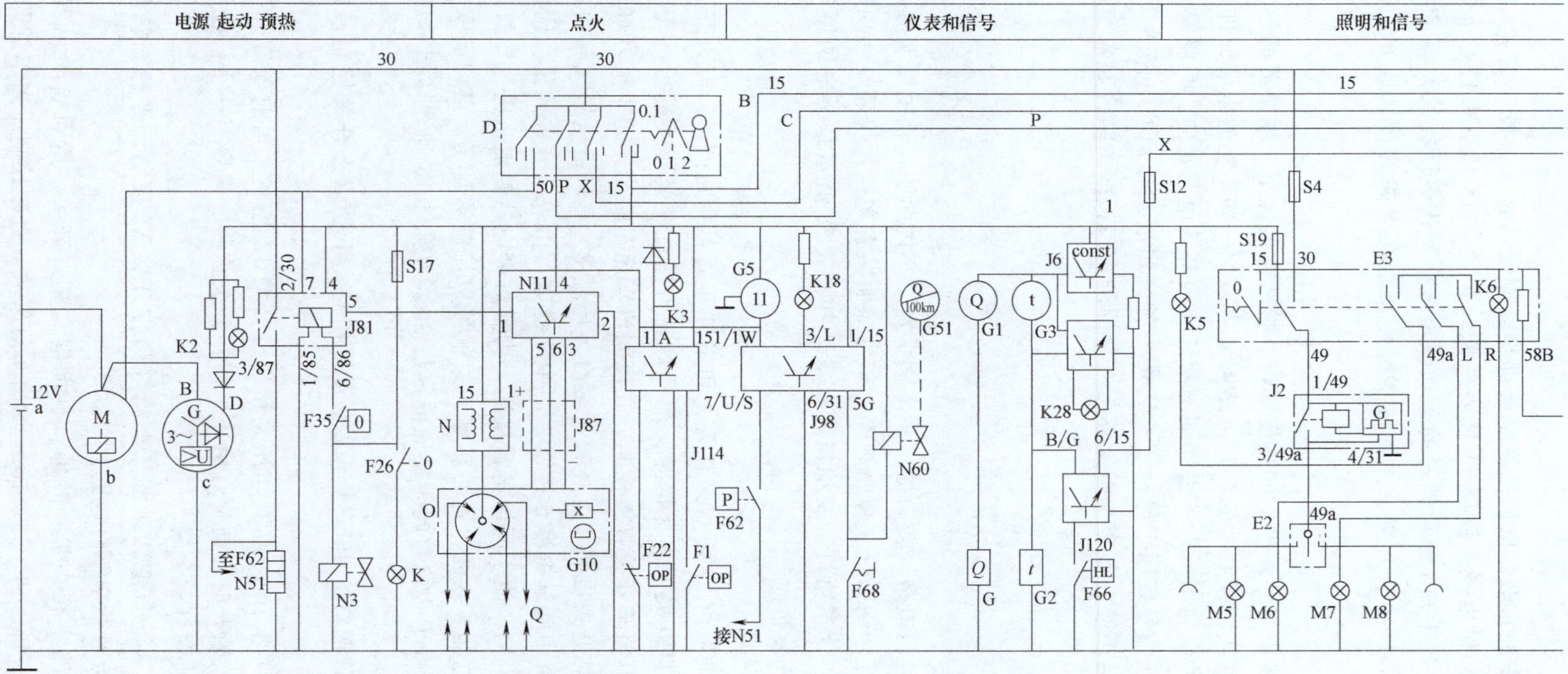

图 1-57　桑塔纳轿车电源、起动、预热、点火、仪表与信号电路原理图

a—蓄电池　b—起动机　c—整体式交流发电机　K2—充电指示灯　N51—进气管加热器的加热电阻　J81—进气管预热继电器　F35—进气管预热器温控开关　N3—循环空气截止阀　F26—自动阻风门温控开关　K—阻风门指示灯　D—点火开关　N—点火线圈　Q—火花塞　K3—油压指示灯　J114—油压检查控制器　F22—低压油压开关　F1—高压油压开关　G5—转速表　F62—换档指示灯真空开关　F68—换档油耗指示器　G51—油耗表　N60—油耗表电磁阀　G1—燃油表　G—燃油表传感器　G3—温度表　G2—温度表传感器　J6—稳压器　J120—冷却液不足指示控制器　F66—冷却液不足指示器开关　K5—转向指示灯　E3—危险警告灯开关　K6—警告闪光器指示灯　J2—闪光器　E2—转向灯开关　M5—左前转向信号灯　M6—左后转向信号灯　M7—右前转向信号灯　M8—右后转向信号灯

号电路原理图。

在大众公司汽车电路图中经常遇到的数字及字母都具有固定的含义（图1-57）。如数字30代表的是来自蓄电池正极的供电线；数字31代表搭铁线；数字15代表来自点火开关的点火供电线；数字50代表点火开关在起动档时的起动供电线；X代表受控的大容量用电设备供电线（来自卸荷继电器的供电线）等。无论这些标记出现在电路的什么地方，相同的标记都代表相同的接点。

3. 电路布线图

电路布线图主要表明电线束与各用电器的连接部位、接线柱的标记、插接器的形状及位置等，它是人们在汽车上能够实际接触到的汽车电路图。可以把一些车辆的电器元件位置图看成是简化了的布线图。这种电路图一般不去详细描绘线束内部的电路走向，只将露在线束外面的线头与插接器进行详细编号或用字母标记。它是一种突出装配标记的电路表现形式，非常便于安装、配线、检测与维修。若布线图能够与电路原理图或接线图结合起来使用，则会起到更大的作用。

任务实施

1. 工作原理分析

汽车照明设备主要用于照明道路、转向提示、车辆示宽、车内照明、辅助照明等。车外照明装置包括：前照灯、雾灯、倒车灯、牌照灯等；车内照明装置包括：仪表灯、顶灯、阅读灯等；工作照明装置包括：行李箱灯、发动机罩灯等。如图1-58所示是桑塔纳轿车照明系统电路原理图，识读此图并分析。

2. 工作过程分析

（1）前照灯控制电路　前照灯23由点火开关3和车灯开关4共同控制，点火开关3置于正常工作档位（1档）、车灯开关4为2档时，前照灯亮，通过变光开关进行远光、近光变换控制。此外，远光灯还由超车开关直接控制，在夜间汽车超车时当作超车信号灯用。

（2）雾灯控制电路　雾灯开关电路中，连接了雾灯继电器8，雾灯继电器线圈由车灯开关4控制，雾灯继电器触点由中间继电器5控制，而中间继电器由点火开关控制。因此要使用雾灯，点火开关必须置于1档，使中间继电器接通，为雾灯继电器触点供电；车灯开关必须置于1档或2档使雾灯继电器8接通，这时雾灯开关就可以控制雾灯了。雾灯开关置于1档时接通前雾灯20的电路，置于2档时同时接通前雾灯20、后雾灯18和雾灯指示灯17的电路。

（3）牌照灯控制电路　牌照灯6由车灯开关4直接控制，不受点火开关控制，在车灯开关置于1档或2档时亮。

（4）顶灯控制电路　前顶灯10由前顶灯开关和门控开关12控制，当前顶灯开关接通时，前顶灯亮。当前顶灯开关断开时，前顶灯由4个门控开关控制，只要有一个门控开关接通即有一个车门关闭不严，前顶灯就会亮。

（5）行李箱灯控制电路　行李箱灯9由行李箱灯门控开关11控制，当行李箱门打开时，行李箱灯门控开关就会接通行李箱灯电路。

（6）其他照明灯控制电路　仪表板、时钟、点烟器、雾灯开关、后风窗除霜器开关、空调开关等的照明灯21、22、13、14、15、16也均由车灯开关4直接控制。当车灯开关在1

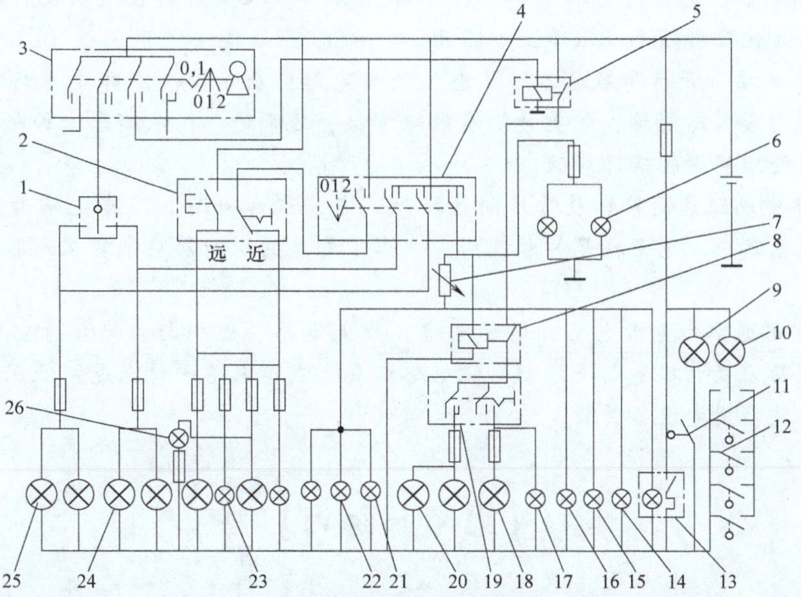

图 1-58　桑塔纳轿车照明系统电路原理图

1—停车灯开关　2—变光和超车开关　3—点火开关　4—车灯开关　5—中间继电器　6—牌照灯　7—仪表灯调节电阻　8—雾灯继电器　9—行李箱灯　10—前顶灯　11—行李箱灯门控开关　12—前顶灯和门控开关　13—点烟器照明灯　14—雾灯开关照明灯　15—后风窗除霜器开关照明灯　16—空调开关照明灯　17—雾灯指示灯　18—后雾灯　19—前后雾灯开关　20—前雾灯　21—仪表板照明灯　22—时钟照明灯　23—前照灯　24—右前后示廓灯　25—左前后示廓灯　26—远光指示灯

档或 2 档时，上述照明灯均被接通，其亮度可通过仪表灯调光电阻 7 进行调节。

3. 工作评价

序号	工 作 目 标	自评	互评	师评
1	能正确说出汽车电路的各组成部分			
2	认识汽车电路的基础元器件			
3	正确识读汽车电路图			
4	能够正确分析各照明灯的控制电路			

项 目 小 结

1. 任何一个完整的电路都有电源、负载和中间环节三个基本组成部分。电流的实际方向是指正电荷运动的方向，电压的实际方向是指电位降的方向，电动势的方向是指电位升的方向。电流和电压的参考方向可任意选定，当参考方向与实际方向一致时，其值为正，反之为负。在未标出参考方向的情况下，其正负是无意义的。正确使用万用表是提高汽车电工电子技术课程操作能力的基础，应掌握万用表的使用技巧，并能熟练使用万用表对电路中各种元器件进行检测和对电路中各物理量进行测量。

2. 电阻、电感、电容是电路中的基础元件，除了深入理解其含义及元件性质外，还应掌握这些元件的伏安特性和在汽车上的应用。

3. 电路有通路、开路和短路三种状态。欧姆定律、基尔霍夫定律是分析和计算电路的基本定律，其内容虽然简单，但要灵活准确地掌握，还须进一步从概念上加深理解，并在解题过程中积累处理问题的实际经验。

4. 在电路中电阻最简单和最常用的连接形式是串联和并联。汽车电路为单线制，各电路负载并联在电路中，电源也是并联使用。汽车上安装的熔断器应串联在元器件或用电设备的回路中。

5. 汽车电路通常由电源电路、起动电路、点火电路、照明与灯光信号电路、仪表信息系统电路、辅助装置电路和电子控制系统电路组成。汽车电路的特点是：低压直流供电、单线制、负极搭铁、用电设备并联。

【思考与练习】

1-1 图 1-59a、b、c 所示为从某一电路中取出的一条支路 *AB*。试判断电流的实际方向。

1-2 图 1-60*A*、*B* 所示为某电路中的任一元件。试判断元件两端电压的实际方向。

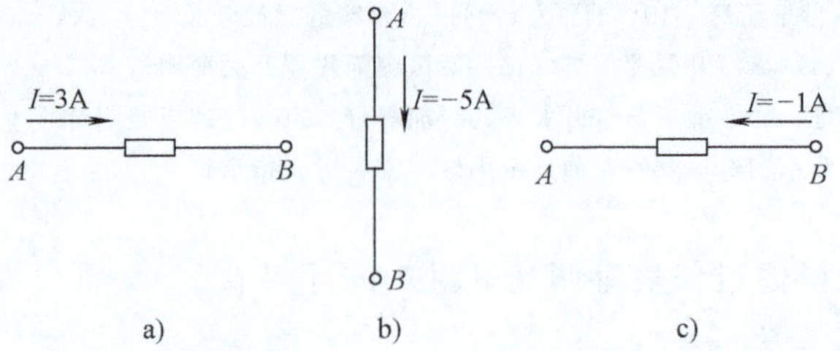

图 1-59 习题 1-1 图

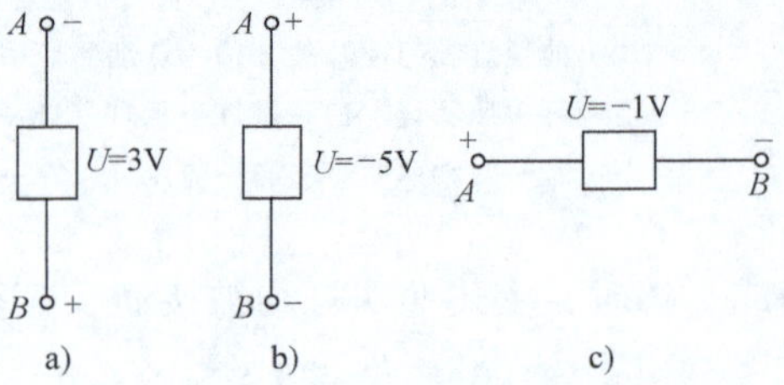

图 1-60 习题 1-2 图

1-3 求图 1-61 所示各支路中的未知量。

1-4 有一个 220V、40W 的台灯，接到 220V 的电源上，求通过该台灯的电流和在工作电压下的电阻。若每晚使用 3h，每月将消耗几度电？

1-5 图 1-62 所示电路中，已知电源的电动势 $E=24\text{V}$，内阻 $r_0=2\Omega$，负载电阻 $R=10\Omega$；求：(1) 电路中的电流；(2) 电源的端电压；(3) 负载电阻 *R* 上的电压；(4) 电源内阻上的电压降。

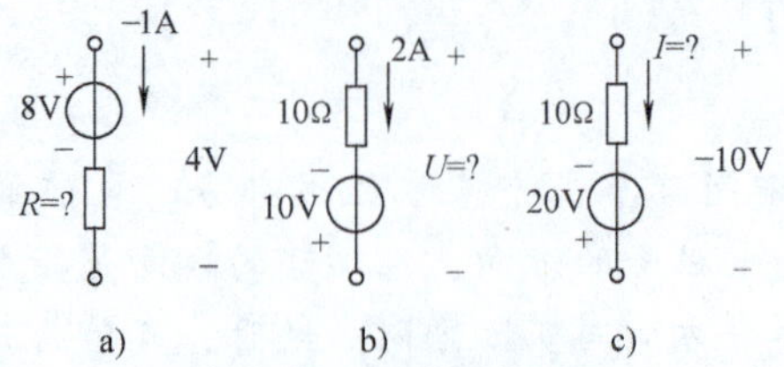

图 1-61 习题 1-3 图

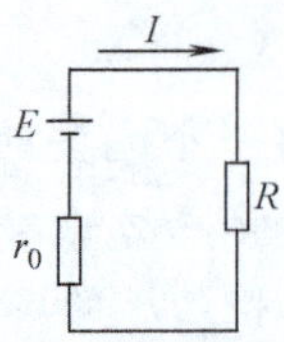

图 1-62 习题 1-5 图

1-6 试求图 1-63 所示电路中的电流 *I*。

1-7　图 1-64 所示，已知 $I_1=4\text{A}$，$I_2=2\text{A}$，$I_3=-5\text{A}$，$I_4=3\text{A}$，$I_5=3\text{A}$，求电路中的电流 I_6。

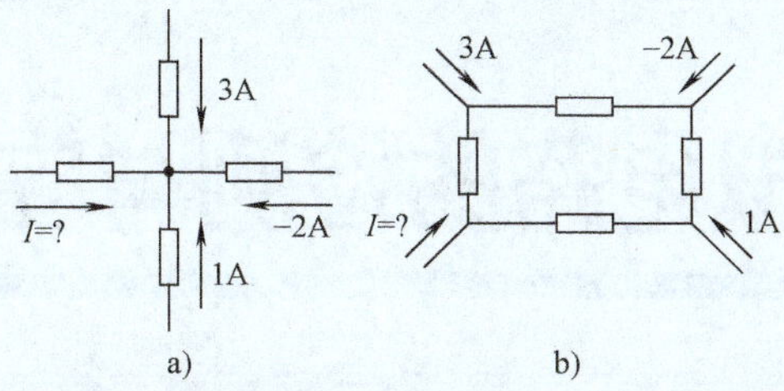

图 1-63　习题 1-6 图

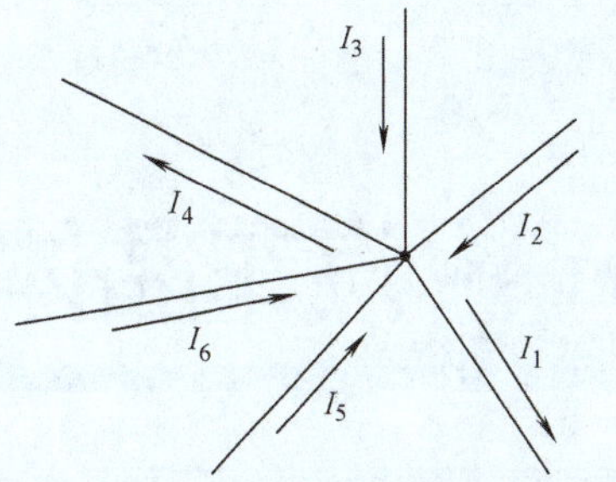

图 1-64　习题 1-7 图

1-8　图 1-65 所示电路中，已知 $R_1=2\Omega$，$R_2=4\Omega$，$U_{S1}=12\text{V}$，$U_{S2}=6\text{V}$，求 U_{ac}。

1-9　图 1-66 所示电路是一个电阻混联电路，各电阻阻值如图所示，求 A、B 两端的等效电阻 R_{ab}。

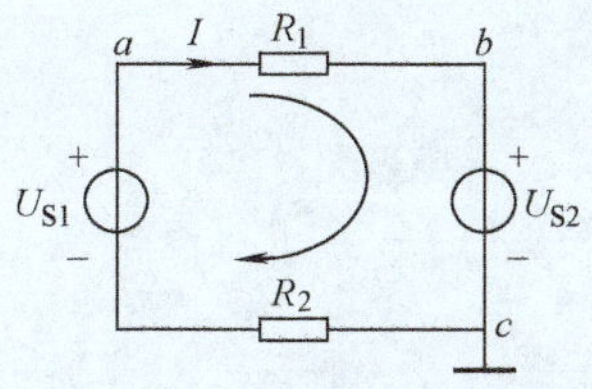

图 1-65　习题 1-8 图

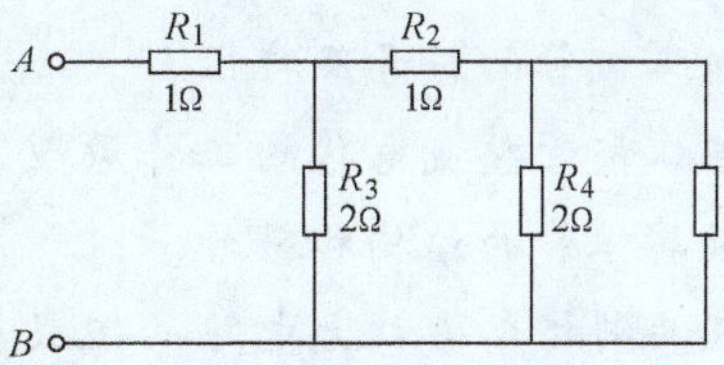

图 1-66　习题 1-9 图

项目二 汽车晶体管模拟电路的检测与应用

知识目标

- 了解半导体和 PN 结的基本知识。
- 掌握二极管的符号及特性。
- 掌握二极管整流电路的工作原理。
- 掌握晶体管的结构和符号。
- 掌握共射极单管放大电路的组成和工作原理。
- 了解功率放大电路的工作原理。
- 掌握晶体管的开关特性。

技能目标

- 掌握用指针式万用表检测二极管的方法。
- 掌握汽车发电机整流器的检测与工作原理分析。
- 掌握晶体管的识别与检测的方法。
- 了解晶体管的开关特性在汽车电子电路中的应用。

任务 1　二极管的识别与检测

任务描述

二极管是由一个 PN 结构成的，具有单向导电性。当检测二极管时，可以用观察法或测试法来判别二极管的极性和好坏。二极管的伏安特性是指二极管两端电压与通过二极管电流之间的关系。利用逐点测量法，通过改变输入电压，分别测出二极管两端电压和通过二极管的电流，即可在坐标纸上描绘出它的伏安特性曲线。

知识准备

一、半导体及 PN 结

半导体是制造电子器件的主要材料，它的广泛应用不是因为它的导电能力介于导体和绝缘体之间，而是它的电阻率可以随温度、光照和杂质等因素的不同而呈现显著的区别。

1. 本征半导体

完全纯净的、原子结构排列整齐的半导体称为本征半导体。常用的半导体材料是硅和锗，它们都是四价元素，在原子结构中最外层轨道上有四个价电子，其原子结构如图 2-1 所示。

价电子不仅受到自身原子核的作用，同时还受到相邻原子核的吸引。于是，两个相邻的原子共有一对价电子，组成共价键结构。故晶体中，每个原子都和周围的 4 个原子用共价键的形式互相紧密地联系起来，如图 2-2 所示。

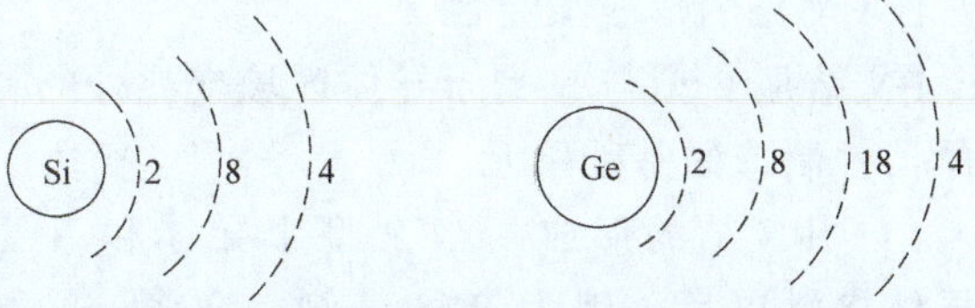

图 2-1　硅元素、锗元素原子结构示意图

在室温或光照下价电子获得足够能量摆脱共价键的束缚成为自由电子，并在共价键中留下一个空位（空穴）的过程，称为本征激发或热激发，如图 2-3 所示。自由电子和空穴在运动中相遇，重新结合成对并消失的过程称为复合。自由电子和空穴都称为载流子，且成对出现，数量较少。由于自由电子和空穴数量相等，因而本征半导体对外不显电性。

2. 杂质半导体

本征半导体实际的使用价值不大，在本征半导体中有选择地掺入少量其他元素，会使其导电性能发生显著变化。这些少量元素统称为杂质，掺入杂质的半导体称为杂质半导体。根据掺入杂质的不同，可分为 N 型半导体和 P 型半导体。

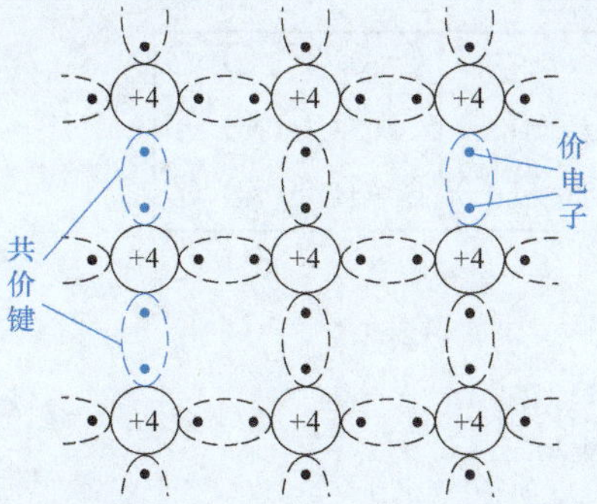

图 2-2　硅元素、锗元素共价键结构示意图

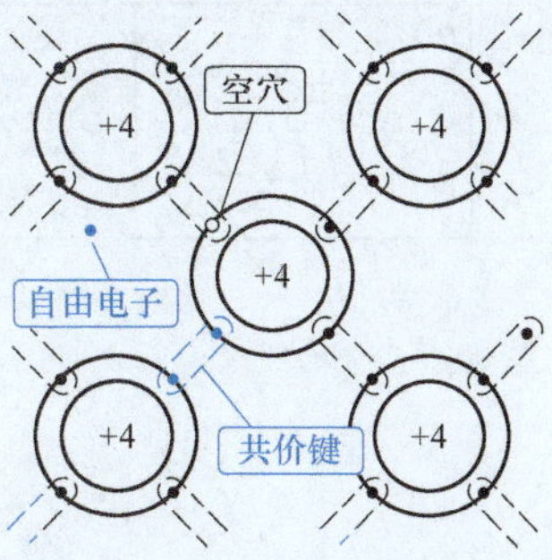

图 2-3　本征半导体中自由电子和空穴的形成

（1）N 型半导体　在本征半导体中，掺入微量的五价元素，如磷（P）、砷（As）等，就构成了 N 型半导体。如图 2-4 所示，由于杂质原子的最外层有 5 个价电子，因此它与周围 4 个硅（锗）原子组成共价键时，还有 1 个多余的价电子。价电子不受共价键的束缚，而只受自身原子核的束缚，它只要得到较少的能量就能成为自由电子。掺入杂质元素越多，则能产生的自由电子就越多。因此，在 N 型半导体中自由电子为多数载流子，空穴为少数载流

子，载流子数约等于自由电子数。

（2）P 型半导体　在本征半导体中掺入少量的三价元素，如硼（B），就构成了 P 型半导体。如图 2-5 所示，硼原子最外层只有 3 个电子，3 个价电子和相邻的 3 个硅原子形成共价键后，就留下一个空穴，空穴数量增多，自由电子则相对很少。因此，在 P 型半导体中空穴为多数载流子，自由电子为少数载流子，载流子数约等于空穴数。注意无论是 N 型半导体还是 P 型半导体都是电中性，对外都不显电性。

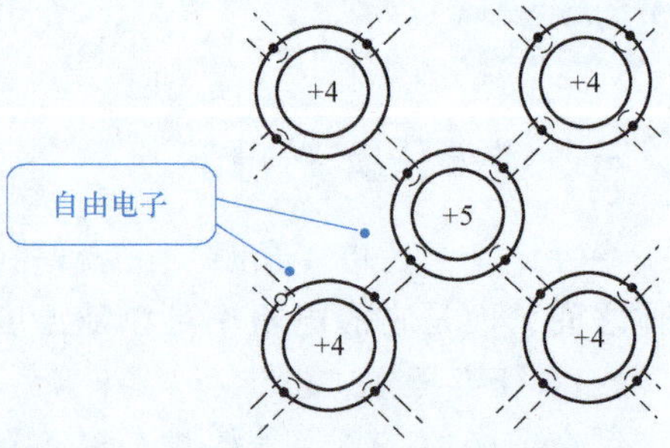

图 2-4　N 型半导体的共价键结构示意图

3. PN 结的形成与特性

PN 结是 P 型与 N 型半导体区域交界处的特殊带电薄层，具有特殊的单向导电性，是半导体器件制造的基础单元。

（1）PN 结的形成　当 P 型半导体和 N 型半导体接触以后，因为 P 区一侧空穴多，N 区一侧电子多，所以在它们的交界面处存在空穴和电子的浓度差。于是 P 区中的空穴会向 N 区扩散，并在 N 区被电子复合。而 N 区中的电子也会向 P 区扩散，并在 P 区被空穴复合。这样在 P 区和 N 区分别留下了不能移动的负离子和正离子，结果在交界面的两侧形成了由等量正、负离子组成的空间电荷区。空间电荷区的特点是无载流子，阻止多数载流子的扩散运动，利于少数载流子的漂移运动，如图 2-6 所示。

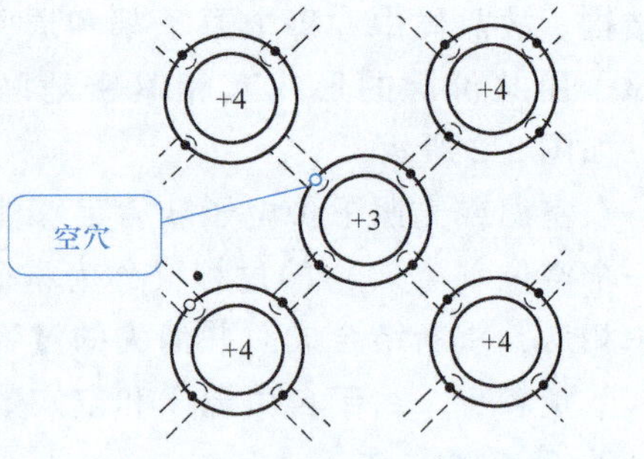

图 2-5　P 型半导体的共价键结构示意图

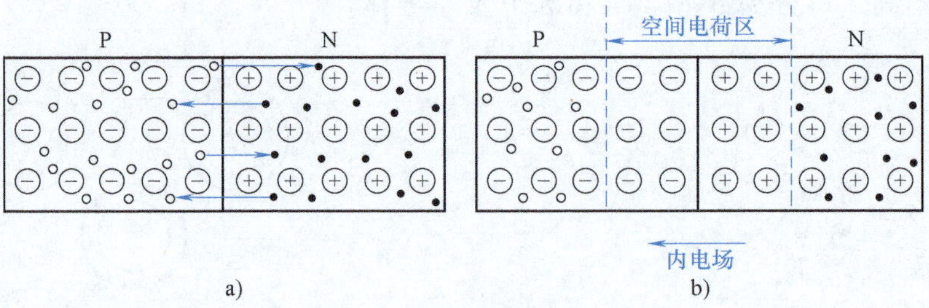

图 2-6　PN 结的形成

a）扩散运动　b）形成内电场

（2）PN 结的单向导电性

1）PN 结的正向导通特性（正向偏置）。给 PN 结加正向偏置电压，即 P 区接电源正极，N 区接电源负极，此时称 PN 结为正向偏置，简称正偏，如图 2-7 所示。由于外加电源产生的外电场的方向与 PN 结产生的内电场方向相反，削弱了内电场，使 PN 结变薄，这样有利于两区多数载流子向对方扩散，形成正向电流 I_F，此时 PN 结处于正向导通状态。外电场越强，正向电流越大，PN 结的正向电阻越小。

2）PN 结的反向截止特性（反向偏置）。给 PN 结加反向偏置电压，即 N 区接电源正极，P 区接电源负极，称 PN 结反向偏置，简称反偏，如图 2-8 所示。由于外加电场与内电场的方向一致，因而加强了内电场，使 PN 结变厚，阻碍了多数载流子的扩散运动。在外电场的作用下，只有少数载流子形成的很微弱的电流，称为反向电流 I_R。外电场增强，反向电流也几乎不增加，PN 结的反向电阻很大。

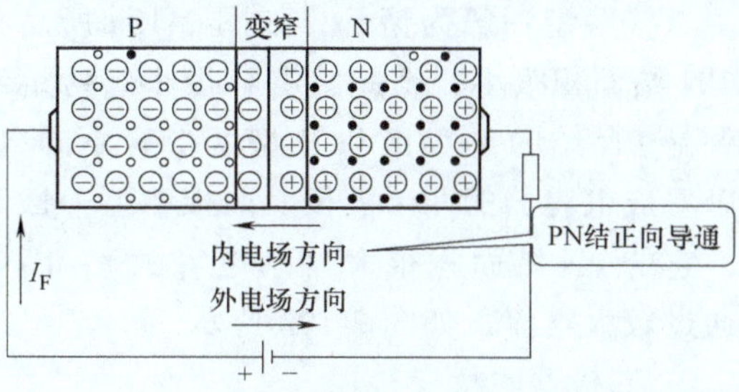

图 2-7 PN 结正向特性

注意： 少数载流子是由于热激发产生的，因而 PN 结的反向电流受温度影响很大。

3）PN 结的击穿特性。当加于 PN 结的反向电压增大到一定值时，反向电流会急剧增大，这种现象称为 PN 结击穿。PN 结发生反向击穿的原因可以分为两种。

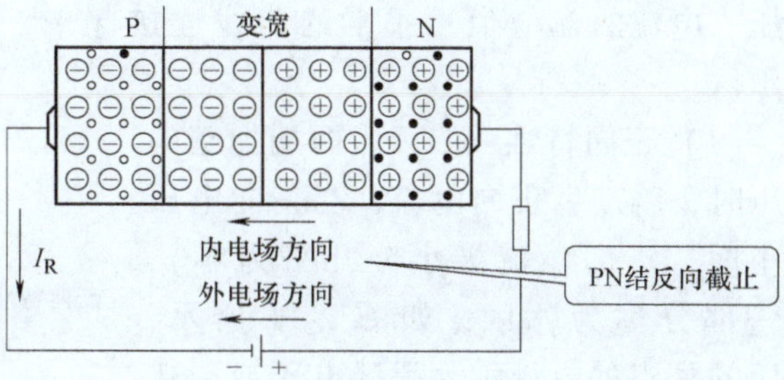

图 2-8 PN 结反向特性

雪崩击穿：在轻掺杂的 PN 结中，当外加反向电压时，空间电荷区较宽，少数载流子漂移通过耗尽区时被加速，动能增大。当反向电压大到一定值时，在耗尽区内被加速而获得高能量的少数载流子，会与中性原子的价电子相碰撞，将其撞出共价键，产生电子、空穴对。新产生的电子、空穴被强电场加速后，又会撞出新的电子、空穴对。

齐纳击穿：在重掺杂的 PN 结中，耗尽区很窄，所以不大的反向电压就能在耗尽区内形成很强的电场。当反向电压大到一定值时，强电场足以将耗尽区内中性原子的价电子直接拉出共价键，产生大量的电子、空穴对，使反向电流急剧增大。

二、二极管

1. 二极管的结构和分类

将 PN 结加上相应的封装并引出两根电极就构成了二极管，如图 2-9a 所示。接在二极管 P 区的引出线称为二极管的阳极，接在 N 区的引出线称为二极管的阴极。三角箭头指向为正向导通电流方向，正向电流从二极管阳极流入，阴极流出，如图 2-9b 所示。

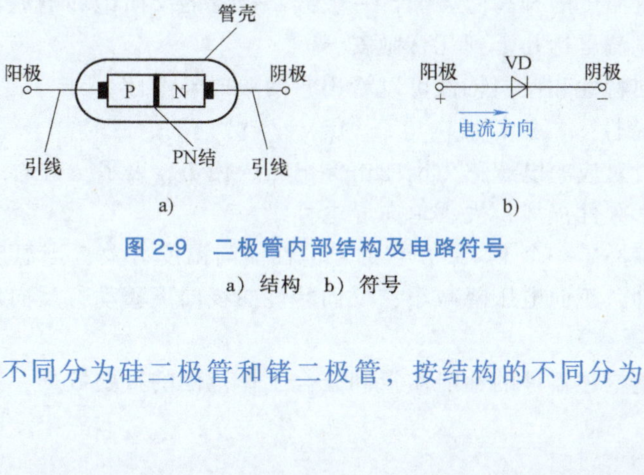

图 2-9 二极管内部结构及电路符号

a）结构 b）符号

二极管按材料的不同分为硅二极管和锗二极管，按结构的不同分为点接触型和面接触型。点接触型一般为锗管，如图2-10a所示，它的PN结面积很小，因此结电容很小。所谓结电容就是PN结的P型区和N型区带有不同电荷，可以看成电容器的两个极板。面接触型一般为硅管，它的PN结面积很大（结电容大），因此可以通过较大电流，如图2-10b所示。

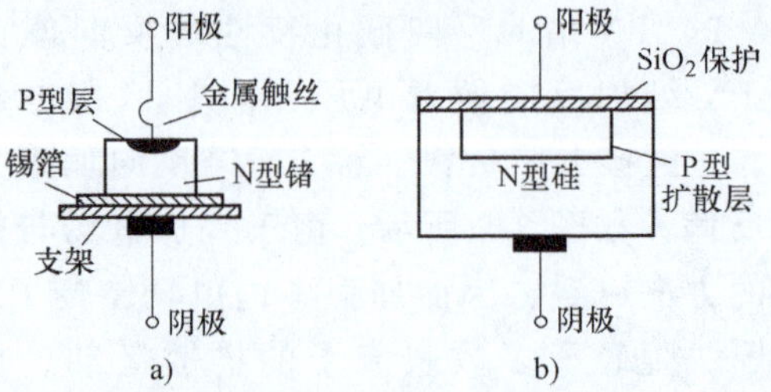

图2-10　二极管的结构类型

a）点接触型　b）面接触型

2. 二极管的伏安特性

半导体二极管的核心是PN结，它的特性就是PN结的特性——单向导电性。常利用伏安特性曲线来形象地描述二极管的单向导电性。若以电压为横坐标，电流为纵坐标，用作图法把电压、电流的对应值用平滑的曲线连接起来，就构成二极管的伏安特性曲线，如图2-11所示。

（1）正向特性　二极管两端加正向电压时，就产生正向电流，当正向电压较小时，正向电流极小（几乎为零），这一部分称为死区，如图2-11所示，相应的A点的电压称为死区电压或门槛电压，硅二极管约为0.5V，锗二极管约为0.1V。

当正向电压超过门槛电压时，正向电流就会急剧地增大，二极管呈现很小的电阻且处于导通状态。这时硅二极管的正向导通电压降为0.6～0.7V，锗二极管为0.2～0.3V。

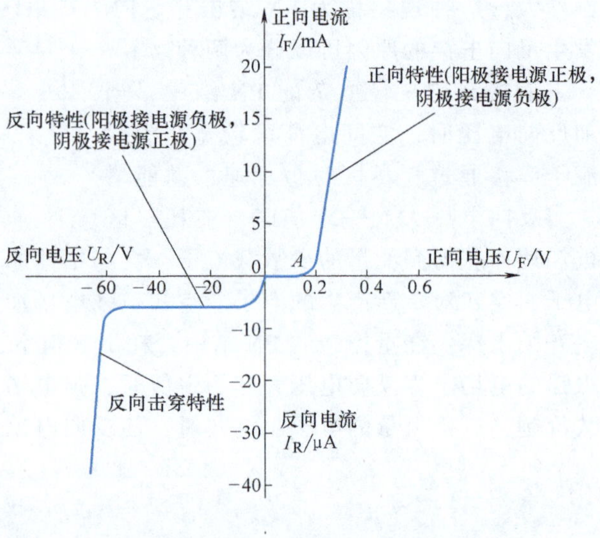

图2-11　二极管的伏安特性曲线

注意：当二极管正向导通时，它的正向电流不能超过最大值，否则将烧坏PN结。

（2）反向特性　二极管两端加上反向电压时，在开始的很大范围内，二极管相当于非常大的电阻，反向电流很小，且不随反向电压而变化。此时的电流称之为反向饱和电流I_R，反向饱和电流只随着温度的升高而增加，一般硅二极管的反向饱和电流在几十微安以下，锗二极管的反向饱和电流可达几十到几百微安。

由二极管的正向特性和反向特性可以看出它的单向导电性。

（3）反向击穿特性　二极管反向电压加到一定数值时，反向电流急剧增大，这种现象称为反向击穿。此时对应的电压称为反向击穿电压，用U_{BR}表示。普通二极管发生反向击穿后，会造成二极管永久性损坏，失去单向导电性。

由于二极管的核心是一个PN结，它的导电性能与温度有关，当温度升高时，二极管正向特性曲线向左移动，正向电压降减小；反向特性曲线向下移动，反向饱和电流增大。

3. 二极管的主要参数

器件参数是定量描述器件的性能质量和安全工作范围的重要数据，是合理选择和正确使用器件的依据。参数一般可以在产品手册中查到，也可以通过直接测量得到。二极管的主要参数说明见表 2-1。

表 2-1　二极管的主要参数说明

参数	名　称	说　明
I_F	最大整流电流	二极管长期运行时，允许通过的最大正向平均电流，其大小与二极管内 PN 结的结面积和外部的散热条件有关。二极管工作时若超过 I_F，将会因过热而烧坏
I_R	反向电流	指室温下加反向规定电压时流过的电流，I_R 越小越说明二极管的单向导电性越好，其大小受温度影响大。硅二极管的反向电流一般为纳安（nA）级；锗二极管为微安（μA）级
U_R	最高反向工作电压	允许长期加在两极间的反向的恒定电压值。为保证二极管安全工作，通常取反向击穿电压的一半作为 U_R，工作中的实际值不应超过此值
U_{BR}	反向击穿电压	发生反向击穿时的电压值
f_M	最高工作频率	二极管所能承受的最高频率，主要受到 PN 结的结电容限制，当通过 PN 结的交流电频率高于此值，二极管将不能正常工作

4. 二极管的应用

二极管是电子电路中常用的半导体器件，利用其单向导电性和导通时正向电压降很小的特点，可应用于整流、检波、钳位、限幅、续流、开关以及器件保护等各项工作。

（1）整流　利用二极管的单向导电特性可以将交流电变成单方向脉动的直流电，在汽车交流发电机中，就是利用二极管组成的整流器将发电机发出的三相交流电整流为直流电，这部分内容将在本项目任务 2 中介绍。

（2）钳位　二极管正向导通时，正向电压降很小，可以忽略，因此强制使其阳极电位与阴极电位基本相等，这种现象称为二极管的钳位。二极管组成的钳位电路如图 2-12 所示。若 A 点的电位 $U_A=0$，二极管 VD 正偏导通，压降很小，所以 B 点的电位也被钳制在 0V 左右，即 $U_B\approx 0$。

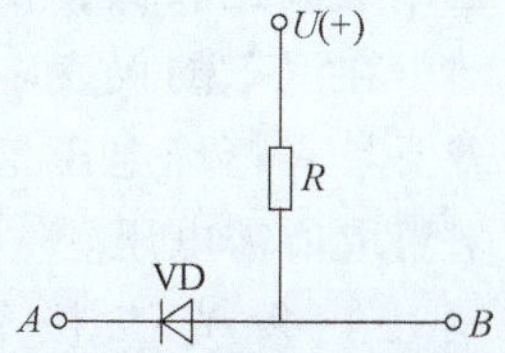

图 2-12　二极管构成的钳位电路

（3）限幅　利用二极管正向导通后两端电压很小且基本不变的特性，可以构成各种限幅电路，使输出电压限制在某一电压值以内。

如图 2-13 所示为一正、负对称限幅电路：$u_i=10\sin\omega t$ V，$U_{S1}=U_{S2}=5$V。可见，如忽略二极管正向导通压降，输出被限制在−5～5V 之间。

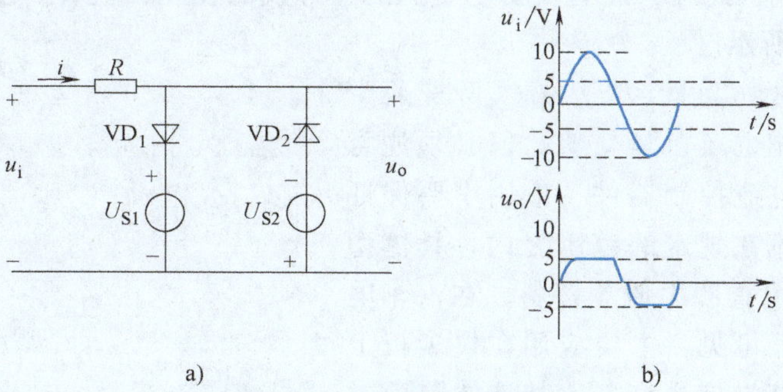

图 2-13　二极管构成的限幅电路

a）限幅电路　b）波形图

(4) 续流 一个通电的线圈，当其突然断电时，就会在线圈中产生一个反向电动势，如果这个反向电动势叠加在电路中的其他电子器件上（一般为晶体管），就会引起器件的损坏。为了避免这种现象的出现，一般都在线圈旁边并联一个二极管来吸收反向电动势，这种电路就是二极管的续流电路，如图2-14所示。在这种电路中，二极管起到了对其他电子器件的保护作用，所以也称为保护二极管。

在汽车用电压调节器中，起开关作用的晶体管根据发电机输出电压的高低控制交流发电机励磁绕组的通断，以达到稳定输出电压的目的。二极管的续流电路在电压调节器电路中起到了非常重要的作用，这部分内容详见本项目任务4。

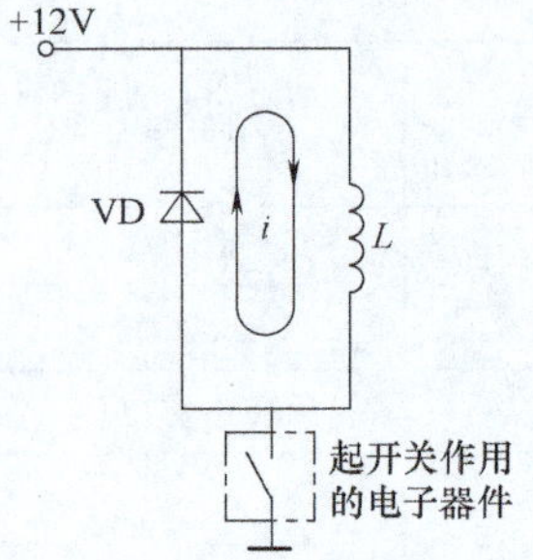

图2-14 二极管续流电路

5. 特殊二极管及其应用

(1) 稳压二极管 稳压二极管是一种用特殊工艺制造的面接触型半导体二极管，击穿电压值较低。稳压二极管的符号和伏安特性如图2-15所示。其正向特性和普通二极管一样，当反向电压加到某一定值时，反向电流剧增，产生反向击穿，反向击穿特性曲线很陡峭，击穿时通过二极管的电流在很大范围内变化，而二极管两端的电压几乎不变，稳压管工作在反向击穿状态。一般情况下，稳压二极管必须反向偏置，且要求串联使用，不能并联。

稳压二极管的这种特性使它成为调节电压的电子器件。在汽车电路中，由于各个电器或元件的工作电流比较大，使汽车电源系统的电压出现波动。在汽车的仪表电路和一部分电子电路中一些需要具有精确电压值的地方经常利用稳压二极管来获取所需电压。

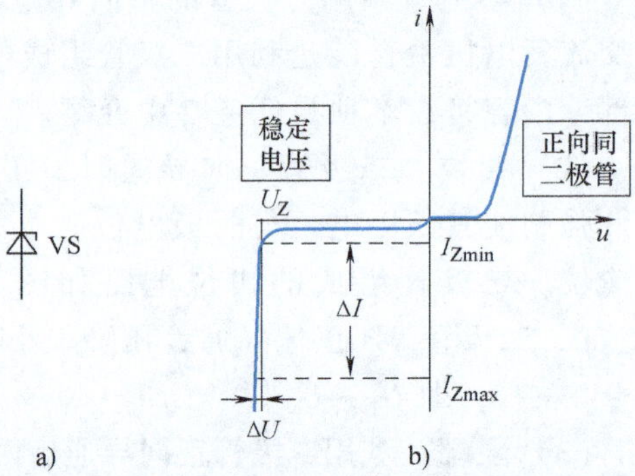

图2-15 稳压二极管的符号及其伏安特性

a）符号 b）伏安特性

(2) 发光二极管 发光二极管（Light Emitting Diode，LED）是一种将电能直接转换成光能的固体器件。和普通二极管相似，LED也是由一个PN结组成的，当正向导通时可以发出一定波长的可见光，光的波长不同，颜色也不同，常有红、绿、黄等颜色；此外，还有发出不可见的红外线的发光二极管。发光二极管的符号和伏安特性如图2-16所示。

发光二极管通常称为指示灯，在实际应用中供电电源可以是直流也可以是交流，但必须注意发光二极管是一种电流控制器件，应用中要保证LED的正向工作电流在规定的范围之内，具体型号LED的工作电流可查阅手册等资料。在汽车电路中发光二极管随处可见，主要应用在仪表板上作为指示信号灯或警告信号灯。比如液体液面过低，制动蹄片过薄，制动灯、尾灯、前照灯等灯泡烧坏，这时相应的发光二极管就会被接通发

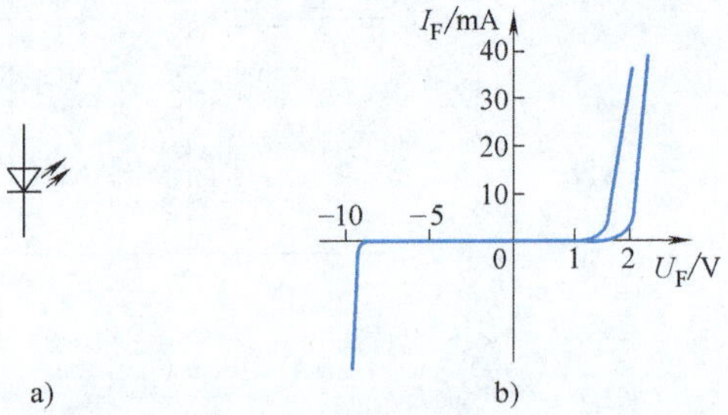

图2-16 发光二极管的符号及其伏安特性

a）符号 b）伏安特性

光，发出警告指示。

（3）光电二极管　光电二极管的符号和结构如图 2-17 所示。光电二极管的结构与普通二极管类似，但在它的 PN 结处，能通过管壳上的一个玻璃窗口接收外部的光照。它的 PN 结工作在反向偏置状态，即二极管的 P 区与电源的负极相接，二极管的 N 区与电源的正极相接，其反向电流随光照强度的增加而上升，从而实现光电转换或光电控制。

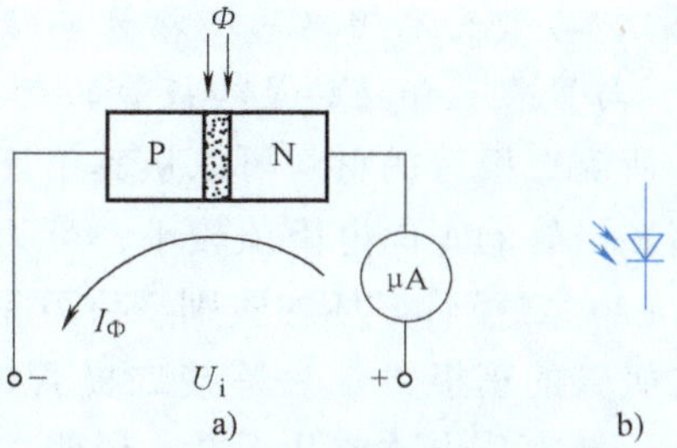

图 2-17　光电二极管的符号及其伏安特性

a）结构　b）符号

光电二极管的应用很广泛，主要用于需要光电转换的自动探测、控制装置，在光纤通信系统中还可以作为接收器件等。在汽车中，利用光电二极管制成的光电传感器可以把非电信号转变为电信号，以便控制其他电子器件。

任务实施

1. 工作原理分析

应掌握二极管的结构和导电特性，学会使用万用表检测二极管，掌握二极管管脚正、负极性的判别和质量好坏的鉴别方法，进一步理解二极管的单向导电性。

2. 工作过程分析

（1）二极管正、负极性的判别

1）观察法。通过观察外壳上的符号标记来判别。

一般情况下，在二极管的外壳上标有二极管的符号，带有三角形箭头的一端是正极；塑料封装二极管有标记环的一侧是负极；国产二极管带极性色点（白色或红色）的一端为正极。

2）测试法。无标记的二极管可以用万用表电阻档来判断二极管的正、负极性，如图 2-18所示。

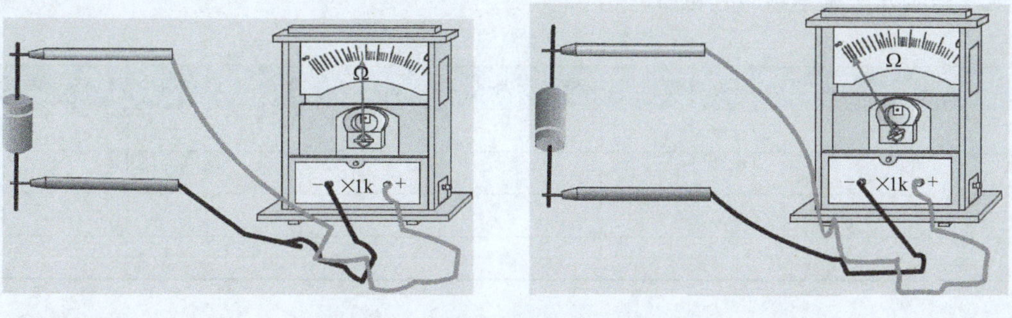

图 2-18　判别二极管的正、负极性

根据二极管正向电阻小、反向电阻大的特点，将万用表置于欧姆档的 R×1k 档（不能用 R×1 档和 R×10k 档，R×1 档电流太大，可能烧坏二极管；R×10k 档电压太高，可能击穿二极管），调零后用表笔分别接二极管的两端引脚分别测得大、小两个电阻值。其中较大的是二极管的反向电阻值，较小的是二极管的正向电阻值。因此，测得二极管的正向电阻值时，与黑表笔相连的是二极管的正极，与红表笔相连的是二极管的负极（因为万用表在欧姆档时，黑表笔接表内电池的正极，红表笔接表内电池的负极）。

注意： 如果用数字式万用表，表笔情况正好相反。即在所测得阻值较小的一次（正向电阻），与黑表笔相接的一端为二极管负极。同理，在所测得电阻值较大的一次（反向电阻），与黑表笔相接的是二极管的正极。

所测二极管的材料可以从其正反向电阻值中判断。硅二极管的正向电阻值为几千欧姆，而锗二极管的正向电阻值较小，可为几百欧姆。

（2）二极管好坏的鉴别　将万用表置于欧姆档的 $R\times1k$ 档（或 $R\times100$ 档），并将黑表笔接二极管的正极，红表笔接二极管的负极，如图 2-19a 所示。测其正向电阻值，该阻值较低，一般为几十欧或几百欧，说明二极管的正向特性是好的。

再将红表笔接二极管的正极，黑表笔接二极管的负极，如图 2-19b 所示。测得其反向电阻值，该阻值较高，一般为几十千欧或几百千欧，说明二极管的反向特性也是好的。

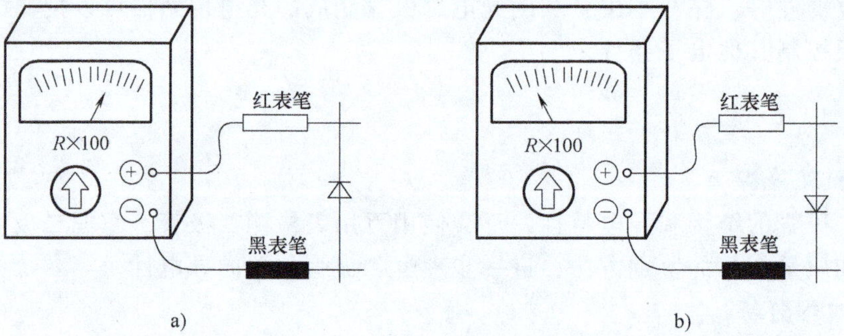

图 2-19　鉴别二极管的好坏

二极管正、反向电阻值的差别越大越好。如果测得的正、反向电阻值均很小，说明二极管内部短路；若正、反向电阻值均很大，说明二极管内部开路，这两种情况下，说明二极管已经损坏，就不能使用了。对不同型号二极管进行测量，将二极管的检测结果填入表 2-2中。

以上是普通二极管的检测方法，汽车交流发电机上的整流二极管也可以按照上述方法进行检测，具体方法见本项目任务 2。

表 2-2　二极管的检测记录表

二极管型号	正向电阻值	反向电阻值	结论（材料）	备注（好坏）

3. 二极管伏安特性曲线的测试

按图 2-20 所示，在面包板上连接电路，经检查无误后，接通 5V 直流电源。

1）调节电位器 RP，使输入电压 u_I 按表 2-3 所示从零逐渐增大至 5V。用万用表分别测出电阻 R 两端的电压 u_R 和二极管两端电压 u_D，并根据 $i_D=u_R/R$ 算出通过二极管的电流 i_D，记录于表 2-3 中。

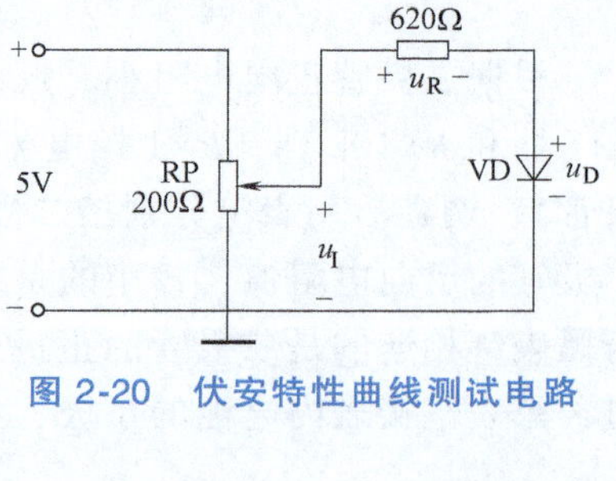

图 2-20　伏安特性曲线测试电路

2）用同样的方法进行两次测量，然后取平均值，即可得到二极管的正向特性。

表 2-3　二极管的正向特性

u_I/V		0.0	0.4	0.5	0.6	0.7	0.8	1.0	1.5	2.0	3.0	4.0	5.0
第一次测量	u_R/V												
	u_D/V												
第二次测量	u_R/V												
	u_D/V												
平均值	u_R/V												
	u_D/V												
	i_D/mA												

3）将图 2-20 所示电路的电源正、负极性互换，使二极管反偏，然后调节电位器 RP，按表 2-4 所示的 u_I 值，分别测出对应的 u_R 和 u_D 值，并计算出 i_D。

表 2-4　二极管的反向特性

u_I/V	0.0	0.4	0.5	0.6	0.7	0.8	1.0	1.5	2.0	3.0	4.0	5.0
u_R/V												
u_D/V												
i_D/μA												

4. 工作评价

序号	工作目标	自评	互评	师评
1	对二极管的检测方法进行总结、分析			
2	能分析判断错误的原因			
3	能否用清晰简洁的语言表达自己的观点			
4	在坐标纸上绘制伏安特性曲线			

任务 2　汽车发电机整流器的分析与检测

任务描述

整流电路是利用二极管的单向导电性把交流电转变成直流电的。在汽车交流发电机中，利用二极管组成的整流装置将发电机发出的三相交流电转变为直流电。为了适应汽车发电机的需要，专门制作了用于汽车的整流器二极管，并分为正极管和负极管两种形式。汽车六管整流器安装示意图如图 2-21 所示。检测汽车整流器二极管主要检查其是否出现短路和开路故障。

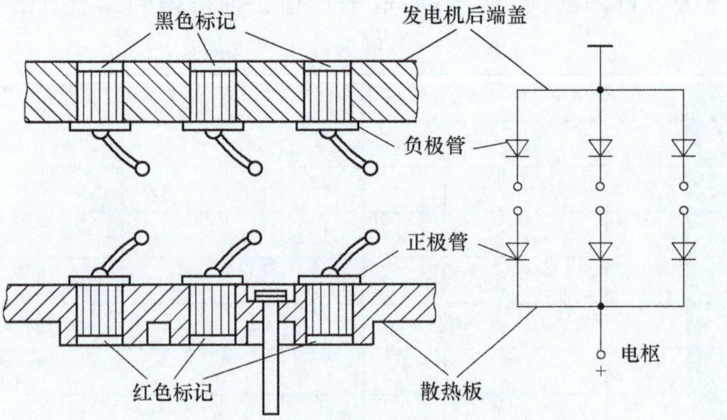

图 2-21　汽车六管整流器安装示意图

知识准备

一、二极管整流电路

1. 单相半波整流电路

单相半波整流电路如图 2-22 所示，其中 u_1、u_2分别表示变压器的一次、二次交流电压；R_L为负载电阻，将电能转换成其他能量。

（1）工作原理　设电源变压器二次电压 $u_2=\sqrt{2}U_2\sin\omega t$，其中 U_2 为变压器二次电压有效值。由图 2-22 分析可知：

1）在 0~π 内，即在电压 u_2 的正半周内，变压器二次电压的方向是 a 端为正、b 端为负，二极管 VD 承受正向电压而导通，此时负载中有电流流过，并且和二极管上电流相等，即 $i_o=i_D$。忽略二极管的管压降，负载上输出电压 $u_o=u_2$，输出电压波形与 u_2 波形相同，如图 2-23 所示。

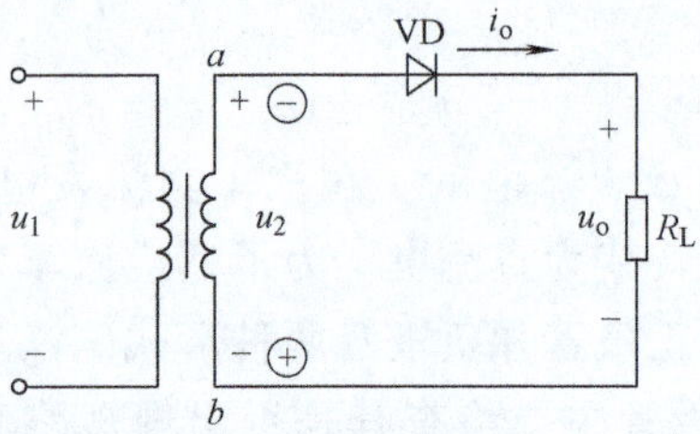

图 2-22　单相半波整流电路

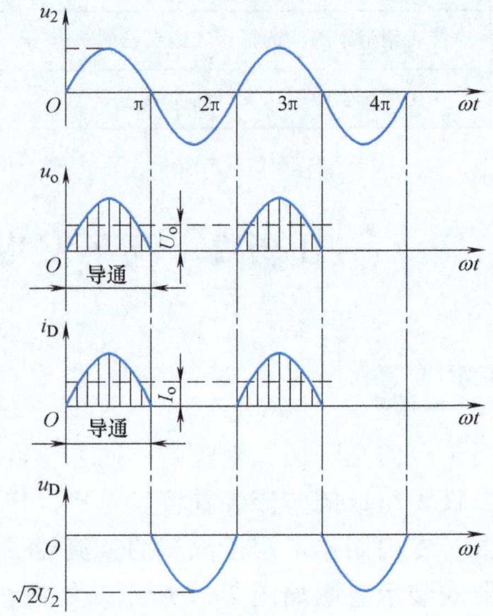

图 2-23　单相半波整流波形

2）在 $\pi \sim 2\pi$ 内，即在 u_2 的负半周内，变压器二次电压的方向是 a 端为负、b 端为正，二极管 VD 承受反向电压而截止，负载上无电流流过，输出电压 $u_o=0$，此时电压 u_2 全部加在二极管 VD 上，电路波形如图 2-23 所示。

故在一个周期内，负载 R_L 上产生单方向的脉动电压 u_o。

（2）电路指标　单相半波整流不断重复上述过程，则整流输出电压有

$$u_o=\begin{cases}\sqrt{2}U_2\sin\omega t & 0\leqslant\omega t\leqslant\pi\\ 0 & \pi<\omega t\leqslant 2\pi\end{cases}$$

可见，在一周期内，此电路半个周期的输出电压波形不为零，另外半个周期的输出电压波形为零，因此称为半波整流电路。

1）负载上输出电压 U_o（取 u_o 的平均值）

$$U_o=0.45U_2 \tag{2-1}$$

2）流过负载的平均电流 I_o

$$I_o=\frac{U_o}{R_L}=0.45\frac{U_2}{R_L} \tag{2-2}$$

3）流过整流二极管的平均电流 I_D

$$I_D=I_o=0.45\frac{U_2}{R_L} \tag{2-3}$$

4）二极管承受的最大反向电压 U_{RM}（电压 u_2 的峰值）

$$U_{RM}=\sqrt{2}U_2 \tag{2-4}$$

单相半波整流的优点是电路简单、使用元件少；缺点是变压器利用率和整流效率低、输出电压脉动大，所以单相半波整流仅用在电流小且对电源要求不高的场合。

2. 单相桥式整流电路

单相桥式整流电路由变压器、四个整流二极管和负载组成，属全波整流电路，如图 2-24a所示。所谓桥式整流就是先将四个整流二极管组成一个电桥，然后对交流电进行整流，这个电桥也可以简化成图 2-24b 的形式。

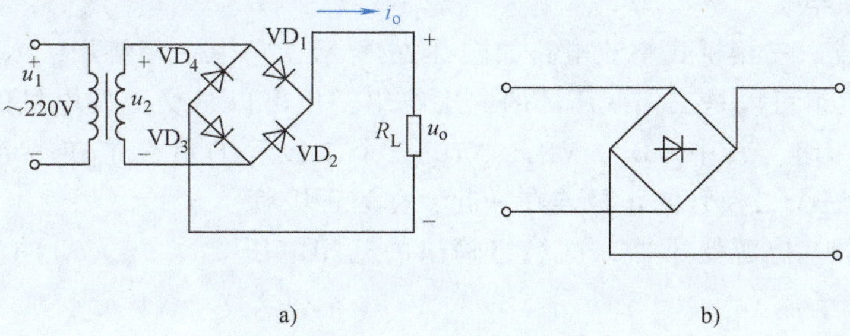

图 2-24　单相桥式整流电路

（1）工作原理　仍设交流电压 $u_2=\sqrt{2}U_2\sin\omega t$，其中 U_2 为变压器二次电压有效值。由图 2-24a 分析可知：

1）在交流电压 u_2 的正半周时，u_2 的实际极性是上正下负，二极管 VD_1 和 VD_3 导通，而二极管 VD_2 和 VD_4 截止，负载 R_L 上的电流 i_o 自上而下流过负载，负载上得到了与电压

u_2 的正半周相同的电压，如图 2-25 所示；

2）在交流电压 u_2 的负半周时，u_2 的实际极性是下正上负，二极管 VD_2 和 VD_4 导通，而二极管 VD_1 和 VD_3 截止，负载 R_L 上的电流 i_o 仍然自上而下流过负载，负载上仍得到了与电压 u_2 的正半周相同的电压，电路工作波形如图 2-25 所示。

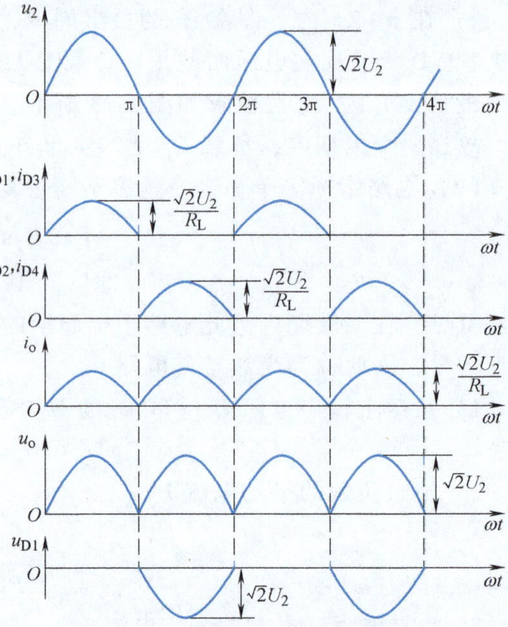

图 2-25 单相桥式整流电路波形图

（2）电路指标

1）负载上的输出电压 U_o

$$U_o = 0.9U_2 \tag{2-5}$$

2）流过负载的平均电流 I_o

$$I_o = \frac{U_o}{R_L} = 0.9\frac{U_2}{R_L} \tag{2-6}$$

3）流过整流二极管的平均电流 I_D

$$I_D = \frac{1}{2}I_o = 0.45\frac{U_2}{R_L} \tag{2-7}$$

全波整流与单相半波整流的相同点是电路中的每个二极管均是半个周期导通，半个周期截止。

4）整流二极管承受的最大反向电压 U_{RM}

$$U_{RM} = \sqrt{2}U_2 \tag{2-8}$$

综上所述，单相桥式整流电路使负载上的电压与电流的有效值都比单相半波整流电路提高了 1 倍。因此，桥式整流电路得到了广泛应用。

3. 三相整流电路

目前国内外汽车交流发电机都采用三相桥式整流电路将交流电变为直流电。三相桥式整流电路输出电压的脉动小；而且在直流电压相等的情况下，整流管承受的最大反向电压比三相半波时减小了一半。

（1）电路组成 三相桥式整流电路如图 2-26 所示，它由三相绕组、六个二极管和负载组成。其中三相绕组可以是三相变压器的二次绕组，也可以是交流发电机的三组定子绕组；六个二极管分为两组，其中 VD_1、VD_3、VD_5 三个二极管的负极连在一起，称为负极管；VD_2、VD_4、VD_6 三个二极管的正极连在一起，称为正极管。

（2）工作原理 电源变压器二次绕组输出的三相电压 u_A、u_B、u_C 的波形如图 2-27 所示，表达式如下：

$$u_A = \sqrt{2}U_U\sin\omega t$$

$$u_B = \sqrt{2}U_V\sin(\omega t - 120°)$$

$$u_C = \sqrt{2}U_W\sin(\omega t + 120°)$$

整流过程如下：

1）在 $t_1 \sim t_2$ 内，三相电压中 A 点电位最高，B 点电位最低，于是 VD_1 和 VD_4 承受正向电压而导通。负载电流的流向为 $A \to VD_1 \to R_L \to VD_4 \to B$，负载电压等于线电压 u_{AB}。

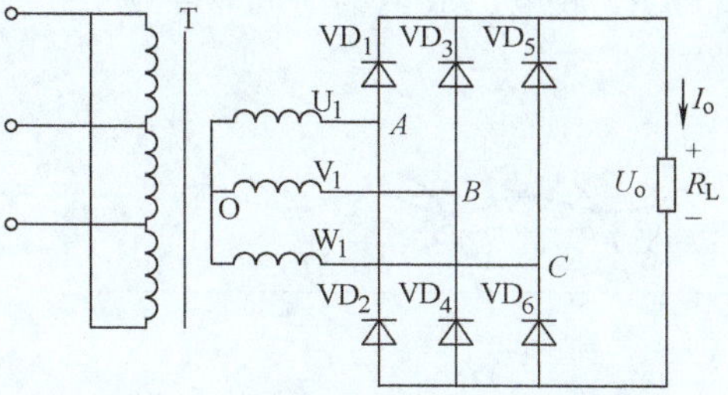

图 2-26　三相桥式整流电路原理图

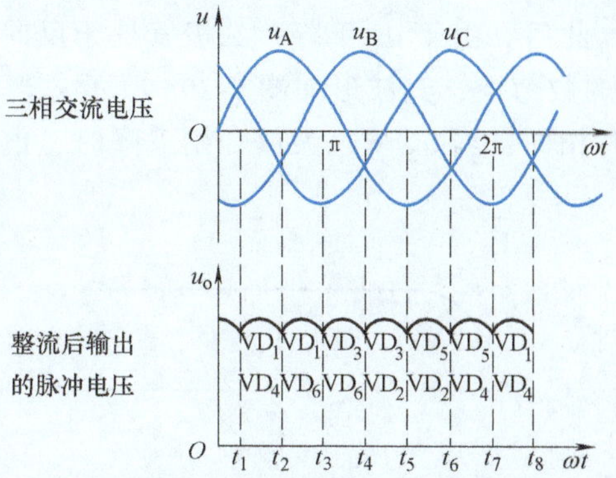

图 2-27　三相桥式整流电路波形图

2）在 $t_2 \sim t_3$ 内，A 点电位仍最高，C 点电位最低，此时 VD_1 和 VD_6 承受正向电压而导通。负载电流的流向为 $A \to VD_1 \to R_L \to VD_6 \to C$，负载电压等于线电压 u_{AC}。

3）在 $t_3 \sim t_4$ 内，B 点电位最高，C 点电位最低，此时 VD_3 和 VD_6 承受正向电压而导通。负载电流的流向为 $B \to VD_3 \to R_L \to VD_6 \to C$，负载电压等于线电压 u_{BC}。

依此类推，便可列出二极管的导通顺序。各组二极管的导通情况是每隔 1/6 周期交换一次，每只二极管持续导通 1/3 周期。负载 R_L 两端电压 u_o 的波形如图 2-27 所示。三相交流电压经过三相桥式整流电路的整流，在负载上得到的是一个单向脉动的直流电压。

通过计算可得输出电压的平均值

$$U_o = 2.34U_P \tag{2-9}$$

式中，U_P 为三相交流电源相电压的有效值。

流过负载的电流的平均值

$$I_o = \frac{U_o}{R_L} = 2.34\frac{U_P}{R_L} \tag{2-10}$$

二、滤波及稳压电路

1. 滤波电路

经过整流后，输出电压在方向上没有变化，但输出电压波形仍然保持输入正弦波的部分波形。输出电压的起伏较大。为了得到平滑的直流电压波形，必须采用滤波电路，以改善输出电压的脉动性。常用的滤波电路有电容滤波电路、电感滤波电路、LC 滤波电路和 π 形滤波电路等。

（1）电容滤波电路　电容滤波电路是在整流电路输出端并联一只较大容量的电容器 C，利用其充、放电特性使电压趋于平滑的原理组成的电路，如图 2-28 所示。

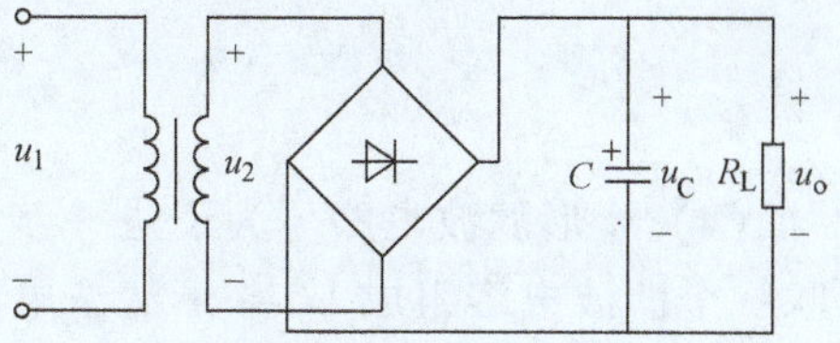

图 2-28　电容滤波电路

当负载开路时，设电容无能量储存，输出电压 u_C 从 0 开始增大，电容器开始充电。一般充电速度很快，当 $u_o = u_C$ 时，u_o 达到 u_2 的最大值，即

$$u_o = u_C = \sqrt{2}U_2$$

此后，由于 u_2 下降，二极管处于反向偏置而截止，电容无放电回路，所以 u_o 保持在 $\sqrt{2}U_2$ 的数值上，其波形如图 2-29a 所示。当接入负载后，刚开始时的输出电压波形和负载开路时相同；当 u_2 从最大值开始下降时，电容通过负载 R_L 放电，放电的时间常数为

$$\tau = R_L C$$

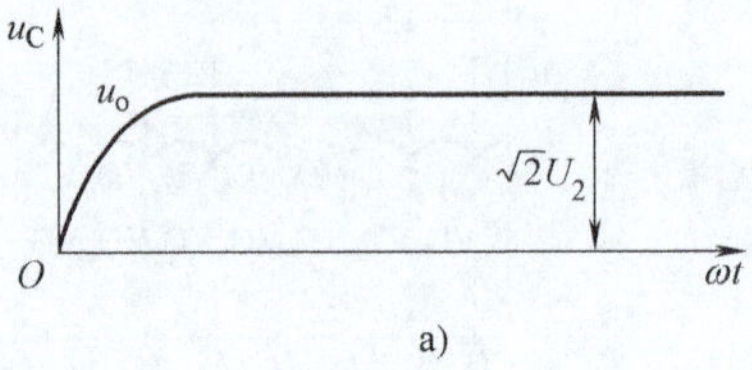

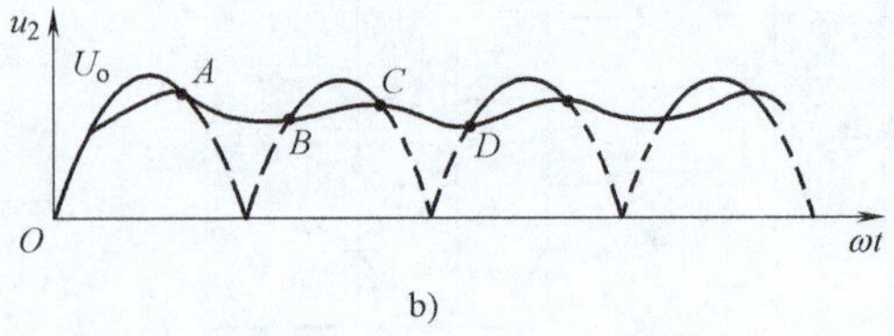

图 2-29　电容滤波电路波形

当负载 R_L 较大时，τ 的值比充电时的时间常数大。u_o 按指数规律下降，如图 2-29b 所示的 AB 段。当 u_2 的值再增大后，电容再继续充电，同时也向负载提供电流，电容上的电压仍会很快的上升。这样不断地进行，在负载上得到比无滤波整流电路平滑的直流电压。在实际应用中，为了保证输出电压平滑，使脉动成分减小，电容 C 的容量选择一般应满足

$$R_L C \geqslant (3\sim5)\frac{T}{2} \tag{2-11}$$

式中，T 为电网交流电的周期。

（2）电感滤波电路　电感滤波电路是在整流电路输出端与负载电阻 R_L 之间串联电感线圈 L 而构成的电路，如图 2-30 所示。根据电感的特点，整流后电压的变化引起负载电流的改变时，电感 L 上将感应出一个与整流输出电压变化相反的反电动势，两者的叠加使得负载上的电压变化比较平缓，输出电流基本保持不变。

（3）LC 滤波电路　LC 滤波电路是在整流电路输出端与负载电阻之间既并联电容，又串联电感而构成的电路，如图 2-31 所示。与电容滤波相比，LC 滤波的优点是：外特性较好；输出电压对负载影响小；电感元件限制了电流的脉动峰值，减小了对整流二极管的冲击。LC 滤波适用于电流较大，要求电压脉动较小的场合。

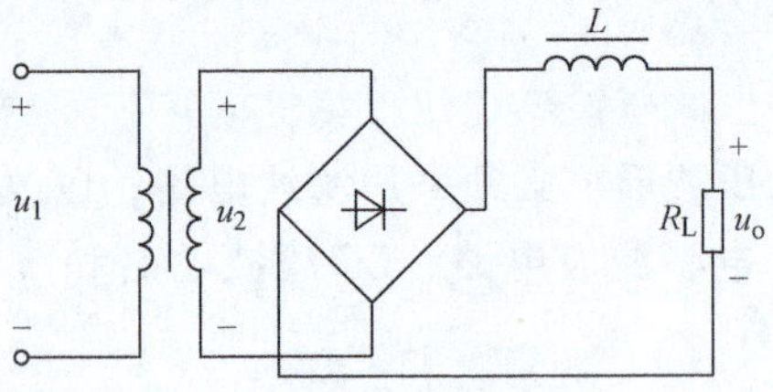

图 2-30　电感滤波电路

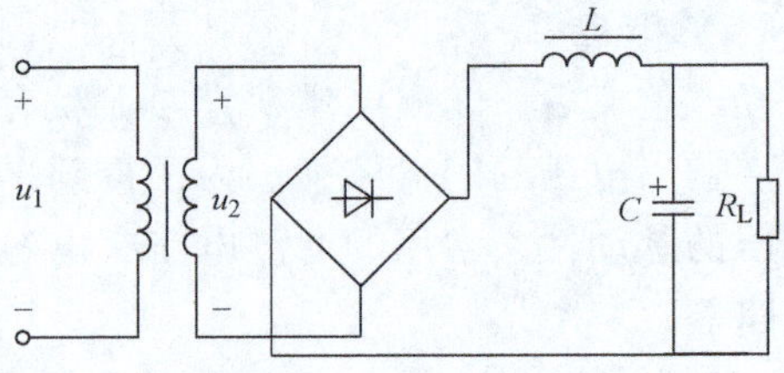

图 2-31　LC 滤波电路

（4）π 形滤波电路　为了进一步减小输出的脉动成分，可在 LC 滤波电路的输入端再并联一个滤波电容组成 LC-π 形滤波电路，如图 2-32a 所示；当负载电阻 R_L 值较大，负载电流较小时，可用电阻代替电感，组成 RC-π 形滤波电路，如图 2-32b 所示。

2. 稳压电路

整流滤波后所得到的直流电压虽然比较平滑，但是当电网电压波动或者负载变动时，输出的直流电压也跟着变动。实际工作中，电网电压的波动及负载的变动是客观存在的，因此

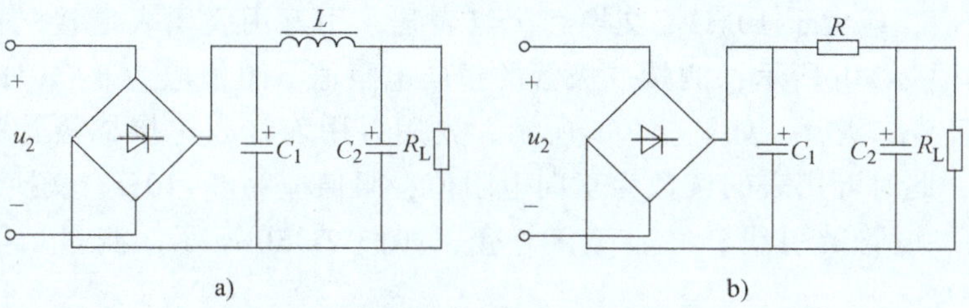

图 2-32　π 形滤波电路

负载两端电压是不稳定的。稳压电路的作用就是向负载提供稳定的直流电压。结构最简单的稳压电路是硅稳压管稳压电路，如图 2-33 所示。

图 2-33 中稳压管 VS 与负载电阻 R_L 并联，在并联后与整流滤波电路连接时，要串联一个限流电阻 R。由于 VS 与 R_L 并联，所以也称为并联型稳压电路。由图分析可知

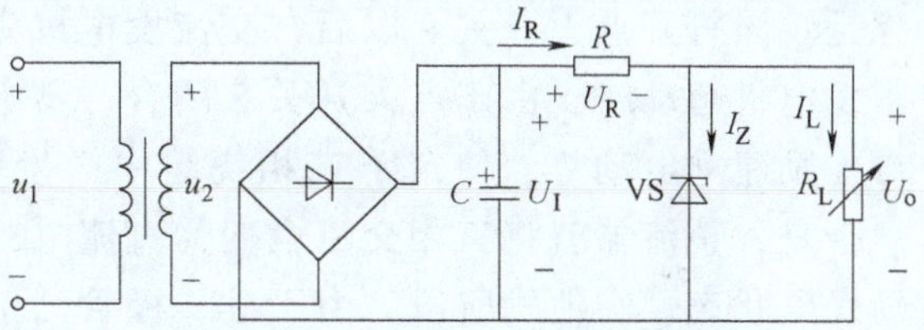

图 2-33　硅稳压管稳压电路

$$I_R = I_Z + I_L \qquad U_I = U_R + U_o$$

其中，U_I 为整流滤波电路的输出电压，也是稳压电路的输入电压，稳压过程分析如下：

1）当电网电压波动时，假设电网电压上升，造成 U_I 增大，则

$$U_I\uparrow \rightarrow U_o\uparrow \rightarrow U_Z\uparrow \rightarrow I_Z\uparrow \rightarrow I_R\uparrow \rightarrow U_R\uparrow \rightarrow U_o\downarrow$$

2）当电网电压未波动，即 U_I 不变，而负载 R_L 变动时，假设 R_L 减小，则

$$R_L\downarrow \rightarrow I_L\uparrow \rightarrow I_R\uparrow \rightarrow U_R\uparrow \rightarrow U_o\downarrow \rightarrow U_Z\downarrow \rightarrow I_Z\downarrow \rightarrow I_R\downarrow \rightarrow U_R\downarrow \rightarrow U_o\uparrow$$

总之，无论是电网电压的波动还是负载的变动，负载两端的输出电压经稳压二极管的自动调整后，都能基本上保持稳定。

综上所述，稳压管稳压电路依靠稳压管的反向特性，即反向击穿电压的微小变化引起电流较大的变化，并通过限流电阻的电压调整，来达到稳压的目的。

任务实施

1. 工作原理分析

汽车的整流器二极管，分为正极管和负极管两种形式。应学会使用万用表检测汽车整流器二极管是否出现短路和开路故障。能熟悉汽车发电机整流电路，了解其发电和整流过程。

2. 工作过程分析

（1）用万用表 R×1 档测量每个整流器二极管的正、反向电阻

1）检测正极型二极管。如图 2-34a 所示，先用万用表红表笔接二极管的引线，黑表笔接外壳（红色），此时万用表所指示的

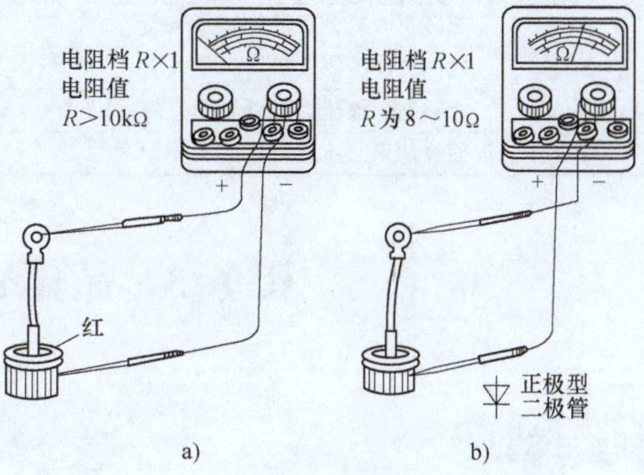

图 2-34　正极型二极管的检测示意图

读数为反向电阻值，应大于 10kΩ。交换红、黑表笔，用万用表黑表笔接二极管的引线，红表笔接外壳，如图 2-34b 所示，测量二极管的正向电阻值，阻值应为 8～10Ω。

2）检测负极型二极管。如图 2-35a 所示，先用万用表红表笔接二极管的引线，黑表笔接外壳（黑色），此时万用表的读数为正向电阻值，阻值应为 8～10Ω。交换红、黑表笔，用万用表黑表笔接二极管的引线，红表笔接外壳，如图 2-35b 所示，测量二极管的反向电阻值，应大于 10kΩ。

注意： *在对整流器二极管的检测过程中，若测得的正反向电阻值均为零，说明二极管已被击穿短路；若测得的正反向电阻值为无穷大，表明二极管开路。*

（2）认识汽车发电机整流电路工作过程　汽车发电机整流电路如图 2-36 所示，其发电过程是：当打开点火开关 S 以后，交流发电机先由他励建立电动势，再转入自励正常发电。汽车发电机起动时，由于点火开关 S 闭合，蓄电池经电压调节器向励磁绕组提供励磁电流，进行他励建立电动势，使定子三相绕组中产生较高的感应电动势，突破硅二极管的阈值电压。于是，整流器就将三相交流电变为直流电，开始向励磁绕组提供励磁电流，转入正常的自励发电状态。在他励阶段，由于硅二极管处于蓄电池的反向电压下而截止，蓄电池不可能向发电机内部放电，只能通过电压调节器提供励磁电流，故不会将发电机烧毁。

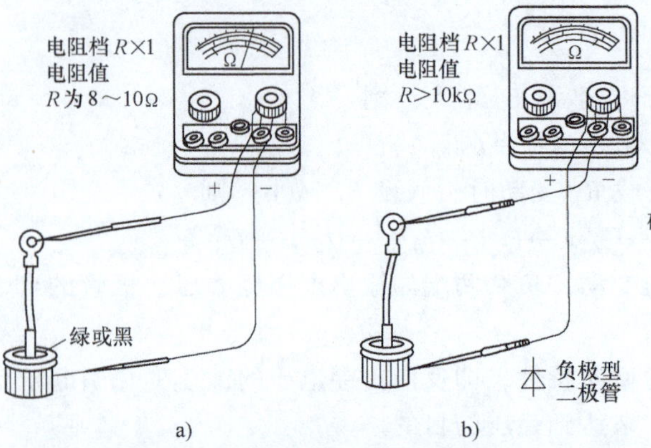

图 2-35　负极型二极管的检测示意图

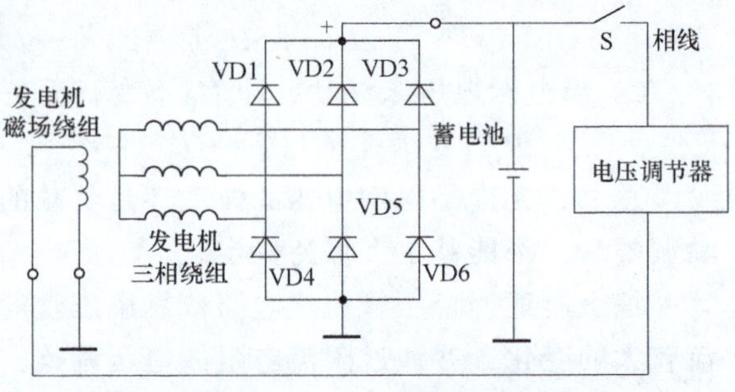

图 2-36　发电机整流电路

3. 工作评价

序号	任务目标	自评	互评	师评
1	能够正确区分正极管和负极管			
2	能够正确检测正极管和负极管			
3	能够判别整流器二极管的好坏			
4	能够认识交流发电机的工作原理			

任务 3　晶体管的识别与检测

任务描述

晶体管是一种在汽车工业生产中广泛应用的半导体元件，是电子装置中的核心元件。识别和检测晶体管的方法有目测法和万用表法。目测法很简单直观，但不是所有场合都适用。晶体管内部有两个 PN 结，利用 PN 结的单向导电性，可用万用表电阻档来判别管子的类型和管脚极性。

知识准备

一、晶体管的结构和分类

1. 晶体管的结构

通过一定的工艺将两个 PN 结结合在一起就构成了晶体管。目前最常见的晶体管有平面型和合金型两类，如图 2-37 所示。硅管主要是平面型，锗管多为合金型。

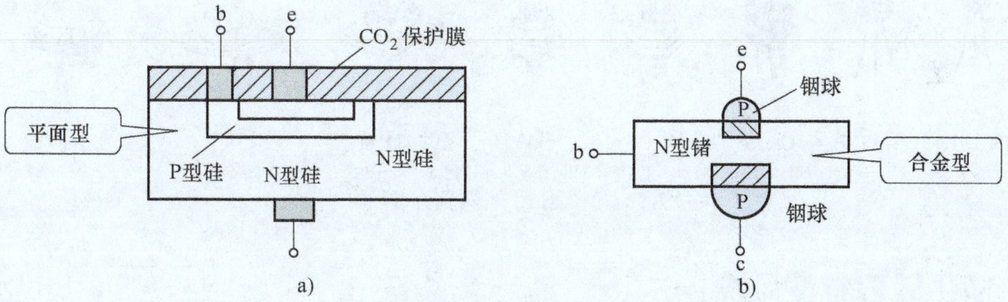

图 2-37　晶体管的结构

a）硅管　b）锗管

晶体管是最重要的半导体器件，它具有放大作用和开关作用。晶体管分为 NPN 型和 PNP 型两种类型。

无论是 NPN 型管还是 PNP 型管，它们内部均含有三个区：发射区、基区和集电区。从三个区各引出一个金属电极分别称为发射极（e）、基极（b）和集电极（c）；同时在三个区的两个交界处形成两个 PN 结，发射区与基区之间形成的 PN 结称为发射结，集电区与基区之间形成的 PN 结称为集电结。晶体管的结构和电路符号如图 2-38 所示，符号中的箭头方向表示发射结正向偏置时的电流方向。

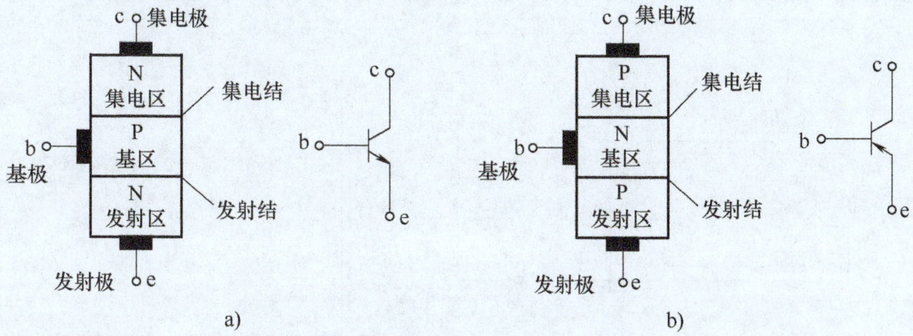

图 2-38　晶体管的结构和电路符号

a）NPN 型　b）PNP 型

2. 晶体管的分类

按晶体管所用半导体材料来分，有硅晶体管和锗晶体管两种；按导电极性来分，有

PNP型和NPN型两种；按功率大小来分，有小功率晶体管、中功率晶体管和大功率晶体管（功率在1W以上的为大功率晶体管）；按频率来分，有低频晶体管和高频晶体管两种（工作频率在3MHz以上的为高频晶体管）；按结构工艺来分，主要有合金晶体管和平面晶体管；按用途分，有放大晶体管和开关晶体管等。另外，从晶体管的封装材料来分，有金属封装和玻璃封装等，近年来多用硅铜塑料封装。常用晶体管的外形如图2-39所示。

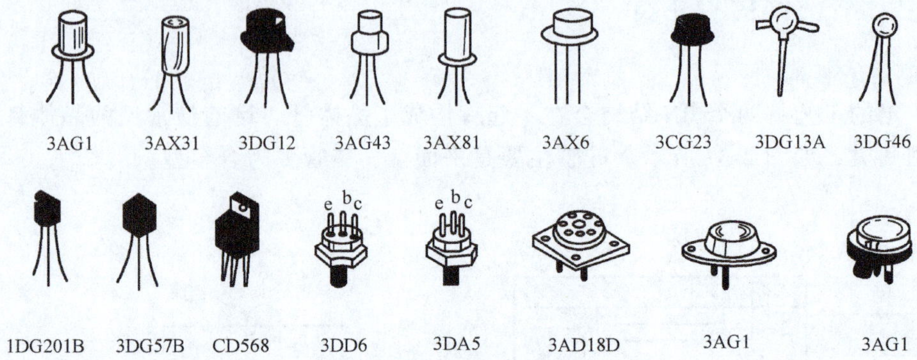

图2-39　常用晶体管的外形

二、晶体管的特性曲线

晶体管的特性曲线是用来描述该晶体管各极电压和电流之间相互关系的，它反映出晶体管的性能，也是分析放大电路的重要依据。最常用的是共发射极接法的输入特性曲线和输出特性曲线，这些曲线可通过图2-40所示的实验电路进行测绘。

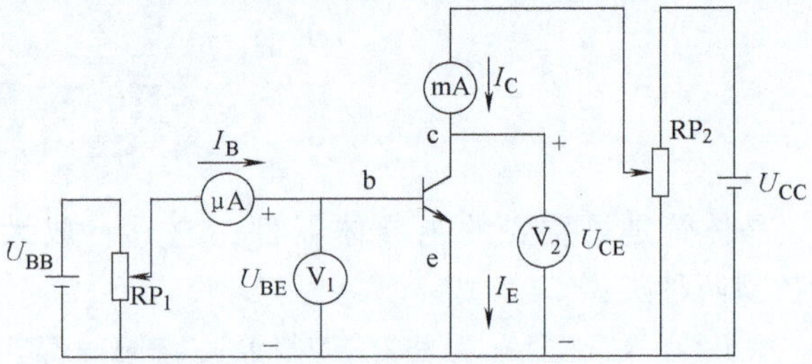

图2-40　测量晶体管特性的实验电路

1. 输入特性曲线

产生基极电流I_B的回路称为晶体管的输入回路，如图2-41a中虚线所示。晶体管的集电

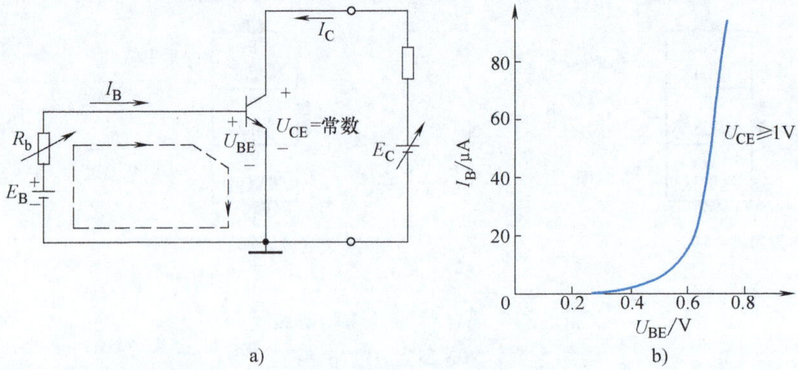

图2-41　晶体管的输入回路和输入特性曲线

a）输入回路　b）输入特性曲线

极、发射极间电压 U_{CE} 为常数时，输入回路的电压 U_{BE} 和电流 I_B 的关系曲线称为晶体管的输入特性曲线。

保持 U_{CE} 不变，改变基极电阻 R_b 的阻值，也就是改变基极电流 I_B 的大小，可以测出对应的 U_{BE} 的值，在输入特性平面上确定一个点，把这些点连成线就是输入特性曲线，如图 2-41b所示。由输入特性曲线可以看出：

1）$U_{CE} \geqslant 1V$，集电结反偏，电场足以将发射区扩散到基区的载流子吸收到集电区形成 I_C，U_{CE} 再增大曲线也几乎不变，与二极管的正向伏安特性相似，也存在一段死区。其中硅管的死区电压与导通电压分别约为 0.5V 和 0.7V；锗管的死区电压与导通电压分别约为 0.2V 和 0.3V。

2）当 $U_{CE}=0$ 时，相当于集电极和发射极短路，晶体管相当于两个并联的二极管，所以 b、e 间加正向电压时，I_B 很大，对应的曲线明显左移。

3）当 U_{CE} 在 0~1V 之间时，随着 U_{CE} 的增加，曲线右移。

4）当 $U_{BE}<0$ 时，晶体管截止，I_B 为反向电流。若反向电压超过某一值时，发射结也会发生反向击穿。

2. 输出特性曲线

产生集电极电流 I_C 的回路称为晶体管的输出回路，如图 2-42a 中虚线所示。晶体管的基极电流 I_B 为常数时，输出回路中集电极电流 I_C 和集电极、发射极之间电压 U_{CE} 的关系曲线，就是输出特性曲线。

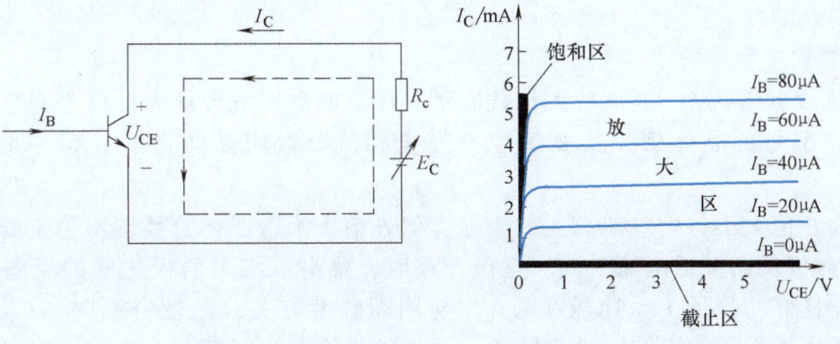

a)　　b)

图 2-42　晶体管的输出回路和输出特性曲线

a）输出回路　b）输出特性曲线族

调节 R_b 的值，使 I_B 保持某一确定的值不变，改变 E_C 的值，可以获得一系列与 U_{CE} 对应的 I_C 的值，将点连成线即得到一条输出特性曲线。再调节 R_b 的值，使 I_B 的大小改变，重复上述过程，可以得到一系列曲线构成的曲线族，就是输出特性曲线族，如图 2-42b 所示。

由输出特性曲线族可见，晶体管有三个不同的工作区：放大区、饱和区和截止区。

1）截止区——$I_B=0$ 曲线以下的区域。

晶体管工作在截止区的条件：发射结反向偏置或为零、集电结反向偏置。

截止区的特点（图 2-43a）：①$I_B=0$，$I_C=I_{CEO}\approx 0$（I_{CEO} 称为穿透电流）；②晶体管 c、e 极间呈现高阻状态，可以等效为断开的开关。

2）放大区——在 $I_B=0$ 的特性曲线上方，近似平行于横轴的曲线族部分。

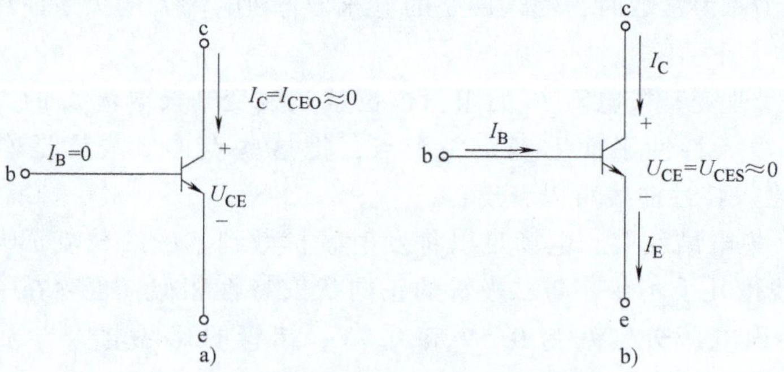

图 2-43 晶体管的截止和饱和特性

a）截止状态 b）饱和状态

晶体管工作在放大区的条件：发射结正向偏置、集电结反向偏置。

放大区的特点：①I_C基本不随U_{CE}变化，仅受I_B控制，即$I_C=\beta I_B$（β是晶体管的电流放大系数），即I_B微小的变化将引起I_C较大的变化。②晶体管相当于一个受控电流源，即实现一个小电流对大电流的控制作用。

3）饱和区——输出特性曲线近似直线上升部分。

晶体管工作在饱和区的条件：发射结与集电结均为正向偏置。

饱和区的特点（图 2-43b）：①I_C不随I_B的增大而增大；②$U_{CE}<U_{BE}$，$U_{CE}=U_{CES}$（U_{CES}称为饱和电压降），其值很小，硅管为 0.3V，锗管为 0.1V；③晶体管 c、e 极间如同短路，可以等效为闭合的开关。

3. 晶体管的主要参数

（1）电流放大倍数β　电流放大倍数表示晶体管的电流放大能力。由于制造工艺的离散性，即使同一型号的晶体管，其β值也不完全相同。常用晶体管的β值一般在 20~200 之间。

若晶体管β值太小，则电流放大效果差；但β值太大，晶体管性能不稳定。

（2）集-射极反向穿透电流I_{CEO}　基极开路时，集电极与发射极之间的反向电流称作穿透电流。性能良好的管子I_{CEO}比较小。I_{CEO}与周围温度有关，温度升高时，I_{CEO}急剧增大，会对晶体管产生极不利的影响。硅管的I_{CEO}远小于锗管，一般情况下选用硅管。

（3）集-射极反向击穿电压$U_{(BR)CE}$　基极开路时，加在集电极和发射极之间的最大允许电压称为集-射极反向击穿电压。使用晶体管时，U_{CE}应该小于$U_{(BR)CE}$，若U_{CE}大于$U_{(BR)CE}$，将导致晶体管击穿损坏。

（4）集电极最大允许电流I_{CM}　集电极电流I_C超过一定数值时，晶体管的β值将显著下降，当β值下降到额定值的 2/3 时的集电极电流称为集电极最大允许电流。

（5）集电极最大允许耗散功率P_{CM}　保证参数在规定范围内变化的最大集电极耗散功率称为集电极最大允许耗散功率。使用时应保证$U_{CE}I_C<P_{CM}$，否则晶体管将过热，严重时会烧坏晶体管，因此对集电极耗散功率要有限制。

任务实施

1. 工作原理分析

在检测晶体管时，可以把晶体管的结构看作是两个背靠背的 PN 结，对于 NPN 型晶体管来说基极是两个 PN 结的公共阳极，对于 PNP 型晶体管来说基极是两个 PN 结的公共阴极。应学会目测法和万用表检测法判别晶体管管型和管脚极性。

2. 工作过程分析

(1) 目测法判别晶体管管型和管脚极性

1) 管型的判别。一般情况下，管型是 NPN 还是 PNP 应该从管壳上标注的型号来判别。依照行业标准，晶体管型号的第二位（字母），A、C 表示 PNP 管；B、D 表示 NPN 管。

例如：3AX、3CG、3AD、3CA 等均表示为 PNP 型；3BX、3DG、3DD、3DA 等均表示为 NPN 型。

此外国际流行的 9011~9018 系列晶体管，除 9012 和 9015 为 PNP 管外，其余标号均为 NPN 管。

2) 管脚极性的判别。常用的小功率晶体管有金属圆壳封装和塑料封装（半圆柱型）等，管脚排列如图 2-44a 所示。大功率晶体管的外形有金属壳封装（扁柱型），管脚排列如图 2-44b 所示，以及塑料封装（扁平、管脚直列）等形式。

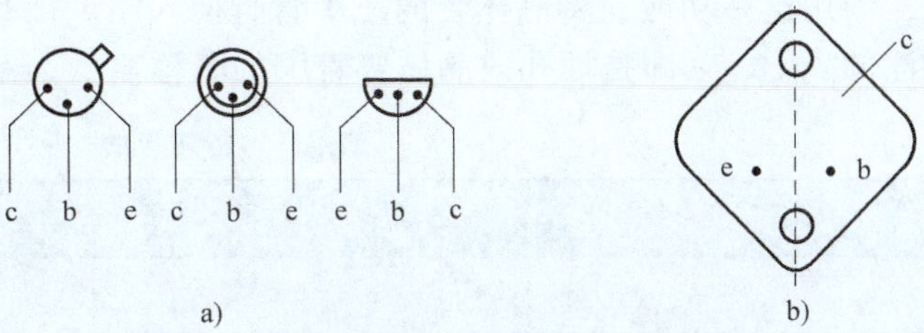

图 2-44　常用晶体管的封装形式和管脚排列

a) 小功率晶体管　b) 大功率金属封装晶体管

对于小功率晶体管，为便于记忆总结如下：

金属圆壳封装：“头向下，腿向上，大开口朝自己，左起 ebc”。

塑料半圆柱封装：“头向上，平面向自己，左起 ebc”。

(2) 用万用表电阻档判别晶体管管型和管脚极性

1) 基极的判别。判别管脚时应首先确认基极。一般情况下，基极排列在三个电极的中间（大功率金属壳扁平型封装除外）。

对于 NPN 型晶体管，将万用表欧姆档置于 $R\times1k$ 档，如图 2-45 所示。先假设晶体管某极为基极，并将黑表笔接在假设的基极上，再将红表笔先后接到其余两个电极上。如果两次测得的电阻值都很大（几百千欧），或者都很小（几百欧或几千欧）；而对换表笔后测得的两个电阻值都很小或者都很大，则可确定假设基极是正确的。如果两次得到的电阻值是一大一小，则可肯定原假设的基极是错误的，这时就必须重新假设另一电极为基极，再重复上述的测试。最多重复两次就可找到真正的基极。

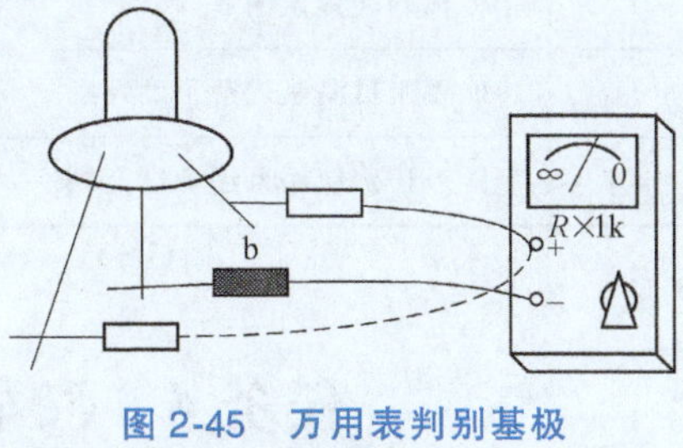

图 2-45　万用表判别基极

2) 集电极和发射极的判别。以 NPN 管为例，基极判断出来后，将万用表的两个表笔搭接到另外两个引脚上测试，如图 2-46 所示。用手捏住基极和假定的集电极，但两电极一定不能相碰。然后将表笔进行对调测试，比较两次测试的阻值大小，阻值小的一次测试中，黑表笔所接的引脚为集电极，另一引脚为发射极。

注意：对于 PNP 型晶体管，也可采用同样的方法进行判断，只是以红表笔接假定的基极，测得两阻值均较小时，红表笔所接的引脚就是基极。判断发射极与集电极时，阻值小的一次测试中，红表笔所接的引脚为集电极，另一引脚为发射极。

3）管型的判别。晶体管的基极确定后，使用万用表的黑表笔接基极，红表笔去测量另外两个管脚中的任意一个，如果测量电阻值很大（几百千欧），则该管为PNP管；如果测得电阻值很小（几百欧或几千欧），则该管是NPN管。判别是硅管还是锗管的方法与判别二极管相同，即硅管PN结正向电阻值为几千欧姆，锗管PN结的正向电阻值为几百欧姆。

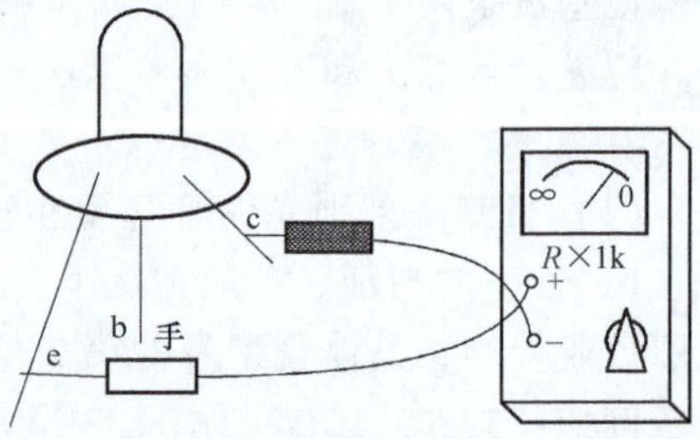

图 2-46　万用表判别集电极和发射极

（3）用万用表 h_{FE} 档判别　在有些万用表（部分指针式和所有数字式）上，具有 h_{FE} 档，利用这一功能，将晶体管的三个管脚插入测试插孔内，当能测试出放大倍数时，插孔边标注的e、b、c即是插孔内晶体管管脚的名称。

表 2-5　晶体管的检测记录表

晶体管型号	管型	结论（材料）	备注（好坏）

3. 工作评价

序号	任务目标	自评	互评	师评
1	对晶体管的检测方法进行总结、分析			
2	分析判断错误的原因			
3	能否用目测法进行正确判别			
4	能否正确使用万用表进行判别			

任务4　汽车晶体管电压调节器的分析

任务描述

晶体管的放大特性，经常被汽车监测设备采用，作为信号放大电路；晶体管的开关特性，可代替机械开关和继电器，用来达到控制电路接通和断开的目的。晶体管开关电路在汽车电路中的应用相当广泛，主要用于电压调节器、电子点火器、电子闪光器及各种信号警告电路中，作为电子开关使用。学会分析这些电路的工作原理对于理解和掌握晶体管的特性是非常重要的。

知识准备

一、晶体管开关特性

晶体管具有放大、饱和、截止三种工作状态。当晶体管在饱和和截止状态下交替工作时，晶体管具有开关作用。

1. 开关作用原理

（1）饱和状态　晶体管发射结和集电结均处于正向偏置时，晶体管处于饱和状态，如果再增大 I_B 电流值，集电极电流 I_C 也不再增大，相当于开关闭合，如图 2-47a 所示。

（2）截止状态　对于硅管而言，当发射结电压 $U_{BE}<0.5V$ 时，已处于截止状态，为了保证可靠截止，发射结加上 0V 或反向偏置电压，相当于开关断开，如图 2-47b 所示。

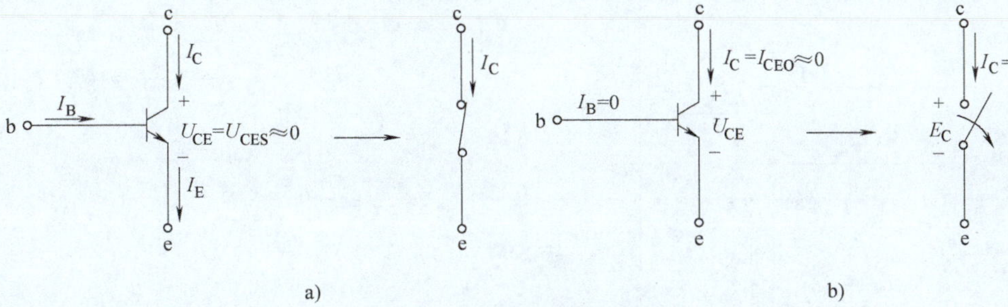

图 2-47　晶体管的开关特性

a）饱和状态　b）截止状态

2. 晶体管开关作用的特点

晶体管不是理想的开关，从截止到饱和，从饱和到截止，均需要时间。但时间很短，一般为几纳秒到几十纳秒。这在一般脉冲电路中可忽略，但在高速脉冲电路中要加以考虑。

晶体管饱和时，发射结正向电压一般约为 0.7V（硅管）和 0.3V（锗管），集电结与发射结之间的电压降约为 0.3V（硅管）和 0.1V（锗管）。

二、晶体管放大电路

1. 共射极基本放大电路的组成

如图 2-48 所示为由 NPN 型晶体管组成的共发射极基本放大电路。因为发射极是输出回路和输入回路的公共端，所以称为共射极放大电路。图中输入回路由输入电压信号 u_i、电容 C_1、晶体管基极 b 和发射极 e 组成；输出回路由输出电压信号 u_o、电容 C_2、晶体管集电极 c 和发射极 e 组成。

各元件的作用：

（1）晶体管（VT）　晶体管（VT）具有放大作用，是放大电路的核心。为保证晶体管（VT）处于放大状态，必须使发射结正向偏置，集电结反向偏置。

（2）集电极电源 E_C　集电极电源 E_C 的作用有两个：一是在晶体管的作用下，适时向负载提供能量；二是保证集电结处于反向偏置，使晶体管工作在放大状态。E_C 一般取几伏至几十伏。

（3）基极电源 E_B 和基极电阻 R_b　基极电源 E_B 和基极电阻 R_b 的作用是使晶体管的发射结处于正向偏置，并通过 R_b 的限制提供适当的静态基极电流 I_B，保证晶体管工作在放大区并有合适的静态工作点。R_b 一般为几十千欧到几百千欧。

（4）集电极电阻 R_C　集电极电阻 R_C 的作用是将集电极的电流的变化变换成集电极电压的变化，以实现电压放大。R_C 的阻值一般为几千欧到几十千欧。

（5）耦合电容 C_1 和 C_2　耦合电容 C_1 和 C_2 具有隔直流通交流的作用。既传递交流信号，又使放大器不受信号源和输出负载的影响。

在放大电路中，一般都采用单电源供电，即将 E_B 省去，把 R_b 改接并由 E_C 供电。通常把输入回路和输出回路的公共端设为参考点，定义为零电位，该端常接地。同时为了简化电路画法，习惯上不画电源 E_C 的符号，而是只在连接电源正极的一端标出它对参考点“地”的电压值 U_{CC} 和极性，如图 2-49 所示。

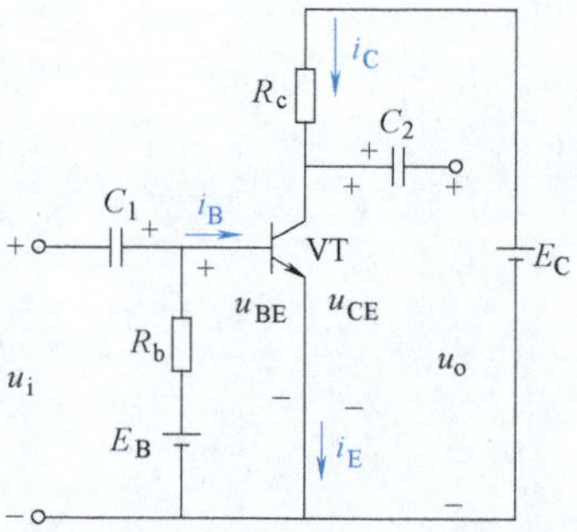

图 2-48　共射极基本放大电路

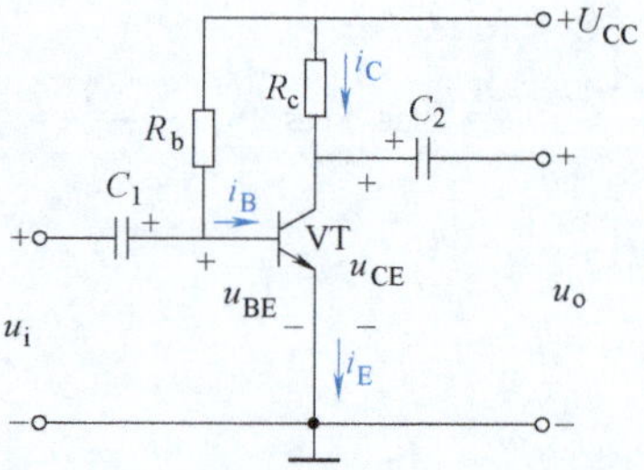

图 2-49　共射极基本放大电路的简化电路

2. 放大电路的工作原理

通常为了便于分析放大电路，将电压和电流的符号统一规定为：

1）以基极电流为例：i_B——瞬时值；I_B——直流分量；i_b——交流分量；I_b——有效值。

2）以基极与发射极之间电压为例：u_{BE}——瞬时值；U_{BE}——直流电压降；u_{be}——交流电压降；U_{be}——有效值。

如图 2-50 所示，u_i 经过输入端电容 C_1 与 U_{BE} 叠加到晶体管输入端，使基极电流 i_B 发生变化，进而使集电极电流 i_C 发生变化，i_C 在 R_c 上的电压降使晶体管输出端电压发生变化，最后经过电容 C_2 输出交流电压 u_o。实质上是利用晶体管的控制作用，把直流电能转化为交流电能，从而获得放大的能量。从图中可见 u_o 与 u_i 相位相反，即共射极放大电路具有反向放大的作用。适当选取 R_c 的阻值，u_o 会比 u_i 大得多，从而得到电压放大的效果。

3. 晶体管放大电路的分析

（1）直流通路和静态工作点　晶体管是放大电路的核心，要使晶体管正常发挥作用，还需要具备一定的外部条件，即选择合适的静态工作点。

当 $u_i=0$ 时，放大电路中没有交流成分，称为静态或直流工作状态。静态工作点（Q 点）可以用晶体管的电流、电压的一组数值来表示，分别是基极电流 I_{BQ}、集电极电流 I_{CQ} 和集-射极电压 U_{CEQ}。

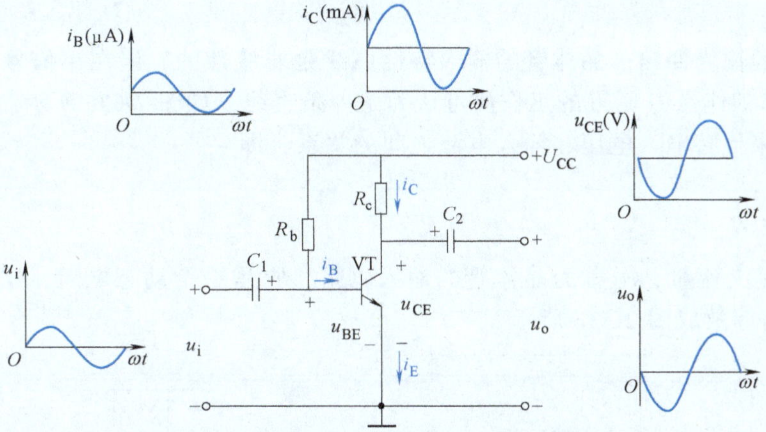

图 2-50　放大电路中各电压和电流的波形

处于静态状况下的电路，只有直流成分而无交流成分，可删去电容，变为直流通路，如图 2-51 所示。

由直流通路可计算静态工作点：

$$I_{BQ}=\frac{U_{CC}-U_{BE}}{R_b}\approx\frac{U_{CC}}{R_b} \tag{2-12}$$

$$I_{CQ}=\beta I_{BQ} \tag{2-13}$$

$$U_{CEQ}=U_{CC}-I_{CQ}R_c \tag{2-14}$$

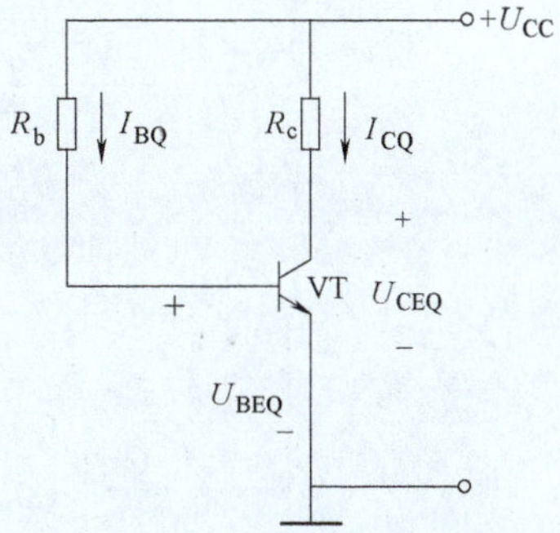

图 2-51　共射极放大电路的直流通路

【例 2-1】　若图 2-51 中 R_b = 300kΩ，R_c = 2kΩ，β=80，U_{CC}=12V，求静态工作点。

解：

$$I_{BQ}=\frac{U_{CC}-U_{BE}}{R_b}=\frac{12V-0.7V}{300k\Omega}=0.04mA=40\mu A$$

$$I_{CQ}=\beta I_{BQ}=80\times0.04mA=3.2mA$$

$$U_{CEQ}=U_{CC}-I_{CQ}R_c=(12-3.2\times2)V=5.6V$$

（2）交流通路和动态分析　放大电路有交流输入信号，即 $u_i\neq0$ 时的工作状态称为动态。动态分析就是分析信号在电路中的传输情况，即分析各个电压、电流随输入信号变化的情况。

1）交流通路。在实际应用中，输出端都要接负载，可用一个电阻 R_L 来等效，如图 2-52a所示。所谓交流通路就是交流信号在放大电路中的传输通道。画交流通路的方法是：电路中耦合电容 C_1、C_2 的容抗很小，可视为短路；直流电源的内阻一般很小，也可以忽略，视为短路。因此放大电路的交流通路可等效为图 2-52b 所示的电路。

2）微变等效电路分析法。所谓放大电路的微变等效电路，就是把非线性元件晶体管组成的放大电路等效为一个线性电路，然后再来分析和计算，这种方法就是微变等效电路分析法。

① 晶体管的输入回路。晶体管的输入特性曲线是非线性的，但在小信号（微变量）输入情况下，静态工作点 Q 附近的工作段可认为是一条直线，如图 2-53a 所示。因而可以用一个等效电阻 r_{be} 来代替输入电压和输入电流之间的关系，即

$$r_{be}=\frac{\Delta u_{BE}}{\Delta i_B}=\frac{u_{be}}{i_b} \tag{2-15}$$

式中，u_{be}、i_b 是交流量，r_{be} 称为晶体管的输入电阻，它是一个动态电阻，这样就可以把晶体管的输入回路等效成图 2-53b 所示。

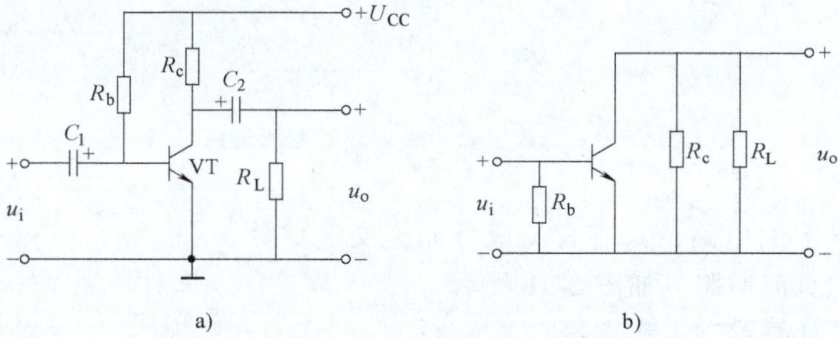

图 2-52　共射极放大电路的交流通路

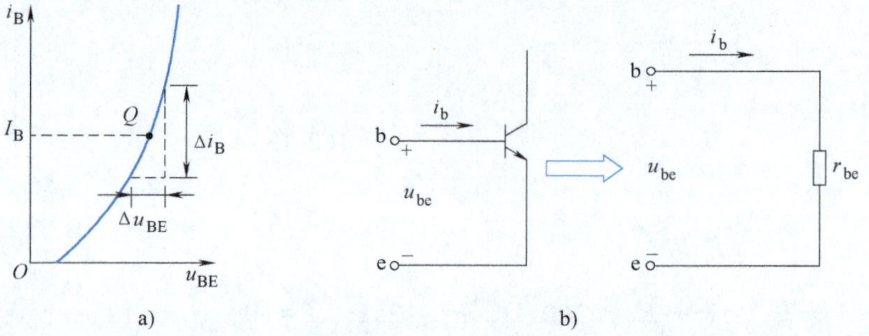

图 2-53　从晶体管的输入特性曲线求等效电阻 r_{be}

对于低频小功率晶体管，r_{be} 常用下面的公式来估算

$$r_{be}=200\Omega+(1+\beta)\frac{26\text{mV}}{I_E(\text{mA})} \tag{2-16}$$

式中，I_E 是发射极电流的静态值，近似等于 I_{CQ}。

② 晶体管的输出回路。在晶体管的输出特性曲线中可以看出，在放大区内，输出曲线是一组近似水平和等间隔的直线，如图 2-54a 所示。忽略 u_{CE} 对 i_C 的影响，则 Δi_C 与 Δi_B 之比为

$$\beta=\frac{\Delta i_C}{\Delta i_B}=\frac{i_C}{i_B} \tag{2-17}$$

在小信号条件下，β 是常数。晶体管输出端可用一个电流源来等效代替。因为 $i_C=\beta i_B$，即 i_C 受 i_B 控制，所以考虑用受控电流源等效，如图 2-54b 所示。

③ 晶体管的微变等效电路。综上所述，晶体管可以用图 2-55 所示的等效电路来表示，晶体管的输入端用它的输入电阻 r_{be} 来等效；输出端用一个受控电流源来等效。

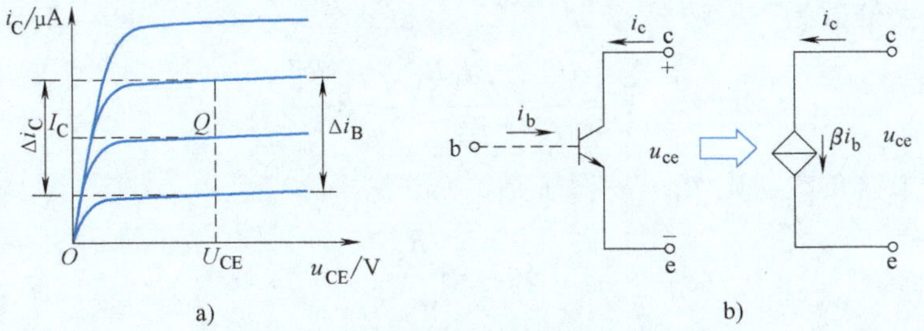

图 2-54　从晶体管的输出特性曲线求 β

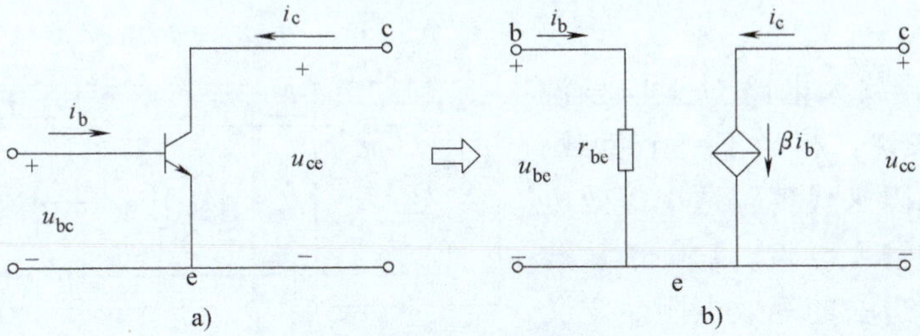

图 2-55　晶体管的微变等效电路

a）电路图　b）微变等效电路

3）放大电路的微变等效电路。在晶体管微变等效电路的基础上，以共发射极放大电路为例，分析放大电路的微变等效电路。设输入的是正弦信号，图中各量都可以用相量表示，如图 2-56 所示。

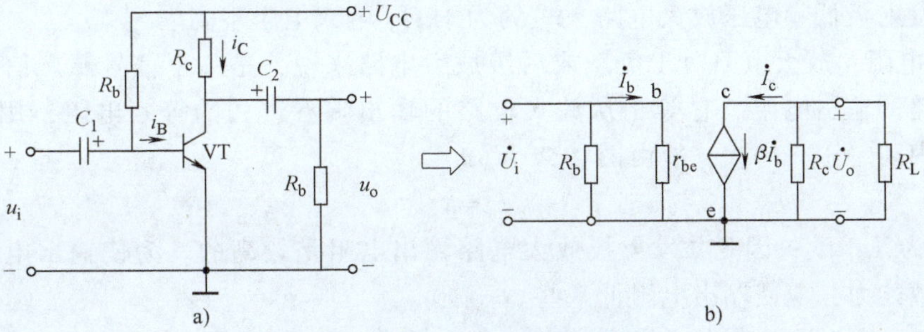

图 2-56　放大电路的微变等效电路

a）电路图　b）微变等效电路

4）参数的计算。

① 电压放大倍数：电压放大倍数定义为输出电压与输入电压的比值，用 $\dot{A}_u$ 表示。

$$\dot{A}_u=\frac{\dot{U}_o}{\dot{U}_i}$$

由图 2-56 可知

$$\dot{U}_i=\dot{I}_b r_{be}$$

$$\dot{U}_o=-\dot{I}_c R_L'=-\beta\dot{I}_b R_L'$$

$$R_L'=R_c//R_L=\frac{R_c R_L}{R_c+R_L}$$

所以电压放大倍数为

$$\dot{A}_u=\frac{\dot{U}_o}{\dot{U}_i}=\frac{-\beta\dot{I}_b R_L'}{\dot{I}_b r_{be}}=-\beta\frac{R_L'}{r_{be}} \tag{2-18}$$

如果输出端未接负载，则 $R_L=\infty$，于是

$$\dot{A}_u=-\beta\frac{R_c}{r_{be}} \tag{2-19}$$

式中负号表示输出电压与输入电压相位相反。

注意： 因为 $R_L'=R_c//R_L$，所以 $R_L'<R_c$，可见，接上负载后电压放大倍数降低了。

② 输入电阻：放大电路对于信号源或前级放大电路来说，相当于一个负载，故可用一个等效电阻来代替，这个等效电阻就是放大电路的输入电阻。它等于从放大电路的输入端看进去的等效电阻。定义为输入电压 $\dot{U}_i$ 和输入电流 $\dot{I}_i$ 的比值，用 r_i 来表示，如图 2-57 所示。

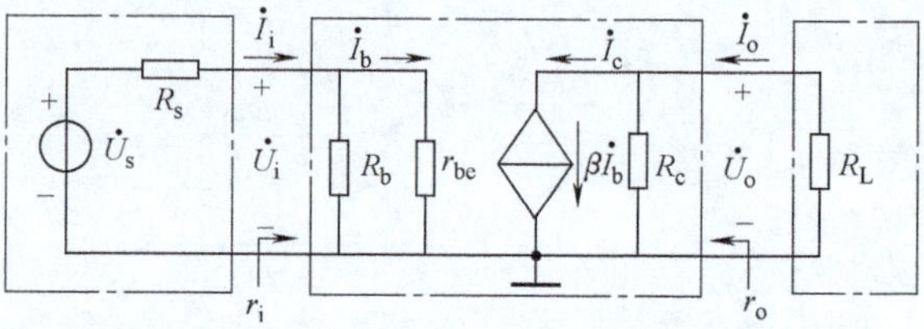

图 2-57 等效输入电阻和输出电阻

由图 2-57 可以看出：

$$r_i=R_b//r_{be} \tag{2-20}$$

因为 $R_b\gg r_{be}$，所以

$$r_i\approx r_{be} \tag{2-21}$$

对于共发射极低频电压放大电路，r_{be} 约为 1kΩ，输入电阻不高。

③ 输出电阻：放大电路对于负载或后级放大电路来说，是一个信号源。信号源的内阻即为放大电路的输出电阻。它等于从放大电路的输出端看进去的等效电阻，用 r_o 来表示。因为电流源内阻趋于无穷大，故由图 2-57 可知

$$r_o=R_c \tag{2-22}$$

R_c 一般为几千欧，因此共发射极放大电路输出电阻是较高的。为使输出电压平稳，有较强的带负载能力，应使输出电阻低一些。

注意： 输入电阻和输出电阻都是对交流信号而言，是动态电阻，它们是衡量放大电路性能的重要指标。

通常情况下，要求放大电路的输入电阻要大，输出电阻要小。这是因为输入电阻越大，放大电路从信号源或前级放大电路索取的电流越小，即对信号源或前级放大电路的影响越小；输出电阻越小，当负载电阻变化时，输出电压的变化越小，即带负载能力越强。

【例 2-2】 电路如图 2-58a 所示，已知 $U_{CC}=12V$，$R_c=4k\Omega$，$R_b=470k\Omega$，$\beta=60$。

求：1）输入电阻和输出电阻；2）不接负载 R_L 时的电压放大倍数；3）当接上负载 $R_L=4k\Omega$ 时电压放大倍数。

解： 1）画出微变等效电路图，如图 2-58b 所示。

$$I_{BQ}=\frac{U_{CC}-U_{BE}}{R_b}=\frac{(12-0.7)V}{470k\Omega}=0.024mA=24\mu A$$

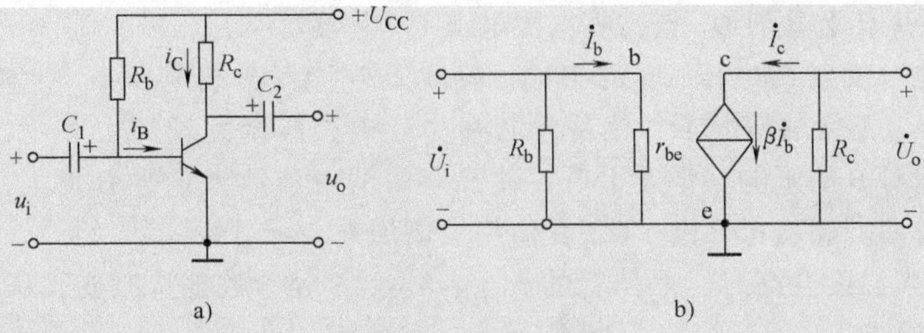

图 2-58　例 2-2 电路

$$I_{CQ}=\beta I_{BQ}=60\times0.024\text{mA}=1.44\text{mA}$$

$$U_{CEQ}=U_{CC}-I_{CQ}R_c=(12-1.44\times4)\text{V}=6.24\text{V}$$

$$r_{be}=200\Omega+(1+\beta)\frac{26\text{mV}}{I_E(\text{mA})}=200\Omega+1101.4\Omega=1301.4\Omega\approx1.3\text{k}\Omega$$

$$r_i=R_b//r_{be}\approx r_{be}=1.3\text{k}\Omega$$

$$r_o=R_c=4\text{k}\Omega$$

2）不接负载 R_L 时

$$\dot{U}_i=\dot{I}_b r_{be}\qquad \dot{U}_o=-\beta\dot{I}_b R_c$$

$$\dot{A}_u=\frac{\dot{U}_o}{\dot{U}_i}=-\beta\frac{R_c}{r_{be}}=-60\times\frac{4}{1.3}\approx-185$$

3）接入负载 R_L 时

$$\dot{U}_o=-\beta\dot{I}_b R_L'$$

$$R_L'=R_c//R_L=\frac{R_cR_L}{R_c+R_L}=\frac{4\times4}{4+4}\text{k}\Omega=2\text{k}\Omega$$

$$\dot{A}_u=-\beta\frac{R_L'}{r_{be}}=-60\times\frac{2}{1.3}\approx-92$$

4. 静态工作点稳定电路

合理设置静态工作点是保证放大电路正常工作的先决条件。Q 点位置过高或过低都可使信号失真。前面分析时只考虑放大电路的内部因素，在外界条件变化时，也会使静态工作点发生移动，进而失真。因此设法稳定静态工作点是一个很重要的问题。

（1）静态工作点不稳定的外部因素　静态工作点不稳定的外部因素很多，如温度变化、电源波动和晶体管老化等，其中最主要的是温度变化的影响。

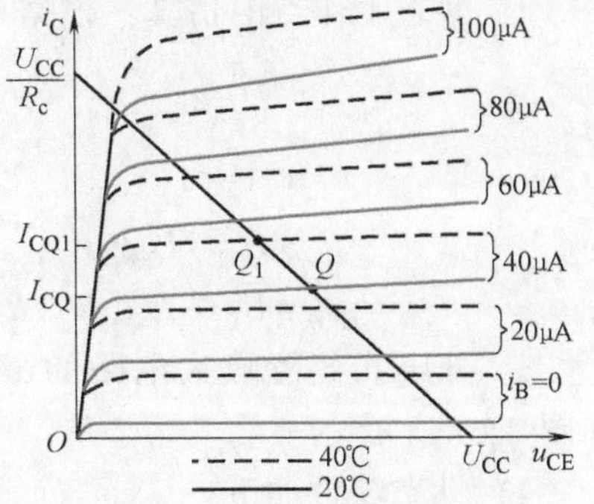

图 2-59　温度变化对 I_{CEO} 的影响

1）温度变化对 I_{CEO} 的影响。温度上升，反向饱和电流 I_{CBO} 增大，穿透电流 $I_{CEO}=(1+\beta)I_{CBO}$ 也增大。图 2-59 中实线为升温前的特性曲线，虚线为升温后的特性曲线。当温度由20℃上升到 40℃，且 $I_B=40\mu A$ 并保持不变时，静态工作点 Q 上升到 Q_1 点，集电极电流 I_{CQ} 也增大到 I_{CQ1}。

2）温度变化对发射结电压 u_{BE} 的影响。温度上升，发射结电压 u_{BE} 下降。在电源电压 U_{CC} 和基极电阻 R_B 不变的情况下，使基极电流 i_B 上升，i_C 随之增加。

3）温度变化对 β 的影响。温度上升，使晶体管的电流放大倍数 β 增大，使特性曲线间距增大，即 i_C 增大。温度每升高 1℃，β 值相应增加 0.5%～1%。

综上所述，当温度升高时，晶体管的 I_{CEO}、u_{BE}、β 等参数都将改变，从而使 Q 点上移，造成电路的不稳定。

设想一种方法：如果改进电路，使 I_C 增加的同时 I_B 减小，反馈回来控制 I_C，达到自动稳定静态工作点的目的。这就是下面要分析的分压式偏置电路。

（2）分压式偏置放大电路　如图 2-60 所示为一个具有工作点稳定功能的分压式电流负反馈共发射极放大电路。

1）电路的特点：首先利用电阻 R_{b1}、R_{b2} 分压来固定基极电位。设流过电阻 R_{b1}、R_{b2} 的电流分别为 I_1 和 I_2，且 $I_1=I_2+I_B$，一般 I_B 很小，则 $I_1 \gg I_B$，可近似认为 $I_1 \approx I_2$。可列得基极电位为

$$V_B=\frac{R_{b2}}{R_{b1}+R_{b2}}U_{CC} \tag{2-23}$$

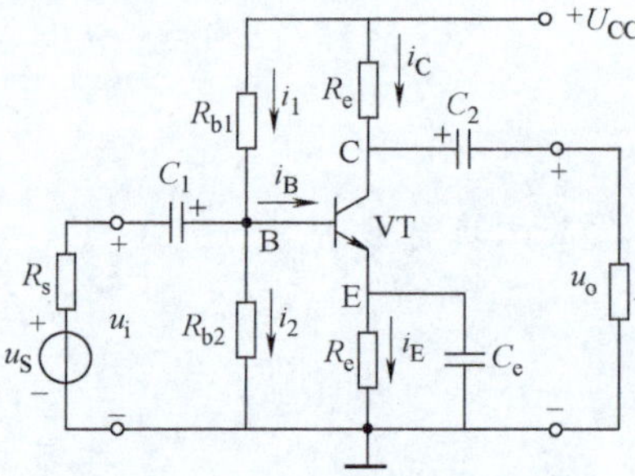

图 2-60　分压式电流负反馈共发射极放大电路

由上式可见，V_B 由电源电压 U_{CC}、电阻 R_{b1} 和 R_{b2} 的分压所决定，不随温度的改变而改变。

其次，利用发射极电阻 R_e 的降压作用，当工作点移动时，使晶体管基-射极电压 U_{BE} 减小，以此来减小 I_C，从而达到稳定 Q 点的目的。可列得集电极电流为

$$I_C \approx I_E=\frac{V_B-U_{BE}}{R_e} \tag{2-24}$$

R_e 越大，稳定性越好，但不能太大，一般 R_e 为几百欧或几千欧。与 R_e 并联的电容 C_e 称为旁路电容，可为交流信号提供低阻通路。

分压式偏置电路稳定静态工作点的过程可表示如下：

温度 $T\uparrow \rightarrow I_C\uparrow \rightarrow I_E\uparrow \rightarrow V_E\uparrow \rightarrow U_{BE}\downarrow \rightarrow I_B\downarrow \rightarrow I_C\downarrow$

2）静态工作点的估算：根据 $V_B=\dfrac{R_{b2}}{R_{b1}+R_{b2}}U_{CC}$，得

$$I_{CQ} \approx I_{EQ}=\frac{V_B-U_{BE}}{R_e} \tag{2-25}$$

$$I_{BQ}=I_{CQ}/\beta \tag{2-26}$$

$$U_{CEQ}=U_{CC}-I_{CQ}(R_c+R_e) \tag{2-27}$$

3）分压式偏置放大电路的微变等效电路图如图 2-61 所示。

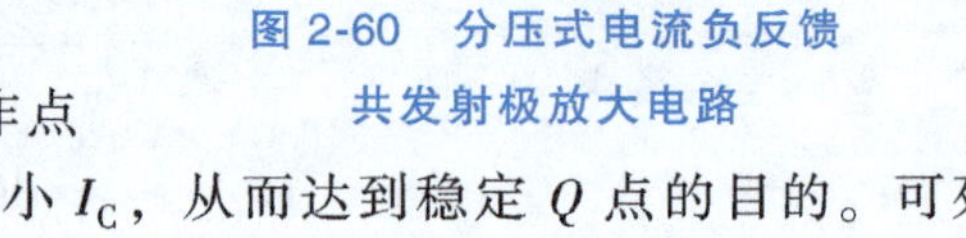

图 2-61　分压式偏置放大电路的微变等效电路图

4）动态参数如下：

输入电阻为

$$r_i = R_{b1} // R_{b2} // r_{be} \approx r_{be} \tag{2-28}$$

输出电阻为

$$r_o = R_c \tag{2-29}$$

因为

$$\dot{U}_i = \dot{I}_b r_{be} \qquad \dot{U}_o = -\dot{I}_c R_L' = -\beta \dot{I}_b R_L'$$

$$R_L' = R_c // R_L = \frac{R_c R_L}{R_c + R_L}$$

电压的放大倍数为

$$\dot{A}_u = \frac{\dot{U}_o}{\dot{U}_i} = \frac{-\beta \dot{I}_b R_L'}{\dot{I}_b r_{be}} = -\beta \frac{R_L'}{r_{be}} \tag{2-30}$$

三、功率放大器

功率放大器的作用是将已经放大的电压信号进行功率放大，以向负载提供足够大的功率。这种以输出足够大功率为目的的放大电路称为功率放大器，简称功放。

1. 乙类互补对称功率放大电路

晶体管在输入信号的整个周期内都处于放大状态的放大方式称为甲类放大。前面介绍的基本放大电路都属于甲类放大，但是甲类放大效率低，一般不会超过25%。晶体管只在输入信号的半个周期内处于放大状态，另外半个周期处于截止状态的放大方式称为乙类放大，乙类放大效率高，但只有半个周期的信号得到放大，输出波形严重失真。为了解决这一矛盾，可以用两个晶体管轮流工作于正、负半周的方法来解决，这就是互补对称放大电路。

乙类互补对称功率放大电路如图2-62所示，电路由两个电源 U_{CC} 供电，其大小相等、极性相反。VT_1 是NPN型晶体管，VT_2 是PNP型晶体管，且两管参数对称。两管的基极和发射极分别连接在一起，信号从基极输入，从发射极输出，R_L 是负载。

当电路输入 $u_i = 0$ 时，VT_1 和 VT_2 都不导通，负载 R_L 上静态电流为零，输出 $u_o = 0$。

当电路输入 $u_i \neq 0$ 时，在输入信号正半周期内，VT_1 发射结正向偏置导通，VT_2 截止，VT_1 的 i_{C1} 流过负载 R_L；在输入信号负半周期内，VT_2 发射结正向偏置导通，VT_1 截止，VT_2 的 i_{C2} 流过负载 R_L。这样在输入信号作用下，VT_1 和 VT_2 交替导通，在负载 R_L 上得到一个完整的波形。

由于两个单管电路上下对称，交替工作，互相补充，所以称为互补对称电路。

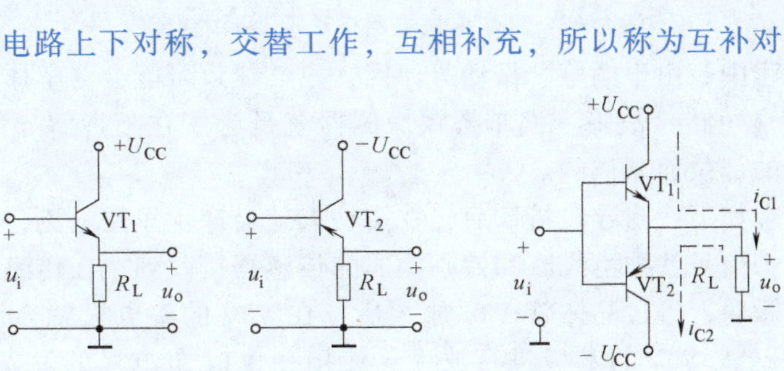

图2-62　乙类互补对称功率放大电路

乙类互补对称放大电路的输出波形如图2-63所示，在两管交替工作经过输入特性死区的一段时间内，i_{C1}和i_{C2}都接近于零，使得输出电压波形在正、负半周的交接处失真，称为交越失真。为了避免产生失真，可以采用甲乙类互补对称功率放大电路（图2-64）。

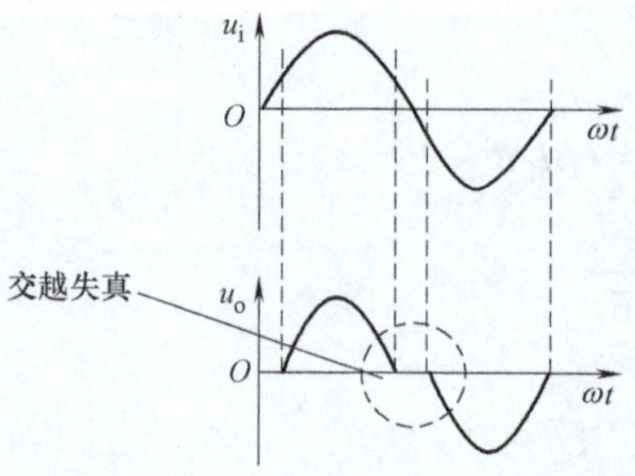

图2-63 乙类互补对称功放电路的输出波形

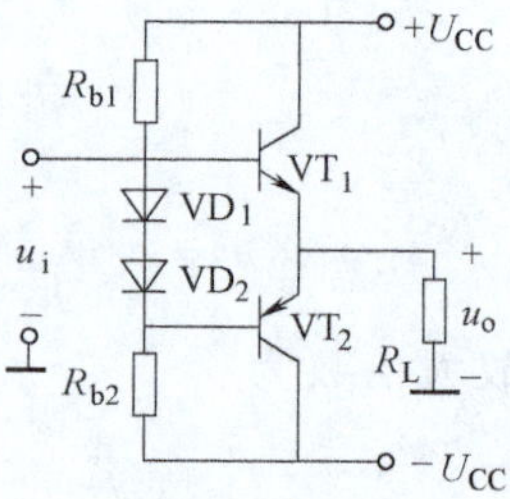

图2-64 甲乙类互补对称功率放大电路

2. 甲乙类互补对称功率放大电路

甲乙类互补对称功率放大电路如图2-64所示，为了产生一定的偏流，在乙类互补对称功率放大电路的基础上增加了偏置电阻R_{b1}和R_{b2}。二极管VD_1和VD_2的作用是利用其静态电阻大而动态电阻小的特点，保证静态时VT_1和VT_2之间不会因为短路而造成两管的偏流仍然等于零；动态时又使VT_1和VT_2之间接近于短路，既保证了输入信号u_i能输送到PNP管，又使正、负半周时输送至两管的信号大小相等。

四、晶体管在汽车电子电路中的应用

1. 晶体管放大电路在汽车电子电路中的应用

晶体管最主要的性能是对信号具有放大的作用，在汽车电子电路中，主要用来对微弱的信号进行放大。图2-65所示为利用晶体管的放大特性制作的汽车电气电路搭铁探测器的电路。

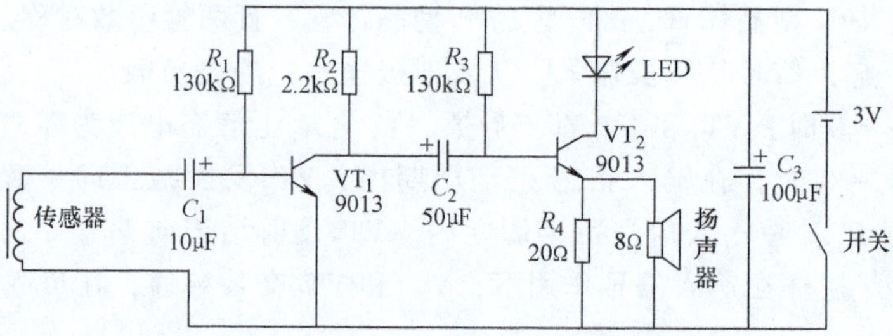

图2-65 汽车电气电路搭铁探测器的电路

汽车在行驶过程中，由于颠簸、振动等原因，电气线束可能会与车体摩擦而损坏其绝缘层，从而发生搭铁（短路）故障。汽车搭铁探测器就是为了在不拆解导线的情况下能快速查出搭铁故障发生的部位而制作的。

探测器工作原理如下：当导线搭铁后，在搭铁点就会产生短路电流，短路点就会向周围发出谐波信号。这个信号就被由线圈和铁心构成的传感器接收到，在传感器中产生交变的电信号。这个信号很微弱，经过晶体管VT_1放大后，在VT_1的集电极就会得到放大了的交变信号，该信号再被送入VT_2的基极进行放大，使接在VT_2集电极的发光二极管闪烁发光，并且使接在VT_2发射极的扬声器发出声响。传感器越接近故障点，接收到的信号越强，经过放大后，发光二极管越亮，扬声器发出的声响越强。根据发光二极管亮度变化和扬声器声音变化，就能快速找到故障点。

2. 电子点火器

电子点火器是指利用晶体管或者晶闸管作为开关，接通与断开点火线圈初级电流的点火装置。目前，国内外研制使用的电子点火器种类较多，按有无触点，可分为触点式电子点火器和无触点电子点火器。有触点电子点火器结构简单、成本低，但在一定程度上仍无法避免传统点火器的缺点。自从 20 世纪 80 年代以来，汽车上广泛应用无触点电子点火器。

东风 EQ1090 汽车采用的 JKF667 型无触点电子点火器的基本电路如图 2-66 所示，闭合点火开关 S，晶体管 VT_1 通过电阻 R_4 获得正向偏压而导通；此时，由于晶体管 VT_1 集电极（B 点）电位降低，使晶体管 VT_2 处于截止状态；复合开关管 VT_3 无基极电流也呈截止状态。因此点火线圈的初级线圈 W_1 无电流。这样可防止停车时因点火开关未断而使蓄电池向点火线圈长时间放电，从而避免造成点火线圈因过热而损坏的现象。

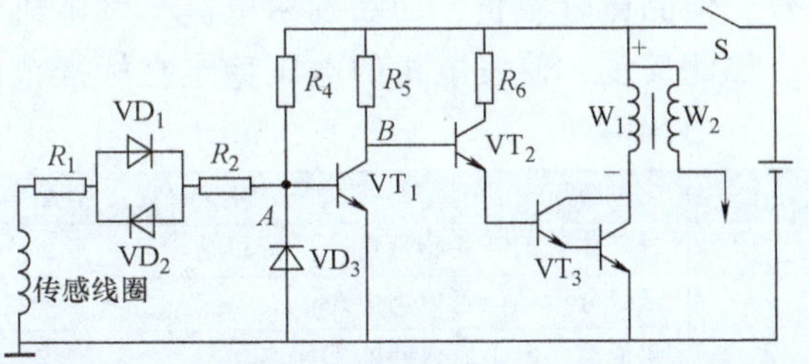

图 2-66　JKF667 型无触点电子点火器的基本电路

当发动机转动，脉冲信号发生器的定时转子与分电器同步旋转而使其传感线圈输出负脉冲信号电压时，晶体管 VT_1 通过二极管 VD_3、电阻 R_2、二极管 VD_2 和电阻 R_1 获得反向偏压而呈截止状态。因此，其集电极电位升高，晶体管 VT_2 获得正向偏压而导通，开关管 VT_3 也因此而导通。于是点火线圈的初级线圈 W_1 有电流而形成磁场。

当传感线圈输出正脉冲信号电压时，晶体管 VT_1 通过电阻 R_1、二极管 VD_1 和电阻 R_2 获得正向偏压而导通，晶体管 VT_2 由于失去正向偏压而截止，开关管 VT_3 又因 VT_2 的截止而立即截止。因此，点火线圈的初级电流立即中断，其磁场迅速消失，次级线圈 W_2 立即感应出高电压，再由配电器分配至各个气缸的火花塞，使火花塞跳火。

当传感线圈又输出负脉冲信号电压时，VT_1 截止，VT_2、VT_3 又导通，如此重复。

任务实施

1. 工作原理分析

晶体管电压调节器（也称电子调压器）利用晶体管的开关作用，控制发电机励磁电路的通断，在发电机转速发生变化时，调节励磁电路的电流，使发电机电压保持稳定。现在国内外晶体管电压调节器的电路设计原理大致相同，结构也基本相同，都是由 1~2 个稳压管、1~3 个二极管、2~3 个晶体管、若干个电阻和电容等元件组成，外部有三个接线柱，分别为“+”接线柱、“−”接线柱和“F”接线柱，分别与发电机的三个接线柱对应连接。

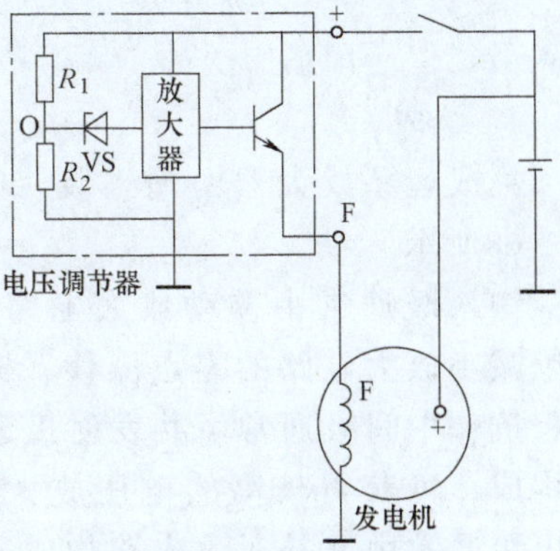

图 2-67　晶体管电压调节器的工作原理图

图 2-67 为晶体管电压调节器的工作原理图。调节器的“+”接线柱接点火开关，“F”接线柱接发电机励磁绕组，“+”和“F”之间为晶体管的集电极 C 与发射极 E 形成的开关电路，“+”与“−”之间有两个电阻 R_1、R_2 组成的分压器，其 O 点电压正比于发电机电压，O 点

与放大器之间接有稳压管 VS，用来感受电压。其工作过程如下：

在发电机电压较低的情况下，分压器中间 O 点电压也较低，此时稳压管处于截止状态，此状态经放大器放大，给晶体管的基极一个高电位信号，使晶体管导通，励磁电流可以通过晶体管流入发电机励磁绕组，使发电机电压上升，当电压上升到调节器电压调整值时，O 点电压升高至稳压管的击穿电压，稳压管被击穿，此信号经放大器放大后给晶体管一个低电位信号，使晶体管截止，切断励磁电流，发电机无励磁电流，电压便下降，这样又使晶体管导通，如此反复，使发电机的电压稳定在标准范围内。

2. 工作评价

序号	任务目标	自评	互评	师评
1	对晶体管的开关特性进行分析总结			
2	正确分析晶体管放大电路			
3	知道汽车电子点火器的工作原理			
4	正确分析汽车晶体管电压调节器的工作原理			

任务 5　汽车轮速传感器电路的分析

任务描述

汽车电子稳定程序（ESP）、防抱死制动系统（ABS）、自动变速器的控制系统等都需要轮速信息。轮速传感器是现代汽车中最为关键的传感器之一。考虑车轮的工作环境以及空间大小等实际因素，常用的轮速传感器主要有：磁电式轮速传感器、霍尔式轮速传感器。常见霍尔式轮速传感器的电子电路中，集成运算放大器起到非常重要的作用。

知识准备

一、集成运算放大器概述

集成运算放大器简称集成运放，是一种具有很高放大倍数的多级直接耦合放大电路，是发展最早、应用最广泛的一种模拟集成电路，具有运算和放大作用。

1. 组成

集成运算放大器由输入级、中间级、输出级、偏置电路 4 部分构成，其结构框图如图 2-68所示。

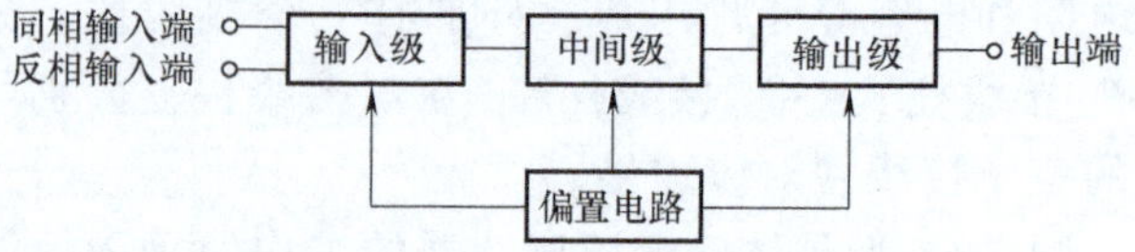

图 2-68　集成运算放大器的结构框图

输入级通常由差动放大电路构成，可以减小放大电路的零点漂移、提高输入阻抗；中间级通常由共发射极放大电路构成，可获得较高的电压放大倍数；输出级通常由互补对称电路构成，可减小输出电阻，提高电路的带负载能力；偏置电路一般由各种恒流源电路构成，作用是为上述各级电路提供稳定、合适的偏置电流，决定各级的静态工作点。

2. 符号

国家标准规定的集成运算放大器的符号如图 2-69a 所示。它有两个输入端和一个输出端。

同相输入端“+”定义为：当反相输入端接地，输入信号加到同相输入端时，输出信号和输入信号极性相同。反相输入端“-”定义为：当同相输入端接地，输入信号加到反相输入端时，输出信号和输入信号极性相反。

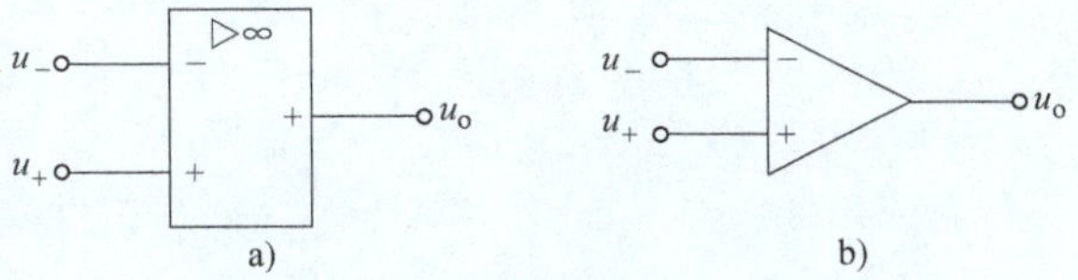

图 2-69　集成运算放大器的符号

a）国标符号　b）旧符号

图 2-69b 所示为集成运放的旧符号。常用的集成运放型号有 LM741、LM324、LM339、NE5532、CB75339 等，其引脚图和连接图查阅相关芯片资料即可获得。

二、集成运算放大器组成的基本运算电路

通常集成运放必须外接负反馈网络才能正常工作，下面介绍几种由集成运放组成的基本运算电路。这些电路是其他各种应用电路的基础。

1. 反相比例运算

如图 2-70 所示，反相比例运算电路实际上是一个深度的电压并联负反馈放大器。输入信号 u_i 经电阻 R_1 加至集成运放反相输入端；同相输入端经电阻 R_2 接地；反馈支路由 R_f 构成，将输出电压 u_o 反馈至反相输入端。反相比例运算电路的比例系数（电压放大倍数）为

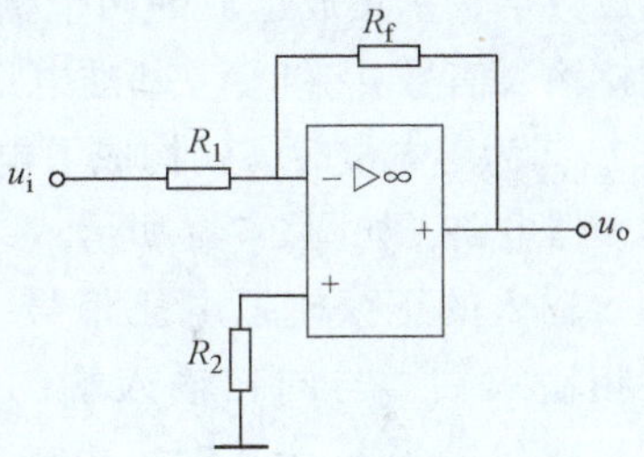

图 2-70　反相比例运算电路

$$A_f=-\frac{R_f}{R_1} \tag{2-31}$$

式中，A_f 为负值，说明集成运放输出电压与输入电压反相，因此又称为反相放大器。A_f 仅与 R_f 和 R_1 的比值有关，而与集成运放本身无关。电阻 R_2 称为平衡电阻，作用是保证放大器能稳定工作。

2. 同相比例运算

如图 2-71 所示，同相比例运算电路又称同相放大器，实际上是一个深度的电压串联负反馈放大器。输入信号 u_i 经电阻 R_2 加至集成运放同相输入端；反相输入端经电阻 R_1 接地；反馈支路由 R_f 构成，将输出电压 u_o 反馈至反相输入端。同相比例运算电路的比例系数（电压放大倍数）为

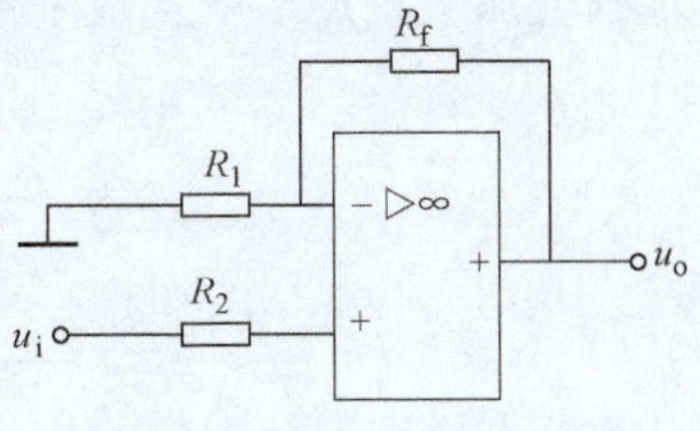

图 2-71　同相比例运算电路

$$A_f=1+\frac{R_f}{R_1} \tag{2-32}$$

式中，A_f 大于 0，说明集成运放输出电压与输入电压同相。

如果 $R_1=\infty$（即开路）且 $R_f=0$（即短路），则 $A_f=1$。这时构成的电路称为电压跟随器，其电路如图 2-72 所示。电压跟随器一般作为信号与其负载之间的缓冲隔离。

3. 差分放大器

如果反相输入端和同相输入端都有信号输入，就构成了差分放大器，其电路如图 2-73

所示。差分放大器放大的是两个输入信号的差，输出电压与输入电压的关系为

$$u_o=-\frac{R_f}{R_1}(u_{i1}-u_{i2}) \tag{2-33}$$

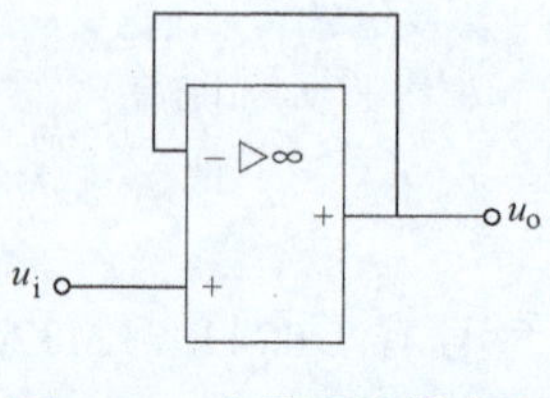

图 2-72　电压跟随器电路

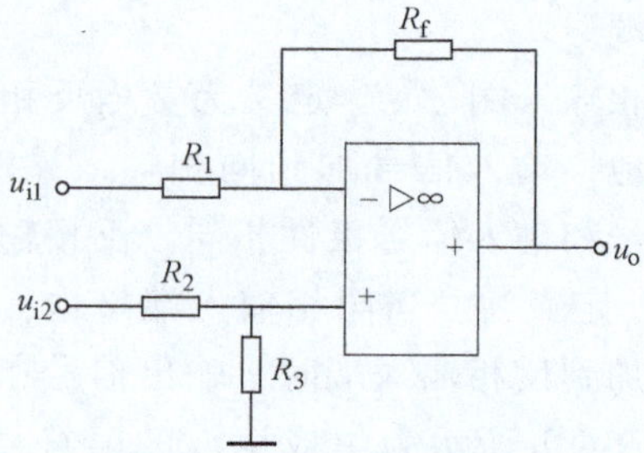

图 2-73　差分放大器电路

三、集成运算放大器的应用

1. 电压过零比较器

电压比较器在电路中可将模拟量转换成数字量。集成运放的两个输入端分别接输入信号 u_i 和参考基准电压 U_{REF}。当 U_{REF} 为零电位时，就构成了电压过零比较器电路，如图 2-74a 所示。

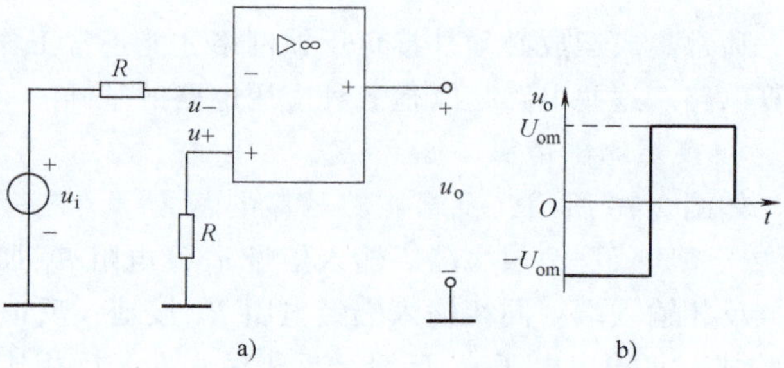

图 2-74　电压过零比较器

a）电路图　b）传输特性

输入的正弦模拟电压信号 u_i 接在反相输入端，与同相输入端的零电位进行比较。当 u_i 为正时，由于 $u_+<u_-$，则输出电压 $u_o=-U_{om}$；当 u_i 为负时，由于 $u_+>u_-$，则输出电压 $u_o=+U_{om}$，传输特性如图 2-74b所示。这样该电路就实现了在输入端进行模拟信号正、负极性的判断，在输出端则以高电平或低电平的形式来反映比较的结果。

2. 电压滞回比较器

过零比较器非常灵敏，但抗干扰能力较差。当输入电压处于参考电压附近时，由于零点漂移或干扰，输出电压会在正、负最大值之间来回变化，易造成误动作。如果在过零比较器的基础上加上正反馈就构成了滞回比较器，其电路如图 2-75a 所示。图中输入信号 u_i 从反相

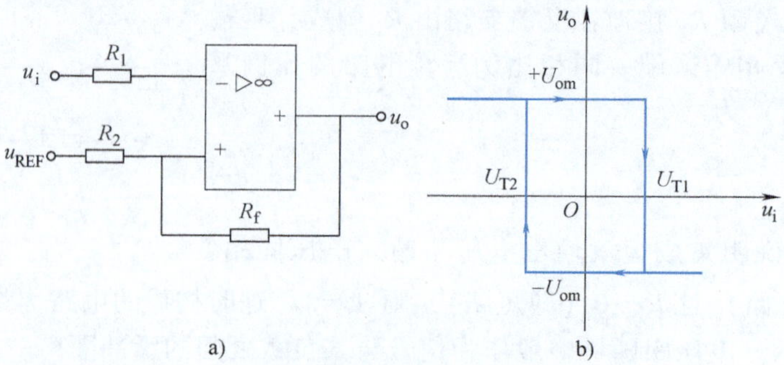

图 2-75　电压滞回比较器

a）电路图　b）传输特性

输入端输入，反馈信号作用于同相输入端，构成反相滞回比较器。

滞回比较器有两个阈值电压 U_{T1} 和 U_{T2}，计算公式如下：

$$U_{T1}=\frac{R_f}{R_2+R_f}U_{REF}+\frac{R_2}{R_2+R_f}U_{om} \tag{2-34}$$

$$U_{T2}=\frac{R_f}{R_2+R_f}U_{REF}-\frac{R_2}{R_2+R_f}U_{om} \tag{2-35}$$

显然 $U_{T1}>U_{T2}$，当输入电压 $u_i>U_{T1}$ 时，输出电压 $u_o=-U_{om}$；当输入电压 $u_i<U_{T2}$ 时，输出电压 $u_o=+U_{om}$；当输入电压 $U_{T2}<u_i<U_{T1}$ 时，输出电压 u_o 保持原状态不变。电压滞回比较器传输特性如图 2-72b 所示。

3. 测量放大器

在自动控制测量系统中，一般通过传感器将温度、压力和位移等非电量转换成电量（电压信号）。但这种电压信号的变化往往非常微弱，只通过一个运算放大器构成的差分放大电路往往不够，常需要用几个运放构成多级放大电路，将微弱的电信号放大到足够的大小。

测量放大器电路如图 2-76 所示，A_1、A_2 组成第一级运放，A_3 组成第二级差分运放。该电路均采用同相输入，所以输入电阻较高。电路结构对称，能很好地抑制零点漂移。由于电路结构上下对称，可以确定电阻 R_1 的中间电位为接地电位。

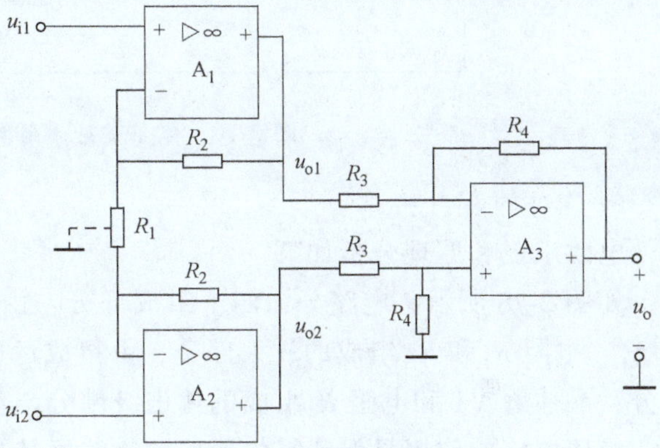

图 2-76　测量放大器电路

根据同相比例运算电路和差分放大电路的性质，可分析出各级输入电压和输出电压之间的关系。省略分析过程，最终输出电压 u_o 和输入电压 u_{i1}、u_{i2} 之间的关系为

$$u_o=-\frac{R_4}{R_3}\left(1+\frac{2R_2}{R_1}\right)(u_{i1}-u_{i2}) \tag{2-36}$$

任务实施

1. 工作原理分析

霍尔轮速传感器的结构如图 2-77 所示，主要由齿圈、霍尔元件、磁体和电子电路组成。

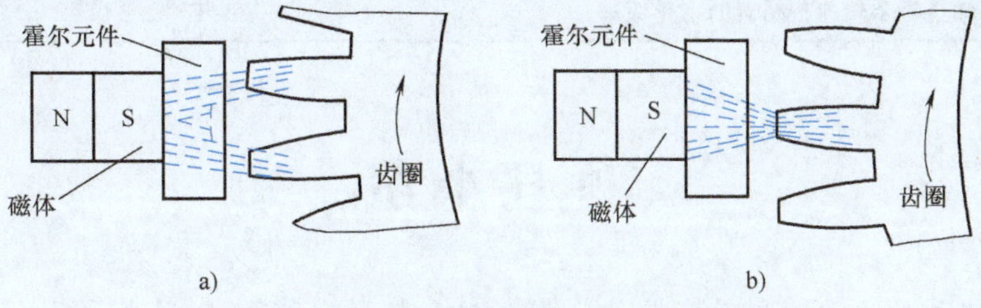

图 2-77　霍尔轮速传感器结构示意图

a）磁场较弱　b）磁场较强

霍尔元件是利用霍尔效应原理制成的，霍尔效应原理将在项目三做具体介绍。

当齿圈随着车轮旋转时，霍尔元件上的磁场会发生周期性变化，霍尔元件两端就会产生 mV 级的正弦波电压。将霍尔元件产生的微弱的正弦波电压信号放大整形为标准的脉冲信号，就是通过由集成运放构成的电子电路来实现的。霍尔轮速传感器电子电路原理图如图 2-78 所示。

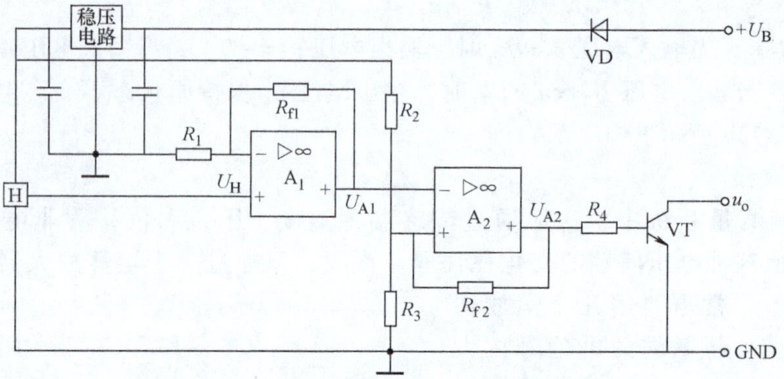

图 2-78　霍尔轮速传感器电子电路原理图

2. 工作过程分析

电路组成和原理分析如下：

如图 2-78 所示，电路分为四个组成部分：由霍尔元件构成的信号产生部分；由集成运放 A_1、电阻 R_1 和 R_{f1} 组成的放大部分；由集成运放 A_2、电阻 R_2、R_3、R_{f2} 组成的滞回比较器部分；晶体管 VT 和电阻 R_4 组成的输出级部分。

稳压电路的作用是保证霍尔元件和比较器基准电压的稳定不变。电容 C_1 和 C_2 是稳压电路的滤波电容。二极管 VD 的作用是当电源反接时，对电路起到保护作用。

霍尔元件感受齿圈转动带来的磁场变化而产生微弱的正弦波电压信号 U_H，该信号经放大器 A_1 放大后变为信号 U_{A1}，然后送入比较器 A_2，电阻 R_2、R_3 向比较器 A_2 提供基准电压，A_2 输出经过滞回整形后的脉冲信号 U_{A2}，U_{A2} 控制晶体管的开关，向外输出幅值为 11.5～12V 的脉冲信号。

3. 工作评价

序号	工作目标	自评	互评	师评
1	能够正确分析霍尔轮速传感器电子电路的工作原理			
2	能够正确分析集成运放在电路中的作用			
3	能够知道霍尔轮速传感器的工作原理			

项目小结

1. 制作二极管的主要材料是半导体，例如硅和锗等。当把 P 型半导体和 N 型半导体结合在一起时，在二者的交界处将形成一个 PN 结，这是制造各种半导体器件的基础。

2. 二极管就是利用一个 PN 结加上外壳，并引出两个电极而制成的。它的主要特点是具有单向导电性。晶体管是由 2 个 PN 结构成的，分为 NPN 型和 PNP 型两种类型。

3. 在汽车交流发电机中，利用二极管组成的整流装置将发电机发出的三相交流电转变为直流电。一个直流稳压电路应包括整流、滤波和稳压三个基本组成部分。整流元件一般为二极管，利用的是二极管的单向导电性的原理，常将二极管组成桥式整流电路。

4. 晶体管是一种电流控制型的器件，改变基极电流就可以控制集电极电流。晶体管的特性可用输入特性曲线和输出特性曲线来描述。晶体管有 3 个工作区：饱和区、放大区和截止区。

5. 当晶体管的发射结和集电结都正偏时，晶体管工作在饱和状态，相当于闭合的开关；当发射结反偏或零偏、集电结反偏时，晶体管工作在截止状态，相当于断开的开关。晶体管的开关特性主要用于汽车电压调压器、电子点火器、电子闪光器及各种信号警告电路。

6. 在低频放大电路中，共发射极放大电路是一种常用的电路。放大电路的工作既有静态又有动态。通过放大电路的直流通路可确定静态工作点，即 Q 点。动态分析常用的方法是微变等效电路法。

7. 运算放大器通常与外接反馈电路组成各种放大器，按其信号输入的连接方式分为反相放大器、同相放大器和差分放大器。电压比较器是集成运算放大器的一种特殊的应用。集成运算放大器电路在汽车电子电路中的应用较普遍，尤其在汽车各部位传感器的信号检测电路中发挥着重要作用。

8. 熟练掌握用万用表对各种元件进行检测的方法及极性判别的方法。

【思考与练习】

2-1　PN 结的正向偏置接法是：P 型区接电源的________极，N 型区接电源的________极。

2-2　二极管具有什么特性？如何测试二极管的好坏？

2-3　画出二极管的电路符号，并指出常见二极管的种类及用途。

2-4　如果二极管的正、反向电阻都很小，则该二极管（　　）。

A. 正常　　B. 已击穿　　C. 内部断路

2-5　什么是整流？常见的整流电路有哪些？分别画出电路图。

2-6　一个纯电阻负载单相桥式整流电路接好以后，通电进行实验，一接通电源，二极管马上冒烟。试分析产生这种现象的原因。

2-7　硅稳压管稳压电路如图 2-79 所示，请改正图中的几处错误，并画出正确的电路图。

2-8　晶体管的电路符号是什么？简述晶体管的工作状态。

2-9　根据各个电极的电位，说明图 2-80 所示各晶体管的工作状态。

2-10　测得 NPN 型晶体管上各电极对地电位分别为 $V_E = 2.1V$，$V_B = 2.8V$，$V_C = 4.4V$，说明此晶体管处在（　　）。

A. 放大区　　B. 饱和区　　C. 截止区　　D. 反向击穿区

2-11　某晶体管电流中，已知晶体管工作于放大状态，现用万用表测得 3 只引脚对地的电位是：1 脚 5V、2 脚 2V、3 脚 1.4V。试判断晶体管类型、材料及引脚的极性。

2-12　如何计算晶体管的静态工作点？如何计算晶体管的放大倍数、输入电阻和输出电阻？

2-13　晶体管放大电路如图 2-81 所示，已知 $\beta=100$，$U_{BE}=0.7V$，$U_{CC}=12V$，$R_c=2k\Omega$，$R_b=300k\Omega$。1）估算静态工作点；2）求该电路的电压放大倍数、输入电阻和输出电阻；3）画出微变等效电路图。

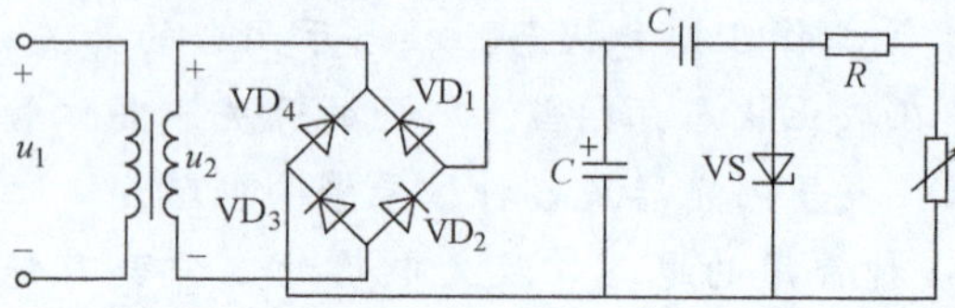

图 2-79　习题 2-7 图

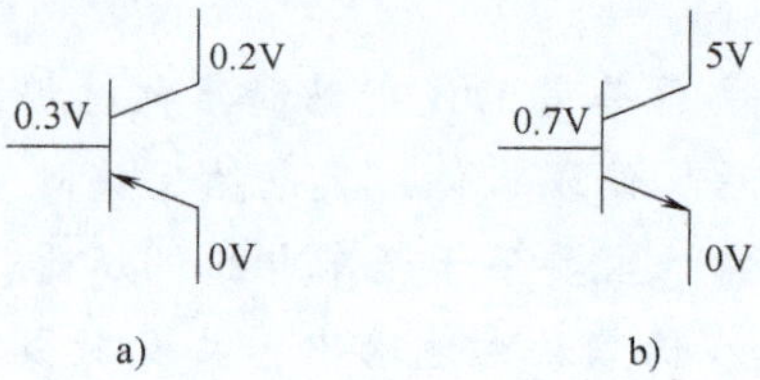

图 2-80　习题 2-9 图

2-14　在图 2-82 所示放大电路中，已知 $U_{CC}=12V$，$R_c=2k\Omega$，$R_{b1}=20k\Omega$，$R_{b2}=10k\Omega$，$R_L=6k\Omega$，$R_e=2k\Omega$，$\beta=40$，$R_s=1k\Omega$。1）估算静态工作点；2）求该电路的电压放大倍数、输入电阻和输出电阻。

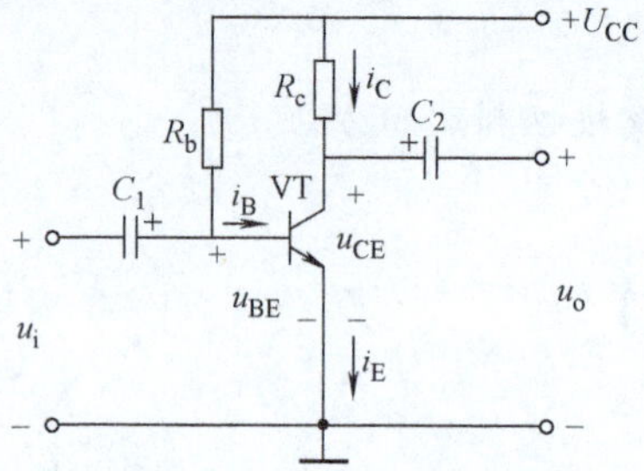

图 2-81　习题 2-13 图

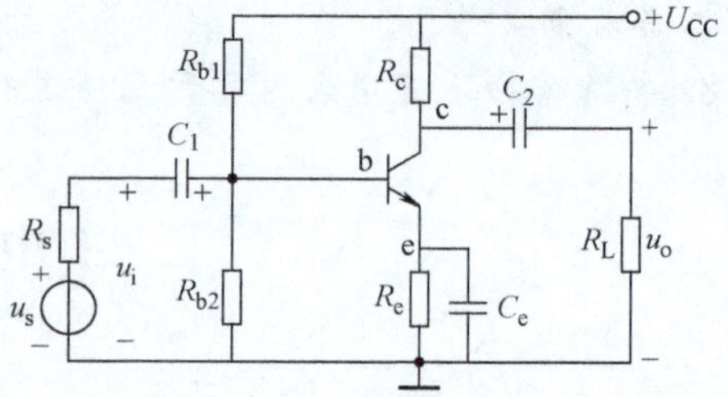

图 2-82　习题 2-14 图

2-15　写出图 2-83 中所示输出电压 u_o 与输入电压 u_{i1} 和 u_{i2} 之间的关系。

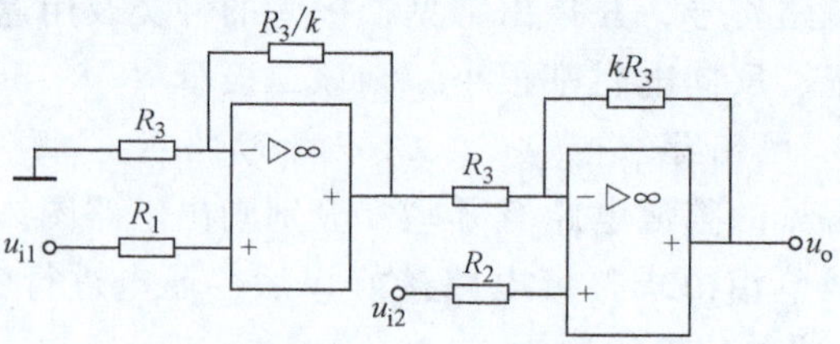

图 2-83　习题 2-15 图

项目三 汽车常用电磁器件及应用

知识目标

- 掌握电磁基本理论、磁场基本物理量。
- 了解磁路基本概念、常用设备磁路。
- 掌握电磁铁、继电器的结构和工作原理。
- 掌握变压器的结构和工作原理。

技能目标

- 运用电磁基本理论分析制动液液面警告开关的工作情况。
- 运用电磁感应原理分析霍尔式点火信号发生器工作情况。
- 运用继电器原理分析汽车喇叭继电器的工作过程。
- 运用变压器原理分析汽车点火线圈的工作过程。

磁场是自然界存在的一种物理现象，人们利用电磁基本理论开发了很多电磁器件，如电磁开关、继电器、变压器、汽车点火线圈、各种电机等。本项目在介绍电磁基本理论和电磁铁、继电器、变压器等常用电磁器件的结构和工作原理的基础上，通过汽车常用电磁器件的使用来理解电磁现象、电磁基本理论。如制动液液面警告开关、霍尔式点火信号发生器利用电磁感应原理控制开关的闭合与断开；继电器利用电磁吸力控制触点的闭合与断开，达到使用较小电流控制较大电流的目的；汽车点火线圈是一种特殊的变压器，它能将电源系统提供的低压电，变为上万伏的高压电，送到发动机气缸内的火花塞，使火花塞能够点燃可燃混合气。

任务1　制动液液面警告开关的工作情况分析

任务描述

如图 3-1a 所示为制动液液面警告开关结构，此开关在制动液液面过低时，发出警告信号。在制动液储液罐内的长玻璃管内放入两块薄片状的强磁性金属片作为触点开关，玻璃管内封入惰性气体，以防止触点表面腐蚀。浮筒随着油泵储液罐的液面浮动，B 位置为储液量不足的警告线。图 3-1b 为制动液液面警告开关工作原理图。

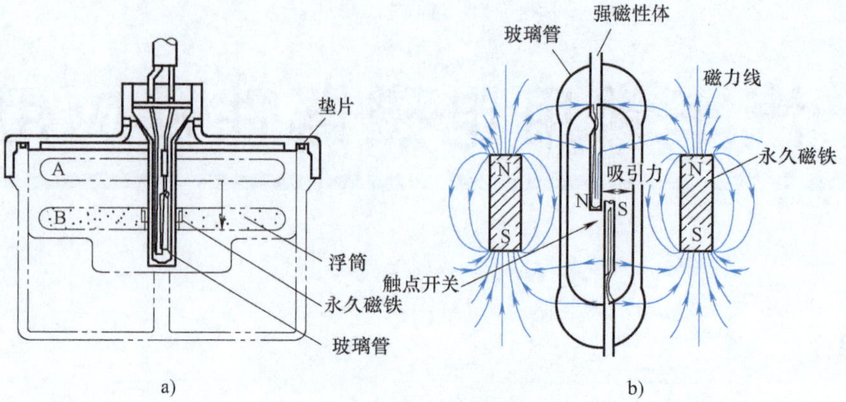

图 3-1　制动液液面警告开关

a）储液罐结构图　b）工作原理图

知识准备

一、磁场

1. 磁体

磁性是物质能吸引铁、钴、镍等金属的特性。具有磁性的物体称为磁体。严格来讲自然界中的任何物体都具有磁场，只是有的表现得比较强，有的表现得比较弱。自然界中表现磁场现象比较强的物体，称为磁铁。天然磁铁（主要成分 Fe_3O_4）磁性较弱，实际应用时使用的都是人造磁铁，其磁性更强一些。磁铁的两端磁性最强，称为磁极。地球是一个大磁场，地球的磁极和地理的两极相反。

汽车上使用两种类型的人造磁铁：永久磁铁和暂时磁铁。永久磁铁是一种不需要任何动力来维持其磁场的磁铁，如仪表中使用的马蹄形磁铁和扬声器尾部的圆形磁铁；暂时磁铁依赖于外部磁化条件来产生和维持其磁场，如汽车上使用的电磁铁和电磁开关等。

2. 磁铁的主要性能

1）磁铁具有极性。自由悬吊的磁铁会指向南北。指向北端的称为北极，用 N 表示；指向南端的称为南极，用 S 表示。

2）磁极之间有相互作用力，称为磁力。同性磁极相互排斥，异性磁极相互吸引。

3）把一块铁磁物质放在磁铁附近，该铁磁物质也会带上磁性，把这种原来没有磁性的物质获得磁性的现象称为磁化。磁铁被拿走后，被磁化的物质还会保留一定的磁性，称为剩磁。

3. 磁场

磁场是存在于磁铁周围的一种特殊物质。为了形象地描述磁场的强弱和方向，在磁场里画出一系列有方向的曲线，并使曲线上每一点的切线方向都跟该点的磁场方向一致，这些曲线称为磁力线，也称为磁感线。磁力线和电场线一样，实际上并不存在，是人们为了分析电磁现象假想出来的物理模型。通常规定，小磁针在磁场中某点静止时N极所指的方向为该点的磁场方向。

条形磁铁和马蹄形磁铁周围空间磁场的磁力线分布情况如图3-2所示。磁铁外部的磁力线都是从N极到S极，在磁铁内部是从S极到N极。磁力线是闭合的曲线，而且磁场中的任意两条磁力线都不会相交。在磁场强的地方磁力线密集，磁场弱的地方磁力线稀疏。

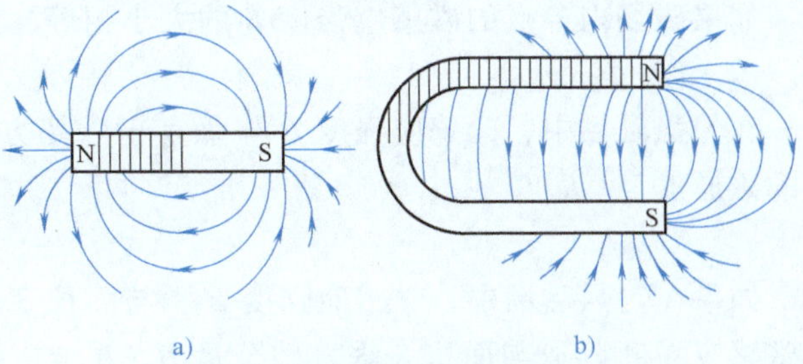

图3-2　磁铁磁场的磁力线分布

a）条形磁铁磁力线　b）马蹄形磁铁磁力线

二、电流产生的磁场

实验发现，不仅磁铁周围存在磁场，电流周围也存在磁场。磁极与电流之间、电流与电流之间也可发生相互作用。从本质上讲，任何磁场都是由运动的电荷或电流产生的。

1. 通电直导体的磁场

使用右手定则判断通电直导体磁场的磁力线方向：用右手握住直导线，伸直的拇指指向电流方向，与拇指垂直的弯曲四指所指方向就是磁力线的方向，如图3-3a所示。磁力线是环绕通电直导体的闭合曲线，磁力线在垂直于导体的平面内，是一系列的同心圆。

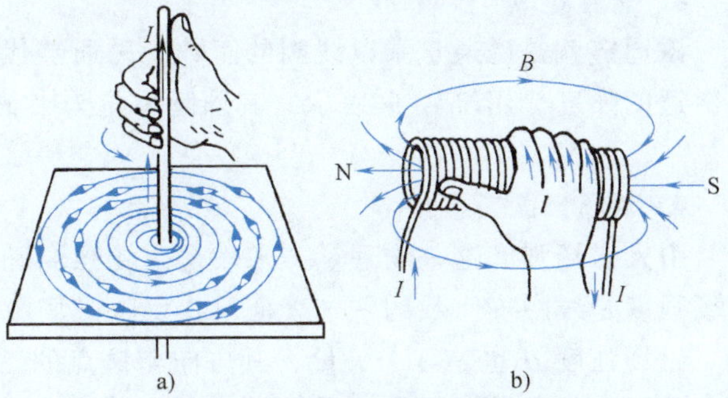

图3-3　电流周围磁场的磁感线

a）直线电流磁场磁感线　b）通电螺线管磁场磁感线

2. 通电螺线管的磁场

使用右手螺旋定则判断通电螺线管磁场的磁力线方向：右手握住螺线管，弯曲的四指指向电流方向，与四指垂直的拇指所指方向就是通电螺线管磁场N极方向，如图3-3b所示。

三、磁场基本物理量

为了能够定量地描述磁场，引入几个有关的物理量。

1. 磁感应强度 B

使用磁感应强度 B 这一物理量来表示磁场内某点的磁场强弱和方向，它是一个矢量。其方向使用右手螺旋定则来确定，磁感应强度的方向也就是磁场方向。

$$B=\frac{F}{Il} \tag{3-1}$$

式中　F——通电导体在磁场中所受的电磁力（N）；

I——导体中通过的电流（A）；

l——导体在磁场中的有效长度，即与磁场垂直的导体长度（m）。

在国际单位制中，磁感应强度的单位为特斯拉（T）。

如果磁场内各点的磁感应强度 B 的大小相等，方向相同，该磁场称为匀强磁场。

2. 磁通 Φ

在匀强磁场中，磁感应强度 B 与垂直于磁场方向某截面面积 S 的乘积，称为通过该面积的磁通 Φ。

$$\Phi = BS \tag{3-2}$$

如果在匀强磁场中，磁感应强度 B 不与面积 S 垂直，而是有一个倾斜角度 α，式（3-2）中磁感应强度 B 取与面积 S 垂直的分量 B_n（$B_n = B\sin\alpha$）。如果不是匀强磁场，计算磁通 Φ 时，磁感应强度 B 取其平均值。

在国际制单位中，磁通的单位是韦伯（Wb）。

磁通 Φ 可以理解为通过某一面积的磁感线的总数。磁通是标量，只有大小没有方向。

将式（3-2）变形为 $B=\dfrac{\Phi}{S}$，磁感应强度 B 在数值上可以看成与磁场方向相垂直的单位面积上通过的磁通，所以又称为磁通密度。

3. 磁通链 Ψ

磁通链就是磁通量乘以线圈的匝数。磁通链代表了单位导体截面通过磁通量的多少，就是磁通的强度，用符号 Ψ 表示，其国际单位为韦伯（Wb）。

$$\Psi = N\Phi \tag{3-3}$$

4. 磁场强度 H

引入磁场强度这一物理量，来表征磁场强弱和产生磁场的电流之间的关系，用 H 表示。磁场强度是线圈安匝数的一个表征量，反映磁场源的强弱，它与介质无关，取决于电流的路径。磁场强度 H 也是一个矢量，其方向与该点的磁感应强度 B 的方向相同。

磁场中某点磁场强度 H 等于该点的磁感应强度 B 与介质磁导率 μ 的商，即

$$H = \frac{B}{\mu} \tag{3-4}$$

在国际制单位中，磁场强度的单位为安/米（A/m）。

理论和实验证明，通电螺线管内的磁场强度为

$$H = \frac{IN}{l} \tag{3-5}$$

式中 N——螺线管线圈的匝数；

l——螺线管线圈的长度（m）；

I——螺线管线圈中的电流（A）。

对于一个确定的螺线管，当通过的电流不变时，其磁场强度 H 也是确定不变的，但在螺线管中放入不同磁导率的磁介质时，所产生的磁感应强度 B 却是不同的。

5. 磁导率 μ

处于磁场中的任何物质都会或多或少地影响磁场的强弱，影响的程度与该物质的导磁性能有关。因此，引入一个新的物理量——磁导率，用它来衡量物质导磁性能的不同，用 μ 表示，其单位为亨/米（H/m）。

通常情况下用相对磁导率 μ_r 来表示物质的导磁性能，即物质的磁导率与真空的磁导率

（真空的磁导率 μ_0 是一个常数，$\mu_0 = 4\pi \times 10^{-7}$H/m）的比值，即 $\mu_r = \frac{\mu}{\mu_0}$。

当 $\mu \approx \mu_0$ 时，即 $\mu_r \approx 1$ 的物质统称为非磁性材料，自然界中大多数的物质都属于非磁性材料。

当 $\mu \gg \mu_0$ 时，即 $\mu_r \gg 1$ 的物质统称为磁性材料，主要有钢、铁、镍、钴及其合金等。但铁磁材料的 μ 不是常数，当励磁电流改变时，μ 也随着改变。

一般铁磁材料（$\mu_r = 10^2 \sim 10^5$H/m）广泛应用在变压器、电机和电工仪表等电气设备中。

四、铁磁性材料的性质和用途

1. 铁磁性材料的性质

铁磁性材料是制作变压器、电机和电工仪表等设备铁心的主要材料，主要具备三个特性：高导磁性、磁饱和性和磁滞性。

（1）高导磁性　铁磁性材料的磁导率很高，具有较高的导磁性。铁磁性材料内部的分子电流是物质内部电子绕原子核旋转而产生的电流，这个电流会产生一个小的磁场空间，可等效为一个小磁体。在外磁场的作用下，铁磁性材料内部的磁感应强度 B 迅速增强。相同方向的多个小磁体形成一个小的区域，这些小的区域称为磁畴。磁性材料在有、无外磁场作用下的磁性如图 3-4 所示。

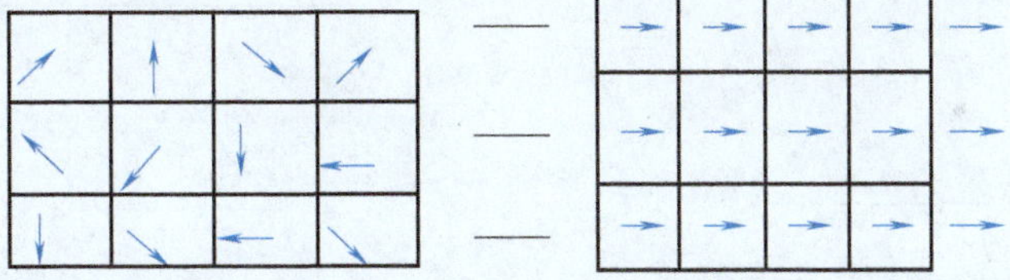

a)　　　　b)

图 3-4　磁性材料在有、无外磁场作用下的磁性

a）无外磁场作用　b）有外磁场作用

无外磁场作用时，磁畴指向是无序的，磁性相互抵消，整块材料对外不显磁性；有外磁场作用时，与外磁场方向不同的磁畴指向将会在外磁场的作用下逐渐变成和外磁场方向相同，从而显示出很强的磁性。

铁磁性材料的这种可磁化性能被广泛用于各种电工和电子设备中，如变压器、电机等的铁心都是采用铁磁性材料制成的。在相同励磁绕组匝数和励磁电流的条件下，采用铁磁性材料作为铁心后可使磁感应强度增强几百倍甚至几千倍。

（2）磁饱和性　通过实验发现，铁心线圈中励磁电流 I 的变化，会使铁心中磁场强度 H 发生变化，铁心内磁感应强度 B 也随之变化，但磁感应强度 B 不会随着外磁场 H 的增强而无限地增强，最终将趋于饱和。如图 3-5所示，图中曲线描述了铁磁性材料的磁化过程，称为铁磁性材料的磁化曲线。

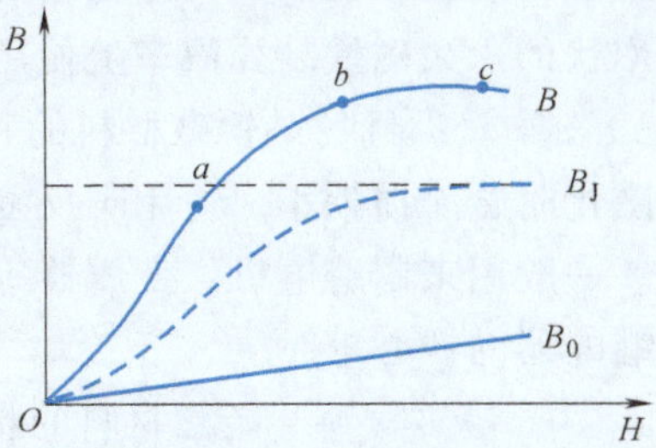

图 3-5　铁磁性材料的磁化曲线

B_J 是磁场内磁性物质的磁化磁场的磁感应强度曲线；B_0 是磁场内不存在磁性物质时的磁感应强度直线；

B_J 曲线和 B_0 直线的纵坐标相加即得磁场的 B—H 磁化曲线。B—H 磁化曲线的特征：在曲线的 Oa 段，B 与 H 近似成正比地增加；在 ab 段，B 的增加缓慢下来；在 bc 段，虽然外磁场 H 继续增大，但磁感应强度 B 不再继续增加，达到饱和。

磁性物质由于磁化所产生的磁化磁场不会随着外磁场的增强而无限地增强。当外磁场增大到一定程度时，磁性物质的全部磁畴的磁场方向都转向与外部磁场方向一致，磁化磁场的磁感应强度将趋向于某一定值。

磁场内有磁性物质存在时，磁感应强度 B 与磁场强度 H 不成正比，磁性物质的磁导率 μ 不是常数，随磁场强度 H 而变，如图 3-6 所示。磁场内有磁性物质存在时，磁通 Φ 与电流 I 不成正比。

（3）磁滞性　磁性材料中磁感应强度 B 的变化总是滞后于外磁场强度 H 变化的性质，称为磁滞性。

磁性材料在交变磁场中反复磁化，其磁感应强度 B 与磁场强度 H 的关系曲线是一条回形闭合曲线，称为磁滞回线，如图 3-7 所示。

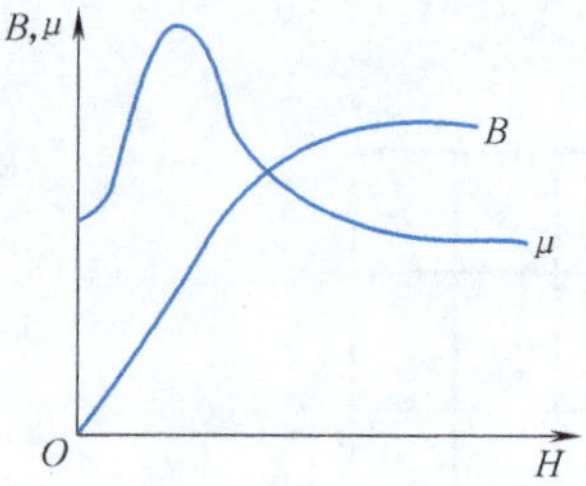

图 3-6　B 和 μ 随 H 变化的关系

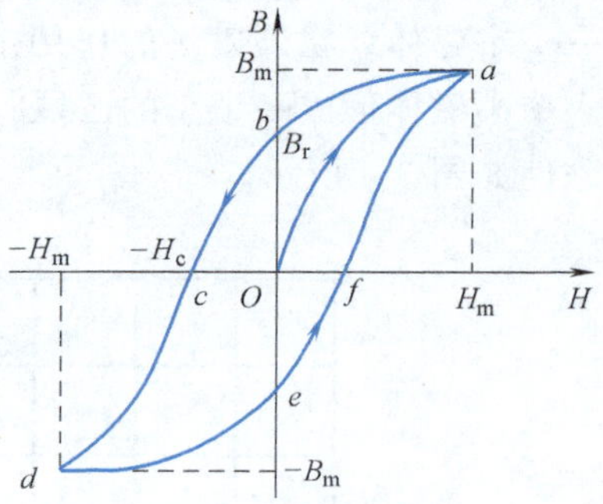

图 3-7　磁滞回线

剩磁感应强度 B_r（剩磁）为线圈中电流减小到零（$H=0$）时的铁心中的磁感应强度；矫顽磁力 H_C 为使 $B=0$ 的反向磁场强度。

磁性物质不同，其磁滞回线和磁化曲线也不同。

2. 铁磁材料的分类和用途

按磁性物质的磁性能的不同，铁磁性材料分为三种类型：

（1）硬磁材料　硬磁材料的特点是需要较强的外磁场的作用，才能使其磁化，而且不易退磁，剩磁较强。其典型材料有钴钢、碳钢等。因其剩磁强，不易退磁，故常用于制造各种形状的永久磁铁。如汽车上使用的机油压力表、燃油表均采用永磁式转子。

（2）软磁材料　软磁材料的特点是磁导率很大，而剩磁很小，易被磁化也易去磁，反复磁化时磁滞损耗小，适用于反复磁化的场合。典型的软磁材料有硅钢片、铸铁和坡莫合金等。一般用来制造电机、变压器等设备的铁心，如汽车上发电机的定子、起动机的转子及各种继电器的铁心等。

（3）矩磁材料　矩磁材料的特点是在很弱的外磁场作用下就能被磁化，并达到磁饱和。当撤掉外磁场后，磁性仍然保持与磁饱和状态时相同。常用矩磁材料有铁锰铁氧体和锂锰铁氧体等。矩磁材料主要用于制造计算机中磁存储元件的记忆磁心。

五、磁路及磁路欧姆定律

1. 磁路

在变压器、电机等设备中常用铁磁性材料制成各种形式的铁心。将线圈缠绕在铁心上，当线圈通入励磁电流时，铁心被磁化，产生的磁通绝大部分集中在铁心中，磁力线经铁心及空气隙而闭合，这部分磁通称为主磁通，主磁通所通过的闭合路径称为磁路。铁心不但可以用较小的励磁电流获得较大的磁通，而且可使磁通集中地通过一定的闭合路径。如图 3-8 所示是几种常见电气设备的磁路。

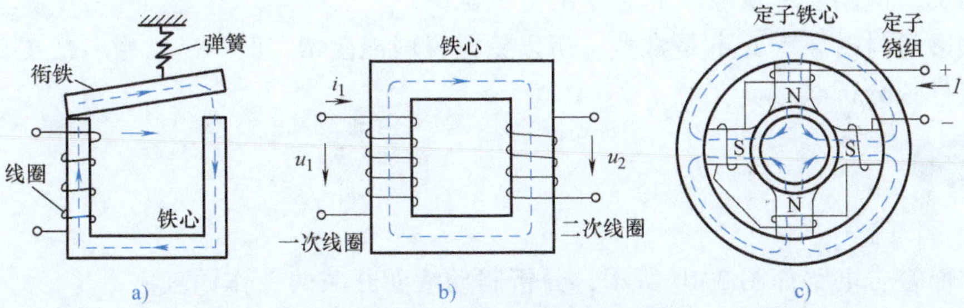

图 3-8　几种常见电气设备的磁路

a）电磁铁的磁路　b）变压器的磁路　c）直流电机的磁路

2. 磁路的欧姆定律

如图 3-9 所示为一闭合磁路，假设磁路中各点的横截面 S 均相等，得出

$$IN=Hl=\frac{B}{\mu}l=\frac{\Phi l}{\mu S}=F \tag{3-6}$$

式中，$F=IN$ 称为磁通势，单位是安培（A），它是磁路中产生磁通的根源。

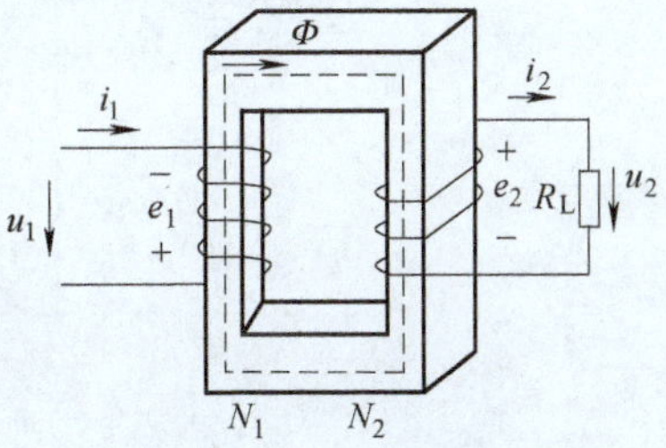

图 3-9　闭合磁路

上式可继续写成

$$\Phi=\frac{F}{\dfrac{l}{\mu S}}=\frac{F}{R_m} \tag{3-7}$$

式中，R_m 为铁磁材料的磁阻，单位是每亨（1/H）。

$$R_m=\frac{l}{\mu S}$$

磁阻用来表示材料抵抗磁力线通行的能力。与直流电路的欧姆定律相对比发现，磁阻与电阻相对应；磁通势与电动势相对应；磁通与电流相对应。因此，式（3-7）称为磁路的欧姆定律。

在实际工程中，许多电气设备的磁路并不是由一种铁磁材料构成的，而是在铁心中带有一段空气隙。设空气隙的磁路长度为 l_0，其横截面积也是 S，那么这段空气隙的磁阻为

$$R_{m0}=\frac{l_0}{\mu_0 S}$$

无分支磁路的总磁阻为

$$R=\frac{l}{\mu S}+\frac{l_0}{\mu_0 S} \tag{3-8}$$

这时磁路的欧姆定律具有下列形式

$$\Phi=\frac{IN}{(R_m+R_{m0})} \tag{3-9}$$

式中，IN 是磁通势；R_{m0}是空气隙的磁阻。

空气的磁导率比铁磁材料的磁导率要小很多；空气的磁阻要比铁磁材料的磁阻大很多，所以空气隙虽然很小，但是对磁路影响很大。因此，如果铁心内有空气隙的话，磁路总磁阻将会大大增加。磁路要尽量减少非必要的空气隙。

由于铁磁材料磁导率 μ 不是常数，所以铁磁材料磁阻 R_m 也不是常数，故磁路欧姆定律主要用来定性地分析磁路。

任务实施

1. 工作原理分析

制动液面警告电路如图 3-10 所示，分析制动液面开关的工作原理。

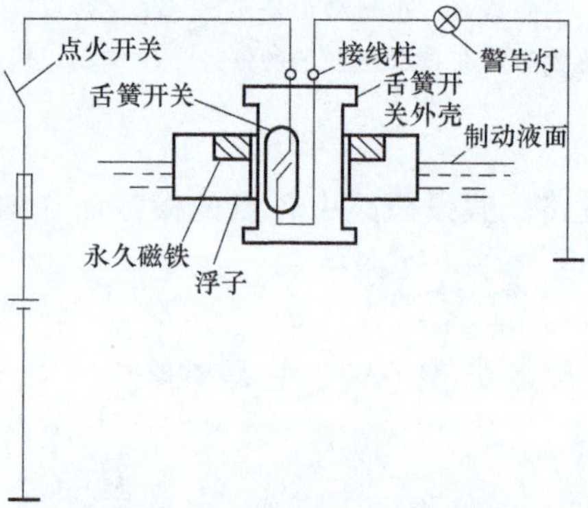

图 3-10　制动液面警告电路

1）当储液量在正常高度时，舌簧开关断开，警告灯不亮。

2）当储液量低至下限报警高度时，舌簧开关接通，警告灯点亮。

2. 工作过程

根据图 3-1、图 3-10 分析制动液面开关的工作过程，填写表 3-1。

表 3-1　制动液面开关的工作原理及过程分析

序号	工作原理及过程分析	注释
1		浮筒在 A 位置时
2		浮筒在 B 位置时

3. 工作评价

序号	工作目标	自评	互评	师评
1	能够用电磁基本理论分析其工作过程			
2	能够清晰描述装置的工作过程			
3	能够用清晰、简洁的语言表达自己的观点			

任务2　汽车霍尔式点火信号发生器工作情况分析

任务描述

图 3-11a 所示为霍尔效应组件，汽车电子点火系统中利用霍尔效应元件制作成汽车霍尔式点火信号发生器，它可为晶体管点火系统提供触发信号，如图 3-11b 所示。本任务要求理解霍尔元件的工作原理，并能运用电磁感应原理分析汽车霍尔式点火信号发生器的工作过程。

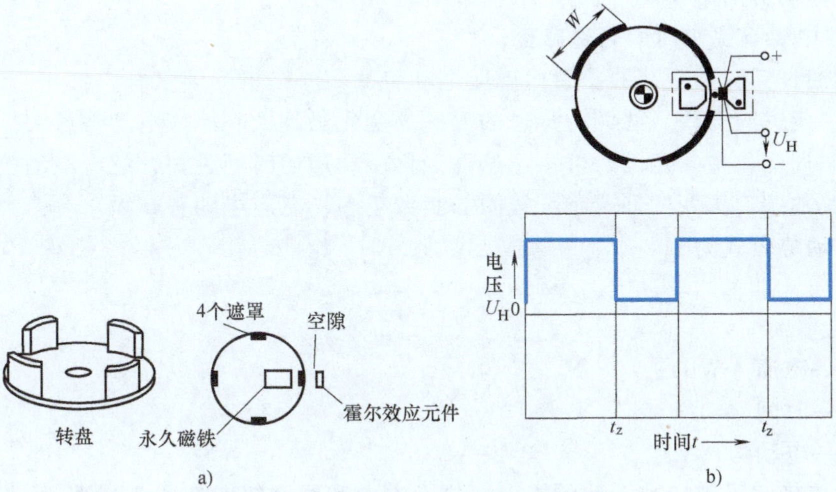

图 3-11　汽车霍尔式点火信号发生器

a）霍尔效应组件　b）霍尔组件及输出电压波形

知识准备

一、电磁感应现象

早在 1831 年，英国物理学家法拉第实验研究发现：当闭合电路的一部分导体在磁场中切割磁力线运动或当磁铁插进（或拔出）线圈时，连接在电路中的电流计的指针都会发生偏转，说明闭合回路有电流存在，如图 3-12 所示。

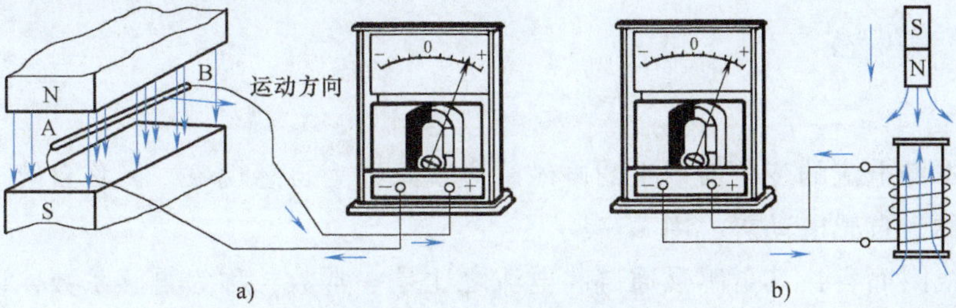

图 3-12　电磁感应现象

a）导体切割磁力线运动　b）磁铁插进（或拔出）线圈

上述实验表明：只要穿过闭合电路的磁通量发生变化，闭合电路中就有电流产生，这种现象称为电磁感应现象。在电磁感应现象中产生的电流称为感应电流。

1. 磁场中运动导体的电磁感应

磁场固定不变，外力使得导体运动切割磁力线，如图 3-12a 所示。设磁感应强度为 B，切割线速度为 v，导体运动方向与磁力线之间夹角为 θ。当有效长度为 l 的直导体以线速度 v 切割磁力线时，l 中产生的动生感应电动势为

$$E=Blv\sin\theta \tag{3-10}$$

感应电动势的方向由负极指向正极。E、B 和 v 的关系可用右手定则确定，即伸平右手，拇指与其余四指垂直，让磁力线垂直穿过掌心，大拇指指向运动的方向，则四指的指向即为导体内感应电动势的方向。

2. 线圈中磁场变化时的电磁感应

法拉第通过实验发现线圈中感生感应电动势的大小与下列因素有关：

1）在一定的时间内，线圈中穿过的磁通的变化量越大，感应电动势越大。

2）在磁通变化量一定的条件下，这种变化所经历的时间越短，感应电动势越大。

3）在其他条件不变的情况下，线圈的匝数越多，感应电动势越大。

感应电动势公式为

$$e=N\left|\frac{\mathrm{d}\Phi}{\mathrm{d}t}\right| \tag{3-11}$$

式中　Φ——磁通（Wb）；

t——时间（s）；

e——电动势（V）。

楞次定律确定了感应电动势的方向。磁通方向和线圈绕向如图 3-13 所示。

当磁通 Φ 增加时，$\frac{\mathrm{d}\Phi}{\mathrm{d}t}>0$，感应电动势方向由 A 指向 B。

当磁通 Φ 减少时，$\frac{\mathrm{d}\Phi}{\mathrm{d}t}<0$，感应电动势方向由 B 指向 A。

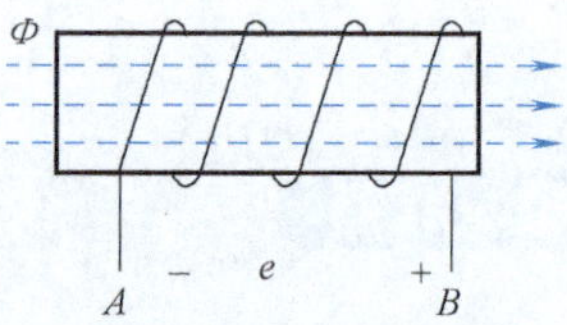

图 3-13　感应电动势方向

感应电动势公式描述为

$$e=-N\frac{\mathrm{d}\Phi}{\mathrm{d}t} \tag{3-12}$$

式（3-12）中的负号表示感应电流产生的磁通总是阻止原磁通的改变，感应电动势的方向总是和磁通变化的趋势相反。

二、自感和互感

1. 自感

由于线圈本身电流的变化而产生的电磁感应现象称为自感现象，简称自感。由自感现象产生的电动势称为自感电动势，用 e_L 表示。

对于空心线圈而言，其自感磁通链和电流之比是一常数，称为自感系数，即

$$L=\frac{\Psi}{i} \tag{3-13}$$

式中　L——电感（H）；

Ψ——磁通链（Wb）；

i——电流（A）。

自感电动势计算公式为

$$e=-N\frac{\mathrm{d}\Phi}{\mathrm{d}t}=-\frac{\mathrm{d}(Li)}{\mathrm{d}t}=-L\frac{\mathrm{d}i}{\mathrm{d}t} \tag{3-14}$$

常用的荧光灯电路就是应用自感现象来工作的。

2. 互感

如图 3-14 所示，两个靠得很近的线圈，当线圈 N_1 有电流 i_1 通过时，它在线圈 N_1 中产生磁通 Φ_{11}，与此相对应的磁通链 $\Psi_{11}=N_1\Phi_{11}$；由于两线圈靠得很近，磁通 Φ_{11} 中的一部分同时通过线圈 N_2 并产生磁通 Φ_{12}，称为互感磁通，对应的磁通链为 $\Psi_{12}=N_2\Phi_{12}$。

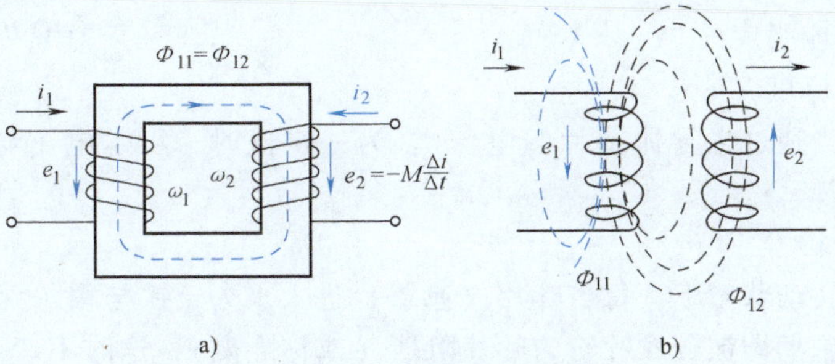

图 3-14　线圈互感

a）有铁心线圈　b）空心线圈

在两个耦合的线圈中，互感磁链与产生此磁链的电流的比值，称为这两个线圈的互感系数，用符号 M 表示，单位为亨（H）。

$$M=\frac{\Psi_{21}}{i_1}=\frac{\Psi_{12}}{i_2} \tag{3-15}$$

常见的电力变压器以及汽车上的点火线圈均是利用互感原理工作的。

三、涡流现象

电磁感应作用在导体内部得到感应电流，感应电流在导体中的分布随着导体的表面形状和磁场的分布的不同而不同，其路径往往有如水中的漩涡，因此称为涡流。

把块状金属置于随时间变化的磁场中或让它在磁场中运动时，金属块内将产生感应电流。这种电流在金属块内自成闭合回路，很像水中的漩涡。整块金属的电阻很小，所以涡流常常很强，这会造成很大的危害。涡流有耗能的特性，但也可利用涡流进行加热或做功，例如，利用涡流的热效应来冶炼金属、利用涡流及其在磁场中产生的电磁力来制造感应系仪表等。

任务实施

1. 工作原理分析

霍尔效应的原理如图 3-15 所示，霍尔元件是一个带集成电路的半导体基片，将它放在磁场中，并在与磁场垂直的方向通以电流，则在与磁场和电流相垂直的另一横向侧面上会产生电压。这一现象是由美国科学家霍尔发现的，所以被命名为霍尔效应。

霍尔效应中产生的霍尔电压 U_H 的大小与通过半导体基片的电流 I_H 和磁场的磁感应强度 B 成正比，与基片的厚度 d 成反比，即

$$U_H=\frac{R_H}{d}I_HB$$

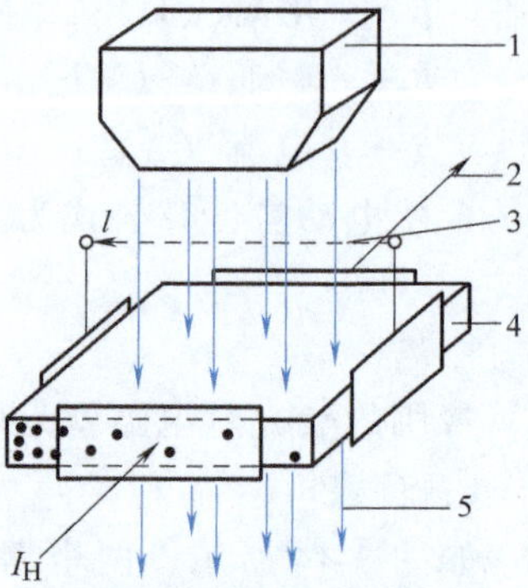

图 3-15　霍尔效应的原理

1—永久磁铁　2—外加电压（U）
3—霍尔电压（U_H）　4—霍尔触发器
5—磁力线　l—基片长度

式中，U_H——霍尔电压（V）；
R_H——霍尔系数（m/c）；
I_H——电流（A）；
B——磁感应强度（T）；
d——基片厚度（m）。

由上式可知，当通过半导体基片的电流 I_H 为一定值时，霍尔电压与磁感应强度 B 成正比。

2. 工作过程分析

触发叶轮转盘转动状态下，每当叶片（遮罩）进入永久磁铁与霍尔元件之间的空隙时，霍尔集成电路中的磁场即被触发叶轮的叶片阻挡（或称隔磁），这时不产生霍尔电压，发生器无信号输出；当触发叶轮的叶片离开空气隙时，永久磁铁的磁通便通过导磁板作用于霍尔元件上，此时，霍尔元件产生霍尔电压，发生器有信号输出。

通过转盘上的遮罩和转盘不停地转动，霍尔元件可输出连续的方波信号。其工作原理如图 3-11b 所示，工作过程见表 3-2。

表 3-2　霍尔元件工作过程

序号	工作步骤（磁场环境）	电压变化分析
1	当霍尔元件开始暴露在磁场环境中时	
2	当霍尔元件完全处于磁场中时	
3	当霍尔元件开始与磁场隔离时	
4	当霍尔元件离开磁场范围时	

3. 工作评价

序号	工作目标	自评	互评	师评
1	能够掌握霍尔效应的原理			
2	能够用电磁感应原理分析工作过程			
3	能够描述汽车霍尔式点火信号发生器的工作过程			
4	能够用清晰、简洁的语言表达自己的观点			

任务3　汽车喇叭继电器的应用

任务描述

图3-16所示为汽车喇叭电路，使用汽车喇叭继电器能实现可靠鸣响，本任务要求在学习电磁铁、电磁继电器结构和工作原理的基础上，分析电磁继电器在汽车喇叭电路中的应用。

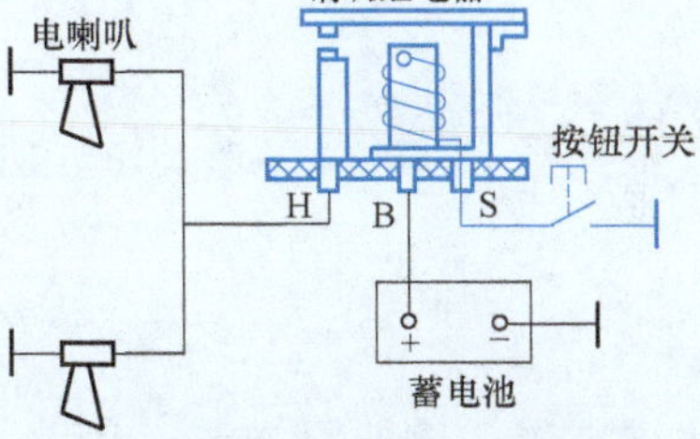

图3-16　汽车喇叭电路

知识准备

一、电磁铁

1. 结构

电磁铁是利用电流的磁效应使通电线圈的铁心吸引衔铁或保持某种机械零件、工件于固定位置的一种电器。电磁铁一般由线圈、铁心和衔铁三部分组成，如图3-17所示。

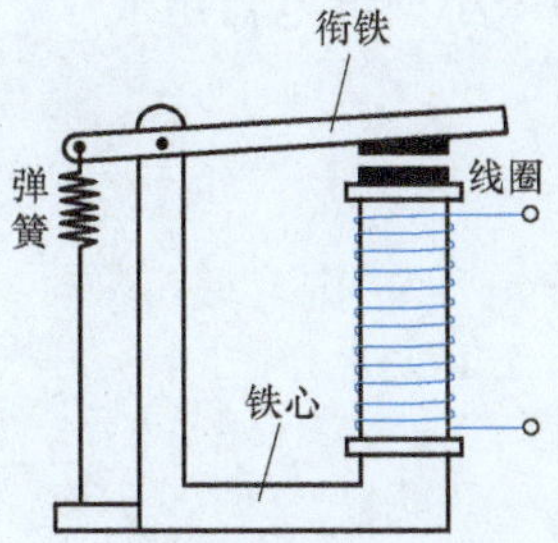

图3-17　电磁铁基本结构

电磁铁可以通过控制电路的接通和断开来达到控制和保护电器设备的目的。

2. 分类

根据电磁铁线圈通过的电流的不同，电磁铁可分为直流电磁铁和交流电磁铁两种。

3. 应用

直流电磁铁结构简单、易于控制，广泛应用于汽车控制领域，如可应用于各种电磁继电器和电磁开关。

二、继电器

继电器是自动控制电路中常用的一种电气元器件，它是用较小的电流来控制较大电流的一种开关电器，在电路中起着控制、安全保护的作用。在汽车电气系统中使用的继电器体积较小，触点控制的电流也较小，属于小型继电器。继电器的种类很多，常用的有电磁式和干簧管式两种。汽车控制电路中大多采用电磁式继电器作为控制执行部件，采用反应灵敏的干簧管式继电器作为传感器。在此主要介绍电磁式继电器。

1. 电磁式继电器结构及工作原理

汽车常用的电磁式继电器一般由电磁铁、触点和衔铁等部分组成，如图 3-18 所示。触点系统包括回位弹簧和触点（活动触点、固定常开和常闭触点）。

当继电器线圈通入电流时，在铁心、衔铁和工作气隙中形成磁通回路，从而使衔铁受到电磁吸力的作用而吸向铁心。此时，衔铁带动支杆将常闭触点断开，常开触点接通。

当切断继电器线圈的电流时，电磁铁失去电磁力，衔铁又恢复原位，触点恢复常态。

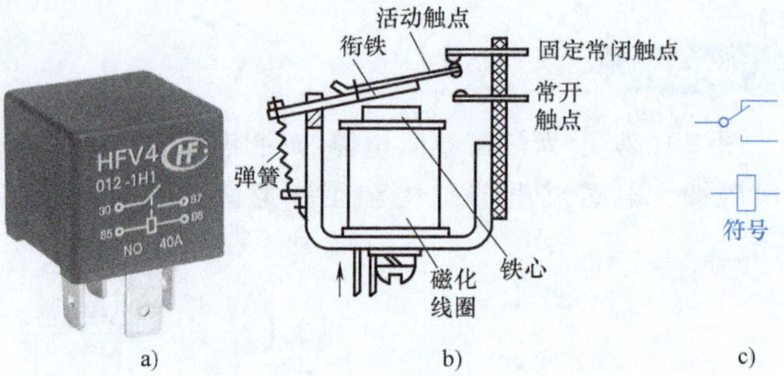

图 3-18 电磁式继电器的结构

2. 继电器在汽车上的典型应用

汽车上常用的继电器有起动继电器、喇叭继电器、闪光（转向灯使用）继电器、刮水器继电器等。下面以闪光器为例进行介绍。

闪光器主要有电热式、电容式和晶体管式三种。电热式闪光器结构简单，制造成本低，但闪光频率不够稳定，使用寿命短，目前已被淘汰。

电容式闪光器使用情况详见项目一任务 2。

晶体管式闪光器具有性能稳定、工作可靠等优点，现已被广泛应用。晶体管式闪光器分为带触点晶体管式和无触点晶体管式两种。下面主要介绍带触点晶体管式闪光器。

带触点晶体管式闪光器实物和内部电路如图 3-19 所示，它由一个晶体管的开关电路和一个小型继电器组成。

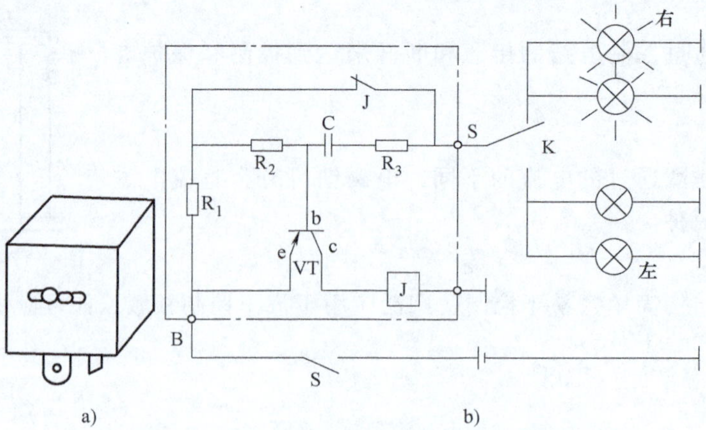

图 3-19 带触点晶体管式闪光器实物与内部电路

a）实物 b）内部电路

当汽车向右转弯时，接通点火开关 S 和转向灯开关 K，电流路径为：蓄电池正极→点火开关 S→接线柱 B→电阻 R_1→继电器 J 的常闭触点→接线柱 S→转向灯开关 K→右转信号灯→搭铁→蓄电池负极，此时右转向信号灯亮。当电流通过 R_1 时，在 R_1 上产生电压降，晶体管 VT 因正向偏压而导通，集电极电流 I_c 通过继电器 J 的线圈，使继电器常闭触头立即断开，右转向信号灯熄灭。

晶体管 VT 导通的同时，VT 的基极电流向电容器 C 充电。充电电路电流路径为：蓄电池正极→电源开关 S→接线柱 B→VT 的发射极 e、基极 b→电容器 C→电阻 R_3→接线柱 S→转向灯开关 K→右转向信号灯→搭铁→蓄电池负极。在充电过程中，随着电容器电荷的积累，充电电流 I_b 逐渐减小，晶体管 VT 的集电极电流 I_c 也随之减小，当此电流不足以维持衔铁的吸合而释放时，继电器 J 的常闭触点又重新闭合，转向信号灯再次点亮。这时电容器 C 通过电阻 R_2、继电器 J 的常闭触点和电阻 R_3 放电。放电电流在 R_2 上产生的电压降为 VT 提供反向偏压，加速了 VT 的截止，使继电器 J 的常闭触点迅速闭合。当放电电流接近零时，R_1 上的电压降又为 VT 提供正向偏压使其导通。这样，电容器 C 不断地充电和放电，晶体管 VT 也就不断地导通与截止，控制继电器的触点反复地闭合、断开，使转向信号灯发出闪光。

转向信号灯一般应具有一定的频闪，国标中规定为 60~120 次/min，日本转向信号灯规定为（85±10）次/min。转向信号灯要求信号效果要好，亮暗时间比在 3∶2 为佳。

进口汽车上的集成电路闪光器一般采用专用集成电路。如上海桑塔纳轿车电子闪光器使用低功耗、高精度的专用集成电路 ICU243B 和小型继电器组成的带触点集成电路闪光器。ICU243B 的标称电压为 12V，实际工作电压范围为 9~18V，采用双列 8 脚直插塑料封装，桑塔纳轿车电子闪光器引脚及电路原理如图 3-20 所示。内部电路主要由输入检测器 SR、电压检测器 D、振荡器 Z 及功率输出级 SC 四部分组成。

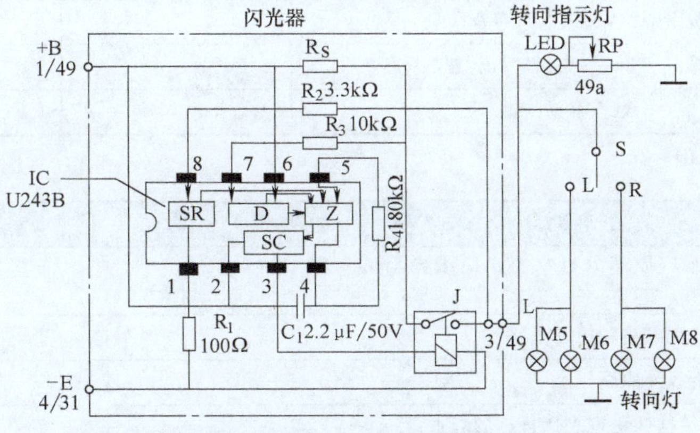

图 3-20　桑塔纳轿车电子闪光器引脚及电路原理

SR—输入检测器　D—电压检测器　Z—振荡器　SC—功率输出级　R_S—取样电阻　J—继电器

输入检测器用来检测转向信号灯开关是否接通。振荡器由一个电压比较器和外接电阻 R_4 及电容器 C_1 构成。内部电路给比较器的一端提供了一个参考电压（其值的高低由电压检测器控制），比较器的另一端则由外接电阻 R_4 及电容器 C_1 提供一个变化的电压，从而形成电路的振荡。

振荡器工作时，输出级控制继电器线圈的电路，使继电器触点反复开、闭，于是转向信号灯和转向指示灯便以 80 次/min 的频率闪光。

如果一只转向信号灯烧坏，则流过取样电阻 R_S 的电流减小，其电压降减小，经电压检测器识别后，便控制振荡器中电压比较器的参考电压，从而改变振荡（即闪光）频率，则转向指示灯的闪光频率加快一倍，提示需要检修或更换灯泡。

目前常用的无触点晶体管式闪光器（如国产 SG131 型无触点晶体管式闪光器）利用电容器的充放电延时特性，控制晶体管的导通和截止，从而实现闪光的目的。

任务实施

1. 工作原理分析

当按下转向盘下的喇叭按钮时，来自蓄电池的电流会通过回路流经喇叭继电器的电磁线圈，电磁铁吸引继电器的动触点闭合，电流就会流到喇叭处。电流使喇叭内部的电磁铁工作，从而使振动膜振动而发出声音。分析汽车喇叭电路中主电路和控制电路（主电路又称为工作电路）如下。

主电路：蓄电池正极→接线柱 B→继电器支架→衔铁→继电器触点→电喇叭→搭铁→蓄电池负极。

控制电路：蓄电池正极→继电器铁心→线圈→喇叭按钮→搭铁→蓄电池负极。

2. 工作过程分析

以小组讨论的形式分析汽车喇叭电路常见故障，见表 3-3。

表 3-3　汽车喇叭电路常见故障

序号	故障现象	故障原因	检修方法
1	按下喇叭按钮，喇叭不响		
2	按下喇叭按钮，喇叭声音沙哑		
3	按下按钮，喇叭不响，只发出“嗒”一声		
4	触点容易烧蚀		

3. 工作评价

序号	工作目标	自评	互评	师评
1	能够用电磁感应原理分析汽车喇叭继电器的工作过程			
2	能够清晰描述主电路和控制电路			
3	能够清楚分析故障原因			
4	能够用清晰、简洁的语言表达自己的观点			

任务4　汽车点火线圈工作情况的分析

任务描述

汽车发动机点火系统由点火开关、点火线圈和火花塞等组成，其功用是定时地将蓄电池或发电机的低压电（一般为 12~14V）变成高压电（15~20kV）送到火花塞，火花塞电极间的气体间隙被击穿而产生电火花，点燃气缸内的可燃混合气体，使发动机正常运转。点火线圈由初级线圈、次级线圈和铁心构成，具有与普通变压器相同的结构，但采用断续工作方式，用以产生高压电，其工作原理如图 3-21 所示，要求会分析点火线圈的工作情况和对点火线圈进行检测。

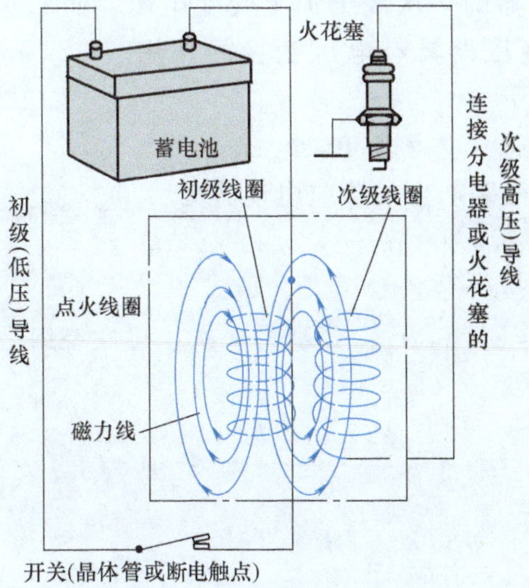

图 3-21　点火线圈工作原理图

知识准备

一、变压器

(一) 变压器的结构和工作原理

1. 变压器的基本结构

变压器是根据电磁感应原理制成的一种静止的电气设备，它具有变换电压、变换电流、变换阻抗及一次、二次侧电隔离的作用。在电力系统和电子电路中得到广泛的应用，如图 3-22 所示为一个简单的双绕组变压器及变压器符号。

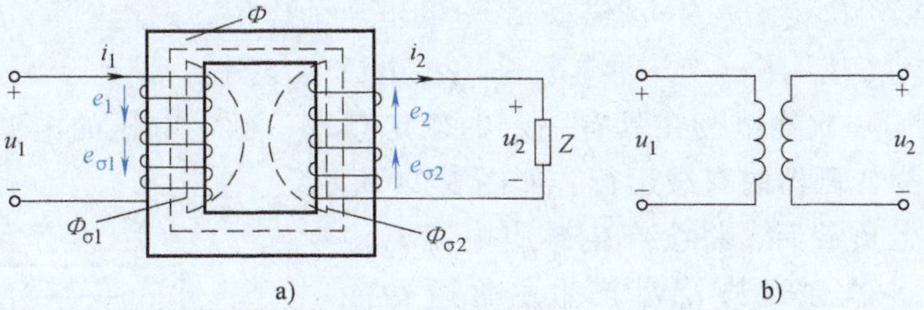

图 3-22　简单的双绕组变压器及变压器符号

a) 变压器结构示意图　b) 变压器符号

铁心是变压器的主磁路，为了提高导磁性能和减少铁损，用厚为 0.45~0.5mm 且表面涂有绝缘漆的硅钢片叠成。

绕组是变压器的电路，一般用绝缘铜线或铝线绕制而成。一般变压器的绕组有两个，一次绕组（匝数为 N_1）和电源连接；二次绕组（匝数为 N_2）和负载连接，它们绕在同一个铁心上。为了便于分析，将一次、二次绕组分别画在两边。

2. 变压器的工作原理

（1）电压变换　当变压器的一次绕组加上交变电压，而二次绕组开路时，这种情况称为变压器空载运行，此时变压器具有电压变换的作用。空载运行示意图如图 3-23 所示。

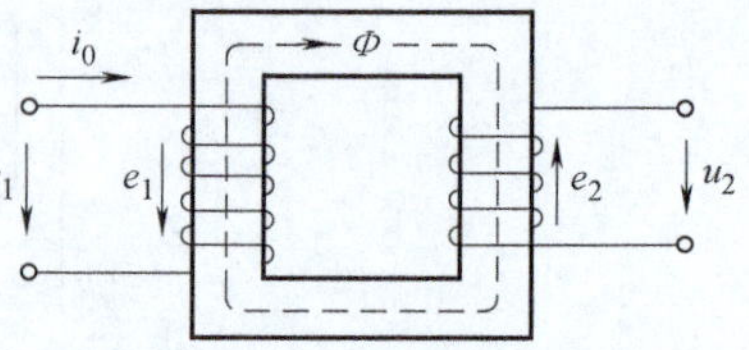

图 3-23　变压器空载运行

设主磁通为正弦交变磁通，主磁通 $\Phi=\Phi_m\sin\omega t$。

在一次、二次绕组中将分别产生的感应电动势为

$$e_1=E_{1m}\sin(\omega t-90°)$$

$$e_2=E_{2m}\sin(\omega t-90°)$$

式中，$E_{1m}=2\pi fN_1\Phi_m$，$E_{2m}=2\pi fN_2\Phi_m$，分别为一次、二次绕组上的感应电动势的最大值。

它们的有效值为

$$E_1=\frac{E_{1m}}{\sqrt{2}}=\frac{2\pi fN_1\Phi_m}{\sqrt{2}}=4.44fN_1\Phi_m$$

$$E_2=\frac{E_{2m}}{\sqrt{2}}=\frac{2\pi fN_2\Phi_m}{\sqrt{2}}=4.44fN_2\Phi_m$$

如果忽略漏磁通及一次绕组导线电阻的影响，则一次绕组的电压有效值 U_1 近似等于一次绕组产生的感应电动势的有效值 E_1。

空载时，二次绕组开路，其端电压有效值 U_2 就是感应电动势的有效值 E_2。于是可得一次电压有效值 U_1 和二次电压有效值 U_2 的比值为

$$\frac{U_1}{U_2}\approx\frac{4.44fN_1\Phi_m}{4.44fN_2\Phi_m}=\frac{N_1}{N_2}=K \tag{3-16}$$

K 称为变压器的电压比。当变压器空载时，一次、二次绕组的电压之比近似等于一次、二次绕组的匝数比。因此选择不同的匝数，就可以起到电压变换的作用。

$K=1$ 时，$N_1=N_2$，$U_1=U_2$，变压器起隔离电源的作用。

$K>1$ 时，$N_1>N_2$，$U_1>U_2$，变压器起降低电源电压的作用。

$K<1$ 时，$N_1<N_2$，$U_1<U_2$，变压器起提高电源电压的作用。

（2）电流变换　一次绕组接在具有一定的额定频率、额定电压的电源上，二次绕组接负载的运行状态称为变压器的有载运行，如图 3-24 所示。

当二次绕组接上负载后，将会产生感应电流 i_2。当变压器空载时，一次磁通势 i_0N_1 产生主磁通 Φ；而加入负载后，由于产生电流 i_2，势必会建立磁通势 i_2N_2，那么由磁通势 i_1N_1 和 i_2N_2 共同作用产生主磁通。但是由 $U_1\approx E_1=4.44fN_1\Phi_m$ 可见，主磁通主要由电源电压 U_1 和频率 f 决定，只要电源电压保持不变，空载与加负载情况下的主磁通最大值仍保持

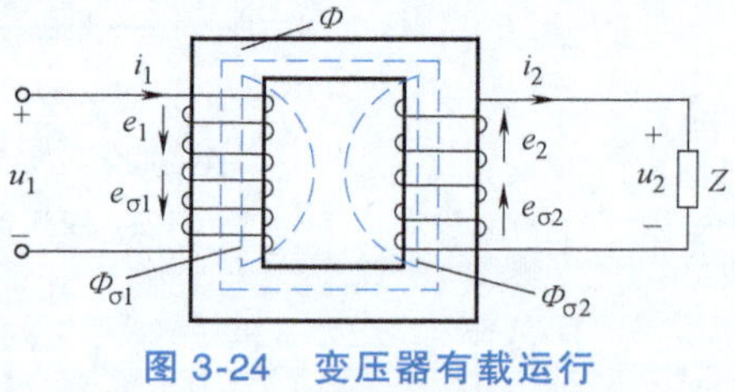

图 3-24　变压器有载运行

不变。由此可以推导出磁通势平衡方程式，即接上负载后一次、二次磁通势产生的磁通的和等于空载时的磁通势产生的磁通，即

$$i_1N_1+i_2N_2=i_0N_1$$

变压器的空载电流 i_0 起励磁作用，由于变压器铁心磁导率高，所以空载电流很小，i_0N_1 与满载时的 i_1N_1 和 i_2N_2 相比可以近似为零。所以负载运行时，可以忽略空载电流，即$i_1N_1+i_2N_2\approx0$，可得

$$\dot{I}_1\approx-\frac{\dot{I}_2}{K}或\frac{I_1}{I_2}\approx\frac{1}{K}=\frac{N_2}{N_1} \tag{3-17}$$

一次、二次电流比近似与匝数比成反比。可见，匝数不同不仅能改变电压，同时也能改变电流。

(3) 阻抗变换　在电子设备中，为了获得较大的功率输出，往往对负载有一定的要求。但是负载都是给定的，不能随便更改，而通过变压器却可以获得所需的等效阻抗，这称为阻抗变换。

如图 3-25 所示，变压器用理想元件符号来表示。负载阻抗 Z_L 接在变压器二次绕组上，与变压器一起作为电源的负载。利用等效变换可以使方框部分等效成为一个阻抗 Z_L'。

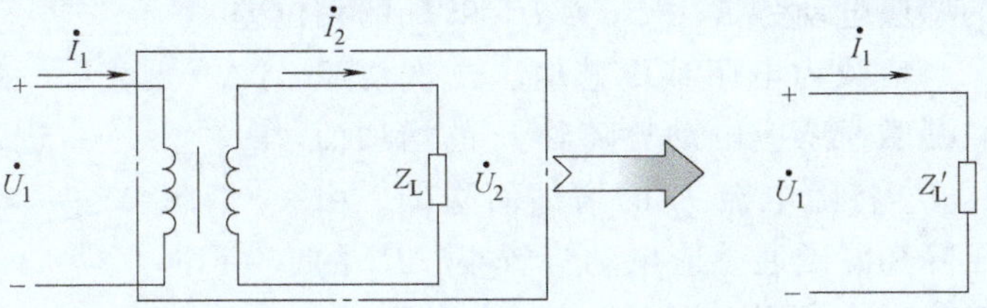

图 3-25　变压器的阻抗变换

所谓等效变换，就是变换前后，电路的电压、电流和功率没有变化，即

$$\frac{U_1}{I_1}=\frac{KU_2}{I_2/K}=K^2\frac{U_2}{I_2}$$

可知等效后
$$\frac{U_1}{I_1}=|Z_L'|$$

又因为
$$\frac{U_2}{I_2}=|Z_L|$$

所以
$$|Z_L'|=K^2|Z_L| \tag{3-18}$$

可见，负载阻抗通过变压器变换后，等效阻抗大小由变压器电压比 K 决定，选择适当的 K 就可以得到需要的阻抗了。

【例 3-1】　有一台工业用单相控制变压器，其额定值为：容量 100V · A，输入电压 220V，输出电压 36V，一次绕组匝数是 818 匝。试求：一次绕组和二次绕组的额定电流；二次绕组的理论匝数。

解： 根据额定容量和一次、二次绕组额定电压计算出相应电流。

一次绕组额定电流

$$I_{N1}=\frac{S_N}{U_{N1}}=\frac{100}{220}A=0.455A$$

二次绕组额定电流

$$I_{N2}=\frac{S_N}{U_{N2}}=\frac{100}{36}A=2.778A$$

由式（3-16）可得二次绕组理论匝数

$$N_2=\frac{U_2}{U_1}N_1=\frac{36}{220}\times 818\text{ 匝}=134\text{ 匝}$$

（二）变压器的外特性和效率

1. 变压器的外特性

在变压器的一次绕组上施加变压器的额定电压时，其二次绕组上的电压 U_2 与负载电流 I_2 的变化规律 $U_2=f(I_2)$ 称为变压器的外特性。图 3-26 所示为不同负载性质时的变压器外特性曲线。

曲线与 Y 轴的交点 u_{20} 是变压器空载时的二次电压，称为空载电压，其大小等于主磁通在二次绕组中产生的感应电动势 E_2；φ_2 为 U_2 和 I_2 的相位差。

经过分析表明，当负载为电阻或电感时，二次绕组的线圈电阻电压降和漏磁通感应电动势随着 I_2 的增加而增大，二次绕组电压 U_2 将随电流 I_2 的增加而降低。由于二次绕组电阻电压降和漏磁通感应电动势较小，U_2 的变化一般不大，其变化大小常用电压变化率 ΔU 表示。

变压器的电压变化率为 $\Delta U=\frac{U_{20}-U_2}{U_{20}}\times 100\%$，$\Delta U$ 为 4%～6%。式中，U_{20} 和 U_2 分别为空载和额定负载时的二次绕组电压。

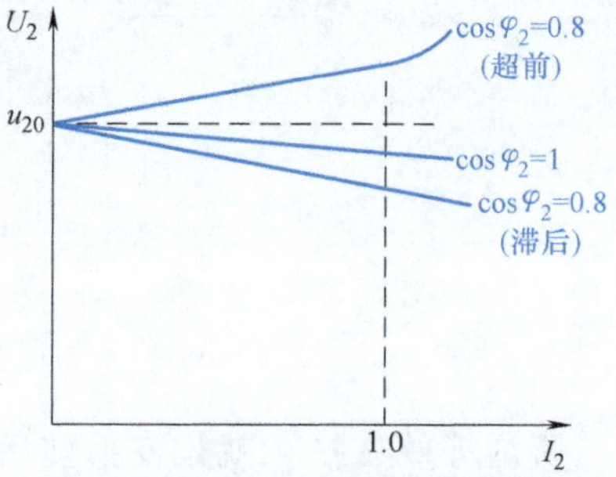

图 3-26 不同负载性质时的变压器外特性曲线

2. 变压器的损耗和效率

（1）交流等效电路 在绕阻两端加上交流电压 u 时，就有交流励磁电流 i 通过。磁通势在绕阻中产生交变的磁通，其中绝大部分通过铁心闭合的磁通称为主磁通 Φ，而很少一部分通过空气闭合的磁通称为漏磁通 Φ_σ。

经实验和理论推导可得电压与磁通之间的关系为

$$U\approx E=4.44fN\Phi_m$$

式中，N——绕阻线圈匝数；

U——加在绕阻上电压的有效值（V）；

f——电源频率（Hz）；

Φ_m——铁心中交变磁通的幅值（Wb）。

（2）变压器的损耗

1）铁耗——不变损耗（电压 U_1 不变情况下）。

基本铁耗 ——主要是磁滞损耗与涡流损耗。

磁滞损耗——与硅钢片材料的质量、磁通密度的最大值以及频率有关。

涡流损耗——与硅钢片的厚度、电阻率和磁通密度有关。

附加铁损耗——绝缘损伤引起的和局部结构涡流损耗，占基本铁耗的15%~20%。

2）铜耗——可变损耗。

基本铜耗——指一次、二次绕组内电流所引起的直流电阻损耗。

附加铜耗——主要是由漏磁通所引起的趋肤效应带来的损耗及漏磁场在局部构件引起的涡流损耗，占基本铜耗的0.5%~20%。

(3) 功率关系

铜损耗：线圈电阻上有功功率的损耗，用 P_{Cu} 表示。

铁损耗：铁心交变磁化时的损耗，用 P_{Fe} 表示。包括涡流损耗（P_e）和磁滞损耗（P_n）。

变压器运行过程中的损耗为

$$\Delta P=P_{Cu}+P_{Fe}=P_{Cu}+P_n+P_e$$

(4) 变压器的效率　变压器的效率是指变压器的输出功率 P_2 与输入功率 P_1 之比，用百分数表示，即

$$\eta=\frac{P_2}{P_1}\times100\%=\frac{P_2}{P_2+P_{Fe}+P_{Cu}}\times100\%$$

负载功率因数 $\cos\varphi_2$ 一定时，效率 η 与负载系数 β 的关系曲线称为变压器的效率特性曲线，如图3-27所示。

在不变损耗等于可变损耗时，出现最大值 η_{max}。变压器的功率损耗很小，所以效率很高，一般在95%左右。

（三）特殊变压器

1. 自耦变压器

在生产和科学实验中，往往需要平滑地调节交流电压，一个最简单的方法是利用自耦变压器，它是实验室常用的设备。

自耦变压器的结构特点是铁心上只有一个绕组，即二次绕组是从一次绕组上直接抽头出来的，它的原理图如图3-28所示。

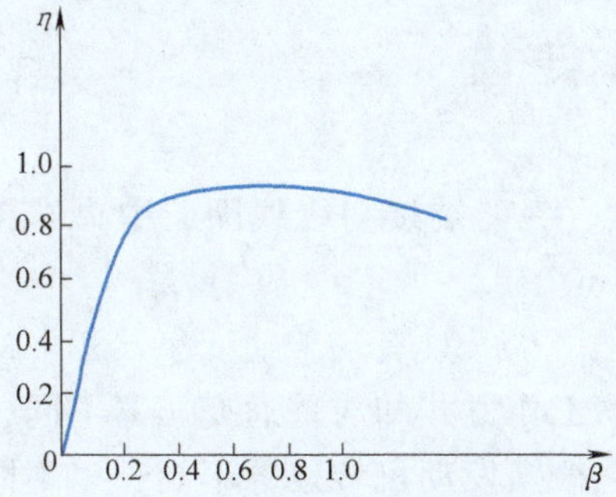

图3-27　变压器的效率特性曲线

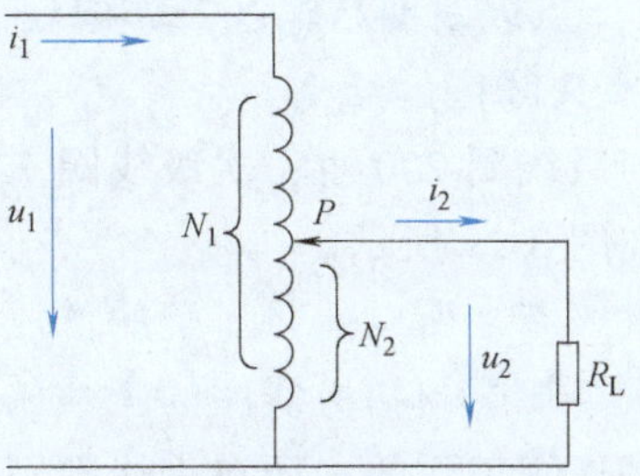

图3-28　自耦变压器原理图

对于自耦变压器，它同样遵循一般变压器的电压变换和电流变换的规律。不同的是 N_2 可以根据需要自己调节。

$$\frac{U_1}{U_2} \approx \frac{4.44fN_1\Phi_m}{4.44fN_2\Phi_m} = \frac{N_1}{N_2} = K$$

$$\frac{I_1}{I_2} = \frac{N_2}{N_1} = \frac{1}{K}$$

2. 仪用互感器

在电工测量时，经常要测量一些高电压、大电流，此时普通的电压表和电流表是不能满足需要的。如果利用变压器能够实现变换电压和变换电流的功能，将高电压、大电流变低后再用普通电压表、电流表测量，这样就简单安全多了。具有这类功能的变压器称为仪用互感器，主要包括电压互感器和电流互感器。

（1）电压互感器　电压互感器是一个降压变压器，一次绕组匝数多，二次绕组匝数少。电压互感器将一次绕组并联到被测高压电路上，二次绕组和电压表相连，由变压器原理可知：

$$U_1 = \frac{N_1}{N_2} U_2 = KU_2$$

按照这个关系，可以直接在电压表上读出 U_1 的电压值，通过这个办法来测量高电压。

注意：电压互感器的铁心、金属外壳及低压绕组的一端必须接地。如不接地，一旦高低压之间绝缘损坏，低压侧将出现高电压，这是非常危险的。另外，在使用时应防止低压侧短路，以免产生较大的短路电流，烧坏绕组。

（2）电流互感器　电流互感器一次绕组匝数很少（只有一匝或几匝），它串联在被测电路中；二次绕组匝数较多，与电流表相连接。由变压器原理可知

$$I_1 = \frac{N_2}{N_1} I_2 = K' I_2$$

利用这一原理，可以将大电流变换成小电流，通过测量小电流来衡量大电流的大小。根据这一关系，在电流表上读出小电流的值，从而完成测量工作。

二、点火线圈与汽车点火系

（一）点火线圈结构及工作原理

1. 点火线圈的结构

设初级线圈 200 匝，次级线圈 22000 匝，“+” 端、“-” 端接初级线圈，中央端接次级线圈，如图 3-29 所示。

点火线圈之所以能将车上的低压电变成高压电，是由于其具有与普通变压器相同的结构形式，次级线圈与初级线圈的匝数比大。但点火线圈的工作方式却与普通变压器不同，普通变压器是连续工作的；而点火线圈则是断续工作的，它根据发动机转速的不同，以不同的频率反复进行储能及放能。

2. 点火线圈的工作原理

当初级线圈接通电源时，随着电流的增大，四周产生一个很强的磁场，铁心储存了磁场能；当初级线圈电路断开时，初级线圈的磁场迅速衰减，次级线圈就会感应出很高的电压。

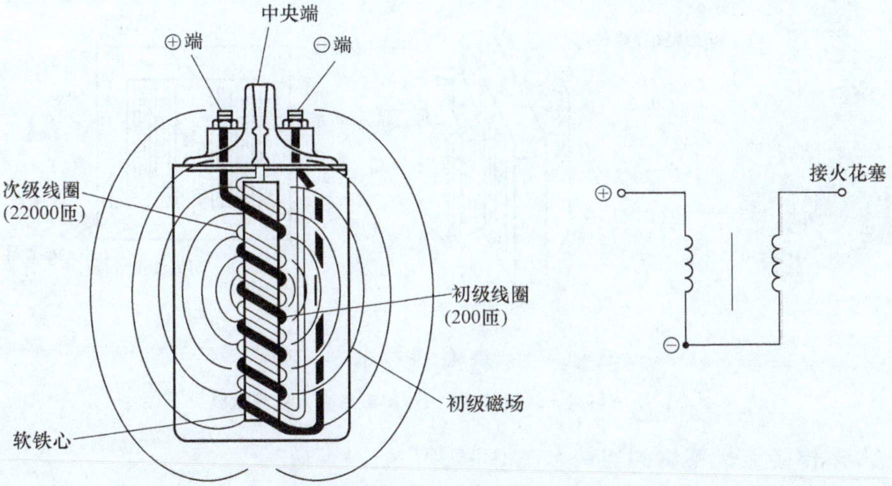

图 3-29　点火线圈结构及符号

初级线圈的磁场消失速度越快，则电路断开瞬间的电流就越大；两个线圈的匝数比越大，则次级线圈感应出来的电压越高。

3. 点火线圈的分类

（1）开磁路点火线圈的结构　磁路的上、下部分都是从空气中通过，铁心未构成闭合磁路的，称为开磁路点火线圈。根据低压接线柱的数目不同，点火线圈有两接线柱式和三接线柱式之分。开磁路点火线圈的结构如图 3-30 所示。

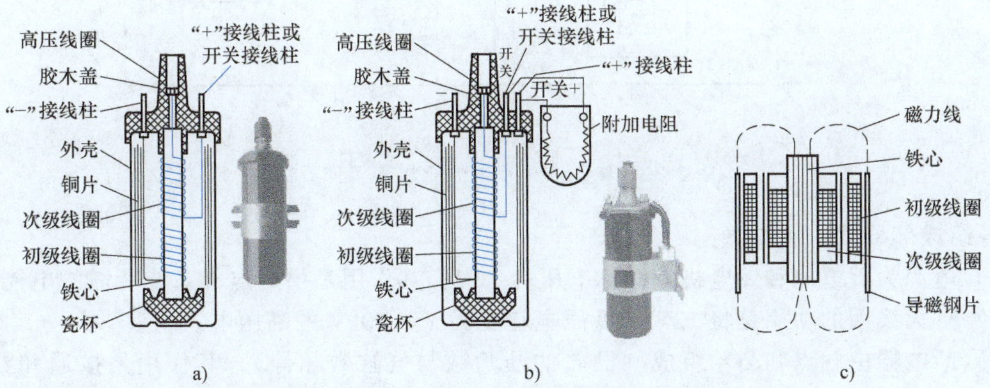

图 3-30　开磁路点火线圈的结构

a）两接线柱　b）三接线柱　c）开磁路点火线圈的磁路

（2）闭磁路点火线圈的结构　闭磁路点火线圈采用形似“日”字形的铁心，在铁心内绕初级线圈，外面再绕次级线圈，磁力线经铁心构成闭合磁路，如图 3-31 所示。

闭磁路点火线圈的优点是漏磁少、磁路的磁阻小，因此能量损失小、能量转换率高；并且体积小，可直接装在分电器盖上，结构紧凑；绝缘性、密封性均优于开磁路点火线圈。

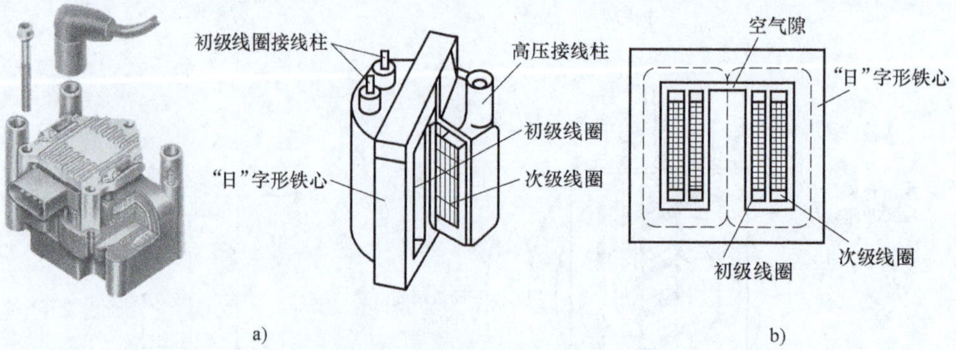

图 3-31　闭磁路点火线圈的结构

a）闭磁路点火线圈结构　b）闭磁路点火线圈磁路

（二）汽车传统点火系统的组成和工作原理

1. 传统点火系统的组成

传统点火系统由电源、点火线圈、断电器、分电器、点火开关及火花塞等组成，如图3-32所示。

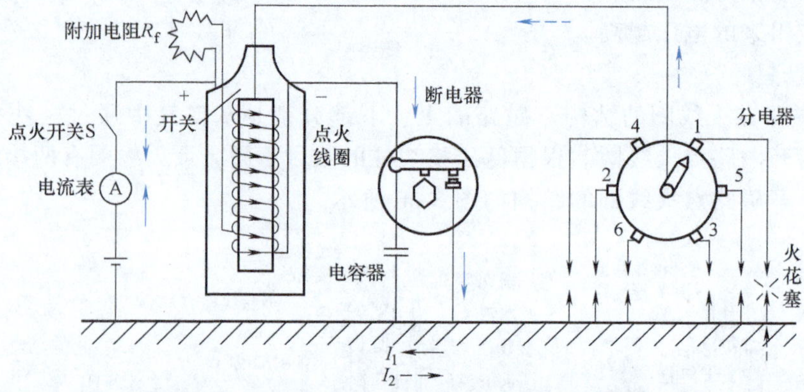

图 3-32　传统点火系统的组成和工作原理

各组成部分的功能如下：

1）电源为蓄电池和发电机，标称电压为12V，其作用是供给点火系统所需的电能。

2）点火线圈的功用是将12V的低压电转变为15~20kV的高压电。

3）断电器由触点和凸轮组成（凸轮的凸角数与气缸数相等），其作用是接通和断开初级电路。

4）分电器由分电器盖和分火头组成。分电器盖上有与发动机气缸数相同的旁电极。当分火头旋转时，它上面的导电片依次和旁电极接通，将点火线圈产生的高压电按发动机各气缸的点火顺序分别传到各缸火花塞。

5）电容器与断电器触点并联，用来减小触点间的火花，延长触点的使用寿命，提高次级电压。

6）点火开关用来控制点火系统初级电路的通断。只要断开点火开关，发动机可立即熄火。

7）火花塞的作用是将点火线圈产生的高压电引入燃烧室，并在其电极间产生电火花，点燃汽油和空气的混合气体。

2. 传统点火系统的工作原理

在点火开关 S 接通的情况下，当触点闭合时，点火线圈初级线圈中有电流流过。流过初级线圈的电流称为初级电流 I_1，初级电流 I_1 的路径（图 3-32 中用实线表示）为：蓄电池正极 →电流表→点火开关 S→“+” 接线柱→附加电阻 R_f→“开关” 接线柱→点火线圈初级线圈→“-” 接线柱→断电器触点→分电器壳体搭铁→蓄电池负极。初级电流在点火线圈的铁心中形成磁场，电场能转变为磁场能。

当断电器凸轮将触点顶开时，初级电路被切断，初级电流消失。点火线圈次级线圈的匝数多，因而在次级线圈内就感应出 15~20kV 的电动势，它足以击穿气缸内火花塞的电极间隙，产生电火花点燃混合气体。

次级电流 I_2 的路径（图 3-32 中用虚线表示）为：次级线圈一端→“开关” 接线柱→附加电阻 R_f→“+” 接线柱→点火开关 S→电流表→蓄电池→搭铁→火花塞旁电极→火花塞中心电极→高压导线→分电器→中央高压导线→次级线圈另一端。

由上述分析可知，在点火系统中有两个电路：初级电流 I_1 流经的电路为低压电路；而次级电流 I_2 流经的电路为高压电路。

3. 电容器在点火电路中的作用

当初级回路突然被初级控制开关（比如传感器开关或断电器触点）断开时，磁场也随之突然消失。这会在次级线圈中产生一个非常高的电压，这个电压高到足以使火花塞跳火。在此点火系统中，为了保护初级开关回路和加速磁场的消失，电容器被并联在初级线圈回路中，吸收磁场产生的感应电流。

传统点火系统经过近百年的应用与不断地改进和完善，结构已定型，在汽车的使用与发展中发挥了很大的作用。但传统点火系统存在着触点易烧蚀、火花塞产生电火花能量的提高受到限制、对火花塞积炭和污染敏感、次级电压的最大值随发动机转速的升高和气缸数的增加而下降等难以克服的缺点。并且随着现代汽车发动机朝着高转速、高压缩比、低油耗和低排放的方向发展，传统点火系统已逐渐被新型的电子点火系统和微机控制点火系统取代。

（三）汽车电子点火系统

从传统机械式有触点点火系统到现代轿车普遍采用的微机控制点火系统，汽油机点火系统的电子化经历了两个阶段。

1. 普通电子点火系统

电子点火系统取消了齿轮机构和触点式开关，而使用传感器和晶体管无触点开关。点火信号发生器的作用是产生对应于气缸数及曲轴位置的电压信号，用以触发点火模块，使点火线圈产生高压电。

20 世纪 70 年代，无触点的电子点火系统开始出现。由于没有了触点，消除了传统点火系统触点易烧蚀的弊端，使无触点电子点火系统逐渐普及。

按照点火信号发生器的类型的不同，电子点火系统分为：霍尔式电子点火系统（目前在桑塔纳、捷达、奥迪 100 和红旗 CA7220 等车型上广泛应用）；磁感应式电子点火系（在北京切诺基 BJ2021、解放 CA1092 和东风 EQ1092 等车型上应用）；光电式电子点火系统（目前仅在国产猎豹、日本三菱越野车等少数车型上使用）。由于霍尔式传感器输出电压的幅值不受发动机转速的影响、抗干扰能力强且作用可靠，已广泛应用于国产及合资汽车的点火系统。下面简单介绍霍尔式电子点火系统。

目前常用的霍尔式电子点火控制器一般都制成集成电路的形式，桑塔纳轿车采用的就是这种形式，如图3-33所示。

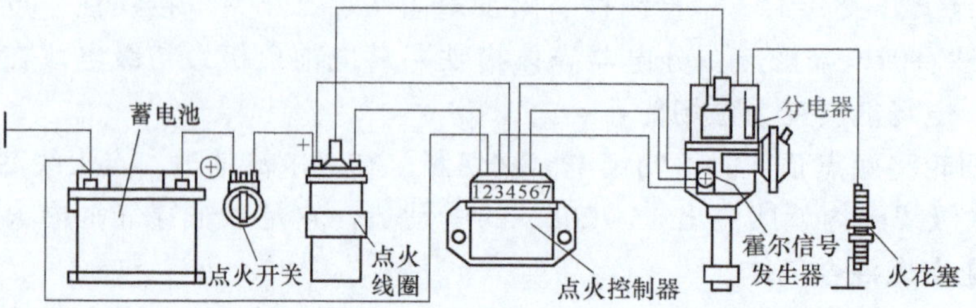

图3-33　上海桑塔纳轿车点火系统的组成

该电子点火模块为先进的混合集成电路，具有恒能点火（初级电流恒定在7.5A）、闭合角控制、初级电流上升率控制、停车断电保护和过电压保护等功能。

霍尔信号发生器是根据霍尔效应原理制成的，位于分电器内，其结构如图3-34所示。它主要由触发叶轮、霍尔传感器底板、带导板的永久磁铁和霍尔点火控制集成电路等组成。

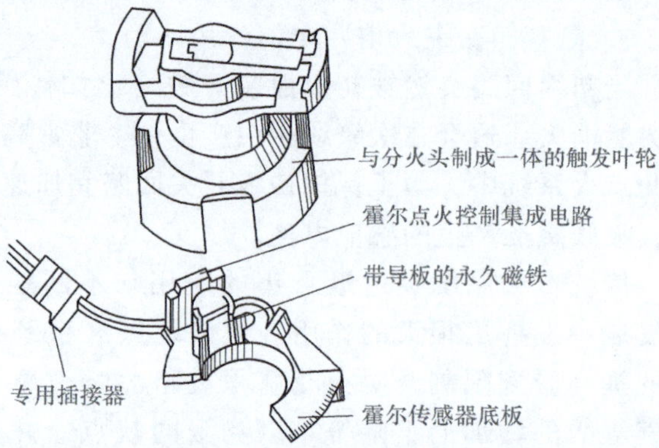

图3-34　霍尔发生器的结构

当叶片进入永久磁铁与霍尔元件之间的空隙时，霍尔集成电路中的磁场即被触发叶轮的叶片所旁路（或称隔磁），这时不产生霍尔电压，集成电路放大器输出极导通，接通点火线圈的初级线圈电路；当触发叶轮离开空气隙，永久磁铁的磁力线通过霍尔元件而产生霍尔电压时，发生器有信号输出，集成电路输出极被截止，切断点火线圈的初级线圈电路，次级线圈中便感应出高压电动势。叶片不停地转动，信号发生器输出矩形波信号，作为控制信号输送给点火控制器，再由点火控制器控制初级电路的通断。

2. 微机控制点火系统

发动机的动力性、经济性和排放性直接受到点火提前角的影响，最佳点火提前角的确定是由发动机的负荷、转速、冷却液温度、空燃比和爆燃等多种因素共同决定的。普通电子点火系统很难胜任最佳点火时刻的控制工作。而微机控制点火系统的控制精度高、工作可靠且故障率低，可使发动机的动力性、经济性和排放性在精确控制最佳点火时刻的情况下得到显著提高。目前，一般配备了电控燃油喷射系统的车辆基本上都使用了微机控制点火系统。

微机控制点火系统可分为分配式（有配电器）点火系统和直接式（无配电器）点火系统。到目前为止，无配电器微机控制点火系统是技术最先进的点火系统。

（1）分配式点火系统（有分电器点火系统）　该系统仍然保留分电器，点火线圈产生的高压电是经过分电器中的配电器进行分配的，即由分火头和分电器盖组成的配电器依照点火顺序适时地将高压电分配至各气缸，使各缸火花塞依次点火。这种方式仍然要产生较多电火花，不仅浪费能量，而且对其他电信号会产生电磁干扰。

（2）直接点火系统（无分电器点火系统）　直接点火系统取消了分电器。该系统中点火线圈上的高压线直接与火花塞相连。工作时，点火线圈产生的高压电直接送至各火花塞，由微机根据各传感器输入的信息，依照发动机的点火顺序，适时地控制各缸火花塞点火。直接点火系统又可分为同时点火方式和单独点火方式两类。

同时点火方式：两个气缸合用一个点火线圈，对两个气缸同时点火。

单独点火方式：每个气缸的火花塞各配一个点火线圈，单独对本缸点火。

典型微机控制点火系统的组成如图 3-35所示，由相关传感器（主要包括发动机曲轴位置传感器、凸轮轴位置传感器、冷却液温度传感器、节气门位置传感器、空气流量计、爆燃传感器等）、微机电子控制单元、分立点火线圈和火花塞组成。

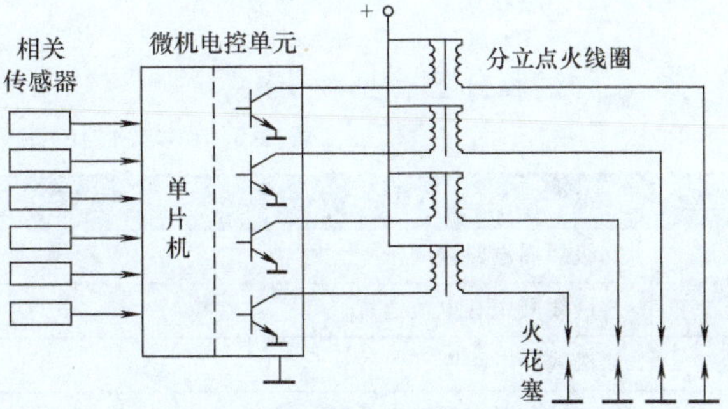

图 3-35　典型微机控制点火系统的组成

微机电子控制单元包括单片机、输入电路、输出电路、软件和数据等。单片机根据各相关传感器传来的反映发动机工作情况的采样信号和存储的设计参数，确定各缸点火顺序和最佳点火时刻（最佳点火提前角），控制各输出电路晶体管的通断，从而控制点火线圈初级电路的通断，使得二次电路产生点火电压。

分立点火线圈取消了机械式分电器，彻底实现无机械传动、无机械触点的点火方式，极大地提高了点火系统工作的可靠性。分立点火线圈直接与火花塞装配在一起，取消了高压线，外用金属壳包裹屏蔽，大幅减少了电磁干扰，保障了发动机电控系统的正常工作。

任务实施

1. 工作原理分析

1）点火线圈工作主要应用电磁感应、互感和自感三个原理。三种原理的具体内容见表 3-4。

表 3-4　点火线圈应用的三个原理的内容

序号	原　　理
1	电磁感应原理：当电流流过导线时产生磁场。磁场强度的大小与线圈的匝数和流过线圈的电流有关
2	互感原理：初级线圈周围形成磁力线，磁力线切割次级线圈产生互感现象，并通过互感在次级线圈中感应出电动势
3	自感原理：当初级线圈自身产生一个电压时就发生了自感现象。自感能够在初级线圈中形成一个反电动势，并与蓄电池的电压方向相反。在初级线圈中形成的反电动势停留在线圈中，并与蓄电池的电压相互作用产生磁场

2）电容器在点火电路中的作用：当初级回路突然被初级控制开关（比如传感器开关或断电触点）断开时，磁场也随之突然消失，这会在次级线圈中产生一个非常高的电压，这

个电压高到足以使火花塞跳火。在此点火系统中，为了保护初级开关回路和加速磁场的消失，电容器被并联在电路中，用来吸收磁场产生的感应电流，如图3-36、图3-37所示。

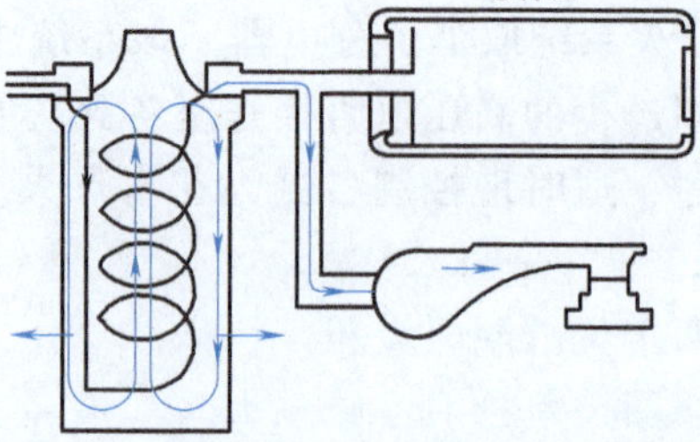

图3-36　触点闭合，电流流过初级回路

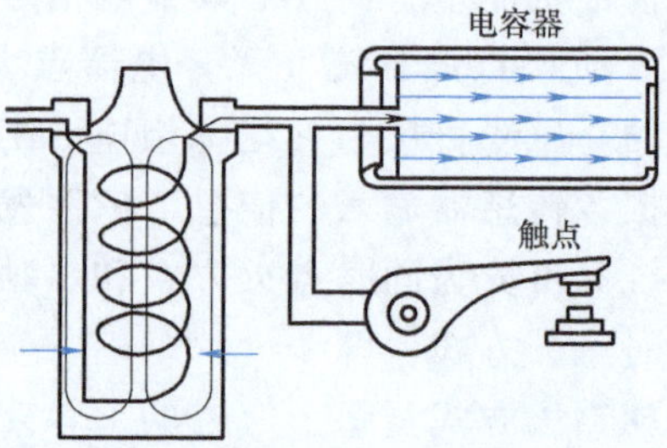

图3-37　触点断开，电容器吸收感应电流

2. 工作过程分析（见表3-5）

表3-5　点火线圈的工作过程及作用效果

序号	点火线圈工作过程	作用效果
1	初级线圈电路接通	
2	初级线圈中有电流通过	
3	初级线圈电路断开	
4	电容器与断电器触点并联	

3. 工作评价

序号	工作目标	自评	互评	师评
1	能够用电磁基本理论分析点火线圈工作过程			
2	理解点火线圈在点火系统中的重要作用			
3	能够用清晰、简洁的语言表达自己的观点			

项目小结

1. 铁磁材料因其内部有磁畴，使其具有可被磁化的特性，它分为硬磁、软磁及矩磁材料。

2. 磁场的各种基本物理量及磁路欧姆定律。

3. 电磁铁利用电磁线圈产生磁场，吸引衔铁或其他器件。汽车上的电磁铁都是直流电磁铁，比较典型的应用是触点式电压调节器和汽车电喇叭。

4. 继电器在电路中起着自动控制、自动调节和安全保护等作用。在汽车电气系统中使用的继电器为小型继电器，触点控制的电流较小。

5. 变压器是利用电磁感应原理传输电能或信号的。变压器的基本结构有铁心、绕组等。变压器的三大功能是电压变换、电流变换和阻抗变换。

6. 常用的特殊变压器有自耦变压器、仪用互感器等。

7. 汽车点火系统中点火线圈的结构和工作原理。

【思考与练习】

3-1　关于电磁感应，下列说法正确的是什么？

1）穿过线圈的磁通量越大，感应电动势越大。

2）穿过线圈的磁通量为零，感应电动势一定为零。

3）穿过线圈的磁通量变化越大，感应电动势越大。

4）穿过线圈的磁通量变化越快，感应电动势越大。

3-2　两个形状、大小和匝数完全相同的环形线圈，其一用木心，另一用铁心。当两线圈通以等值的电流时，木心和铁心中的 Φ、B 值是否相等？为什么？

3-3　两个形状、大小、材料和匝数完全相同的环形铁心线圈，一个有断裂隙缝，另一个完好无损。当两线圈通以等值的电流时，两铁心中的 Φ、B 值是否相等？为什么？

3-4　如图 3-38 所示，条形磁铁以某一速度 v 向螺线管靠近，下面哪种说法是正确的？

1）螺线管中不产生感应电流。

2）螺线管中产生感应电流，方向如图 3-38 所示。

3）螺线管中产生感应电流，方向与图 3-38 中所示的相反。

3-5　有一线圈匝数 $N=500$，由于某种原因，穿过线圈的磁通量在 0.1s 内减小了 4×10^{-2} Wb，求线圈中感应电动势的大小和方向。

3-6　如图 3-39 所示，线圈 2 中的匝数 $N=1000$。设因线圈 1 中的电流发生变化，分别使磁通量在 0.1s 内增多 2×10^{-2} Wb 及在 0.2s 内减少了 4×10^{-2} Wb，求在这两种情况下，线圈 2 中的感应电动势的大小和方向。

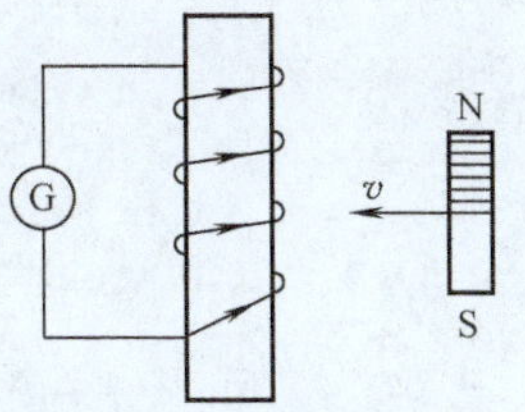

图 3-38　习题 3-4 图

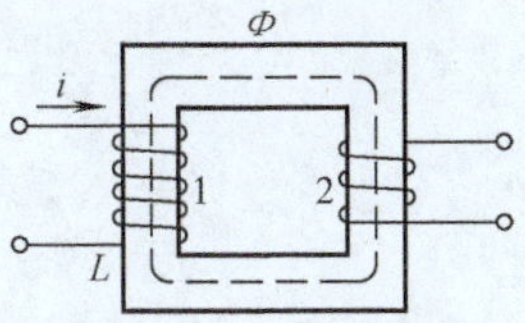

图 3-39　习题 3-6 图

3-7　变压器运行中有哪些基本损耗？它们与哪些因素有关？

3-8　有一台额定电压为 110V/36V 的变压器，有人想得到二次电压 72V，把它接到同频率 220V 电源上，结果如何？为什么？

3-9　有一台变压器，额定电压为 220V/110V，匝数为 $N_1=1000$，$N_2=500$。有人为了节省铜线，将匝数减少为 400 和 200，是否可行，为什么？

3-10　单相变压器一次电压为 220V，二次侧有 2 个绕组，其电压分别是 110V 和 44V。如一次绕组的匝数为 440，分别求二次侧 2 个绕组的匝数。设在 110V 的二次电路中接入 110V、100W 的电灯 11 盏，分别求此时的一次、二次电流值。

3-11　有一额定容量为 2kV · A，一次、二次额定电压为 380V/110V 的单相变压器。

1）试求一次、二次额定电流。

2）一次侧加上额定电压后，问是否在任何负载下一次、二次绕组中的电流都是额定值，为什么？

3）若负载是额定值为 110V、15W 的灯泡，请算出需要接多少盏灯泡才能达到满载运行。

3-12　列举几种常用的汽车电磁器件，简述它们的结构及功能。

3-13　为什么变压器的铁心要用硅钢片叠成？能否采用整块的铁心？为什么？

项目四

汽车电机原理分析及检测

知识目标

- 掌握正弦交流电的基本概念及其三要素。
- 掌握汽车交流发电机结构和工作原理。
- 掌握直流电动机结构和工作原理。
- 了解三相异步电动机的结构和工作原理。
- 了解永磁同步电动机的结构和工作原理。
- 了解步进电动机的结构和工作原理。

技能目标

- 能够完成汽车交流发电机的拆装及检测。
- 能够完成起动机用直流电动机的拆解及简单检测。
- 能够理解三相异步电动机的正反转控制电路。
- 能够完成永磁同步电动机的原理分析与检测。
- 能够理解步进电动机在汽车上的怠速控制。

电机是以磁场为媒介进行机械能和电能相互转换的电磁装置。电机按通电性质来分，分为直流电机和交流电机。按照能量转换来分，电机又可分为发电机和电动机。发电机是把机械能或其他形式的能量转变成电能的装置。随着电子技术的发展，直流发电机已被半导体整流式交流发电机取代。电动机是把电能转换为机械能的装置。汽车上大部分机械部件靠直流电动机驱动，如汽车起动机、电动车窗等。在工业生产及汽车维修企业中，交流三相异步电动机是应用最为广泛的电动机，特别是在大型高速的电动汽车中多使用三相笼型异步电动机。本项目中主要介绍汽车交流发电机、直流电动机、三相异步电动机、永磁同步电动机和步进电动机。

任务1 汽车交流发电机的拆解与检测

任务描述

汽车电源系统主要由蓄电池、发电机和电压调节器等组成，发电机是汽车电气系统的主要电源，它由汽车发动机驱动，当发动机正常工作时，发电机向除起动机以外的所有用电设备供电，并向蓄电池充电。车载发电机普遍使用的是硅整流交流发电机，交流发电机产生的三相交流电通过整流器后得到直流电，再通过电压调节器进行调节获得稳定的直流电压输出，它与蓄电池并联使用，为车上用电设备提供电能，汽车电源系统连接电路如图4-1所示。本任务要求对给定的汽车交流发电机进行拆解，理解工作原理，掌握基本结构，正确地使用万用表等工具对转子、定子、整流器等主要部件进行检测。

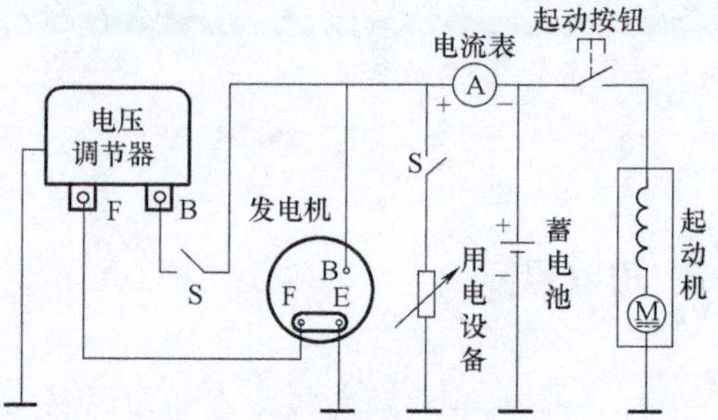

图4-1 汽车电源系统连接电路

知识准备

一、单相交流电路

1. 正弦量

在电路中，电压、电流的大小和方向都不随时间变化的称为直流量，电压、电流的大小和方向随时间而变化的称为交流量。如图4-2a所示为稳恒直流电流，如图4-2b所示为波动直流电流，如图4-2c所示为正弦交流电流，如图4-2d所示为非正弦交流电流。

所谓正弦交流电压或电流是指按正弦规律变化的电压或电流。如图4-2c所示的正弦交流电流的每个值在通过相同的时间后重复出现，该时间即为周期 T。而且在每一个周期内，电流的值按正弦规律变化，其瞬时值有正有负，且在一个周期内平均值为零。正弦交流电压和正弦交流电流统称为正弦量。

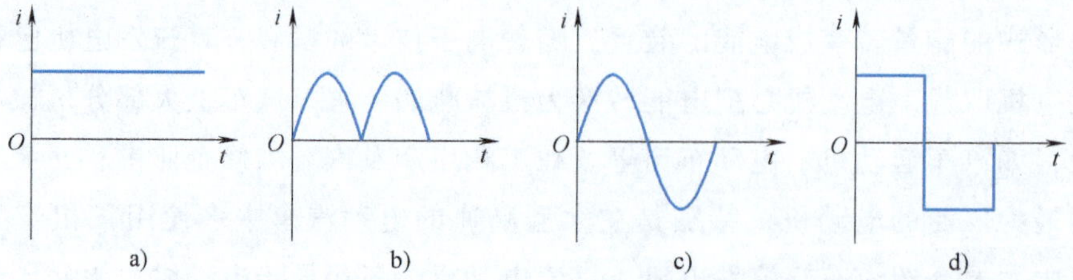

图4-2 电流的变化曲线

2. 正弦量的三要素

设一正弦交流电压的数学表达式为

$$u = U_m \sin(\omega t+\varphi_u) \tag{4-1}$$

式中　U_m——交流电压 u 的最大值（V）；

ω——交流电压 u 的角频率（rad/s）；

φ_u——交流电压 u 的初相位（rad）。

U_m、ω、φ_u 称为正弦交流电压的三要素，式（4-1）也称为正弦交流电压的瞬时值表达式，利用瞬时值表达式可以计算任意时刻正弦交流电压的大小。同理，也存在正弦交流电流、正弦交流电动势等电量的三要素及它们的瞬时值表达式。

（1）瞬时值、最大值和有效值　正弦交流电在变化过程中任一瞬间的值称为瞬时值，用小写字母 u、i、e 表示。瞬时值可以是正值、负值或零。电压、电流和电动势的瞬时值数学表达式分别为

$$u = U_m \sin(\omega t+\varphi_u)$$

$$i = I_m \sin(\omega t+\varphi_i)$$

$$e = E_m \sin(\omega t+\varphi_e)$$

瞬时值中最大的数值称为正弦交流电的最大值，或称幅值、峰值、振幅。最大值用大写字母加下标“m”（maximum 首字母）表示，如 U_m、I_m 及 E_m 分别表示正弦交流电压、电流及电动势的最大值。

正弦交流电的有效值是根据交流电流和直流电流热效应相等的原则确定的。分别让交流电流和直流电流通过阻值完全相同的两个电阻，在相同的时间内，若交流电流和直流电流在两个电阻上产生的热效应相等，则此直流电流的大小就是该正弦交流电流有效值的大小。正弦交流电的有效值用大写字母 U、I、E 表示。通过计算（过程省略），正弦交流电的有效值和最大值的关系为

$$U=\frac{U_m}{\sqrt{2}}=0.707U_m \tag{4-2}$$

$$I=\frac{I_m}{\sqrt{2}}=0.707I_m$$

$$E=\frac{E_m}{\sqrt{2}}=0.707E_m$$

在交流电路中，一般所讲的电压或电流的大小都是指有效值。常用的交流电流表和交流电压表的读数也是指被测电量的有效值，例如最常见的供电电压 220V 就是指有效值。

（2）周期、频率和角频率　正弦量交变 1 周所用的时间称为周期，用大写字母 T 表示，单位是秒（s）。

正弦量每秒钟交变的次数称为频率，用小写字母 f 表示，单位是赫兹（Hz），常用的单位还有千赫（kHz）和兆赫（MHz）等。

周期和频率互为倒数，即

$$T=\frac{1}{f} \quad 或 \quad f=\frac{1}{T} \tag{4-3}$$

很多国家包括我国，都采用50Hz作为电力系统的供电频率。但有些国家如美国、日本等采用60Hz。这种供电频率在工业上应用广泛，简称“工频”。

正弦量每秒钟变化的电角度（或相角、相位）称为角频率，用字母 ω 表示，单位是弧度每秒（rad/s）。由于正弦量在1个周期 T 内变化的电角度为 2π 弧度，因此角频率与周期及频率之间的关系为

$$\omega=\frac{2\pi}{T}=2\pi f \tag{4-4}$$

【例4-1】 已知正弦交流电的频率为50Hz，其周期和角频率各为多少？

解：

$$T=\frac{1}{f}=\frac{1}{50}\text{s}=0.02\text{s}$$

$$\omega=2\pi f\approx2\times3.14\times50\text{rad/s}=314\text{rad/s}$$

（3）相位、初相位和相位差　式 $u=U_m\sin(\omega t+\varphi_u)$ 中的（$\omega t+\varphi_u$）表示正弦量随时间 t 变化的电角度，称为正弦量的相位角，简称相位，其单位为度或弧度。正弦量在每一个瞬间都具有一定的相位。

正弦量在 $t=0$ 时的相位称为初相位，简称初相，其单位为度或弧度。初相位反映了正弦量计时起点初始值的大小。一般初相位在 $-180°\sim180°$ 或 $-\pi\sim\pi$ 弧度范围内，如果不在这个范围内，则应进行转换。

一般规定，当正弦波形的计时起点在原点的左侧时，初相位为正；当正弦波形的计时起点在原点的右侧时，初相位为负；当正弦波形的计时起点与原点重合时，初相位为零。

两个同频率的正弦量的相位角之差称为它们的相位差。设电压为 $u=U_m\sin(\omega t+\varphi_u)$，电流为 $i=I_m\sin(\omega t+\varphi_i)$，两者的相位差为

$$\varphi_{ui}=(\omega t+\varphi_u)-(\omega t+\varphi_i)=\varphi_u-\varphi_i \tag{4-5}$$

实际上两个相同频率的正弦量的相位差就等于它们的初相位之差，与时间无关。两个不同频率的正弦量在任意时刻的相位差均可能不相等，因此无法进行比较。

当 $0°<\varphi_{ui}<180°$ 时，电压 u 比电流 i 先到达最大值，称在相位上电压 u 超前于电流 i，如图4-3a所示。

当 $-180°<\varphi_{ui}<0°$ 时，电压 u 比电流 i 后到达最大值，称在相位上电压 u 滞后于电流 i，如图4-3b所示。

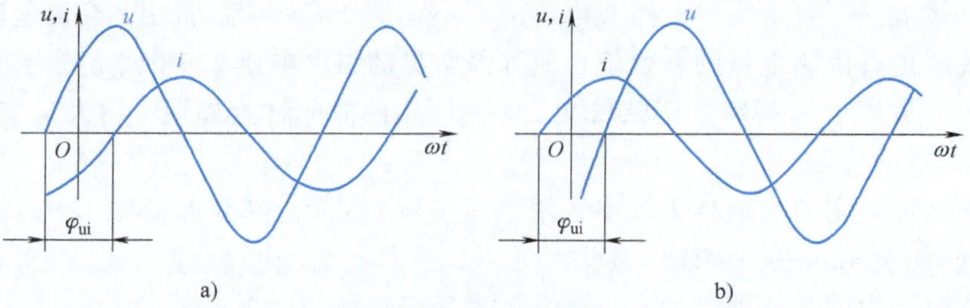

图4-3　相位波形

a）$0°<\varphi_{ui}<180°$　b）$-180°<\varphi_{ui}<0°$

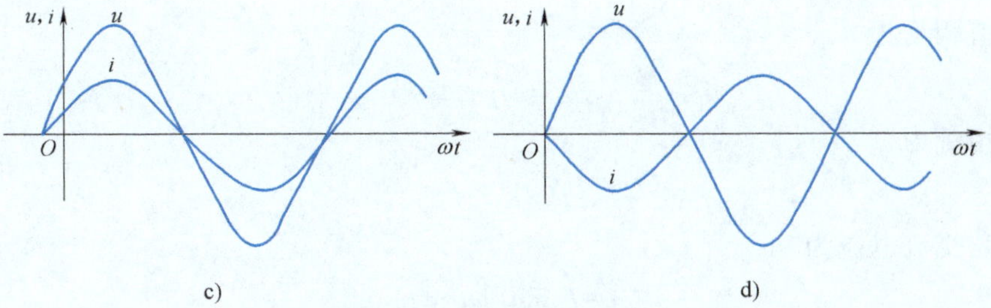

图 4-3 相位波形（续）

c）$\varphi_{ui}=0°$ d）$\varphi_{ui}=180°$

当 $\varphi_{ui}=0°$时，电压 u 与电流 i 同相，即两个正弦量同时到达最大值，同时到达最小值，也同时到达零值，即两个正弦量的变化进程相同，如图 4-3c 所示。

当 $\varphi_{ui}=180°$时，电压 u 与电流 i 反相，即电压 u 到达最大值时，电流 i 到达最小值，或电流 i 到达最大值时，电压 u 到达最小值，即两正弦量的变化进程相反，如图 4-3d 所示。

【例 4-2】 已知正弦交流电压 $u=100\sqrt{2}\sin\left(100\pi t-\frac{\pi}{6}\right)$V。1）试指出它的最大值、有效值、相位和初相位；2）角频率、频率和周期各为多少？3）当 $t=0$ 和 $t=0.01$s 时电压的瞬时值各为多少？

解：1）最大值 $$U_m=100\sqrt{2}\,\text{V}$$

有效值 $$U=100\text{V}$$

相位 $$\psi=\left(100\pi t-\frac{\pi}{6}\right)\text{rad}$$

初相位 $$\varphi=-\frac{\pi}{6}\text{rad}$$

2）角频率 $$\omega=100\pi\text{rad/s}$$

频率 $$f=\frac{\omega}{2\pi}=50\text{Hz}$$

周期 $$T=\frac{1}{f}=\frac{1}{50}\text{s}=0.02\text{s}$$

3）$t=0$ 时，$u=100\sin\left(-\frac{\pi}{6}\right)\text{V}=-50\text{V}$

$t=0.01$s 时，$u=100\sin\left(100\pi\times0.01-\frac{\pi}{6}\right)\text{V}=50\text{V}$

3. 正弦量的相量表示

（1）相量的定义及表示 在同一个正弦交流电路中，电压和电流都是同频率的正弦量，只要确定幅值和初相位就能确定电压和电流。根据正弦交流电路的这一特点，可以用一个复数来反映正弦量的幅值和初相位，把这个复数称作此正弦量的相量。在大写字母上面加一点，用来表示正弦量的相量，以便与普通复数加以区别。

已知正弦交流电压为

$$u=U_{m}\sin(\omega t+\varphi_{u})$$

则最大值相量为

$$\dot{U}_{m}=U_{m}\angle\varphi_{u} \tag{4-6}$$

有效值相量为

$$\dot{U}=U\angle\varphi_{u}$$

已知正弦交流电流为

$$i=I_{m}\sin(\omega t+\varphi_{i})$$

则最大值相量为

$$\dot{I}_{m}=I_{m}\angle\varphi_{i} \tag{4-7}$$

有效值相量为

$$\dot{I}=I\angle\varphi_{i}$$

（2）相量图　用一个有向线段的大小和方向表示正弦量的有效值（或最大值）和初相位，它们的加、减服从平行四边形法则，这个有向线段称为正弦量的相量图。设正弦交流电的电压和电流分别为 $u=\sqrt{2}U\sin(\omega t+60°)$ V 和 $i=\sqrt{2}I\sin(\omega t-45°)$ A，其相量图如图 4-4 所示。

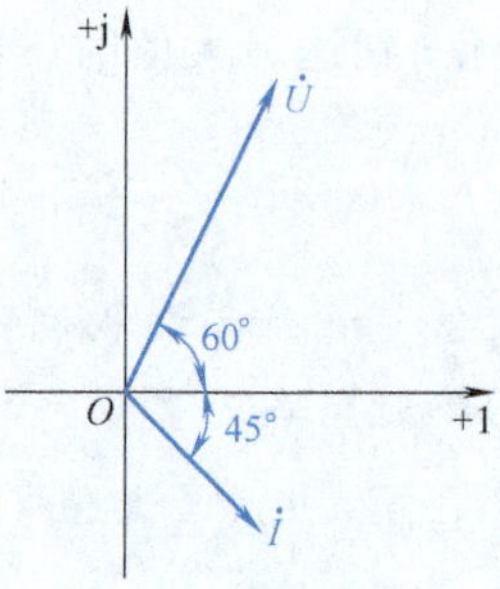

图 4-4　电压和电流的相量图

二、单一参数正弦交流电路

分析各种交流电路不但要确定电路中电压和电流之间的大小关系，而且要确定相位关系，同时还要讨论电路中的功率问题。为了能够正确分析复杂的交流电路，首先必须掌握单一参数元件电路的分析方法。

1. 电阻元件的交流电路

日常生活中见到的荧光灯、电熨斗及电阻炉等都是电阻性负载，它们和交流电源一起组成了交流电路，如图 4-5a 所示。

（1）电压与电流的关系　设电路中正弦电流的表达式为

$$i=I_{m}\sin\omega t$$

在图 4-5a 所示的电流与电压参考方向一致的情况下，根据欧姆定律可得

$$u=Ri=RI_{m}\sin\omega t=U_{m}\sin\omega t \tag{4-8}$$

其中

$$U_{m}=RI_{m} \tag{4-9}$$

将上式等号两边同除以 $\sqrt{2}$，则得到

$$U=RI \tag{4-10}$$

电阻元件交流电路中电压和电流的关系为：

1）电阻元件两端的电压和电流的瞬时值、最大值和有效值都满足欧姆定律。

2）电阻元件的电压和电流同频率。

3）电阻元件的电压和电流的相位差为 0，即同相。波形图如图 4-5b 所示。

4）电阻元件的电压和电流的相量图如图 4-5c 所示，相量表达式为

$$\dot{U}_{m}=R\dot{I}_{m}\quad 或\quad \dot{U}=R\dot{I} \tag{4-11}$$

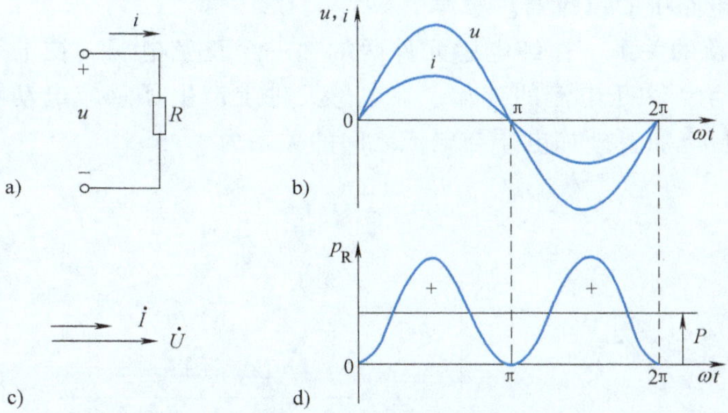

图 4-5　电阻元件的交流电路

a）电路图　b）电压与电流波形图　c）电压与电流的相量图　d）功率波形图

（2）电路的功率

1）瞬时功率。在交流电路中，瞬时电压和瞬时电流的乘积为瞬时功率，用 p 表示，为

$$p=ui=U_m\sin\omega t\cdot I_m\sin\omega t=2UI\sin^2\omega t=UI(1-\cos2\omega t)\tag{4-12}$$

由式（4-12）可见，瞬时功率由两部分组成，变化曲线如图 4-5d 所示。从曲线可以看出 $p\geqslant0$，表示电阻从电源吸取功率，所以电阻是耗能元件。

2）有功功率。有功功率也称作平均功率，表示瞬时功率在 1 个周期内的平均值，用 P 表示，单位为瓦（W）或千瓦（kW）。

$$P=UI=I^2R=\frac{U^2}{R}\tag{4-13}$$

有功功率反映了元件实际消耗电能的情况，通常铭牌数据或测量的功率均指有功功率。例如电灯泡的功率为 40W，就是指有功功率。

【例 4-3】　已知交流电压 $u=220\sqrt{2}\sin(314t+60°)$ V，加在 $R=110\Omega$ 的电阻两端。试写出电流的瞬时值表达式，并计算有功功率 P。

解： 电流的有效值为

$$I=\frac{U}{R}=\frac{220}{110}\text{A}=2\text{A}$$

由于电阻元件交流电路中电压与电流同相位，即

$$\varphi_i=\varphi_u=60°$$

所以电流的瞬时值表达式为

$$i=2\sqrt{2}\sin(314t+60°)\text{ V}$$

有功功率为

$$P=UI=220\times2\text{W}=440\text{W}$$

2. 电感元件的交流电路

电感元件是电流建立磁场、储存磁场能的理想电路元件。在导线中有电流通过时，就会产生磁场。为了增强磁场，满足工程实际需要，用导线绕成线圈，称为电感线圈，也称为电

感器，例如荧光灯电路中的镇流器。

（1）电压与电流的关系　在纯电感元件两端加一个正弦电压，在电路中就要产生正弦电流，如图 4-6a 所示。由于电流的变化，在电感元件上产生了感应电动势，得到了与外加电压大小相同的感应电压，外加电压与电流之间的关系为

$$u=-e_L=L\frac{\mathrm{d}i}{\mathrm{d}t} \tag{4-14}$$

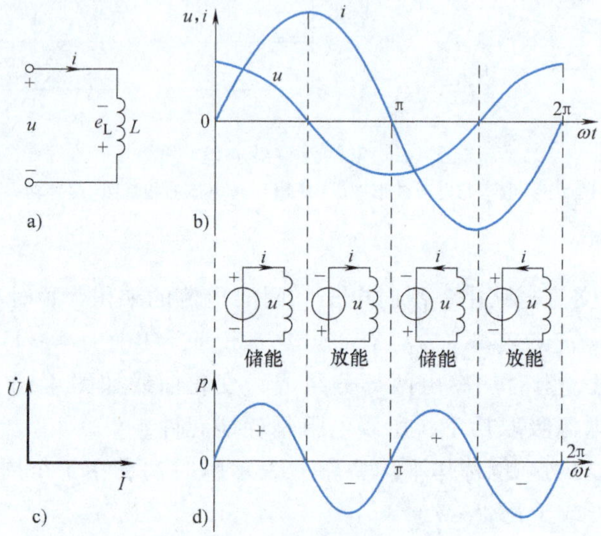

图 4-6　电感元件的交流电路

a）电路图　b）电压与电流波形图　c）电压与电流的相量图　d）功率波形图

设通过电感元件的正弦电流为

$$i=I_m\sin\omega t$$

则电感元件的端电压为

$$u=L\frac{\mathrm{d}}{\mathrm{d}t}I_m\sin\omega t=\omega LI_m\cos\omega t=U_m\sin(\omega t+90°) \tag{4-15}$$

其中

$$U_m=\omega LI_m=X_LI_m \tag{4-16}$$

式中，ωL 是一个具有电阻单位的物理量，称为感抗，用 X_L 表示，单位为欧姆（Ω）。

$$X_L=\omega L=2\pi fL$$

当 L 一定时，线圈的感抗与频率 f 成正比。频率越高，感抗越大。在直流电路中，感抗为零，可视为短路。因此，电感具有通直流、阻交流和通低频、阻高频的作用。

将式（4-16）等号两边同除以$\sqrt{2}$，则得到

$$U=X_LI \tag{4-17}$$

电感元件交流电路中电压和电流的关系：

1）电感元件两端的电压和电流的最大值和有效值都满足欧姆定律。

2）电感元件的电压和电流同频率。

3）电感元件的电压和电流的相位差为 90°，即电压超前电流 90°。波形图如图 4-6b

所示。

4）电感元件的电压和电流的相量图如图 4-6c 所示，相量表达式为

$$\dot{U}_m = jX_L \dot{I}_m \quad 或 \quad \dot{U} = jX_L \dot{I} \tag{4-18}$$

（2）电路的功率

1）瞬时功率

$$p = ui = U_m \cos\omega t \ I_m \sin\omega t = \frac{1}{2} U_m I_m \sin 2\omega t = UI \sin 2\omega t \tag{4-19}$$

由上式可见，电感元件的瞬时功率是随时间变化的正弦量，其频率为电源频率的两倍。功率波形如图 4-6d 所示，可以看出，纯电感不消耗能量，只和电源进行能量交换，即能量的吞吐。因此，电感为储能元件，而不是耗能元件。

2）有功功率。由 $p = UI\sin 2\omega t$ 可知，瞬时功率在一个周期内的平均值为零，即电感元件的有功功率为零，即

$$P = 0 \tag{4-20}$$

3）无功功率。虽然电感的平均功率为零，但它要与电源之间进行能量的互换。为了和消耗能量的有功功率相区别，用无功功率来衡量这种能量互换的大小，无功功率等于瞬时功率的最大值，用 Q 表示，单位为乏（var）。

$$Q = UI = X_L I^2 = \frac{U^2}{X_L} \tag{4-21}$$

“无功”的含义是交换而不是消耗，是相对于有功而言的，绝不能理解为“无用”。事实上无功功率在生产实践中占有重要的地位。具有电感性质的变压器、电动机等设备都是靠电磁转换工作的。

【例 4-4】 电感元件的电感 $L = 19.1\text{mH}$，接在 $u = 220\sqrt{2}\sin(314t + 30°)\text{V}$ 的交流电源上。求：1）电感的感抗；2）电路中电流的有效值和瞬时值；3）无功功率。

解： 1）电感元件的感抗为

$$X_L = \omega L = 314 \times 19.1 \times 10^{-3}\Omega = 6\Omega$$

2）电路中电流的有效值为

$$I = \frac{U}{X_L} = \frac{220}{6}\text{A} = 36.7\text{A}$$

$$\varphi_i = \varphi_u - 90° = 30° - 90° = -60°$$

瞬时值表达式为

$$i = 36.7\sqrt{2}\sin(314t - 60°)\text{A}$$

3）无功功率为

$$Q = UI = 220 \times 36.7\text{var} = 8074\text{var}$$

3. 电容元件的交流电路

在电路中，电容元件主要用来进行调谐、滤波、耦合和选频等。在电力系统中，利用它来改善系统的功率因数，可以减少电能的损耗和提高电气设备的利用率。

（1）电压与电流的关系　在电容器两端加一个正弦交流电压，由于电源极性不断地变

化，电容器将周期性地充电和放电，因而电路中不断有电流通过，如图 4-7a 所示。电压和电流之间的关系为导数关系，即

$$i=C\frac{\mathrm{d}u}{\mathrm{d}t} \tag{4-22}$$

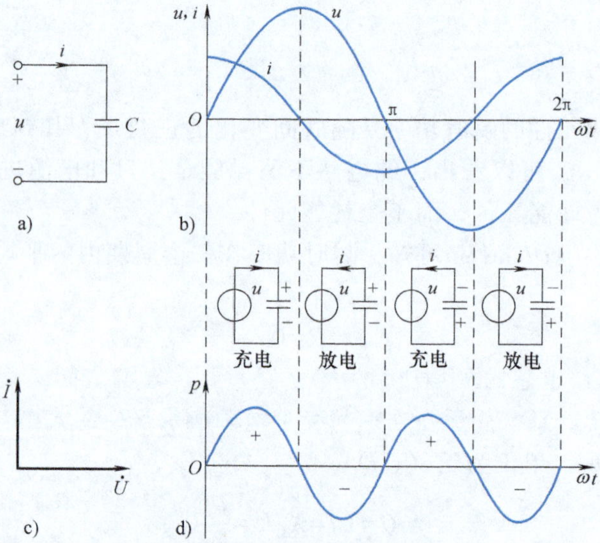

图 4-7 电容元件的交流电路

a）电路图 b）电压与电流波形图 c）电压与电流的相量图 d）功率波形图

设加在电容器两端的正弦交流电压为

$$u=U_{\mathrm{m}}\sin\omega t$$

则通过电容的电流为

$$i=C\frac{\mathrm{d}}{\mathrm{d}t}U_{\mathrm{m}}\sin\omega t=\omega CU_{\mathrm{m}}\cos\omega t=\omega CU_{\mathrm{m}}\sin(\omega t+90°)=I_{\mathrm{m}}\sin(\omega t+90°) \tag{4-23}$$

其中

$$U_{\mathrm{m}}=\frac{1}{\omega C}I_{\mathrm{m}}=X_{\mathrm{C}}I_{\mathrm{m}} \tag{4-24}$$

上式中，$\frac{1}{\omega C}$具有电阻的量纲，具有阻碍电流的作用，称为容抗，用 X_{C} 表示，单位为欧姆（Ω）。

$$X_{\mathrm{C}}=\frac{1}{\omega C}=\frac{1}{2\pi fC}$$

当 C 一定时，电容的容抗与频率 f 成反比。频率越高，容抗越小。在直流电路中，容抗为无限大，可视为开路。因此，电容具有通交流、隔直流和通高频、阻低频的作用。

将式（4-24）等号两边同除以$\sqrt{2}$，得到

$$U=X_{\mathrm{C}}I \tag{4-25}$$

电容元件交流电路中电压和电流的关系：

1）电容元件两端的电压和电流的最大值和有效值都满足欧姆定律。

2）电容元件的电压和电流同频率。

3）电容元件的电压和电流的相位差为 90°，即电流超前电压 90°。波形图如图 4-7b 所示。

4）电容元件的电压和电流的相量图如图 4-7c 所示，相量表达式为

$$\dot{U}_m = -jX_C \dot{I}_m \quad 或 \quad \dot{U} = -jX_C \dot{I} \tag{4-26}$$

（2）电路的功率

1）瞬时功率

$$p = ui = U_m \sin\omega t \times I_m \cos\omega t = \frac{1}{2} U_m I_m \sin 2\omega t = UI\sin 2\omega t \tag{4-27}$$

瞬时功率波形如图 4-7d 所示，同样可以看出，纯电容元件不消耗能量，只和电源进行能量交换，即能量的吞吐。因此，电容也是储能元件。

2）有功功率。同电感元件一样，电容元件的有功功率也为零，即

$$P = 0 \tag{4-28}$$

3）无功功率。同样用无功功率来衡量这种能量互换的大小，无功功率等于瞬时功率的最大值，即

$$Q = UI = X_C I^2 = \frac{U^2}{X_C} \tag{4-29}$$

【例 4-6】 电容元件的电容 $C = 31.8\mu F$，接到 $u = 220\sqrt{2}\sin(314t + 30°)$ V 的交流电源上。

求：1）电容的容抗；2）电路中电流的有效值和瞬时值；3）无功功率。

解：1）电容的容抗

$$X_C = \frac{1}{\omega C} = \frac{1}{314 \times 31.8 \times 10^{-6}}\Omega = 100\Omega$$

2）电路中电流的有效值

$$I = \frac{U}{X_C} = \frac{220}{100}A = 2.2A$$

$$\varphi_i = \varphi_u + 90° = 120°$$

瞬时值表达式

$$i = 2.2\sqrt{2}\sin(314t + 120°)A$$

3）无功功率

$$Q = UI = 220 \times 2.2\text{var} = 484\text{var}$$

三、*RLC* 串联交流电路

前面介绍了由纯电阻、纯电感或纯电容单个元件组成的简单交流电路。而实际电路一般都是由几种元件组成的，研究含有多个参数的电路更有实际意义。*RLC* 串联电路就是一种典型电路。

1. 电压与电流的关系

在 RLC 串联电路两端加一正弦电压 u，电路中产生正弦电流 i，电流 i 分别在 R、L 和 C 两端产生的电压降为 u_R、u_L 和 u_C，参考方向如图 4-8a 所示。

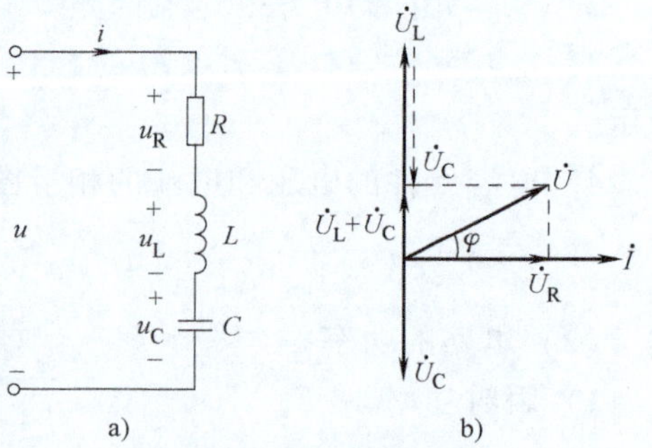

图 4-8　RLC 串联交流电路

a）电路图　b）相量图

（1）瞬时值表达式　根据 KVL 可得

$$u=u_R+u_L+u_C$$

在串联电路中，各元件流过的电流相同，设

$$i=I_m\sin\omega t$$

则

$$\begin{aligned}u&=u_R+u_L+u_C\\&=U_{Rm}\sin\omega t+\omega LI_m\sin(\omega t+90°)+\frac{1}{\omega C}I_m\sin(\omega t-90°)\\&=U_{Rm}\sin\omega t+U_{Lm}\sin(\omega t+90°)+U_{Cm}\sin(\omega t-90°)\\&=U_m\sin(\omega t+\varphi)\end{aligned}\tag{4-30}$$

式（4-30）中的 φ 为电源电压 u 与电路中电流 i 之间的相位差。

（2）相量表达式　以上三个元件上的电压相量与电流相量的关系分别为

$$\dot{U}_R=R\dot{I}$$

$$\dot{U}_L=jX_L\dot{I}$$

$$\dot{U}_C=-jX_C\dot{I}$$

则

$$\dot{U}=\dot{U}_R+\dot{U}_L+\dot{U}_C=R\dot{I}+jX_L\dot{I}-jX_C\dot{I}\tag{4-31}$$

以电流为参考相量，得出各电压的相量图如图 4-8b 所示。

（3）复阻抗　由式（4-31）整理得到

$$\dot{U}=R\dot{I}+jX_L\dot{I}-jX_C\dot{I}=[R+j(X_L-X_C)]\dot{I}=Z\dot{I}\tag{4-32}$$

式（4-32）是相量形式的欧姆定律表达式。

式（4-32）中

$$Z=R+j(X_L-X_C)=|Z|\angle\varphi\tag{4-33}$$

Z 称为复阻抗，复阻抗不是时间的函数，所以它不是相量，而是一个复数，故字母上面不加点。复阻抗的实部是电阻；虚部是感抗 X_L 与容抗 X_C 之差，称为电抗，用字母 X 表示，即 $X=X_L-X_C$，单位也是欧姆（Ω）。

复阻抗的模称为阻抗，用 $|Z|$ 表示，其大小为

$$|Z|=\sqrt{R^2+(X_L-X_C)^2}\tag{4-34}$$

辐角 φ 称为阻抗角，其大小为

$$\varphi=\arctan\frac{X_L-X_C}{R}\tag{4-35}$$

由式（4-35）可见，Z 的模（阻抗）表示 u、i 的大小关系，辐角（阻抗角）为 u、i 的相位差。随着电路参数的不同，电压和电流的相位差 φ 也不同，φ 的大小完全由电路的参数和频率决定。

（4）电路参数与电路性质的关系　在频率 f 一定的条件下：

1）当 $X_L>X_C$，即 $\varphi>0$ 时，表示电压 u 超前电流 i 一个 φ 角，电路呈感性。

2）当 $X_L<X_C$，即 $\varphi<0$ 时，表示电压 u 滞后于电流 i 一个 φ 角，电路呈容性。

3）当 $X_L=X_C$，即 $\varphi=0$ 时，表示电压 u 和电流 i 同相位，电路呈电阻性，即电感的作用与电容的作用相互抵消，也称为串联谐振。

2. RLC 串联电路的功率

（1）瞬时功率

$$\begin{aligned} p &= ui=(u_R+u_L+u_C)i=u_Ri+u_Li+u_Ci \\ &=p_R+p_L+p_C \end{aligned}$$

从上式可以看出，在每一瞬间，电源提供的功率一部分被耗能元件消耗掉，一部分与储能元件进行能量交换。

（2）有功功率（平均功率）　由于电感和电容不消耗能量，只有电阻在消耗功率，所以电路在一个周期内消耗的平均功率为

$$\begin{aligned} P &= \frac{1}{T}\int_0^T (u_Ri+u_Li+u_Ci)\mathrm{d}t \\ &= \frac{1}{T}\int_0^T u_Ri\mathrm{d}t = U_RI \end{aligned}$$

在图 4-8b 中可以看出

$$U_R=U\cos\varphi$$

上式中 $\cos\varphi$ 称为功率因数，用来衡量对电源的利用程度。

所以平均功率为

$$P=UI\cos\varphi=U_RI=I^2R=\frac{U_R^2}{R} \tag{4-36}$$

（3）无功功率　由于电路中有储能元件电感和电容的存在，虽然不消耗功率，但与电源之间有能量的交换，这种能量的交换用无功功率来表示

$$Q=Q_L-Q_C=U_LI-U_CI=(U_L-U_C)I \tag{4-37}$$

在图 4-8b 中，根据各元件电压之间的关系可以得到

$$Q=UI\sin\varphi \tag{4-38}$$

（4）视在功率　把电路中总电压有效值与总电流有效值的乘积称为视在功率，用字母 S 表示，单位为伏安（V·A），即

$$S=UI=I^2|Z|=\frac{U^2}{|Z|} \tag{4-39}$$

一般情况下，规定电气设备使用时的额定电压为 U_N，额定电流为 I_N，则 $S_N=U_NI_N$ 称为发电机、变压器等电气设备的容量，也就是额定视在功率。

视在功率与有功功率和无功功率的关系为

$$S=\sqrt{P^2+Q^2} \tag{4-40}$$

四、三相电源

1. 三相交流电动势的产生

三相交流电动势是由三相交流发电机产生的，发电机是利用电磁感应原理将机械能转变

为电能的装置，如图4-9所示为三相交流发电机示意图。它主要由电枢和磁极组成。

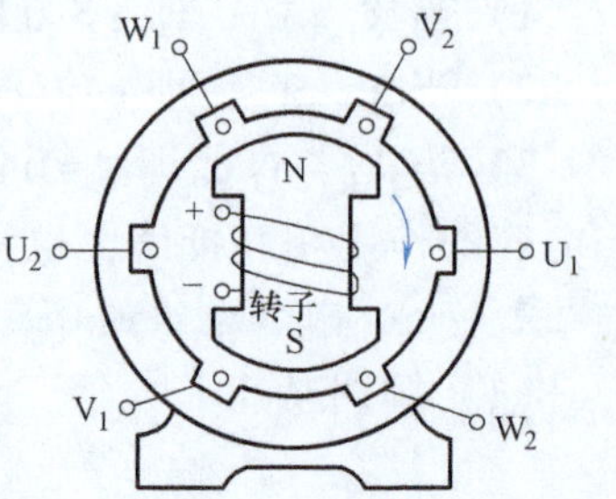

图4-9　三相交流发电机示意图

电枢是固定的，又称为定子。定子铁心的内圆周表面冲有槽，用来放置三组电枢绕组U_1U_2、V_1V_2、W_1W_2。三相绕组完全相同且彼此相隔120°。U_1、V_1、W_1称为始端，U_2、V_2、W_2称为末端。

磁极是旋转的，又称为转子。转子铁心上绕有励磁绕组，用直流电流励磁。当转子以角速度ω匀速旋转时，在三个定子绕组中，会感应出随时间按正弦规律变化的电动势。这三个正弦交流电动势频率、幅值完全相同，相位上依次相差120°，称为三相对称电动势，表达式为

$$\begin{cases} e_U = E_m \sin\omega t \\ e_V = E_m \sin(\omega t + 120°) \\ e_W = E_m \sin(\omega t - 120°) \end{cases} \tag{4-41}$$

因为三相对称电动势是正弦量，故也可用相量表示。三相对称电动势的波形图和相量图如图4-10所示。

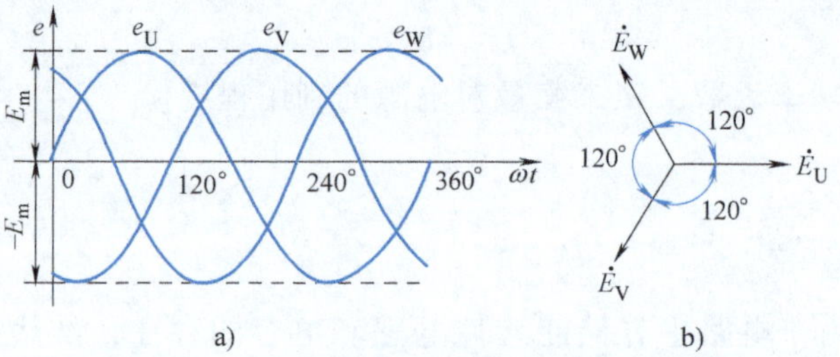

图4-10　三相对称电动势的波形图和相量图

a）波形图　b）相量图

由图4-10可见，三相对称电动势的瞬时值或相量之和为零，即

$$\begin{cases} e_U + e_V + e_W = 0 \\ \dot{E}_U + \dot{E}_V + \dot{E}_W = 0 \end{cases} \tag{4-42}$$

三相电动势中每相电压依次达到同一值（如正的最大值）的先后次序称为相序。U—V—W为顺相序，即V相比U相滞后，W相又比V相滞后；U—W—V为逆相序。

2. 三相电源的联结形式

（1）三相电源的三角形联结　将三相交流发电机定子绕组的始末端依次相连，即U_2与V_1、V_2与W_1、W_2与U_1分别相连，组成一个闭合的三角形，这种连接形式称为三角形（△）联结，如图4-11所示。

由于三角形联结仅在三相变压器中采用，三相交流发电机一般不采用，故重点介绍三相电源的星形联结。

（2）三相电源的星形联结　将三相交流发电机定子绕组的三个末端U_2、V_2、W_2连在一起，以始端U_1、V_1、W_1作为输出端的连接形式称为星形（Y）联结。

在星形联结中，三相绕组末端的连接点称为中性点或零点，用字母 N 表示。从中性点引出的输电线称为中性线或零线，中性线通常和大地相连接；从三相绕组的始端 U_1、V_1、W_1 引出的输电线称为相线或端线，如图 4-12 所示。这种供电方式称为三相四线制。

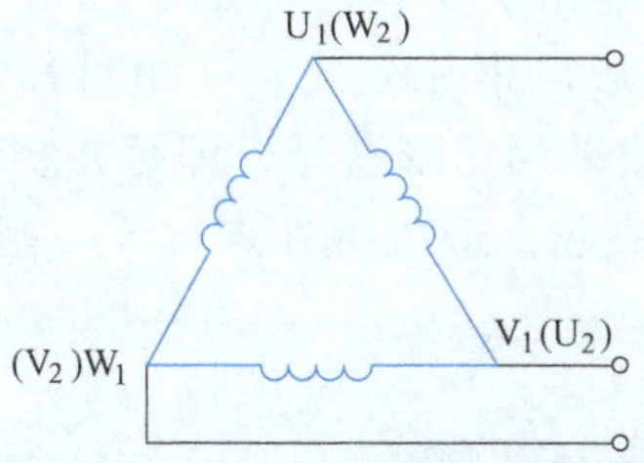

图 4-11　三相电源的三角形联结

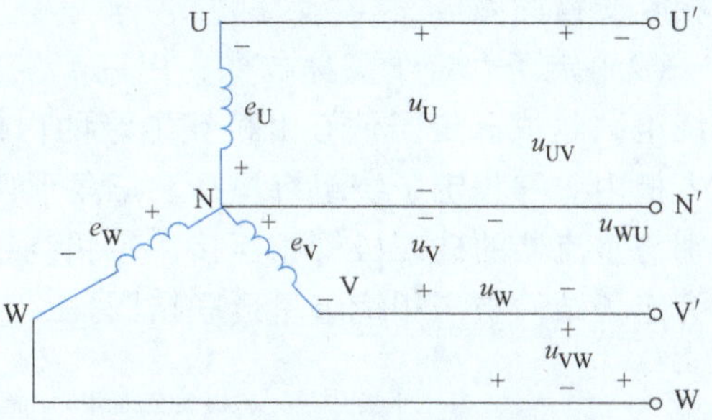

图 4-12　三相电源的星形联结

相线与中性线间的电压 u_U、u_V、u_W 称为相电压，其有效值用 U_P 表示；相线与相线间的电压 u_{UV}、u_{VW}、u_{WU} 称为线电压，其有效值用 U_L 表示。线电压 U_L 与相电压 U_P 的关系如下：

$$U_L = \sqrt{3}\, U_P \tag{4-43}$$

在低压配电系统中相电压为 220V，线电压为 $U_L = \sqrt{3} \times 220V = 381V \approx 380V$。

五、汽车交流发电机的结构和工作原理

汽车交流发电机是汽车的主要电源，它与电压调节器配合工作，向除起动机以外的所有用电设备供电，并为汽车上的蓄电池充电。汽车交流发电机结构基本相同，由一个三相同步交流发电机和一个三相桥式整流电路（又称整流器）两大部分组成，图 4-13 所示为国产 JF 系列硅整流发电机的结构。

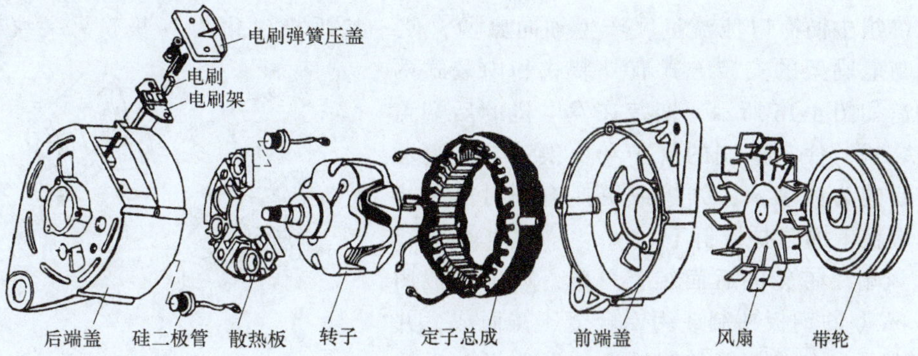

图 4-13　国产 JF 系列硅整流发电机的结构

1. 三相同步交流发电机的结构

三相同步交流发电机的作用是产生三相交流电，它由定子、转子、前后端盖、风扇及带轮等组成。

（1）转子　转子的作用是产生旋转磁场，它由转子轴、励磁绕组、两块爪形磁极和集电环等部分组成，如图 4-14 所示。由低碳钢制成的两块六爪磁极压装在转子轴上，爪极之

间的空腔内装有转子铁心和励磁绕组，励磁绕组绕在铁心上，励磁绕组的两根引出线分别焊在两个压装在轴上的与轴绝缘的集电环上。两个集电环分别与发电机的两个电刷接触。国产的JF系列交流发电机都做成六对磁极，爪极互相交错压装在励磁绕组的外面，从而形成六对相互交错的磁极。

（2）定子　定子又称电枢，用以产生交流电动势，它由定子铁心和定子绕组（也称电枢绕组）组成。定子铁心由相互绝缘的内圆带槽的圆环形硅钢片叠成，三相对称定子绕组嵌入槽内。三相定子绕组有星形、三角形两种接法，一般采用星形联结，即每相绕组的首端分别与整流器的硅二极管相连接，每相绕组的尾端接在一起，形成中性点（N）。图4-15所示为定子结构与三相绕组星形联结图。

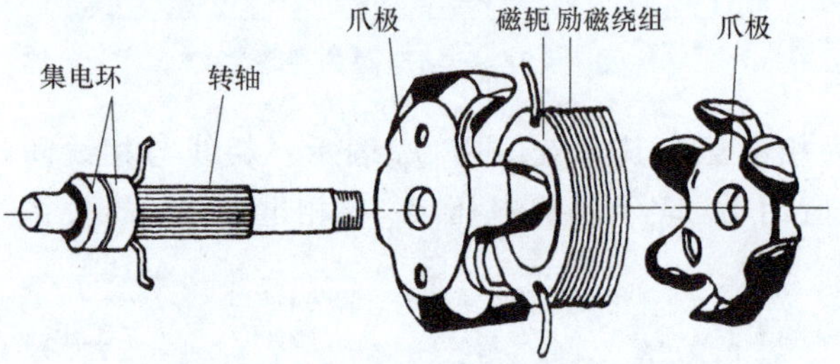

图4-14　交流发电机的转子结构

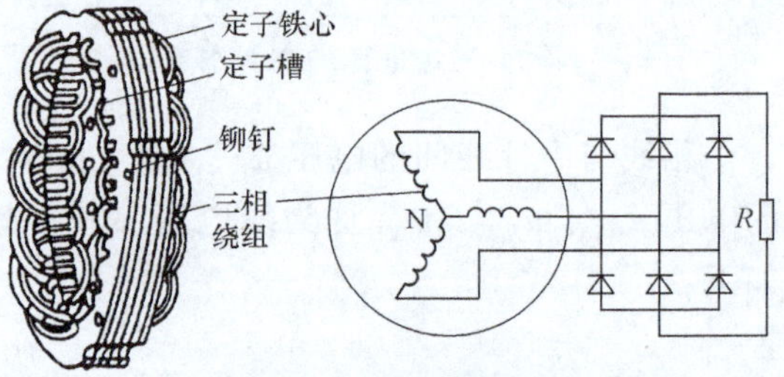

图4-15　定子结构与三相绕组的星形联结图

（3）前后端盖　前后端盖的作用是支承转子总成，并封闭内部结构，它多由非导磁性材料铝合金制成。非导磁性材料铝合金可以减少漏磁，且具有轻便、散热性好等优点。前后端盖使用3~4个螺栓与定子固定在一起。

（4）电刷与电刷架　电刷是通过集电环给励磁绕组提供电流的元件。两只电刷装在电刷架的方孔内，利用弹簧的压力使其与集电环保持良好的接触。当两个电刷与直流电源接通时，励磁绕组中便有电流流过，产生轴向磁通，使一块爪极磁化为N极，另一块磁化为S极。电刷与电刷架的安装方式有外装式和内装式两种，其构造如图4-16所示。安装在发电机的后端盖上的为外装式，便于电刷的维护和更换；与整流器安装在一起的为内装式，维护或更换电刷时需要将发电机后端盖上的防护罩拆下。

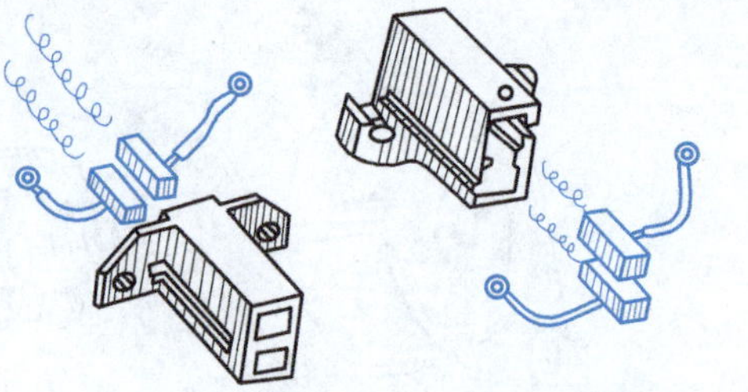

a)　　b)

图4-16　电刷和电刷架的构造

a）外装式　b）内装式

（5）风扇　带轮的后面装有风扇，风扇一般用1.5~2.0mm厚的钢板冲制或用铝合金压铸而成，并用半圆键装在前端盖外侧的转轴上。发电机的后端盖上有进风口，前端盖上有出风口，当带轮与风扇一起旋转时，空气高速流过发电机内部从而进行强制通风制冷。

（6）带轮　发电机前端盖上装有V带轮，发动机通过V带来驱动带轮和转子转动。带轮通常用铸铁或铝合金制成，分单槽和双槽两种，一般利用风扇的半圆键装在风扇外侧的转轴上，再用弹簧垫片和螺母紧固。

2. 整流器

交流发电机整流器的作用是将三相定子绕组产生的三相交流电通过三相桥式整流电路变成直流电输出。整流器一般由6个硅二极管和安装二极管的散热板组成，如东风EQ1090车使用的是JF132型发电机用整流器，如图4-17所示。另外还有8个（天津夏利TJ7130车JFZ1542型发电机使用）、9个（北京BJ1022车JFZ141型发电机使用）、11个（桑塔纳车JFZ1813Z型发电机使用）二极管组成的整流器。目前国内外采用的硅整流发电机均为负极搭铁。

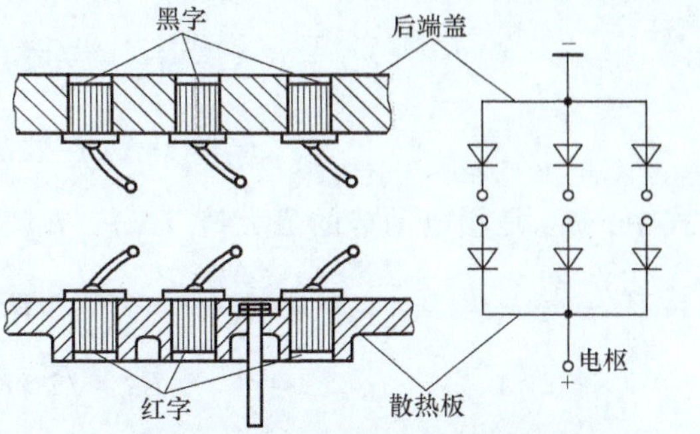

图4-17　硅二极管的安装示意图

（1）正极管　正极管的中心引线为二极管的正极，外壳为负极，管壳底部一般标有红色标记。在负极搭铁的交流发电机中，3个正极管的外壳压装在元件板的3个座孔内，共同组成发电机的正极。由一个与后端盖绝缘的元件板固定螺栓通至机壳外，作为发电机的相线接线柱"B"（或标记为"+""电枢"接线柱等）。

（2）负极管　负极管的中心引线为二极管的负极，外壳为正极，管壳底部一般有黑色标记。3个负极管的外壳压装在后端盖上。

现代汽车交流发电机一般都有两块整流板，安装3个正二极管的整流板（装在外侧）称为正整流板，安装3个负二极管的整流板（装在内侧）称为负整流板。两块板绝缘地安装在一起，使用尼龙或其他绝缘材料制成的垫片与发电机的后端盖隔开且固定在后端盖上。

3. 三相同步交流发电机的工作原理

交流发电机三相定子绕组（U_1U_2、V_1V_2、W_1W_2）每相绕组的线圈个数、线圈节距和匝数相等，三相绕组按照一定的规律排列在发电机的定子槽内，各相相差120°电角度。转子的爪极设计成鸟嘴形，使励磁绕组产生按照正弦规律分布的磁场。

（1）发电原理　交流发电机利用电磁感应原理产生交流电，如图4-18所示。当蓄电池或发电机作用于励磁绕组两端时，励磁绕组就有电流流过，产生轴向磁场，转子的爪极被磁化形成数对相间排列的N极和S极。当转子被外接原动机驱动旋转时，励磁绕组所产生的磁场也随之转动，形成旋转磁场。定子绕组做相对切割磁力线的运动，定子三相绕组中产生近似于正弦波形的感应电动势。转子每转1周，定子的每相电路上就能产生周波个数等于磁极对数的交流电动势。

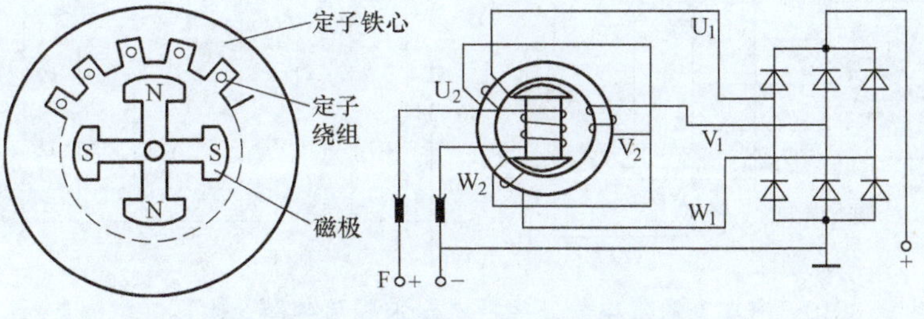

图4-18　三相同步交流发电机原理

固定不动的三相定子绕组在旋转磁场的作用下，做相对切割磁力线的运动，绕组中产生3个频率相同、幅值相等、相位互差120°电角度的正弦电动势，其瞬时值表达式为

$$\left.\begin{aligned} e_{U_1}&=E_m\sin\omega t=\sqrt{2}E_\Phi\sin\omega t\\ e_{V_1}&=E_m\sin(\omega t-120°)=\sqrt{2}E_\Phi\sin(\omega t-120°)\\ e_{W_1}&=E_m\sin(\omega t-240°)=\sqrt{2}E_\Phi\sin(\omega t-240°)\end{aligned}\right\}\tag{4-44}$$

式中，E_m 是相电动势的最大值（V）；E_Φ 是相电动势的有效值（V）；ω 是电角速度（°/s）。

其中

$$E_m=\sqrt{2}E_\Phi$$

$$E_\Phi=\sqrt{2}\pi KfN\Phi=4.44KfN\Phi$$

式中，K 是定子绕组系数；N 是每相绕组的匝数；f 是感应电动势的频率（Hz）；Φ 是每极磁通（Wb）。

定子绕组中产生的三相交流电动势的频率 f 取决于电机的磁极对数 p 和转子转速 n，在 p 对磁极的发电机中，转子每转1周，电动势就交变 p 周，即 $f=\dfrac{pn}{60}$，则

$$E_\Phi=\frac{\sqrt{2}\pi KpN}{60}\Phi n\tag{4-45}$$

对某个结构一定的发电机而言，$\dfrac{\sqrt{2}\pi KpN}{60}$ 为常量，称为电机常数，用 C_e 表示。因此，通过整理简化，相电动势的大小可用下式表示：

$$E_\Phi=C_e\Phi n\tag{4-46}$$

（2）整流原理和过程　在交流发电机中，整流器利用硅二极管的单向导电性进行整流。六管交流发电机的整流器是由6个硅整流二极管组成的桥式整流电路。如图4-19所示的汽车交流发电机三相桥式全波整流电路中，3个正二极管的正极引出线分别同三相绕组的首端相连，在某一瞬间，只有与电位最高的一相绕组相连的正二极管导通；同样，3个负二极管

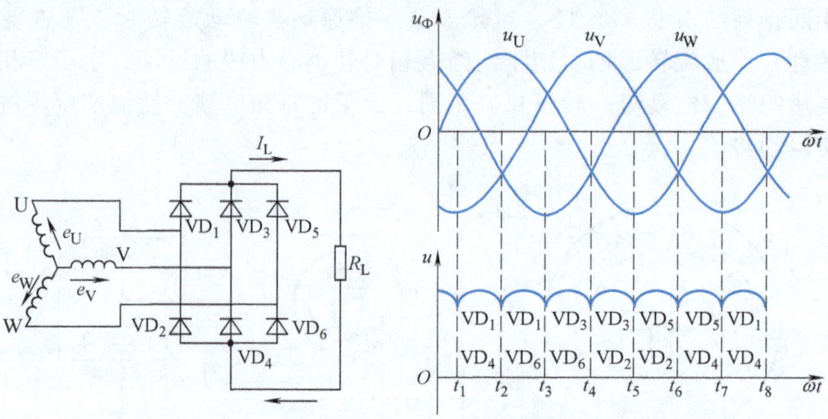

图4-19　汽车交流发电机三相桥式全波整流电路及电压、电流波形

的负极引出线也同三相绕组的首端相连，在同一瞬间，只有与电位最低的一相绕组相连的负二极管导通。同时导通的两个管子总是将发电机的电压加到负载两端，6 个二极管轮流导通（具体分析见项目二中三相桥式全波整流电路部分），反复循环，在负载两端便得到一个较平稳的脉动直流电压。

4. 交流发电机的励磁方式

交流发电机刚开始发电时，需由蓄电池供给励磁电流，此时为他励；当发电机电压高于蓄电池电压时，则由发电机自己供给励磁电流，由他励转变为自励。

由于交流发电机转子的爪极剩磁较弱，所以发电机在低速运转时，加在硅二极管上的正向电阻较大，较弱的剩磁产生的电动势很小，很难克服二极管的正向电阻，致使发电机正向电压不能迅速建立起来，发电机低速充电的要求就不能满足。因此，汽车交流发电机必须与蓄电池并联，开始的时刻由蓄电池向励磁绕组供电，使发电机电压能很快建立起来，然后转变为自励状态。这样，蓄电池被充电的机会就多一些，也有利于蓄电池的使用和维护。

六、交流发电机的工作特性

1. 输出特性

交流发电机的输出特性又称为负载特性或输出电流特性，是指发电机向负载供电时，在保持发电机输出电压一定的前提下（对于 12V 电系，规定为 14V；对于 24V 电系，规定为 28V），发电机的输出电流与转速之间的关系，即输出电压 U 为常数时的 I-n 曲线。使用如图 4-20 所示的试验电路可用来测得交流发电机的输出特性。

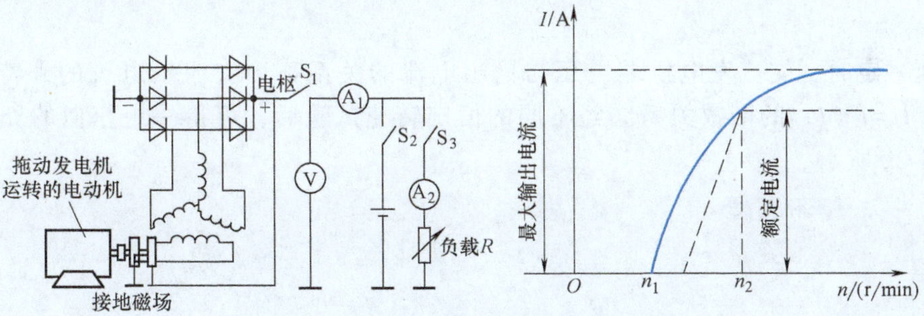

图 4-20　交流发电机试验电路与输出特性

交流发电机输出特性曲线（图 4-20）表明：

1）当发电机转速很低时，发电机端电压低于额定电压，发电机不能向外供电；当转速到达空载转速 n_1 时，电压达到额定值；当转速高于空载转速 n_1 时，发电机才有能力在额定电压下向外供电。

2）发电机转速超过 n_1 时，发电机的输出电流 I 随着转速的升高而增大。转速等于 n_2 时，发电机输出额定功率。额定功率为额定电压与额定电流之积。

3）发电机转速达到一定值时，其输出电流不再随转速的升高而增大，也不再随负载电阻的减小而升高，这时的电流值称为发电机的最大输出电流或限流值。交流发电机具有控制自身电流的能力，不需要加限流器。交流发电机的最大输出电流约为额定电流的 1.5 倍。

2. 交流发电机自动限制电流的机理

1）定子绕组具有一定的阻抗 Z，对通过绕组的电流起阻碍作用。阻抗 Z 是由绕组的电阻 R 和感抗 X_L 组成的。

$$Z=\sqrt{R^2+X_L^2} \tag{4-47}$$

X_L 与转速成正比。高速时，绕组的电阻 R 与感抗 X_L 相比可以忽略不计，因此可以认为定子绕组的阻抗 Z 与转速成正比。

转速越高，感抗 X_L 越大，其阻抗 Z 越大，阻碍交流电流的能力越强，将产生很大的内部电压降。

2）交流发电机内部有两个磁场，即磁极磁场和电枢磁场。电枢磁场对磁极磁场的影响称为电枢反应。在交流发电机中，爪极转子产生旋转的磁极磁场，定子中的电流产生电枢磁场。当发电机的转速升高，使负载电流增加到一定数值后，如再提速，虽然定子绕组中的感应电动势增加，但定子绕组的阻抗也在增加，内部的电压降增大；定子电流增加时，电枢反应也增强，感应电动势也会下降。由于两者共同作用，使得发电机的输出电流几乎不变。

3. 空载特性

交流发电机空载时，交流发电机端电压与转速的关系称为交流发电机的空载特性，即 $I=0$ 时，$U=f(n)$ 的函数关系（U 为整流后直流电压），如图 4-21 所示。

从曲线可以看出，随着转速的升高，端电压上升较快，由他励转入自励时，开始向蓄电池进行补充充电，证实了其低速充电性能好的优点。空载特性是判断硅整流发电机性能是否良好的重要依据。

4. 外特性

当转速一定时，交流发电机端电压与输出电流的关系称为交流发电机的外特性，即 n 为常数时，$U=f(I)$ 的函数关系。经不同的恒定转速试验后，可得一组相似的外特性曲线族，如图 4-22 所示。

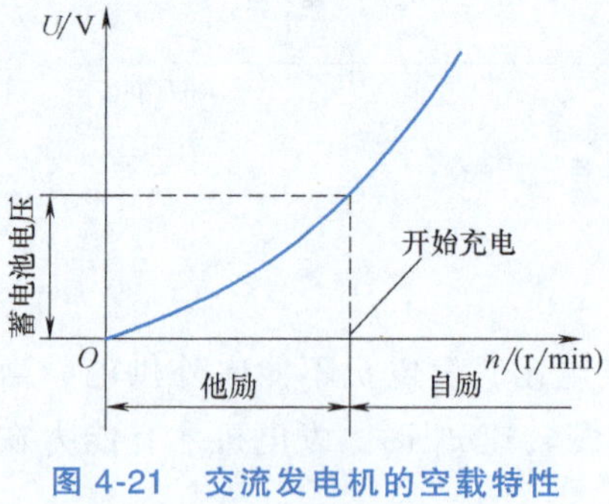

图 4-21 交流发电机的空载特性

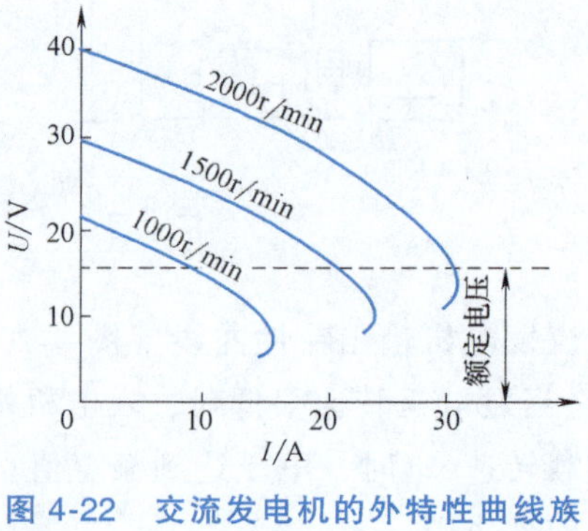

图 4-22 交流发电机的外特性曲线族

从图中可看出，发电机转速越高，端电压也越高，输出电流也越大。当保持在任一转速时，端电压均随输出电流的增大而减小。由于端电压受转速和负载变化的影响，故交流发电机必须配用电压调节器才能保持电压的恒定。

七、电压调节器的工作原理

汽车用交流发电机工作时的转速很不稳定并且变化范围很大，转速和负载的变化都会引起发电机输出电压发生较大的变化，而这一点与汽车用电设备需得到恒定电压的要求相矛盾，因此，需要为发电机配用一个电压调节器。

1. 电压调节器的功能与种类

当发动机的转速变化时，电压调节器能自动地对发电机的电压进行调节。感应电动势表达式为 $E_{\Phi}=C_{e}\Phi n$，当发动机的转速升高时，若要维持发电机的输出电压 E_{Φ} 的稳定，就必须相应地改变磁极磁通 Φ，而磁通 Φ 的调节又是通过改变发电机的励磁电流来实现的。

常用的硅整流交流发电机配用的电压调节器有触点式和电子式两种。

2. 触点式电压调节器

（1）FT61 型电压调节器电路的基本结构　FT61 型电压调节器电路的基本结构如图 4-23 所示。

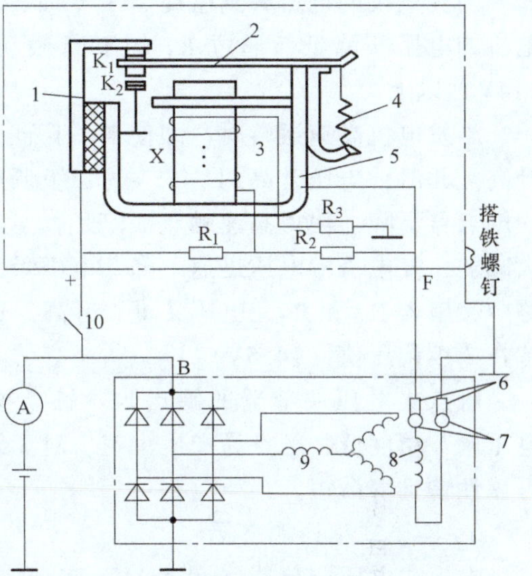

图 4-23　FT61 型电压调节器电路的基本结构

1—低速触点支架　2—衔铁　3—磁化线圈　4—拉力弹簧　5—磁轭　6—电刷　7—集电环　8—励磁绕组　9—三相电枢绕组　10—点火开关　“+”—相线接线柱　F—磁场接线柱　R_1—加速电阻　R_2—调节电阻　R_3—温度补偿电阻　B—发电机的正极　K_1—低速触点　K_2—高速触点

（2）工作原理　利用触点的开闭使励磁电路串入或隔除调节电阻来调节励磁电流，从而达到调节发电机输出电压的目的。

（3）电压调节过程　当发电机转速很低，其端电压低于蓄电池端电压时，由于流经磁化线圈的电流不够大，磁化线圈所产生的力不足以克服弹簧的拉力将衔铁吸下，调节器的低速触点 K_1 闭合，由蓄电池向发电机提供励磁电流（他励）。励磁电路为：蓄电池的正极→电流表→点火开关→调节器相线接线柱“+”→低速触点 K_1→衔铁→磁轭→调节器磁场接线柱 F→发电机励磁绕组→搭铁→蓄电池负极。由蓄电池供电时，电流表指向“-”侧，调节器不起作用。

同时，蓄电池也向调节器的电磁线圈供电，电流流经路径：蓄电池的正极→电流表→点火开关→调节器相线接线柱“+”→加速电阻 R_1→磁化线圈→温度补偿电阻 R_3→搭铁→蓄电池负极。当磁化线圈中有电流通过时，产生的电磁吸力试图将低速触点 K_1 吸开。

当发电机转速升高，其端电压略高于蓄电池的端电压，但低于 14V（第一级调压值）时，调节器低速触点 K_1 仍闭合，发电机由他励转入自励，开始正常发电。自励电流从发电机的 B 端输出。上述励磁电路和磁化线圈电路的电源由蓄电池变为发电机。

当发电机转速继续升高，发电机电压达到 14V 时，磁化线圈通过了较大的电流，产生的电磁力克服弹簧力，使低速触点 K_1 打开，但尚不能使高速触点 K_2 闭合，励磁电路为：发电机的正极 B→点火开关→调节器相线接线柱“+”→ 加速电阻 R_1→调节电阻 R_2→调节器磁场接线柱 F→励磁绕组→搭铁。由于励磁电路串入了 R_1 和 R_2 两个电阻，发电机的励磁电流减小，端电压下降，低速触点 K_1 重新吸合，R_1 和 R_2 短接，使励磁电流再次增大，发电机电压再次升高。

当发电机的电压升到略高于14V时，K_1又被打开而处在悬空状态，重复上述过程，发电机的电压又降低。通过K_1的不断振动开闭，发电机的输出电压可保持在一级调压值（14V）以上。

当发电机高速运转时，即使K_1打开，R_1和R_2串入励磁电路，发电机的电压也会继续升高。此时，电压升高到14.5V（二级调压值），磁化线圈产生的电磁吸力进一步增大，活动触点臂下降，使得高速触点K_2吸合，励磁绕组两端搭铁短路，无励磁电流通过，磁场大大减弱，发电机端电压迅速下降。电磁吸力减小，衔铁使得活动触点处在悬空位置，励磁电路中又串入R_1和R_2，电压又重新升高。通过K_2的不断振动开闭，发电机的输出电压可保持在二级调压值（14.5V）。

触点式电压调节器的缺点为：触点振动频率慢，电压调节精度低，触点易产生火花，对无线电干扰大，可靠性差且寿命短。

3. 电子式电压调节器

电子式电压调节器（图4-24）有晶体管式和集成电路式（IC调节器）两种。晶体管式电压调节器利用晶体管的开关作用来控制发电机励磁电路的通断，从而调节励磁电流，使得发电机电压稳定。集成电路式调节器（IC调节器）可以作为一个标准件安装。电子式调压器没有触点，在使用过程中无须维护，体积小且结构简单，目前已逐步取代触点式电压调节器。电子式电压调节器的内部电路分析详见项目二。

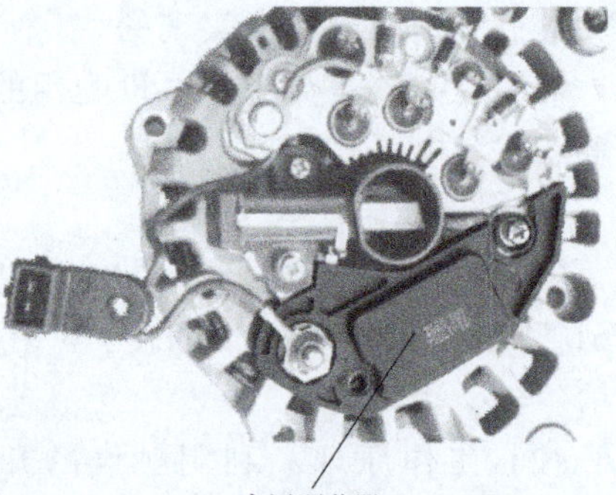

图4-24　电子式电压调节器

任务实施

1. 工作原理分析

汽车交流发电机结构基本相同，由三相同步交流发电机和三相桥式整流电路（又称整流器）两大部分组成。三相同步交流发电机利用电磁感应原理产生交流电，三相桥式整流电路利用二极管的单向导电性进行整流输出直流电。

2. 工作过程分析

（1）交流发电机的拆解　汽车用硅整流交流发电机是一个三相同步交流发电机。其基本结构由转子、定子、整流器和端盖等几部分组成（详见图4-13）。典型交流发电机的拆解步骤如下：

1）首先将待检发电机外部的灰尘、油污清除。

2）拆下电刷及电刷架（外装式）紧固螺栓，取下电刷架总成。

3）在前后端盖上做好标记，拆下连接前后端盖的紧固螺栓，将其内部分解为定子与转子。

（2）交流发电机的解体检测　交流发电机的解体检测项目主要包括转子检测、定子检测、整流器二极管检测、电刷组件检测及其他零件的检测。

1）检查转子。转子绕组短路与断路的检测：如图4-25所示，使用万用表测量集电环之间的电阻，阻值为3Ω左右。若阻值趋于0，则出现短路；若阻值趋于∞，则转子绕组间出现断路。

转子绕组搭铁的检测：如图 4-26 所示，使用万用表测量每个集电环与磁极即轴之间的电阻，若阻值趋于 0，则出现短路绝缘损坏；若阻值趋于∞，则搭铁正常。

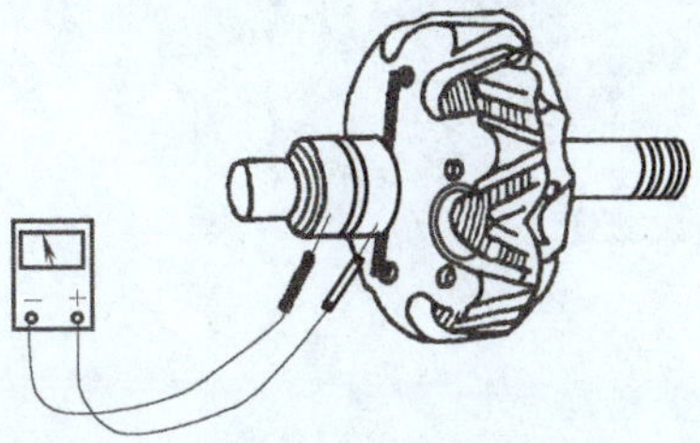

图 4-25　转子绕组短路与断路的检测

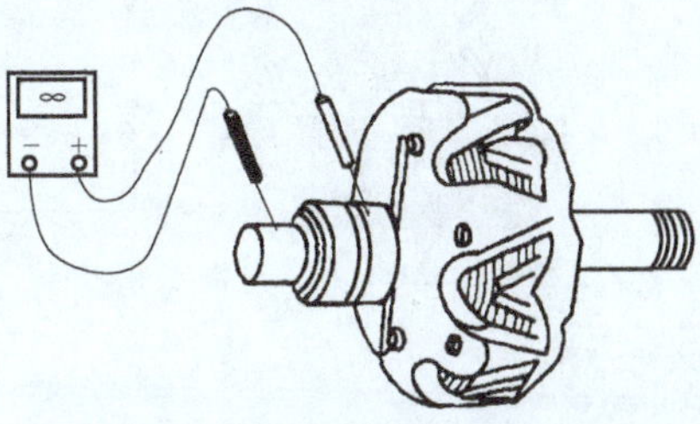

图 4-26　转子绕组搭铁的检测

磁场绕组若有断路、短路或搭铁故障时，一般需要更换转子总成或重绕磁场绕组。

转子轴与集电环的检测：转子轴的弯曲会造成转子与定子之间间隙过小而产生摩擦或碰撞。如发现发电机运转时阻力过大或有异响，应检查转子轴是否有弯曲；集电环表面应光滑、无烧蚀，厚度应大于 1.5mm。

2）检查定子。定子绕组断路的检测：如图 4-27a 所示，使用万用表 $R\times1$ 档，两两相测，测绕组通断。

定子绕组搭铁检测：如图 4-27b 所示，使用万用表的 $R\times1\text{k}$ 档，测量每相绕组与定子铁心之间的电阻，若阻值趋于∞，则搭铁正常，绝缘良好。

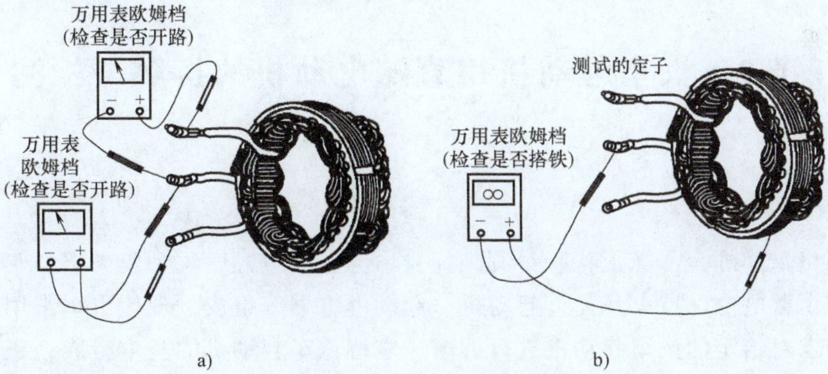

图 4-27　定子绕组检测

a）定子绕组断路的检测　b）定子绕组搭铁的检测

整流器二极管的检测：拆开定子绕组与硅二极管的连接线后，用万用表欧姆档（$R\times1$ 档）逐个检查硅二极管。在测量压在后端盖上的二极管（负极管）时，将万用表的黑表笔接端盖，红表笔接二极管的引线，电阻值应在 8~10Ω。

压在散热板上的 3 个正极管导电方向的测试结果与负极管相反，如图 4-28 所示。若正、反向测试时，电阻值均为零，则二极管短路；若电阻值均趋于无穷大，则二极管断路。短路或断路的二极管均应更换。

在检查时还应注意电刷的长度与集电环的靠合度不小于 75%。除以上检查外，还应进行电刷弹簧张力的检查、轴承滚珠的检查、外壳体的检测和带轮的检查等。

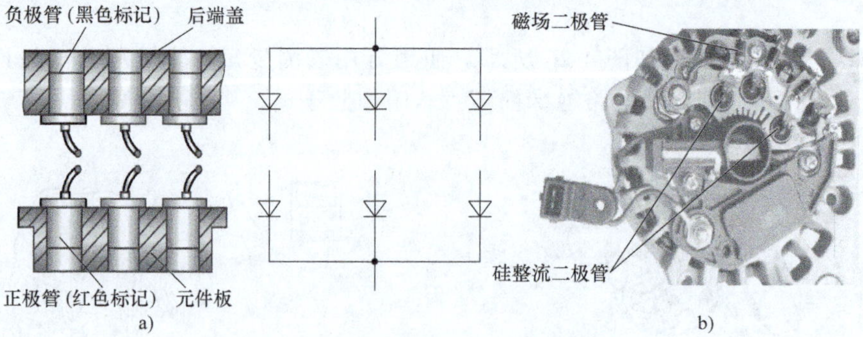

图 4-28　硅二极管安装位置及检测

a）硅二极管的安装　b）捷达 CiF 轿车发电机

3. 工作评价

序号	工作目标	自评	互评	师　评
1	能够按照要求对汽车交流发电机进行拆解			
2	能够掌握汽车交流发电机的基本结构			
3	能够用万用表清晰判断是否有定子、转子绕组的短路与断路故障			
4	能够用万用表清晰判断二极管的导通与截止			
5	能够完整记录整个工作过程			

任务 2　汽车起动机用直流电动机的拆解与检测

任务描述

汽车发动机借助外力由静止状态过渡到能自由运转的过程，称为发动机的起动。发动机起动系统主要由蓄电池、点火开关、起动机、起动继电器等组成，现代汽车常用直流电动机起动。按照要求对给定的汽车起动机进行拆解，掌握汽车起动机的基本组成，正确使用万用表等工具对励磁绕组、电枢绕组、电枢轴、电刷等主要部件进行检测。

知识准备

一、汽车起动机的组成

汽车起动机的动力核心是一台直流电动机，其电力由蓄电池供应。汽车起动时起动机上的起动齿轮带动发动机的飞轮，飞轮带动曲轴，曲轴带动发动机的活塞运动，实现发动机的起动。

汽车用起动机由直流电动机、传动机构和控制装置三部分组成，其组成如图 4-29 所示。直流电动机是将电能转换为机械能的装置，产生发动机起动时所需要的电磁转矩。

传动机构由单向离合器、驱动齿轮和拨叉等组成，其作用是在起动发动机时使驱动齿轮

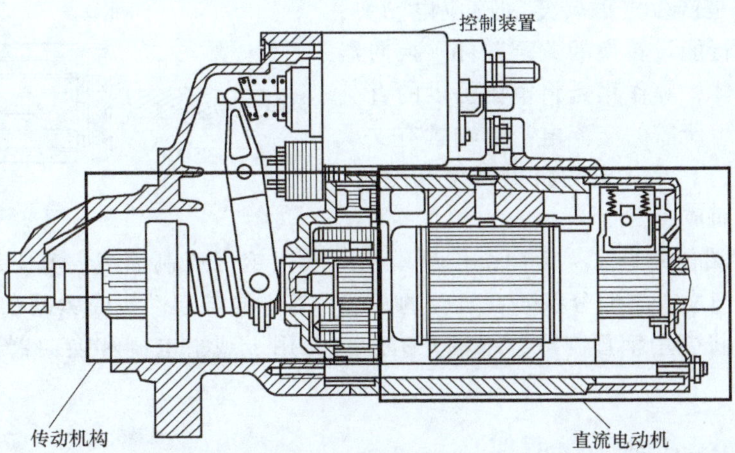

图 4-29　汽车起动机组成

与飞轮齿圈相啮合，将起动机的转矩传递给发动机曲轴；在发动机起动后又能使驱动齿轮与飞轮脱离，避免飞轮带动起动机轴旋转。

控制装置主要是指起动机的电磁开关，用来接通或断开电动机与蓄电池之间的电路。

直流电动机主要由转子（电枢）、定子（磁极）、换向器和电刷等主要部件组成，其结构如图 4-30 所示。

（1）定子　定子包括磁极、机座和电刷装置，其结构如图 4-31 所示。

磁极的作用是产生气隙磁场，由铁心和励磁绕组组成。铁心用螺钉固定在壳体的内壁上，其上套有励磁绕组。磁极的数目一般为 4 个（2 对），4 个磁场绕组的连接方法有两种，一种是 4 个相互串联；另一种是两串两并，即先将两个串联后再并联。

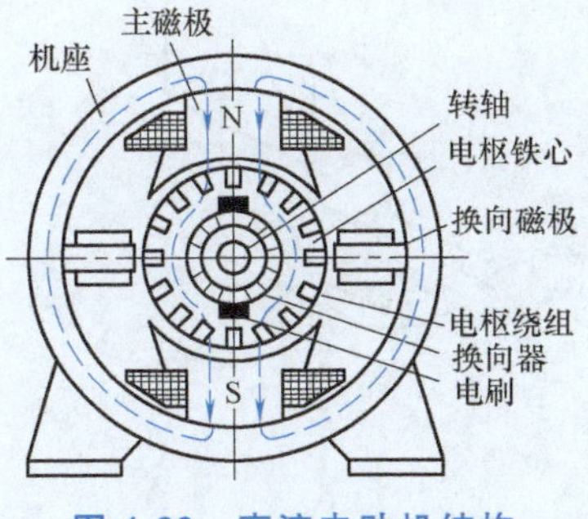

图 4-30　直流电动机结构

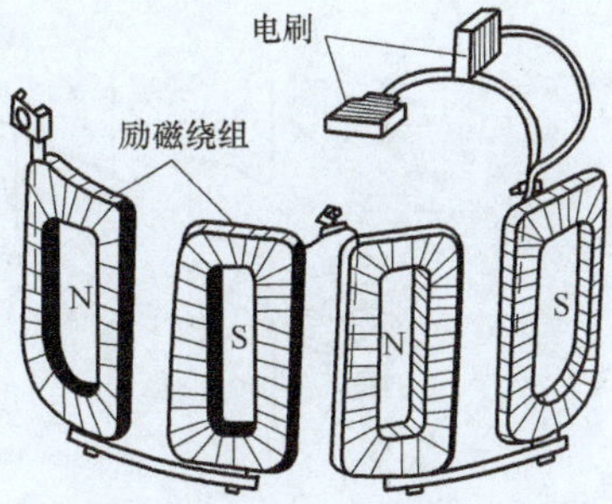

图 4-31　定子结构

机座用来固定主磁极、换向磁极和端盖。

换向磁极是位于两相邻主磁极之间的小磁极，由换向磁极铁心和绕组组成，并与电枢串联。换向磁极通电枢电流时，产生附加磁场，可改善电动机的换向条件，减少换向器上的火花。小功率电动机中可不装换向磁极。

电刷与电刷架的作用是将电流引入电动机，电刷装在电刷架中，借弹簧压力将它压紧在换向器上，使电刷与换向器之间有良好的滑动接触。电刷弹簧的压力一般为 11.7~14.7N。

（2）转子　转子包括电枢铁心、电枢绕组、转轴和换向器等，其结构如图 4-32 所示。

电枢是产生电磁转矩的核心部件，主要由电枢轴、电枢铁心、电枢绕组和换向器组成。

电枢绕组的作用是产生电磁转矩和感应电动势，是直流电动机进行能量转换的关键部件。换向器为换向片的组合体，其作用是将电源提供的直流电转换成电枢绕组所需的交流电。转轴具有支承转子旋转的作用，具有一定的机械强度和刚度，一般用圆钢加工而成。

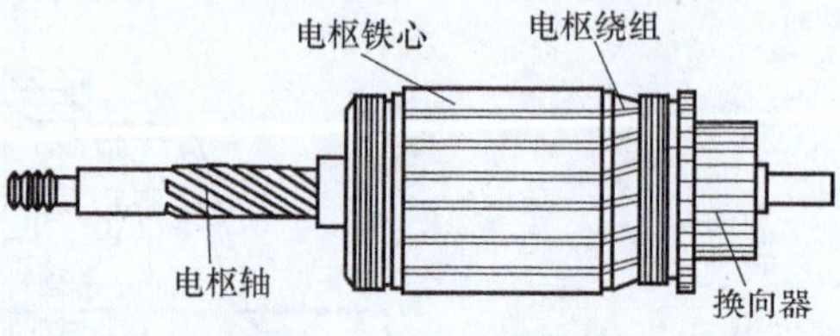

图 4-32　转子结构

（3）端盖　端盖分为前、后两个。后端盖一般用钢板压制而成，其上装有电刷架，前端盖用铸铁浇铸而成。它们分别装在机壳的两端，靠螺栓与起动机壳紧固在一起。

（4）机壳　机壳用钢管制成，一端开有窗口，用于观察电刷和换向器，平时用防尘箍盖住。

二、直流电动机的工作原理

最简单的直流电动机的物理模型如图 4-33 所示。定子励磁绕组通入直流电产生固定磁场，形成 N 磁极和 S 磁极。磁极之间有一个电枢铁心，铁心表面固定一个电枢线圈 *abcd*，线圈的两端分别接到相互绝缘的换向片上。蓄电池通过与换向片滑动接触的电刷 A 和 B 为线圈 *abcd* 提供电枢电流。

将直流电源加于电刷 A 和 B 时，直流电动机开始运行。如图 4-33a 所示，将电源正极加于电刷 A，电源负极加于电刷 B，则线圈 *abcd* 中流过电流。在导体 *ab* 中，电流由 *a* 流向 *b*；在导体 *cd* 中，电流由 *c* 流向 *d*。载流导体 *ab* 和 *cd* 均处于 N、S 极之间的磁场当中。根据电磁力（安培力）定律，电枢绕组通入直流电后，每根有效导体均受到电磁力的作用。电磁力的方向可用左手定则确定，这一对电磁力形成一个电磁转矩，电磁转矩的方向为逆时针方向，使得整个电枢逆时针方向旋转。

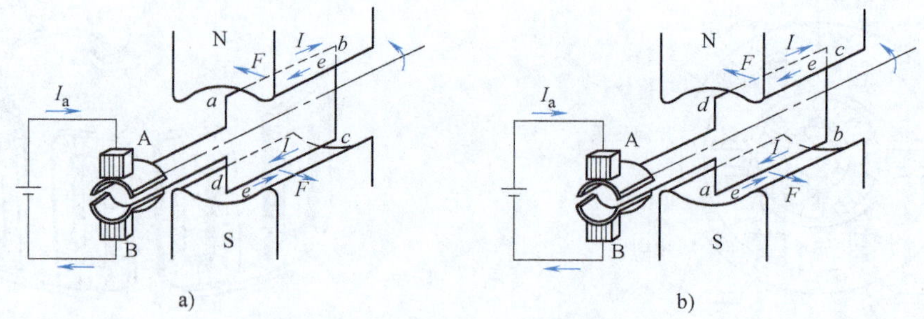

图 4-33　直流电动机的物理模型

当电枢旋转 180°，导体 *cd* 转到 N 极下，*ab* 转到 S 极上时，如图 4-33b 所示，电流仍从电刷 A 流入，在换向器的作用下，使 *cd* 中的电流方向变为由 *d* 流向 *c*，而 *ab* 中的电流由 *b* 流向 *a*，从电刷 B 流出，用左手定则可判别，电磁转矩的方向仍是逆时针方向。

借助换向器和电刷的作用，加给电枢绕组的直流电，在电枢绕组内变为交变的电流，从而使每一个磁极下导体中电流方向不变，电枢产生的电磁转矩的方向恒定不变，确保了电枢朝确定的方向连续旋转。

实际的直流电动机的电枢圆周上均匀地嵌放许多线圈，相应的换向器由许多换向片组成，使电枢线圈所产生的总电磁转矩足够大并且比较均匀，电动机的转速也就比较均匀。

电枢产生的电磁转矩为

$$T=C_T\Phi I_a \tag{4-48}$$

式中，C_T 为电机常数（与电动机构造有关，对于某台电动机，C_T 为定值）；Φ 为每极磁通量（Wb）；I_a 为电枢电流（A）。

直流电动机旋转后，线圈的上、下两边导线 ab 和 cd 不断切割磁力线产生感应电动势 E_a，E_a 的方向可用右手定则判别，其方向与电枢电流的流向相反，因此被称为反电动势。电枢感应电动势大小由下式表示：

$$E_a=C_e\Phi n \tag{4-49}$$

式中，C_e 为电机常数（与电动机构造有关，对于某台电动机，C_e 为定值）；Φ 为每极磁通量（Wb）；n 为电枢转速（r/min）。

因此，直流电动机电枢回路的电压平衡方程式为

$$U=E_a+I_aR_a \tag{4-50}$$

式中，R_a 为电枢电阻（Ω）。

三、串励直流电动机的运行

直流电动机按照其定子磁场建立的方式，可分为励磁式和永磁式两种。励磁式直流电动机的磁场是由励磁绕组通入直流电后产生的；而永磁式直流电动机的磁场是由永久磁铁产生的。励磁式直流电动机按励磁方式的不同又可分为他励直流电动机、并励直流电动机、串励直流电动机和复励直流电动机 4 类。汽车起动机一般采用串励直流电动机，在此只介绍串励直流电动机的运行情况。

串励直流电动机的接线如图 4-34 所示，其特点是励磁绕组与电枢绕组串联，励磁电流 I_f 与电枢电流 I_a 相等。

$$U=E_a+I_aR \tag{4-51}$$

$$R=R_a+R_f+R_s$$

式中，R_a 为电枢电阻；R_f 为励磁绕组电阻；R_s 为可调起动电阻。

主磁通 Φ 是电枢电流 I_a 的函数。当 I_a 较小，磁路未饱和时，Φ 与 I_a 成正比，即

$$\Phi=kI_a$$

式中，k 为比例常数。

此时，电磁转矩 T 与 I_a 的二次方成正比，即

$$T=C_T\Phi I_a=C_TkI_a^2，则$$

$$I_a=\sqrt{\frac{T}{C_Tk}} \tag{4-52}$$

直流电动机机械特性一般表达式为

$$n=\frac{U}{C_e\Phi}-\frac{R}{C_eC_T\Phi^2}T \tag{4-53}$$

在磁路不饱和时，串励直流电动机的机械特性为

$$n=\frac{U\sqrt{C_T k}}{C_e k\sqrt{T}}-\frac{R}{C_e k} \tag{4-54}$$

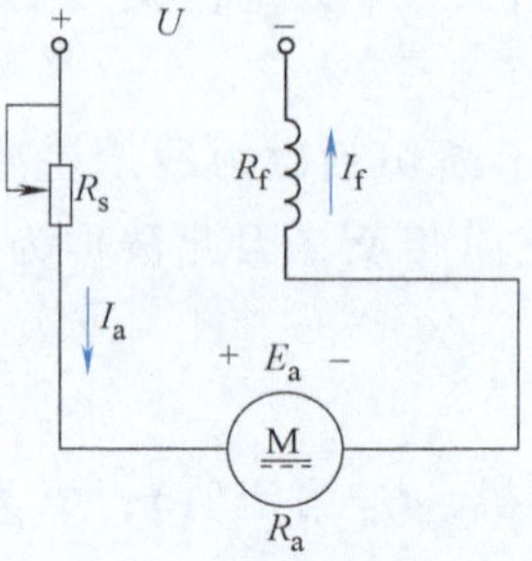

图 4-34　串励直流电动机的接线

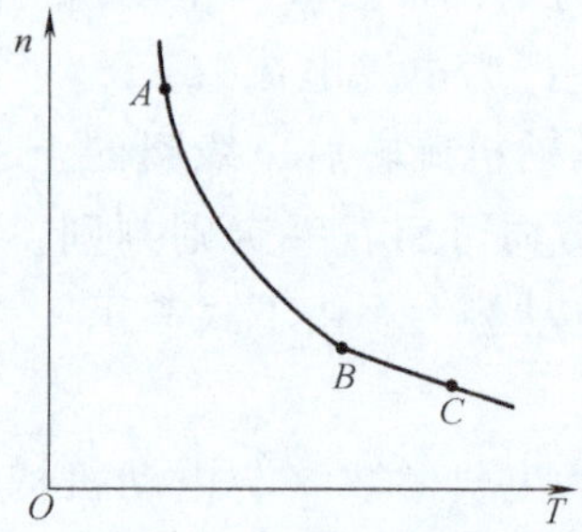

图 4-35　串励直流电动机的机械特性分析

由式（4-54）可知，其转速 n 与 $\sqrt{T}$ 成反比，机械特性为非线性软特性，如图 4-35 中曲线 AB 段。

当 I_a 较大，磁路饱和时，Φ 基本保持不变，这时串励直流电动机的机械特性与他励直流电动机的机械特性相似，变为较硬的直线特性，如图 4-35 中曲线 BC 段。

串励直流电动机同样可以采用电枢串联电阻、改变电压和改变磁通的方法来获得各种人为特性。

任务实施

1. 工作原理分析

汽车起动机的核心部件是直流电动机，它是将直流电能转换为机械能的装置。定子励磁绕组通入直流电产生固定磁场，借助换向器和电刷的作用，加到电枢绕组的电流在每一个磁极下导体中的方向不变，电枢产生的电磁转矩的方向恒定不变，确保了电枢朝确定的方向连续旋转。

2. 工作过程分析

（1）起动机的拆解　汽车起动机一般由直流串励式电动机、传动机构和控制装置（也称为电磁开关）三部分组成（详见图 4-29）。典型汽车起动机的拆解步骤如下：

1）首先将待修起动机外部的尘污、油污清除。

2）拆下连接片与电磁开关，取下电磁铁心。

3）拆下防尘箍，用钢丝钩子提起电刷弹簧，取出电刷（共 4 只）。

4）拆下起动机贯穿螺栓，使后端盖、起动机外壳和电枢分离。

5）取下拨叉支承销，取下驱动端盖、拨叉与转子总成。

6）用专用工具拆下止推垫圈，取下驱动齿轮、单向离合器。

各总成是否继续进一步分解，应视具体情况而定。

（2）直流电动机的检测

1）励磁绕组的检测。励磁绕组断路的检查：首先通过外部验视，看其是否有烧焦或断路处，若外部验视未发现问题，则可按图 4-36 所示，用万用表电阻 $R\times1$ 档检测，两支表笔分别接触起动机外壳引线（即电流输入接线柱）与励磁绕组绝缘电刷插头，判断其是否导通，如果测得的电阻趋于无穷大，说明励磁绕组断路，应予以检修或更换。

励磁绕组搭铁的检查：如图 4-36 所示，用万用表电阻 R×10k 档（或数字万用表高阻档）检测励磁绕组电刷插头与起动机外壳是否相通，如果相通，说明励磁绕组因绝缘不良而搭铁；如果阻值较小，说明有绝缘不良处，应检修或更换励磁绕组。

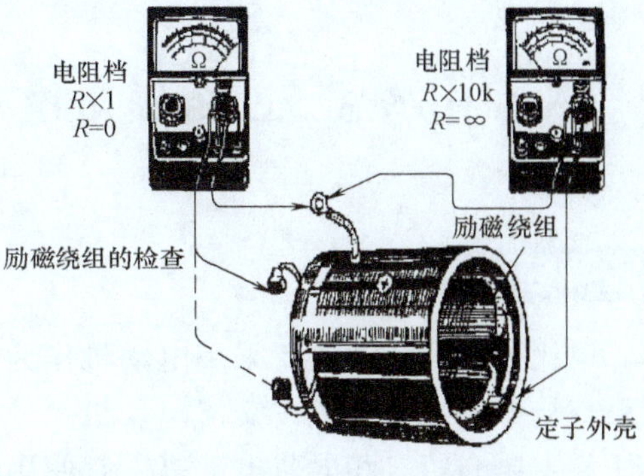

图 4-36　励磁绕组断路、搭铁检查

励磁绕组短路检查：如图 4-37 所示，可用 2V 直流电进行接线。电路接通后，将螺钉旋具放在每个磁极上，检查磁极对螺钉旋具的吸引力是否相同。若某一磁极吸力太小，就表明该励磁绕组有匝间短路故障存在。

2）电枢绕组的检查。电枢绕组搭铁检查：如图 4-38 所示，用万用表电阻 R×10k 档检测，用一支表笔接触电枢轴，另一支表笔依次接触换向器铜片，万用表指针不应摆动，即电阻应趋于无穷大，否则说明电枢绕组与电枢轴之间绝缘不良，即有搭铁之处。

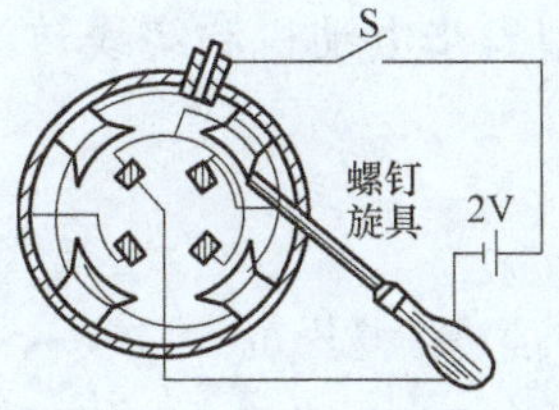

图 4-37　励磁绕组短路检查

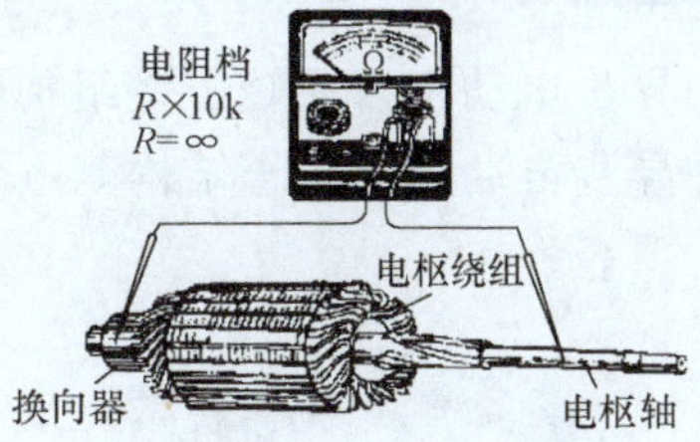

图 4-38　电枢绕组搭铁检查

电枢绕组断路检查：如图 4-39 所示，用万用表电阻 R×1 档，将两支表笔分别接触换向器相邻的铜片，测量每相邻两换向片间是否相通。如万用表指针指示接近 0Ω，说明电枢绕组无断路故障；若电阻值趋于无穷大，说明此处有断路故障，应更换电枢绕组。

出现励磁、电枢绕组的断路、短路和搭铁故障时，都应进行检修或更换故障部件。

3）电刷长度、电枢轴、换向器和电池开关等的检测。

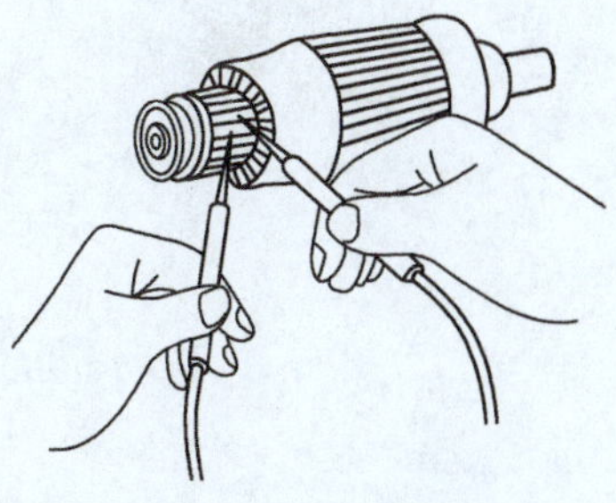
图 4-39　电枢绕组断路检查

3. 工作评价

序号	工作目标	自评	互评	师　评
1	能够按照要求对汽车起动机进行拆解			
2	能够掌握汽车起动机用直流电动机的基本结构			
3	能够用万用表判断励磁绕组、电枢绕组是否有短路、断路和搭铁故障			

任务3　三相异步电动机的正反转控制电路分析

任务描述

现代生产生活中广泛采用电动机作为动力源。电动机按照使用电源种类可分为交流电动机和直流电动机两大类。交流电动机又分为异步电动机（也称感应电动机）和同步电动机。本任务主要介绍三相异步电动机，它使用三相电源，具有结构简单、价格便宜、运行可靠以及维护方便等优点，在工农业生产中得到广泛应用，其中三相笼型异步电动机在电动汽车中应用广泛。在生产中往往要求运动部件能向正反两个方向运动，例如，机床工作台的前进与后退、机床主轴的正转与反转、起重机的提升与下降等。下面通过对三相异步电动机正反转控制电路的分析，学习三相异步电动机的结构、工作原理、调速、技术参数与接线、常用低压控制电器与基本控制电路。

知识准备

三相异步电动机按照转子绕组构造的不同，可分为笼型异步电动机和绕线转子异步电动机，两种异步电动机的定子结构基本相同（图4-40）。

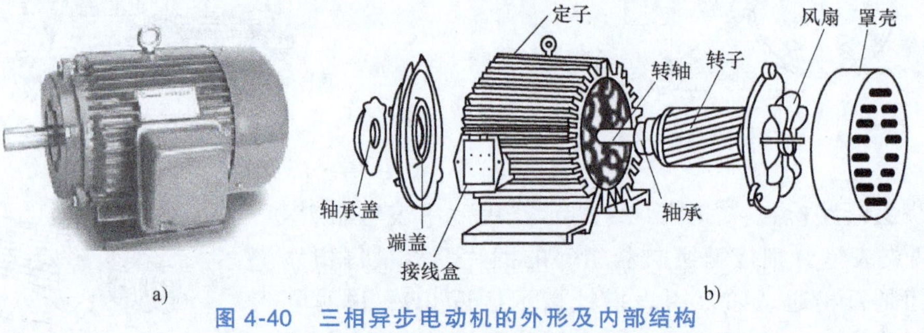

图4-40　三相异步电动机的外形及内部结构

a）外形　b）内部结构

一、三相异步电动机的基本结构和工作原理

1. 定子

定子是电动机的固定部分，主要由定子铁心、定子绕组和机座等组成，如图4-41所示。

（1）定子铁心　为减少铁损，一般由优质硅钢片叠成圆筒状，圆筒内表面有均匀分布的槽，三相对称绕组嵌放在槽内，绕组与铁心之间具有良好的绝缘。

（2）定子绕组　定子绕组一般采用漆包线绕制，三相对称绕组分布在定子铁心槽内，根据电动机铭牌规定的额定电压及三相电源电压的具体情况，可以接成星形或三角形。三相异步电动机的定子绕组以在空间上互差120°的电角度进行布置。

（3）机座　由铸钢、铸铁或合金铝制成。

三相绕组端子标识应按照现行国家标准，始端标以 U_1、V_1、W_1，末端标以 U_2、V_2、W_2。三相绕组的6个出线端通过机座接线盒连接到三相电源上。

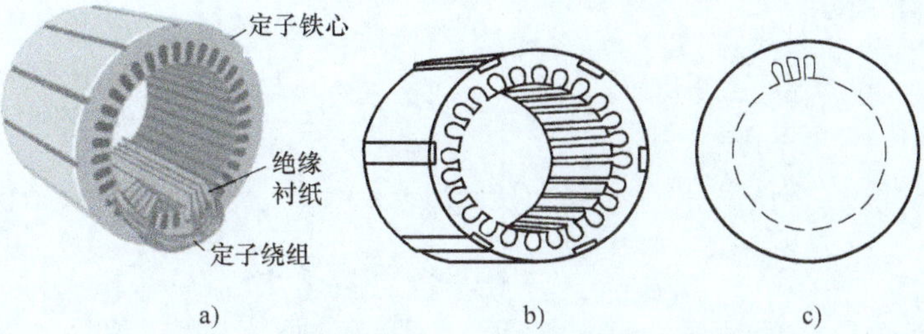

图 4-41 定子组成

a）定子主要部件 b）定子铁心 c）定子冲片

三相定子绕组可以接成星形或三角形，必须视电源电压和绕组额定电压的情况来定。一般电源电压的额定电压为 380V（指线电压），如果电动机定子各相绕组的额定电压是 220V，则定子绕组必须接成星形；如果电动机定子各相绕组的额定电压为 380V，则应将定子绕组接成三角形。

2. 转子

转子是电动机的转动部分，由转子铁心、转子绕组和转轴等组成。其外形如图 4-42a 所示。

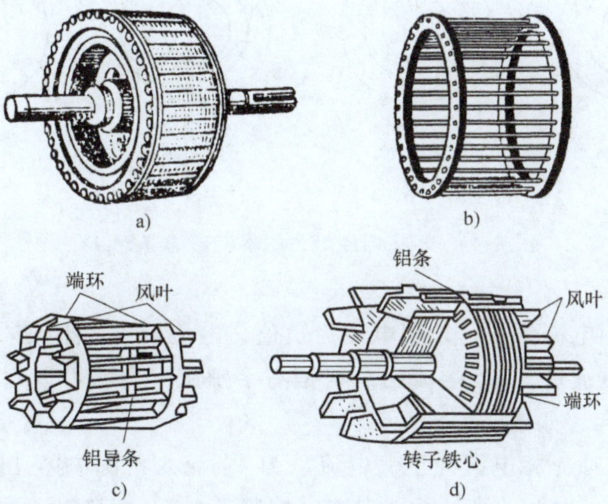

图 4-42 笼型转子

a）转子外形 b）笼型绕组 c）铸铝转子绕组 d）铸铝转子

（1）转子铁心 转子铁心是由优质硅钢片叠压成的圆柱体，转轴固定在铁心中央。转子铁心与定子铁心之间有空气隙，共同组成磁路。圆形硅钢片的外圆冲有凹槽，用以放置转子绕组。

（2）转子绕组 在转子铁心外表面的槽中穿进铜条，铜条两端分别焊接在两个端环上，如图 4-42b 所示。这些铜条及铜环样子很像一个鼠笼，所以这种电动机通常称为笼型异步电动机。现在大部分的电动机，一般都采用铸铝来代替铜条及铜环。

3. 三相异步电动机的工作原理

（1）旋转磁场的产生 将定子三相绕组连成星形，如图 4-43 所示，三相绕组的首端 U_1、V_1、W_1 分别与三相交流电的相线 A、B、C 相连接，三相绕组中通过的三相对称交流电流波形如图 4-44b 所示。

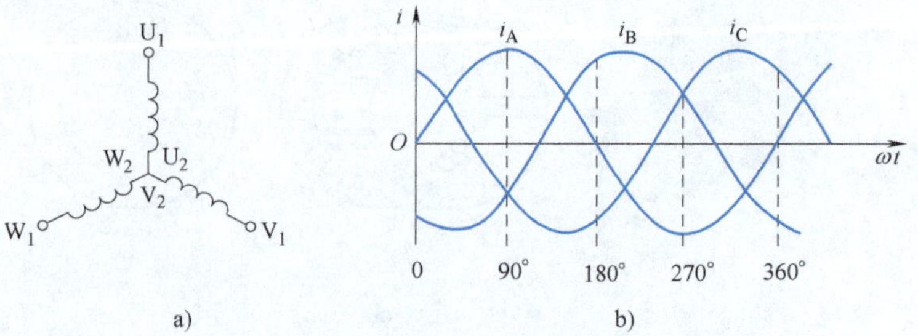

图 4-43　通过定子绕组的三相对称电流

a）三相绕组星形联结　b）三相对称交流电

为了讨论方便，选定交流电在正半周时，电流从绕组的首端流入，从末端流出；反之，在负半周时，电流流向相反。三相定子绕组在三相交流电不同相位时合成的一对磁极（$p=1$）产生的旋转磁场的示意图如图 4-44 所示。

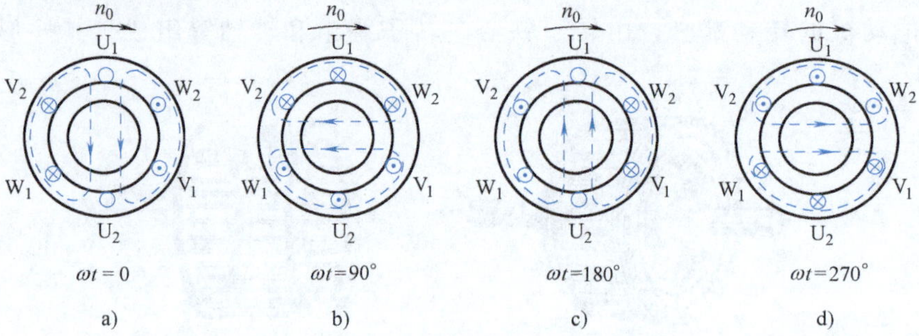

图 4-44　三相电流产生的旋转磁场（$p=1$）

当 $\omega t=0$ 时，A 相电流为零；B 相电流为负值，电流从 V_2 端流进，V_1 端流出；C 相电流为正，电流从 W_1 端流进，W_2 端流出。根据右手螺旋定则，可以判定出此时三相绕组电流产生的合成磁场方向，如图 4-44a 所示。

当 $\omega t=90°$时，此时 A 相电流为正，电流从 U_1 端流入，U_2 端流出；B 相为负，电流由 V_2 端流进，V_1 端流出；C 相为负，电流从 W_2 端流入，W_1 端流出。这一时刻合成磁场的方向如图 4-44b 所示，磁场方向以顺时针方向在空间转过了 90°。

同理，可分别得出 $\omega t=180°$、$\omega t=270°$和 $\omega t=360°$时定子三相绕组电流产生的合成磁场方向，分别如图 4-44c、d、a 所示，并且 $\omega t=360°$时与 $\omega t=0$ 时的合成磁场方向相同。

由此可见，电流变化 1 个周期，合成磁场在空间也旋转了 1 周。电流继续变化，磁场也不断地旋转。从上述分析可知，三相电流通过定子绕组所产生的合成磁场是随着电流的交变而在空间产生的旋转磁场。

上述定子绕组的每相只有 1 个绕组，放在定子铁心的 6 个槽内，形成 1 对 N、S 磁极（二极）的旋转磁场，记为 $p=1$。

（2）旋转磁场的转速　定子绕组磁场的旋转速度又称同步转速 n_0，它与三相电流的频率和磁极对数 p 有关。图 4-44 所示的定子绕组，在任一时刻合成的磁场只有 1 对磁极（磁

极对数 $p=1$)，即只有 2 个磁极。对只有 1 对磁极的旋转磁场而言，三相电流变化 1 周，合成磁场也随之旋转 1 周。如果是 50Hz 的交流电，旋转磁场的同步转速就是 50r/s 或 3000r/min。在工程技术中，常用 r/min 的单位来表示转速。

如果定子每相绕组由两个线圈串联，分别放入 12 个槽内，则将形成两对磁极（磁极对数 $p=2$)，即有 4 个磁极。可以证明，电流变化 1 个周期，合成磁场在空间旋转 180°。由此可以推广得出 p 对磁极旋转磁场转速 n_0 为

$$n_0=\frac{60f}{p} \tag{4-55}$$

式中，f 为电源频率（Hz)。

工频 50Hz 时，对应于不同磁极对数 p，旋转磁场的同步转速 n_0 见表 4-1。

表 4-1　三相异步电动机旋转磁场的同步转速（$f=50$Hz）

p	1	2	3	4	5	6
n_0/(r/min)	3000	1500	1000	750	600	500

当磁极对数一定时，如果改变交流电的频率，则可改变旋转磁场的同步转速，这就是变频调速的基本原理。

(3) 旋转磁场的方向　旋转磁场的旋转方向与三相定子绕组中三相电流的相序一致。若三相电流相序 U、V、W 按顺时针方向排列，则旋转磁场按顺时针方向旋转。例如，若电流相序为 A→B→C，即 i_A 超前于 i_B120°，i_B 超前于 i_C120°。当 i_A 流入 U_1U_2，i_B 流入 V_1V_2，i_C 流入 W_1W_2 时，旋转磁场按 U_1U_2→V_1V_2→W_1W_2 的方向顺时针旋转。

可以证明，将三相定子绕组接至电源的三根端线中的任意两根对调，如 W_1 改接 B 相，V_1 接 C 相，则相序变为 U、W、V，那么旋转磁场按逆时针方向旋转。

转子的转动方向虽然与旋转磁场的转动方向相同，但转子转速 n 不可能达到旋转磁场的同步转速 n_0。如果两者相等，转子与旋转磁场之间就不存在相对运动，因而转子导体就不能切割磁力线，转子上也就不再产生感应电流及电磁转矩。可见，笼型转子的转速与旋转磁场的同步转速之间必须存在差值，这也正是异步电动机名称的由来。

通常把旋转磁场的转速 n_0 与转子转速 n 的差值称为转差，转差与 n_0 的比值称为转差率 s，通常用百分数表示：

$$s=\frac{n_0-n}{n_0}\text{或 } s=\frac{n_0-n}{n_0}\times100\% \tag{4-56}$$

当电动机在额定负载的情况下运行时，s 的范围是 0.01～0.09。

总之，当三相异步电动机的三相定子绕组接通三相交流电源，流过三相对称电流后，能够在电动机中产生转速为 n_0 的旋转磁场。旋转磁场与静止的转子导体之间存在相对运动，相当于转子导体切割磁力线，产生感应电动势。由于转子绕组自成闭合回路，在转子的导体中就有感应电流通过，而通电的转子导体在磁场中受到磁场力的作用，形成电磁转矩，因此转子以转速 n 转动起来。

(4) 电磁转矩　由三相异步电动机的转动原理可知，驱动电动机旋转的电磁转矩是由转子导体中的电流与旋转磁场的每极磁通 Φ 相互作用而产生。可以证明，三相异步电动机的电磁转矩表达式为

$$T=K_T\frac{sR_2U_1^2}{R_2^2+sX_{20}^2} \tag{4-57}$$

式中，K_T 为与电动机结构相关的常数；U_1 为定子绕组的相电压；s 是转差率；R_2 是转子电路每相的电阻；X_{20}是电动机起动而转子尚未转起来时的转子感抗。

4. 三相异步电动机的调速

为了提高生产效率和满足生产工艺的要求，许多生产机械在工作中都需要调速。例如车床切削加工时，精加工用高转速，粗加工用低转速；轧钢机在轧制不同品种和不同厚度的钢材时，也必须有不同的工作速度。

电动机在额定负载下所能得到的最高转速和最低转速之比称为调速范围。如果在一定范围内转速可以连续调节，则称为无级调速，无级调速的平滑性好。调速不连续时，称为有级调速，有级调速的级数有限。

三相电动机的调速就是用人为的方法改变它的转速，以满足生产机械的要求。由式（4-55）和式（4-56）可得出三相异步电动机的转速为

$$n=(1-s)n_0=(1-s)\frac{60f}{p} \tag{4-58}$$

由上式可知，改变电源频率 f、定子绕组的磁极对数 p 和转差率 s 都能达到调节电动机转速的目的。笼型异步电动机主要应用变频调速和变极调速，改变转差率调速多用于绕线转子异步电动机。

（1）变频调速　变频调速通过改变异步电动机供电电源的频率来调速，采用一套专门的交流变频装置来实现，如图 4-45 所示，工频 50Hz 三相交流电经整流器变换为直流电，直流电再由逆变器变换为可调频率和可调电压的三相交流电提供给电动机。

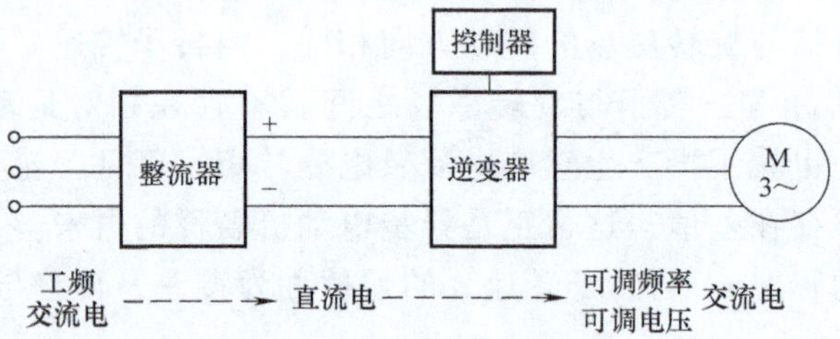

图 4-45　变频调速装置

（2）变极调速　变极调速通过改变磁极对数 p 使转速改变。对于可变磁极对数的异步电动机，一般定子每相有多个绕组，通过改变绕组的接法就可以改变磁极对数 p，为此，可专门制造多速电动机。由式（4-55）可知，如果磁极对数 p 减小为原对数的$\frac{1}{2}$，则同步转速提高为原转速的 2 倍。

变转差率调速适用于绕线转子异步电动机，它是通过串联在转子电路中的调速电阻实现的。改变调速电阻的阻值就可使转差率变化，能在一定范围内调速。

二、三相异步电动机的技术参数与接线

在电力拖动系统中，三相异步电动机应用最为广泛，每台电动机的机壳上都有一块铭

牌，上面标明该电动机的规格、性能及使用条件，是正确选用电动机的依据。选择合适的电动机并正确使用，可获得良好的技术性能和经济效益，使电动机得到充分的利用，提高使用效率。

1. 铭牌上主要的技术参数

1）型号　为了适应不同用途和工作环境需要，三相异步电动机制成不同系列和型号，不同型号的电动机的机座长度、中心高度、转速等技术参数不相同，使用或选购时应注意型号或根据需要查阅相应产品目录和技术手册。

2）功率　电动机在铭牌规定的运行条件下，正常工作时的输出功率（kW）。

3）电压　电动机定子绕组的额定线电压（V）。

4）电流　电动机在额定工作状况下运行时流入定子绕组的线电流（A）。

5）转速　电动机在额定工作状况下运行时转子每分钟的转速（r/min）。

6）接法　接法是指电动机定子三相绕组在额定运行时所采取的连接方式，有星形（Y）联结和三角形（△）联结。

7）绝缘等级　在电动机中导体与铁心、导体与导体之间都必须用绝缘材料隔开。绝缘等级是按这些绝缘材料在使用时容许的极限温度来分级的。现常用的绝缘等级分为 B、F、H 三级，其对应的极限温度为 130℃、155℃和 180℃。

8）工作方式　指电动机的运转状态，分连续、短时和断续周期、连续周期等 10 种，用 S1~S10 表示。连续表示该电动机可以在各项额定值下连续运行；短时表示电动机只能在限定的时间内短时运行；断续周期工作制表示在一个时间周期内运行规定的时间后，断电停机一段时间，到时后再进行下一个周期。

此外，技术参数中有时还列有效率、功率因数、温升等指标。

2. 三相异步电动机的接线

电动机的接线盒有 6 个接线端子，如图 4-46 所示，标有 U_1 和 U_2，V_1 和 V_2，W_1 和 W_2，分别是定子内三相绕组的首末端。如果铭牌上标明是星形联结，接线端子应按图 4-47 a 的接法连接；如果铭牌上标明是三角形联结，接线端子应按图 4-47b 的接法连接。

只要把电动机的 3 根电源线中的任意两根对调一下，就能改变电动机的转向。

例如：一台三相异步电动机铭牌上标出“380/220V，Y/△”，说明每相绕组的额定电压为 220V，如果电源电压是 220V，定子绕组采用三角形联结；如果电源电压是 380V，则应采用星形联结。上述两种情况电动机的每相绕组都承受 220V 电压。

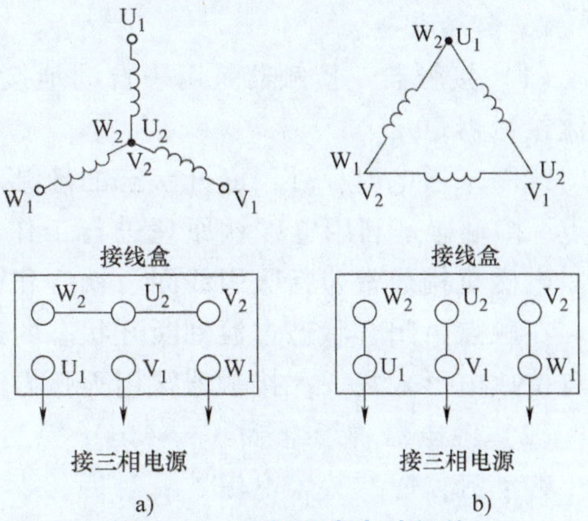

图 4-46　三相异步电动机的星形联结和三角形联结

a）星形联结　b）三角形联结

三、常用低压控制电器

常用低压控制电器分为保护电器和控制电器；按操作方式又分为手动电器和自动电器两大类。手动电器如刀开关、行程开关和按钮等；自动电器是按某些信号（如电压、电流等）或物理量的变化而自动动作的，如电压继电器、交流接触器、断路器和漏电保护器等。

1. 手动电器

（1）按钮　按钮是一种手动且可以自动复位的主令电器，用来发出信号和接通或断开控制电路。分为启动按钮、停止按钮和复合按钮等。在控制电路中用于手动发出控制信号以控制接触器、继电器等，其结构和图文符号如图 4-47 所示。其常开、常闭触点是指按钮未按压时触点的状态。

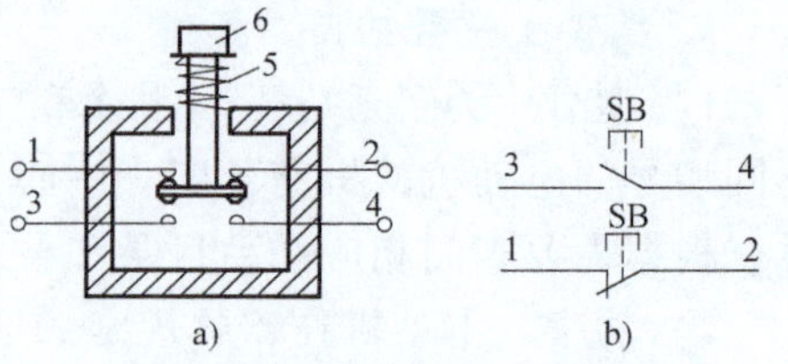

图 4-47　按钮结构和图文符号

a）按钮结构　b）按钮的符号

1、2—常闭触点　3、4—常开触点

5—回位弹簧　6—按钮帽

（2）刀开关　刀开关是一种手动配电器，主要用来手动接通或断开交、直流电路。刀开关通常只作为隔离开关使用，也可用于不频繁地接通与分断额定电流以下的负载，如小容量电动机、电阻炉等，由操作手柄、触刀、触点座和底座等组成，其结构及符号如图 4-48 所示。

（3）行程开关　行程开关是依照生产机械的行程发出命令以控制其运行方向或行程长短的主令电器。行程开关的工作原理和按钮相同，区别在于它不是依靠手的按压，而是利用生产机械运动部件的挡铁碰压使触点动作，其图形符号如图 4-49 所示。

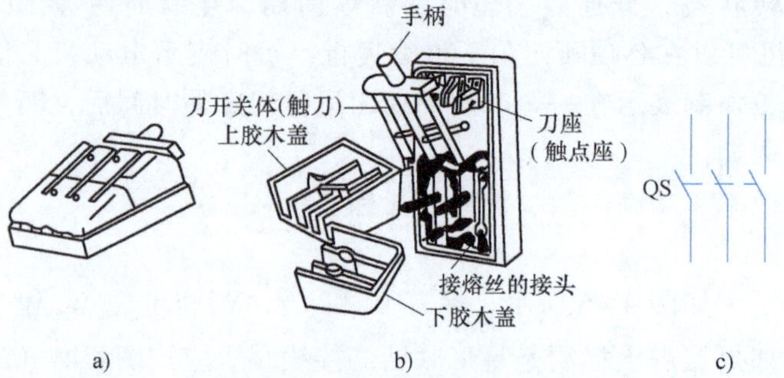

图 4-48　刀开关结构及其符号

a）外形　b）结构　c）符号

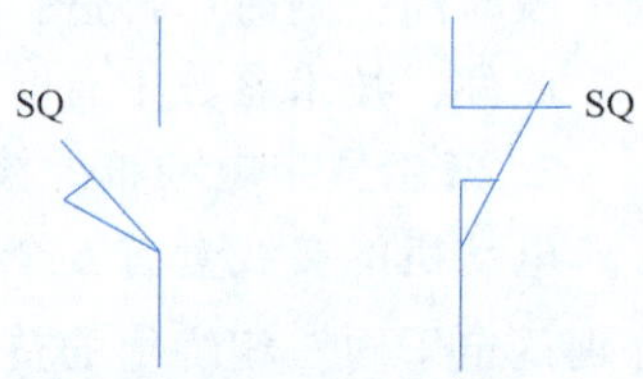

图 4-49　行程开关的图形符号

2. 自动电器

（1）接触器　接触器是用来自动地接通或断开大电流电路的电器，分为交流接触器和直流接触器。

线圈未通电时，处于断开状态的静触点称为常开触点；处于接通状态的静触点称为常闭触点。接触器是利用电磁铁原理进行工作的，主要由电磁机构、触点系统和灭弧装置等组成。电磁机构通常包括吸引线圈、铁心和衔铁三部分，其结构和图文符号如图 4-50 所示。

在触点由闭合状态过渡到断开状态的过程中产生的电弧，是一种带电质点的急流，是气体自持放电形式之一。接触器常用灭弧方法有电动力灭弧、磁吹灭弧和栅片灭弧等。

（2）继电器　继电器是一种电子控制器件，通常应用于自动控制电路，它实际上是用较小的电流去控制较大电流的一种断路器。当输入量（如电压、电流或温度等）达到规定值时，继电器使被控制的输出电路导通或断开，具有动作快、工作稳定、使用寿命长和体积小等优点。继电器在电路中起着自动调节、安全保护和转换电路等作用，广泛应用于电力保

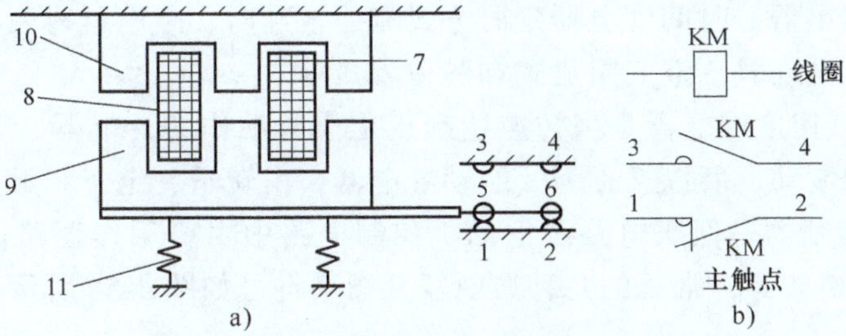

图 4-50 接触器的结构和图文符号

a）结构 b）图文符号

1~4—静触点 5、6—动触点 7、8—吸引线圈 9—动铁心 10—静铁心 11—弹簧

护、自动化、运动、遥控、测量和通信等装置。

继电器工作原理与接触器相似，也是利用电磁感应产生电磁吸力，带动动触点的移动。电磁式继电器一般由铁心、线圈、衔铁和触点簧片等组成，其结构简图如图 4-51 所示。

继电器与接触器的区别如下：

继电器：用于控制电路、电流小，没有灭弧装置，可在电量或非电量的作用下动作。

接触器：主要用于主电路，电流大，有灭弧装置，一般只能在电压作用下动作。

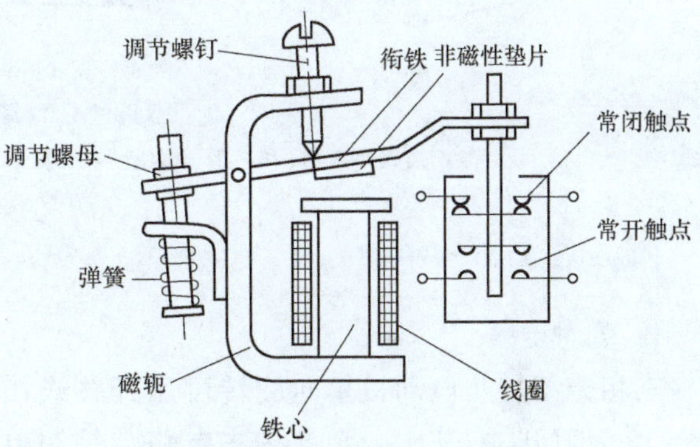

图 4-51 继电器结构简图

继电器按用途分为控制继电器、保护继电器和中间继电器；按原理分为电磁式继电器、感应式继电器和热继电器等；按参数分为电流、电压、速度和压力继电器；按动作时间分为瞬时继电器、延时继电器；按输出形式分为有触点、无触点继电器。

1）电流继电器。根据线圈中电流的大小而接通或断开电路的继电器称为电流继电器。

2）电压继电器。根据线圈两端电压的大小而接通或断开电路的继电器称为电压继电器。

3）中间继电器。中间继电器在控制电路中主要用来传递信号、扩大信号功率以及将一个输入信号变换成多个输出信号等。中间继电器的基本结构及工作原理与接触器完全相同。

4）热继电器。热继电器是利用电流的热效应来切断电路的保护电器。它在控制电路中用作电动机的过载保护，既能保证电动机不超过容许的过载，又可以最大限度地保证电动机的过载能力。

热继电器主要用于电动机的过载保护、断相保护。由热元件、双金属片、动作机构、触点、调整装置及手动复位装置等组成，其图形符号如图 4-52 所示。

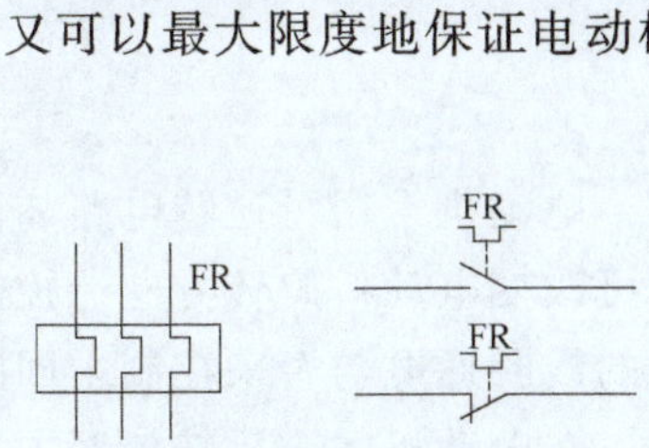

图 4-52 热继电器图形符号

5）时间继电器。从得到输入信号（线圈的通电或断电）开始，经过一定的延时后才输出信号（触点的闭合或断开）

的继电器称为时间继电器。时间继电器延时方式有通电延时、断电延时两种。时间继电器按原理可分为电磁式、电动式、空气阻尼式和晶体管式等。

6）速度继电器。速度继电器是当转速达到规定值时动作的继电器，其作用是与接触器配合实现对电动机的制动，所以又称为反制动继电器，由转子、定子和触点三部分组成。

（3）熔断器　熔断器是低压电路及电动机控制电路中主要用作短路保护的电器。其结构有熔管（熔座）、熔体等，常见的几种熔断器及图形符号如图 4-53 所示。

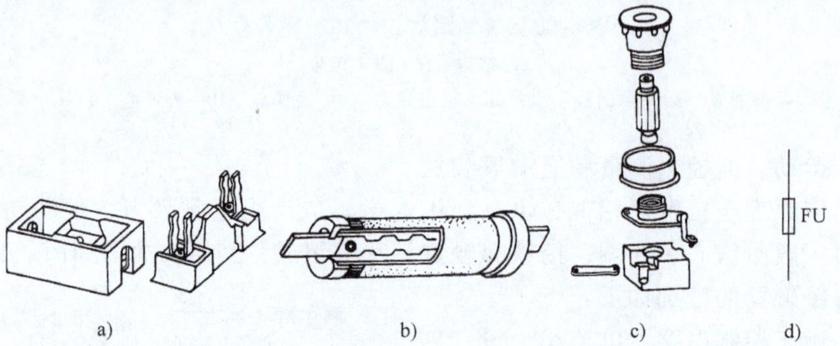

图 4-53　常见的几种熔断器及图形符号

a）插式熔断器　b）管式熔断器　c）螺旋式熔断器　d）图形和文字符号

四、基本控制电路

1. 单向旋转

三相笼型异步电动机单向旋转可用开关或接触器控制，其接触器控制电路如图 4-54 所示，QS 为刀开关，FU1、FU2 为主电路与控制电路的熔断器，KM 为接触器，KR 为热继电器，SB1、SB2 分别为起动按钮与停止按钮，M 为笼型异步电动机。

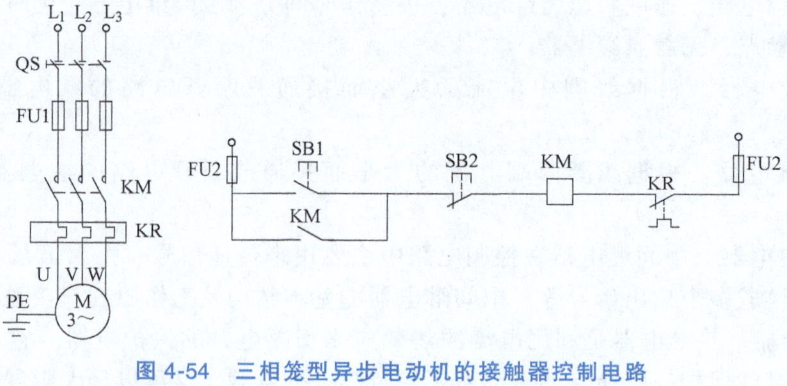

图 4-54　三相笼型异步电动机的接触器控制电路

2. 可逆转动

电动机常用可逆转电路如图 4-55 所示。从电动机原理可知，改变电动机三相电源相序即可改变电动机旋转方向。控制电路的控制对象为实现进线连接的两个接触器线圈，由接触器的线圈通电与否来控制主回路中的接触器主触点的吸合及关断。

在电动机的正反转控制中，应注意互锁电路的应用，即将接触器的常闭触点串联在对方的控制回路中。

3. 点动控制

生产过程中，不仅要求生产机械运动部件连续运动，还需要点动控制。图 4-56 所示的电动机点动控制电路既可实现点动控制，又可实现连续运转。SB3 为连续运转的停止按钮，SB1 为连续运转起动按钮，SB2 为点动起动按钮。

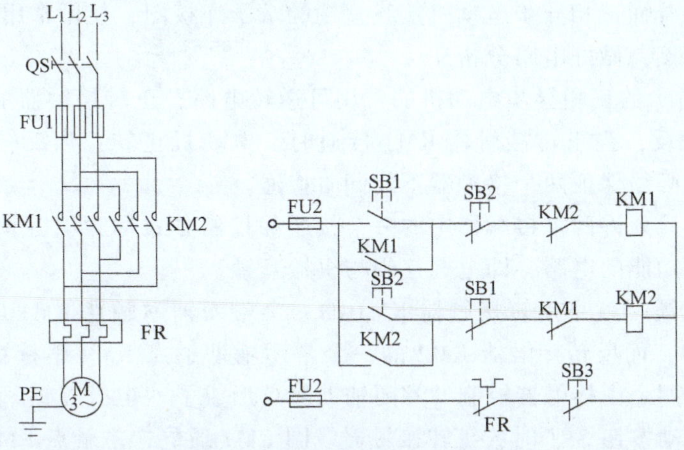

图 4-55　电动机的常用可逆转电路

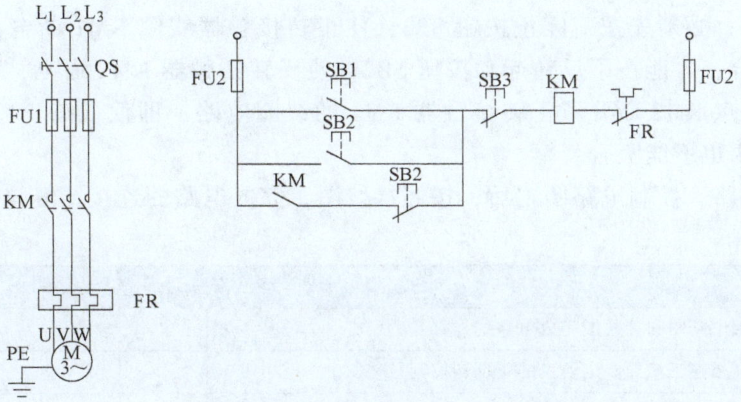

图 4-56　电动机点动控制电路

任务实施

1. 工作原理分析

在生产上往往要求运动部件能向正反两个方向运动。例如，机床工作台的前进与后退，机床主轴的正转与反转，起重机的提升与下降等。为了实现三相异步电动机正反转，只要将电动机接入电源的任意两根连线对调一下即可。因此必须采用不同相序连接的两个交流接触器来实现这一要求。按照给出的三相异步电动机的常用可逆转电路图（图 4-56）和电路中使用的电气元件代号及功能表（表 4-2），完成电路连接与分析。

2. 工作过程分析

读取三相异步电动机的铭牌数据，认识刀开关、接触器、继电器、熔断器等常用低压电

表 4-2　电路中使用的电气元件代号及功能表

元件代号	SB1	SB2	SB3	KM1	KM2	FU	FR
元件功能	正转起动按钮	反转起动按钮	停止按钮	正转接触器	反转接触器	熔断器	热继电器

器，理解其功能，看懂三相异步电动机接线盒中的端子连接图，使用常用低压电器和提供的导线完成电路的连接，做好电路分析。

参见图 4-56 所示的三相异步电动机的常用可逆转电路，正转接触器 KM1 和反转接触器 KM2 的连接相序相反，当正转接触器 KM1 接通时，电动机正转；当反转接触器 KM2 接通时，电动机反转。必须保证两个接触器不能同时接通。

在同一时间里只允许两个接触器中的一个接通的控制方式称为“互锁”。正反转控制是具有两种互锁保护功能的电路，即电气互锁与机械互锁。

所谓“电气互锁”就是正转接触器 KM1 的一个常闭辅助触点 KM1 串接在反转接触器 KM2 的线圈电路中，而反转接触器 KM2 的一个常闭辅助触点 KM2 串接在正转接触器 KM1 的线圈电路中。这两个由接触器控制的常闭辅助触点形成了“电气互锁”。

当按下正转起动按钮 SB1 时，正转接触器线圈 KM1 通电，主触点 KM1 闭合，电动机正转。与此同时，常闭辅助触点 KM1 断开了反转接触器 KM2 的线圈电路。因此，即使误按反转起动按钮 SB2，反转接触器 KM2 也不能吸合。

要想反转时，必须先按下停止按钮 SB3，使正转接触器线圈 KM1 断电，让常闭辅助触点 KM1 重新闭合，才能按下反转起动按钮 SB2，使反转接触器 KM2 通电，电动机反转。同理，常闭辅助触点 KM2 断开了正转接触器 KM1 的线圈电路，即使误按正转起动按钮 SB1，正转接触器 KM1 也不能吸合。

在理解主电路、控制电路图之后，按照接线图，完成电路的连接，复核后起动。

3. 工作评价

序号	工作目标	自评	互评	师评
1	能够按照电路图和接线图完成电路的连接			
2	能够清晰描述三相异步电动机的正反转控制			
3	了解继电器、接触器等控制电器的作用			

任务 4　永磁同步电机运行原理分析与检测

任务描述

永磁同步电机以其高效率、高功率因数和高功率密度等优点，正逐渐成为电动汽车驱动系统的主流电机之一，是电动汽车电能与机械能转化的部件，并将自身运行状态的信息发送给电机控制器。永磁同步电机使用了一些传感器来提供电机的工作信息，这些传感器包括：旋转变压器（用以检测电机转子位置）和温度传感器（用以检测电机的绕组温度）。使用永磁同步电机实训设备，熟悉起停、点动、调速等控制的基本接线，完成基本控制任务。

知识准备

一、永磁电机

1. 分类

永磁电机根据输入电流的种类可分为永磁直流电机和永磁交流电机。由于永磁交流电机没有电刷、换向器或集电环，因此也称为永磁无刷电机。永磁无刷电机又划分为永磁同步电机（正弦波电流驱动）和永磁无刷直流电机（方波电流驱动），使用转子位置反馈信号来控制换向。永磁无刷直流电机的方波磁场与方波电流之间相互作用而产生的转矩比正弦波的大，由功率器件的换向电流引起的转矩脉动也大。输入永磁同步电机的正弦波电流产生的转矩基本是恒转矩或平衡转矩。

下面主要介绍目前电动汽车常用的永磁同步电机。

2. 永磁同步电机

（1）结构　永磁同步电机的基本结构如图 4-57 所示，由定子铁心、定子绕组、转子等组成。

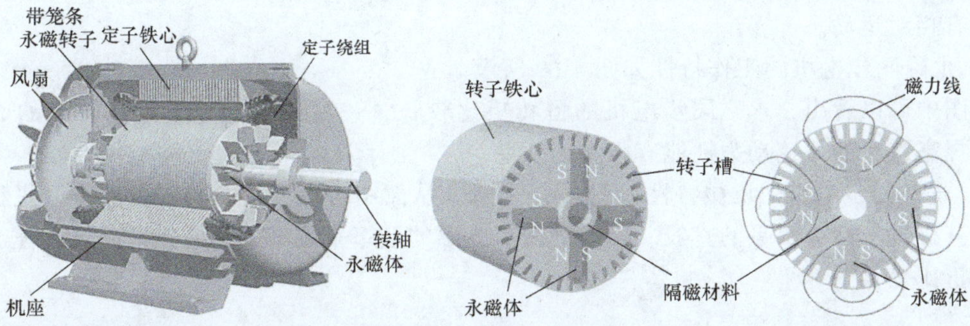

图 4-57　永磁同步电机的基本结构

永磁同步电机的转子结构分为凸装式、嵌入式和内埋式 3 种，如图 4-58 所示。凸装式和嵌入式又称为外装结构，永磁体一般使用环氧树脂直接粘在转轴上，这两种结构可使转子直径小、惯量小、电感也较小，有利于改善电机的动态性能。

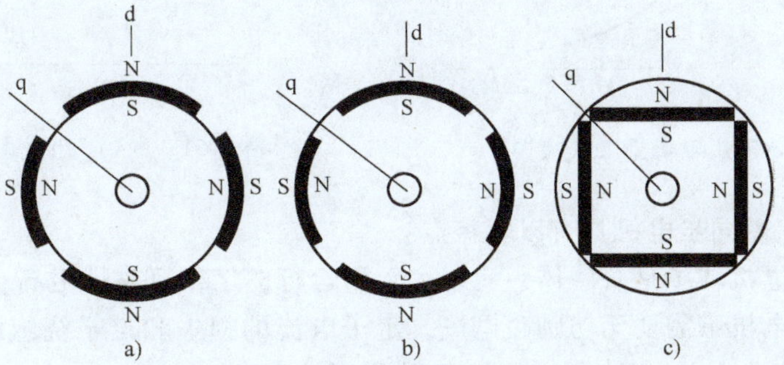

图 4-58　永磁同步电机的转子结构

a）凸装式　b）嵌入式　c）内埋式

与永磁无刷直流电机相比，两者的转子和定子结构相同，但不同于永磁无刷直流电机形成跳跃式的旋转磁场使转子转动，永磁同步电机定子绕组中输入的是三相正弦交流电，形成的是一个连续的旋转磁场。

（2）工作原理 永磁同步电机使用永磁体取代绕线转子同步电机转子中的励磁绕组，从而省去了励磁线圈、集电环和电刷，定子上绕有均匀分布的三相绕组，通以三相对称交流电，其工作原理如图4-59所示。

永磁同步电机的定子三相绕组接入三相对称交流电，产生旋转的磁场，该磁场与转子的永磁体磁场相互作用，使转子产生电磁转矩并随着定子的旋转磁场进行同步旋转。永磁同步电机的转速可表示为

$$n=n_1=\frac{60f}{p_n} \tag{4-59}$$

式中，n_1为同步转速（r/min）；f为电源频率（Hz）；p_n为电机磁极对数。

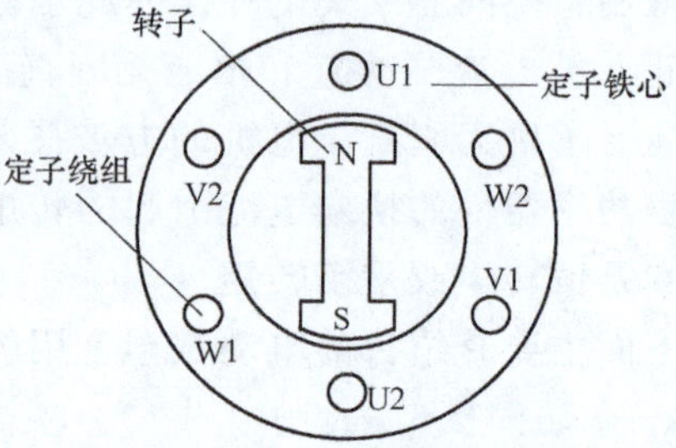

图4-59 永磁同步电机的工作原理

通过上述公式可知，电机转速n与同步转速n_1之间没有相对运动。

1）永磁同步电机的工作特性如图4-60所示。

从图中可以看出，永磁同步电机的恒转矩比较长，一直延伸到电机最高转速的50%左右，对提高汽车的低速动力性能有很大的帮助。

2）永磁同步电机的机械特性如图4-61所示。从图中可以看出，当永磁同步电机稳定运行时，其机械特性为水平的直线。当通过调节电源的频率来调节电机转速时，其转速会随着频率成正比变化。

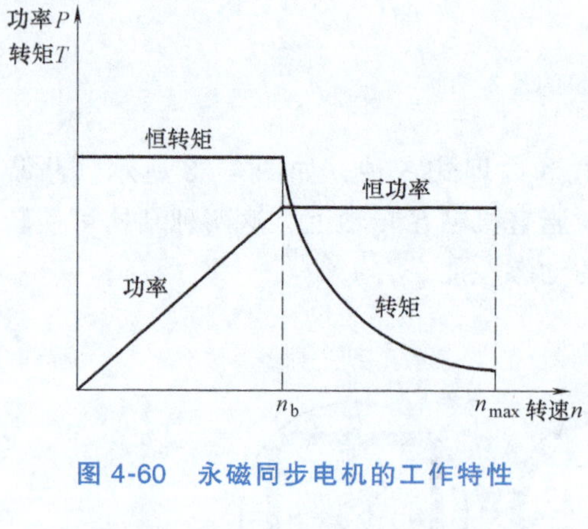

图4-60 永磁同步电机的工作特性

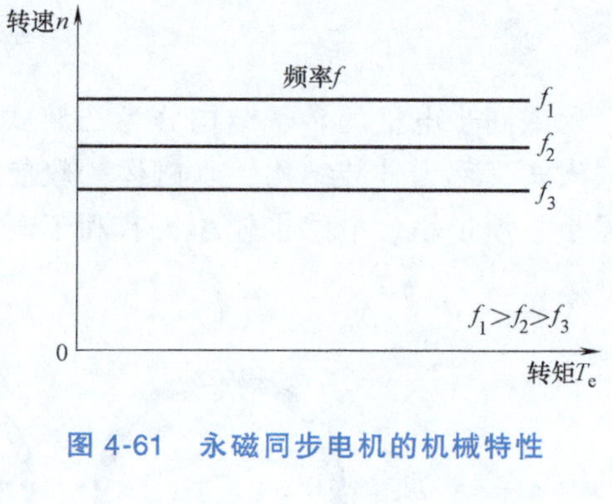

图4-61 永磁同步电机的机械特性

（3）特点 永磁同步电机具有以下特点：

1）永磁同步电机转子是永磁体，实现了无刷运行，工作可靠性更高，且结构简单。

2）永磁同步电机不需要无功励磁电流，定子电流的损失和定子绕组的铜损小，故而在很宽的功率输出范围内，电机的功率因数和效率都较高。

3）转子不需要励磁，因此电机可在很低的转速下保持同步运行，调速的范围宽。

4）永磁同步电机有较硬的机械特性，对于因负载的变化而引起的电机转矩扰动，具有较强的承受能力。

总之，永磁同步电机具有结构简单、体积小、效率高等优点，是理想的新能源汽车驱动电动机之一。它的主要缺点是制造成本高、永磁材料会有退磁效应、抗腐蚀性差，永磁材料磁场不可变等。

任务实施

1. 工作原理分析

永磁同步电机控制系统使用了如下传感器来提供电机的工作信息，包括：电流传感器，用以检测电机工作的实际电流（包括母线电流、三相交流电流）；电压传感器，用以检测供给电机控制器工作的实际电压（包括高压电池电压、蓄电池电压）；温度传感器，用以检测电机控制系统的工作温度（包括模块温度、电机控制器温度）。电机控制器对所有的输入信号进行处理，并将电机及其控制系统的运行状态信息发送给整车控制器。电机控制器内含功能诊断电路，当诊断出异常时，它将会激活一个故障码，发送给整车控制器。其控制原理如图 4-62 所示。

在电机控制系统中，电机的输出动作主要是靠电机控制器输出命令，将输入的直流电逆变成电压、频率可调的三相交流电，供给配套的永磁同步电机使用。

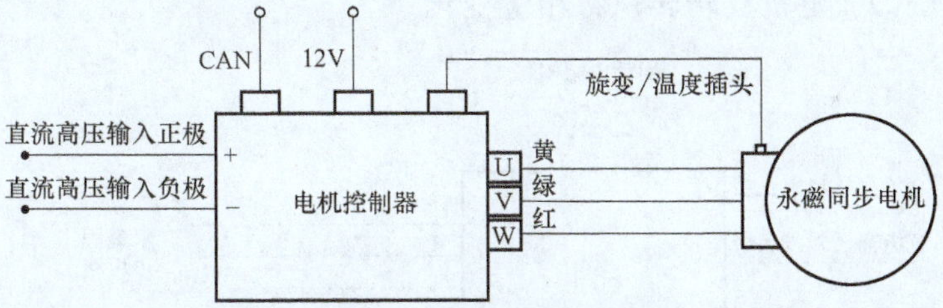

图 4-62　永磁同步电机控制原理

整车控制器根据车辆运行的不同情况（包括车速、档位、电池 SOC 值）来决定电机输出的转矩或功率。

当电机控制器从整车控制器处得到转矩输出命令时，将动力蓄电池提供的直流电转化成交流电，以使电机输出转矩驱动车辆。

当车辆在溜车或制动，电机控制器从整车控制器得到发电命令时，电机控制器将使电机处于发电状态。此时电机会将汽车动能转化成交流电，并通过电机控制器转化为直流电存储到动力蓄电池中。

（1）温度保护　当电机控制器监测到驱动电动机温度传感器显示：120℃ ≤ 温度 < 140℃时，将控制电机降功率运行；温度 ≥ 140℃时，将停机。

当电机控制器监测到散热基板温度传感器显示：85℃ > 温度 ≥ 75℃时，将控制电机降功率运行；温度 ≥ 85℃时，将停机。

（2）冷却策略　当电机控制器监测到驱动电动机温度传感器显示：45℃ ≤ 温度 < 50℃时，冷却风扇低速运转；温度 ≥ 50℃时，冷却风扇高速运转；温度降至 40℃时冷却风扇停止工作。

当电机控制器监测到散热基板温度传感器显示：80℃>温度>75℃时，冷却风扇低速运转。温度≥80℃时，冷却风扇高速运转；温度降至75℃时冷却风扇停止工作。

2. 工作过程分析

永磁同步电机实训台如图4-63所示，熟悉起停、点动、调速等控制的基本接线（图4-64），完成下面任务。

1）正向点动实验：PJ为电机控制器正向点动端子，按下按钮SB4使其与GND短接，电动机正向起动；松开按钮则停转。

2）反向点动实验：NJ为电机控制器反向点动端子，按下按钮SB5使其与GND短接，电动机反向起动；松开按钮则停转。

3）起停控制：FR为转向端子，若与GND短接，则V2端有效；与GND断开，则V1端有效。按下SB1使ST与GND短接，电动机转动，分开则停转。

4）电机转速调整：调节电位器R1，改变输入电压V1，电机正转转速将相应变化。调节电位器R2，改变输入电压V2，电机反转转速将相应变化。

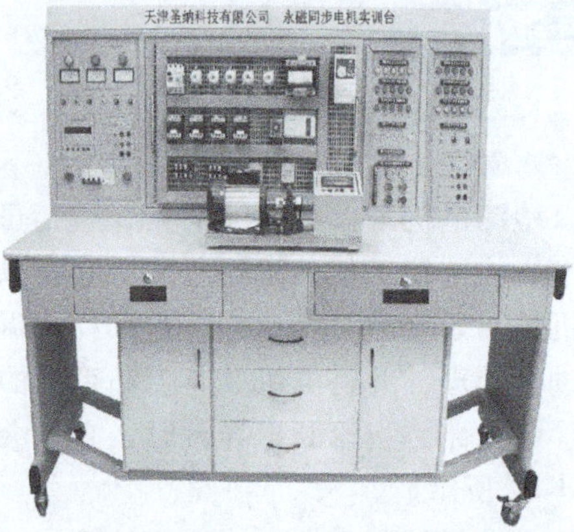

图4-63 永磁同步电机实训台

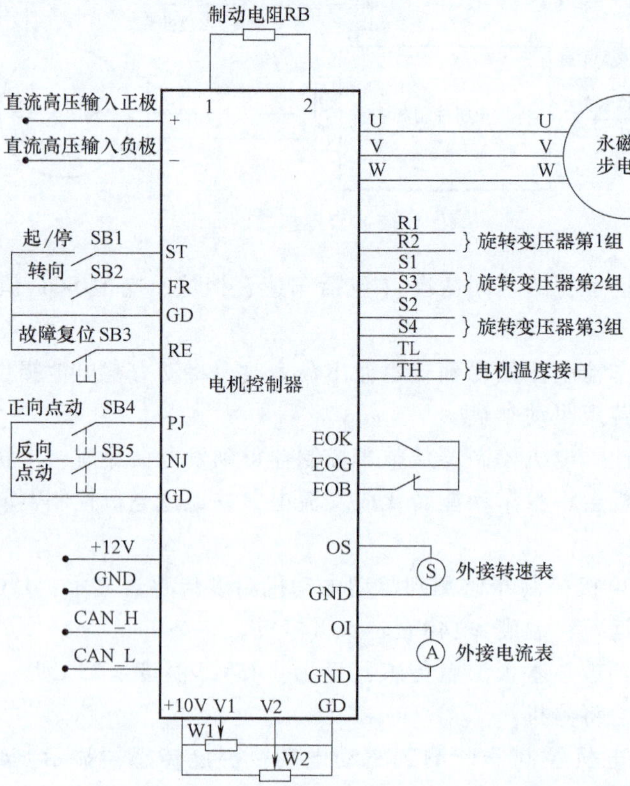

图4-64 永磁同步电机调速控制基本接线

5）CAN 调速控制：在电动汽车控制系统中，永磁同步电机控制器通过 CAN 通信线与整车控制器连接，整车控制器通过通信协议实现电机的正反转、调速、温度保护、模式切换等工作的控制。

6）旋转变压器检测转子位置：旋转变压器 R1 和 R2 为一组，S1 和 S3 为一组，S2 和 S4 为一组，共三组。当励磁绕组以一定频率的交流电励磁时，输出绕组的电压幅值与转子转角成正弦、余弦函数关系，或保持一定比例关系。

7）外接转速表与电流表：OS 为速度显示信号端子，输出电压为 0~10V，输出电流<20mA。OI 为电流显示信号端子，输出电压为 0~10V，输出电流<20mA。

8）报警继电器接线：EOK 为常开触点，EOG 为公共触点，EOB 为常闭触点。通电后电机控制器正常时，EOK 与 EOG 短路，EOB 与 EOG 断开；电机控制器故障时，EOK 与 EOG 断开，EOB 与 EOG 短路。

3. 工作评价

序号	工 作 目 标	自评	互评	师评
1	能够清楚说明永磁同步电机工作过程			
2	能够清晰描述永磁同步电机控制方法			

任务 5　步进电动机在发动机怠速控制中的应用

任务描述

发动机怠速就是汽车发动后温度上升到正常温度，发动机处于空档时稳定的最低转速。此时混合气燃烧所做的功，只是用以克服发动机的内部阻力。在使用汽车时，发动机怠速运转的时间约占 30%，怠速转速的高低直接影响燃油消耗和尾气排放。怠速过高，耗油量增加；怠速过低，发动机转速不稳，容易熄火。

在汽车上，一般利用步进电动机作为怠速控制阀的主要执行部件，实现怠速控制。步进电动机式怠速控制阀是世界上电喷发动机目前应用最多的一种怠速控制装置，它用于控制汽车进气系统旁通空气通道的开度，从而调节旁通通道的进气量，使发动机转速达到所要求的目标值。通过步进电动机式怠速控制系统分析，可以理解步进电动机的精确控制原理。

知识准备

步进电动机属于控制电机，它的使用范围非常广泛，例如，现代工业生产中的自动控制、汽车的怠速控制及随动转向前照灯控制等都经常使用步进电动机。

步进电动机是用电脉冲信号进行控制的，它将电脉冲信号转换成相应的角位移（或线位移），因此又被称为脉冲电动机。步进电动机的角位移与所接收的电脉冲个数严格成正比，因此其转速与每秒的电脉冲数成正比，在时间上与输入脉冲同步。步进电动机在脉冲信号作用下能快速起动、停转、正反转及在很宽的范围内调速。

常用的步进电动机有反应式和永磁式，反应式步进电动机结构简单，生产成本低，步距角小，但动态性能差。永磁式步进电动机输出力矩大，动态性能好，但步距角较大。步进电动机更适合被单片机控制，其控制精度高，响应速度快，可靠性高，不受电压波动和负载变化的影响。

一、步进电动机的结构

步进电动机由定子和转子两大部分组成，图4-65所示为三相反应式步进电动机的典型结构。

1. 定子

定子是用硅钢片或其他软磁材料制成的，定子上共有六个磁极，相邻两个磁极的夹角是60°，径向相对的两个磁极上的线圈串联起来组成一相绕组，三相绕组接成星形。

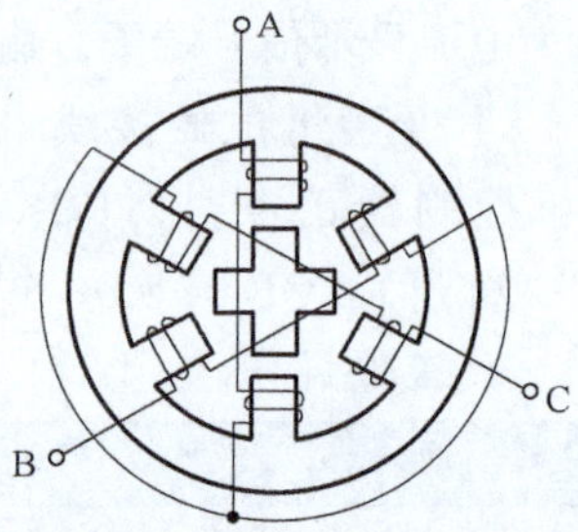

图4-65　三相反应式步进电动机的典型结构

2. 转子

如图4-66所示，转子为反应式转子，也是用硅钢片或其他软磁材料制成的。反应式转子有四个凸出的磁极，也称为转子的齿，转子上没有绕组。反应式转子是利用转子凸出的磁阻较小的磁极所产生的反应转矩来转动的。

如果将转子做成永磁式的，就成为永磁式转子。永磁式转子是利用与定子磁极之间的吸引力和排斥力产生转矩的，因此，它的输出转矩较大。

二、步进电动机的转动原理

图4-66所示为三相反应式步进电动机的工作原理。当A相绕组通电建立磁场，而B、C相绕组不通电时，由于磁通具有力图走磁阻最小路径的特点，吸引转子朝磁阻最小的方向转动，因而转子1齿和3齿的轴线与定子A相磁极轴线对齐。此时，转子的2齿和4齿在定子磁极B和C中间，如图4-66a所示。当A相绕组断电，B相绕组通电时，在B相绕组建立磁场，转子就沿逆时针方向转过30°，使2齿和4齿的轴线与B相磁极轴线对齐，如图4-66b所示。同理，当B相绕组断电，C相绕组通电时，转子又沿逆时针方向转过30°，使转子的1齿和3齿的轴线与C相磁极轴线对齐，如图4-66c所示。按此顺序不断地使各相绕组轮流通电和断电，转子就会按逆时针方向一步一步地转下去。

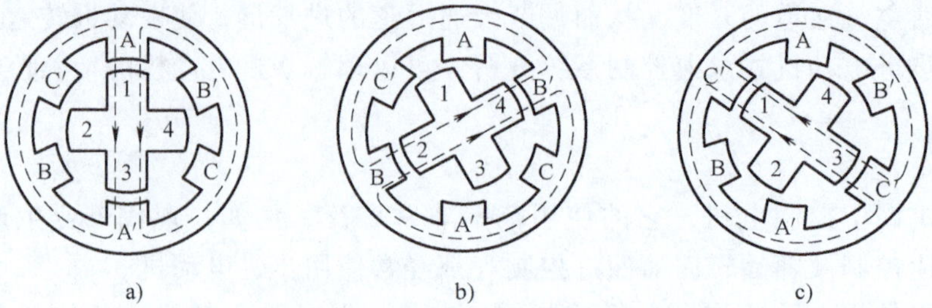

图4-66　三相反应式步进电动机的工作原理

每一步转过的角度称为步距角，用θ表示。上述运行方式的步距角$\theta=30°$。

上述过程中，如果在A相断电时，不是给B相通电而是给C相通电，在C相绕组建立的磁场作用下，转子将沿顺时针方向转过 30°，使转子的 2 齿和 4 齿的轴线与 C 相磁极轴线对齐。当 C 相绕组断电，B 相绕组通电时，转子又顺时针方向转过 30°，使转子的 1 齿和 3 齿的轴线与 B 相磁极轴线对齐。显然，按 A→C→B→A 顺序通电，转子将按顺时针方向旋转。可见，步进电动机的旋转方向由三相绕组轮流通电顺序决定。

步进电动机按上述 A→B→C→A（或 A→C→B→A）的方式运行，称为三相单三拍运行方式。“三相”是指步进电动机具有三相定子绕组；“单”是指每个通电状态只有一相绕组通电；“三拍”是指以三次切换绕组的通电状态为一个循环，第四次通电时又重复第一拍的通电状态。

目前国内外常用的小步距角的反应式步进电动机是通过增加转子齿数来实现的，其步距角可以做得很小，以满足生产实践中微量步进的需要。

任务实施

1. 工作原理分析

图 4-67 所示为步进电动机式怠速控制示意图。汽车行驶时，发动机所需的大流量空气由气缸进气行程吸入，从主空气通道经节气门通过。节气门开度越大，进入空气越多。空气进入多少由空气流量计检测得出，然后由 ECU 按空气与汽油的理想混合比例（质量比为 14.7∶1）计算出喷油量，控制喷油器喷入进气管。混合气越多，燃烧后产生的压力越大，发动机转速就越高。

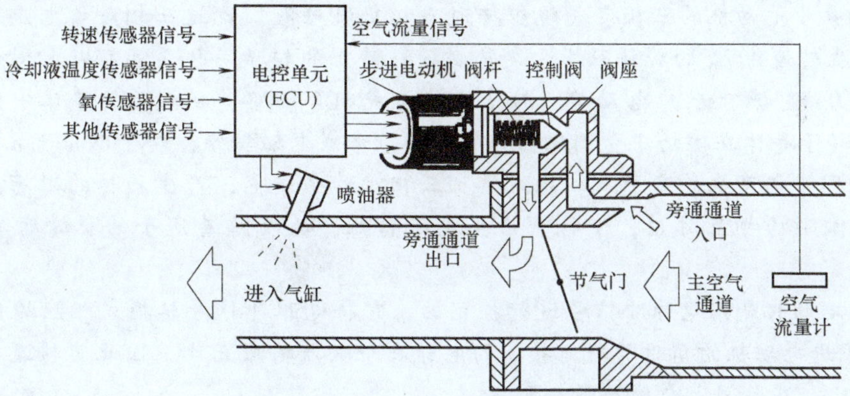

图 4-67　步进电动机式怠速控制示意图

2. 工作过程分析

当汽车暂停行驶时，节气门关闭，为了维持发动机怠速运转，发动机所需的小流量空气从旁通通道入口流入，经步进电动机式怠速控制阀从旁通通道出口流入发动机。

步进电动机式怠速控制阀由步进电动机、阀杆、控制阀和阀座组成。转子的正转或反转运动经阀杆（丝杆）转换成向前或向后的直线伸缩运动，阀杆每旋转 1 圈，伸缩 1 个螺距；控制阀与阀杆相连，为凸圆锥状；阀座为凹圆锥状。当控制阀向阀座推进时，通气横截面减小，反之通气横截面增大，从而达到控制怠速通气量的目的。

怠速控制均采用发动机转速反馈闭环控制方式，即发动机转速传感器将发动机的实际转速和目标转速进行比较，根据比较的差值确定使发动机达到目标值的控制量，并通过执行机构对发动机怠速进行校正。

3. 工作评价

序号	工 作 目 标	自评	互评	师评
1	能够说明怠速控制系统的构成			
2	能够正确说明怠速控制的应用场合			
3	能够阐述步进电动机的工作原理			
4	能够对汽车电控系统建立基本认识			

项 目 小 结

1. 汽车交流发电机基于电磁感应原理工作，通有直流电的转子在发动机带动下转动并产生旋转磁场，定子槽内嵌有三个绕组，其相位互差120°电角度，三相定子绕组相对转子切割磁力线产生三相交流电。

2. 直流电动机基于电磁力的作用原理工作，由定子和转子两部分组成。转子旋转时拖动负载旋转，同时会产生感应电动势，也称为反电动势。电磁转矩 T 和反电动势 E_a 是电动机能量转换的核心。直流电动机有四种励磁方式，汽车起动机应用直流电动机串励方式。

3. 三相异步电动机的三相定子绕组接通三相交流电源，流过三相对称电流后，能够在电动机中产生转速为 n_0 的旋转磁场。旋转磁场与静止的转子导体之间存在相对运动，转子导体切割磁力线，产生感应电动势。转子绕组自成闭合回路，在转子的导体中便有电流流过，通电的转子导体在磁场中受到磁场力的作用，形成电磁转矩，转子以转速 n 转动。

4. 永磁同步电动机的定子三相绕组接入三相对称交流电，产生旋转的磁场，该磁场与转子的永磁体磁场相互作用，使转子产生电磁转矩，从而随着定子的旋转磁场进行同步旋转。

5. 步进电动机是用电脉冲信号进行控制的，它将电脉冲信号转换成相应的角位移（或线位移）。步进电动机的角位移与所接收的电脉冲个数严格成正比，因此其转速与每秒的电脉冲数成正比，在时间上与输入脉冲同步。

【思考与练习】

4-1　汽车交流发电机由哪几部分组成？各起什么作用？

4-2　说明汽车交流发电机的输出特性、空载特性和外特性。

4-3　汽车交流发电机的输出电压是由什么决定的？若想得到稳定的输出电压，应采取何种措施？

4-4　串励式直流电动机有哪些特点？为什么汽车起动机要用串励式直流电动机？

4-5　当负载增加时，直流电动机的电磁转矩是如何平衡的？

4-6　电动机在起动的瞬间为什么电流最大？

4-7　串励式直流电动机如果空载运行会发生什么现象？

4-8　直流电动机的机械特性是表征电动机哪几个参数的关系？

4-9　说明永磁同步电机的结构与工作原理。

4-10　步进电动机的“三相单三拍”运行方式具体是指什么？

项目五 汽车数字电路的分析与应用

知识目标

- 了解数制及其之间的转换方法。
- 掌握逻辑门电路的逻辑关系和逻辑函数的表示方法。
- 掌握逻辑函数的基本化简方法。
- 理解常用组合逻辑电路的逻辑功能。
- 掌握常用触发器的逻辑功能和简单应用。
- 理解汽车中时序逻辑控制电路的工作过程。
- 理解555定时器的结构和工作原理。

技能目标

- 能够熟练地对不同进制的数制进行转换。
- 通过公式法和卡诺图法化简逻辑函数。
- 能够分析汽车数字显示电路的工作过程。
- 能够对汽车中时序逻辑控制电路的工作过程进行分析。
- 能够分析由555定时器构成的汽车主要集成电路的工作过程。

任务1 汽车数字燃油表的显示分析

任务描述

无论是汽车仪器仪表，还是车内数字显示设备，几乎都使用模拟信号和数字信号之间的转换和二进制数制与非二进制数制之间的变换。在生产、使用、维修车用仪表与显示设备的过程中熟悉掌握这些知识是非常重要的。

现代汽车的电子燃油表多采用数字式显示，其显示原理主要是通过数字信号与模拟信号的转换，其中各种数制的转换是其核心内容，本节任务希望通过学习数制的基本知识，能够自行分析如图5-1所示的数字燃油表的工作原理。

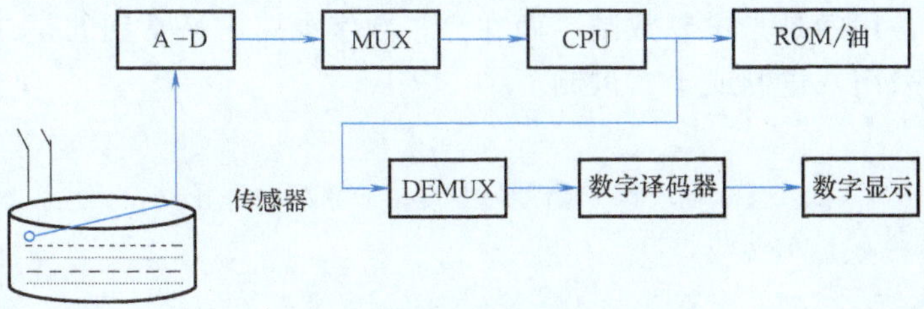

图 5-1　数字燃油表的工作原理

知识准备

一、模拟信号与数字信号

在汽车电子电路中，传递于汽车各个传感器、ECU（电控单元）和执行器之间的电信号主要有两类，一类是随着某个参数连续变化的信号，如热敏电阻式冷却液温度传感器输出的信号随着冷却液温度的变化而连续变化，这类信号称为模拟信号；而另一类信号的变化却随着某个参数的变化而呈离散状态，如光电式曲轴位置传感器的输出信号是遮光盘不断通过光电耦合器而产生的“有”或“无”的规律变化的脉冲信号，这类信号称为数字信号。

通过以上分析就可以对电子电路中的信号进行分类和定义。所谓模拟信号是指其变化无论在时间上还是幅度上都是连续的；而数字信号则是指其变化无论在时间上还是幅度上都是离散的，如图 5-2 所示。

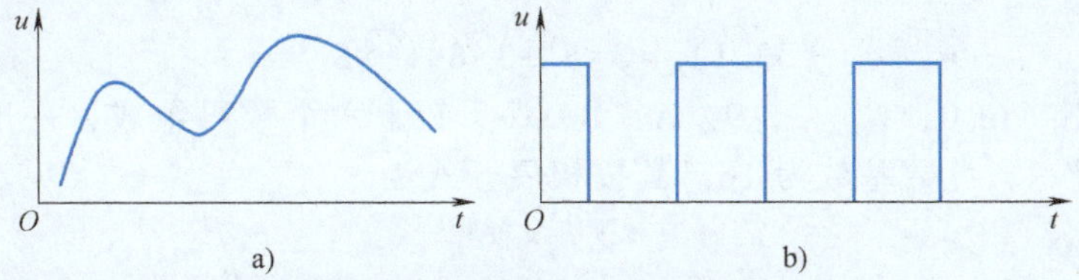

图 5-2　模拟信号与数字信号

a）模拟信号　b）数字信号

数字信号的电压大小本身并无意义，主要关注的是其是否有脉冲（电压的有无）、脉冲数量（间隔电压出现的次数）和脉冲宽度（电压持续的时间）等。在具体研究时，数字信号与模拟信号的特点不同，应用中要注意区分。汽车中常见的产生数字信号的传感器主要有曲轴位置传感器、各种光电式传感器、各种霍尔式传感器和卡门涡旋式空气流量计等。

通过分析可了解到，数字信号的特点只与电平的高低变化有关，而与大小关系不大，所以在汽车中的传递信息多以“有”或“无”“开”或“关”等相对关系出现，在数字概念中把这个关系称为二值逻辑，通常采用二进制数字的“0”和“1”来表示二值逻辑的两个状态，比如用“1”表示有电平，用“0”表示无电平。

由于数字电路处理的是状态变化，所以对于元件的精度要求不高，数字电路易于集成、成本低廉、使用方便、系统工作稳定性、可靠性及精度均较高且抗干扰能力也强于模拟电路，在各个领域中应用非常广泛。汽车中的数字电路也是随处可见，如 ECU（电控单元）、数字式显示仪表等。

二、数制

数制即指计数的方法，是指多位数码中每一位的构成方法及低位向相邻高位的进位规则。日常生活中最常用的是十进制数制，而在汽车数字电路中最常用的是二进制，对于一些较为复杂的电路也采用八进制或十六进制。

1. 常用进制

（1）十进制　由0，1，…，9十个数码组成，一般用D表示，进位规则是逢十进一，计数基数为10，其按权展开式为

$$D=\sum k_i\times 10^{i-1} \tag{5-1}$$

例如

$$(27.125)_{10}=2\times10^1+7\times10^0+1\times10^{-1}+2\times10^{-2}+5\times10^{-3}$$

所谓权指的是每一位数码所在位置的权重，不同位置具有不同的权，比如十进制数66，十位的6与个位的6表示的是不同的数量，因为他们的权不同。

（2）二进制　由0、1两个数码组成，一般用B表示，进位规则是逢二进一，计数基数为2，其按权展开式为

$$B=\sum k_i\times 2^{i-1} \tag{5-2}$$

例如

$$(11011.001)_2=1\times2^4+1\times2^3+0\times2^2+1\times2^1+1\times2^0+0\times2^{-1}+0\times2^{-2}+1\times2^{-3}$$

（3）八进制　由0，1，…，7八个数码组成，一般用O表示，进位规则是逢八进一，计数基数为8，其按权展开式为

$$O=\sum k_i\times 8^{i-1} \tag{5-3}$$

例如

$$(33.1)_8=3\times8^1+3\times8^0+1\times8^{-1}$$

（4）十六进制　由0，1，…，9，A，B，…，F十六个数码组成，一般用P表示，进位规则是逢十六进一，计数基数为16，其按权展开式为

$$P=\sum k_i\times 16^{i-1} \tag{5-4}$$

例如

$$(1B.2)_{16}=1\times16^1+B\times16^0+2\times16^{-1}$$

2. 常用数制转换

（1）十进制转换成二进制　整数部分除以2，取余数，读数从下往上；小数部分乘以2，取整数，读数从上至下。

例如

$$(27.125)_{10}=(11011.001)_2$$

本例题的十进制数包含两个部分，一个是整数部分，即27；另外一部分是小数部分，即0.125。对该数值进行十进制到二进制的转换需要分两步进行，先对整数部分进行转换，然后转换小数部分，最后把两个结果进行合并。步骤如下：

$$\begin{array}{r|l l}
2 & 27 & \text{------- 余}1=K_0 \\
2 & 13 & \text{------- 余}1=K_1 \\
2 & 6 & \text{------- 余}0=K_2 \\
2 & 3 & \text{------- 余}1=K_3 \\
2 & 1 & \text{------- 余}1=K_4 \\
 & 0 &
\end{array}$$

$$\begin{array}{r l}
 & 0.125 \\
\times & 2 \\ \hline
 & 0.25 \quad \text{------- 整数}0=K_{-1} \\
 & 0.25 \\
\times & 2 \\ \hline
 & 0.5 \quad \text{------- 整数}0=K_{-2} \\
 & 0.5 \\
\times & 2 \\ \hline
 & 1 \quad \text{------- 整数}1=K_{-3}
\end{array}$$

整数部分从下往上为：11011。

小数部分从上往下为：001。

最后结果为：11011.001。

（2）二进制转换成十进制　将二进制转换成十进制相对简单，其方法是将二进制数按权展开后，按十进制数相加。

例如

$$(11011.001)_2 = 1\times2^4+1\times2^3+0\times2^2+1\times2^1+1\times2^0+0\times2^{-1}+0\times2^{-2}+1\times2^{-3}$$
$$=(27.125)_{10}$$

三、码制

所谓码制是为了便于记忆和查找，在编制代码时所遵循的规则。由于汽车数字电路中多采用二进制数，所以主要介绍一下二进制码制。

二进制数按照一定的规律组合在一起，表示了一定的信息，这样的一组二进制数称为二进制码。用四位二进制数组成的一组代码来表示一位十进制数的代码，称为 BCD 码。最常用的 BCD 码有 8421 码、余 3 码、循环码、余 3 循环码、2421 码、5421 码和 5211 码等，见表 5-1。

表 5-1　常见 BCD 码

十　进　制	8421 码	2421 码	余 3 码
0	0000	0000	0011
1	0001	0001	0100
2	0010	0010	0101
3	0011	0011	0110
4	0100	0100	0111
5	0101	1011	1000
6	0110	1100	1001
7	0111	1101	1010
8	1000	1110	1011
9	1001	1111	1100

任务实施

一、工作原理分析

油箱内储存燃油量的多少是通过油位计指示的，并且是以数字的形式显示在显示屏上。以可变电阻式传感器作为油位传感器，通过燃油液面的浮子上升和下降来改变传感器的电阻值，从而得到不同的输出电压信号。注意此时的电压信号为连续的模拟信号，不能够直接通过数字式显示仪表显示，因此要经 A-D 转换器（模-数转换器）将模拟信号转换成离散的数字信号，再通过多路传输器（MUX）和中央处理器（CPU），计算出 ROM 中相应的油量值，最后经过数字译码器在显示屏上显示出所检测的燃油量。试分析数字燃油表的工作过程。

二、工作过程

通过燃油箱里的油位传感器获取燃油的油位信息，油位信息为模拟信号，经过模数转换后变为数字信号的形式，后经过数制的变换，经显示译码器处理后显示燃油量信息。

三、工作评价

序号	工作目标	自评	互评	师评
1	是否理解数字信号和模拟信号的区别			
2	是否能够通过信号的概念，分析数字燃油表的信号转换过程			

任务 2 汽车智能门锁控制电路的分析

任务描述

在汽车数字电路中广泛应用的主要门电路有与非门、或非门和与或非门。无论大规模集成电路多么复杂，其内部还是由这些基本门电路构成的。因此，熟悉它们的逻辑功能十分重要。汽车智能门锁的设计目的是为了防止驾驶人将钥匙忘在车内而专门设计的控制电路。门电路是构成该门锁电路的主要环节，通过若干个常用的基本门电路组成一个由解锁信号和锁止信号控制的控制系统，从而控制车门的锁启，本任务在学习和掌握基本电路的基础上，分析该门锁控制电路的逻辑功能和控制过程。图 5-3 所示为一典型的门锁控制电路。

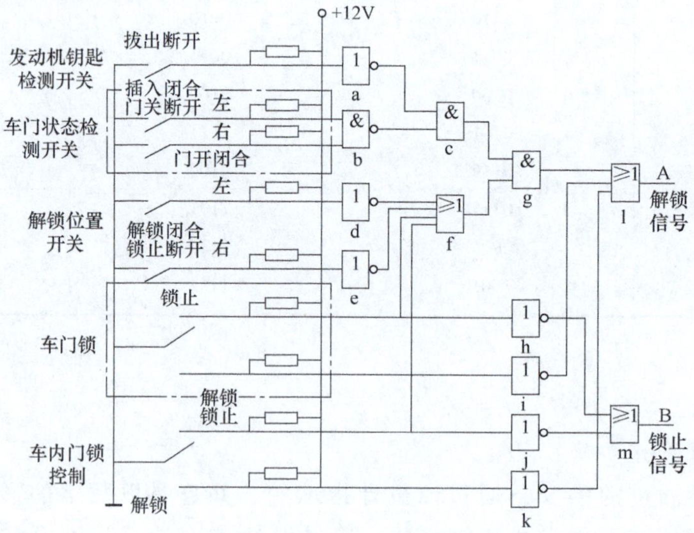

图 5-3 典型的门锁控制电路

知识准备

如上一节讲到的，汽车数字电路中的信号绝大多数采用二值逻辑，因此对于数字输入和输出信号就只有两个状态，即“0”和“1”两个对立的状态。这种输入和输出之间的关系就称为逻辑关系，用来表示和研究这种逻辑关系的数学方法就称为逻辑代数，而用来实现逻辑关系的电路就称之为逻辑门电路。常用的逻辑门电路分为与门、或门和非门三种。

一、与门电路

只有决定事情发生的全部条件同时具备时，结果才发生的逻辑关系称为逻辑与，又称逻辑乘。

如图 5-4a 所示，A 和 B 分别为电路的两个开关，而 Z 则为由开关控制的灯泡。可以判断单独闭合开关 A 或者 B，灯泡都不会发亮；只有同时闭合两个开关，灯泡才会发亮。因此可以判断电路的逻辑关系为：“只有当一件事（灯泡点亮）的几个条件（开关 A 和 B 都闭合）全部具备以后，这件事（灯泡点亮）才能发生。”这种关系就是逻辑与。其逻辑表达式为

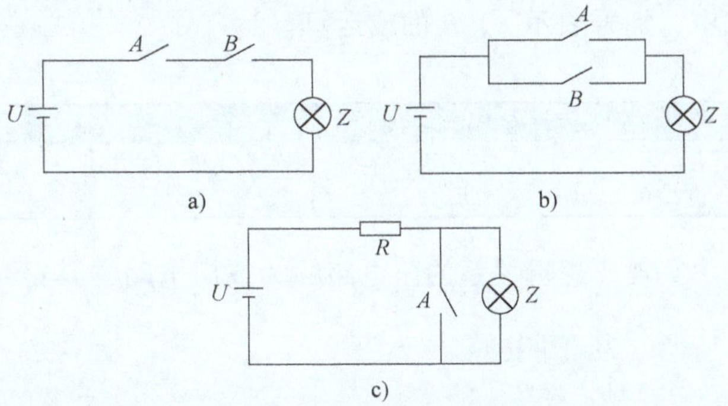

图 5-4　指示灯控制电路

$$Z=A\cdot B \tag{5-5}$$

式中，小圆点表示 A、B 的与运算。一般在不引起混淆的情况下“·”常被省略。

如果将灯泡的状态视为函数，而开关 A、B 的状态视为逻辑变量，设开关断开和灯泡不亮用“0”表示，开关闭合和灯泡亮用“1”表示，见表 5-2 所列逻辑关系。表 5-2 表征了逻辑变量的全部取值及其对应的函数值，此表称为真值表。真值表也是用来表示逻辑电路的一种常用方法。

表 5-2　与逻辑真值表

A	B	Z	A	B	Z
0	0	0	1	0	0
0	1	0	1	1	1

实现与逻辑关系的门电路称为与门电路，其符号如图 5-5a 所示，一般情况下常用二极管电路实现与门电路的逻辑关系。

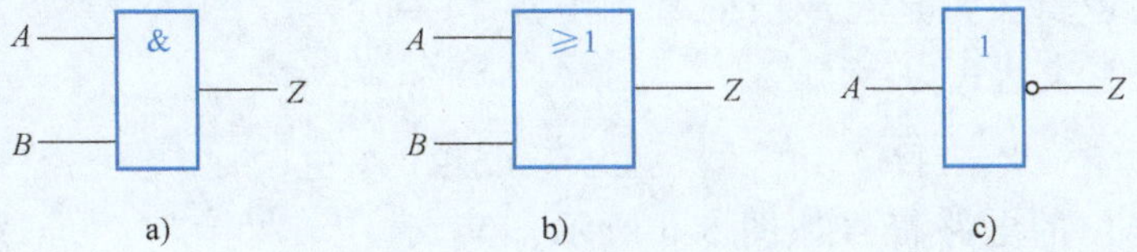

图 5-5　逻辑门电路符号

a）与门的符号　b）或门的符号　c）非门的符号

二、或门电路

只要决定事情发生的全部条件至少具备一个时，结果就发生的逻辑关系称为逻辑或，又称逻辑加。如图 5-5b 所示，只要开关 A 或者 B 任意一个闭合，或二者均闭合，则灯泡点亮；

A 和 B 全断开，则灯不亮。由此可判断该电路的逻辑关系为逻辑或。其真值表见表 5-3，逻辑关系式为

$$Z=A+B \tag{5-6}$$

式中，加号表示 A、B 的或运算。

表 5-3　或逻辑真值表

A	B	Z	A	B	Z
0	0	0	1	0	1
0	1	1	1	1	1

实现或逻辑关系的门电路称为或门电路，其符号如图 5-5b 所示。

三、非门电路

条件具备时，结果不发生，条件不具备时，结果一定发生，该逻辑关系称为非逻辑，又称逻辑求反。

如图 5-5c 所示，当开关 A 闭合时，由于灯泡被短路所以不亮；当开关 A 断开时，灯泡发亮。由此可以判断该电路是非逻辑关系。其真值表见表 5-4，逻辑关系式为

$$Z=\overline{A} \tag{5-7}$$

式中，字母 A 上面的横线表示非逻辑运算。

表 5-4　非逻辑真值表

A	Z	A	Z
0	1	1	0

实现非逻辑关系的电路称为非门电路，其符号如图 5-5c 所示。

一般情况下，常用晶体管电路实现非门电路的逻辑关系。

与门电路、或门电路和非门电路是数字电路中的三种最基本的逻辑电路，通过这三种逻辑关系的各种组合可以形成多种复合逻辑。比如：与非、或非、与或非、异或和同或等。其中与非、或非两种逻辑应用较多。

与非门表示的逻辑关系是在与门的基础上加了一个非门，其逻辑关系表达式为

$$Z=\overline{AB} \tag{5-8}$$

或非门表示的逻辑关系是在或门的基础上加了一个非门，其逻辑关系表达式为

$$Z=\overline{A+B} \tag{5-9}$$

与非门和或非门的电路符号如图 5-6 所示，其真值表见表 5-5、表 5-6。

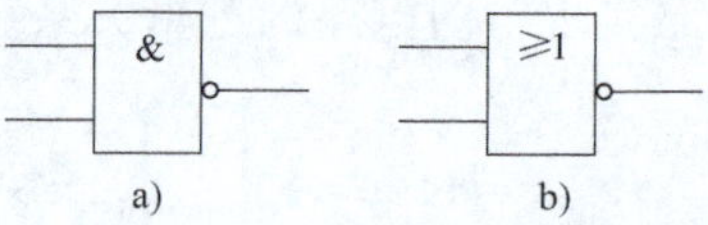

图 5-6　与非门和或非门的电路符号

a）与非门符号　b）或非门符号

表 5-5　与非门真值表

A	B	Z
0	0	1
0	1	1
1	0	1
1	1	0

表 5-6　或非门真值表

A	B	Z
0	0	1
0	1	0
1	0	0
1	1	0

四、逻辑函数的表示方法

1. 逻辑函数

设某一逻辑电路的输入逻辑变量为 $X_1,X_2,\cdots,X_n$，输出为 Y。当 $X_1,X_2,\cdots,X_n$ 的取值确定以后，相应 Y 的值也就确定下来了，则称 Y 是 $X_1,X_2,\cdots,X_n$ 的逻辑函数，记为

$$Y=f(X_1,X_2\cdots X_n) \tag{5-10}$$

逻辑变量与逻辑函数的取值都只能是 1 和 0。对于某一个逻辑电路而言，逻辑变量的取值是变化的，而逻辑函数的取值则是由逻辑关系和逻辑变量的取值共同决定的。

2. 逻辑函数表示方法

（1）真值表　真值表是描述逻辑函数各个输入变量取值组合和指出函数取值对应关系的表格，常用来表示逻辑函数的逻辑关系。

对于逻辑函数的输入变量，有 0、1 两个取值，如果有 n 个输入变量，则会相应的有 2^n 个不同的取值组合。如果将输入变量的全部取值组合和相应的输出函数一一列举出来，所组成的表格就是真值表。

【例 5-1】　请列出逻辑函数 $Y=AB+\overline{A}\,\overline{B}$ 的真值表。

解： 对于该逻辑函数，输入变量有两个，因此共有四种取值组合，把这四种取值组合分别带入表达式中进行运算，得到相应的函数值，即可得到 Y 的真值，见表 5-7。

表 5-7　例 5-1 真值表

A	B	Y	A	B	Y
0	0	1	1	0	0
0	1	0	1	1	1

除了真值表以外，还经常使用函数表达式来表示逻辑函数的逻辑关系。所谓函数表达式就是使用与、或、非等运算表示函数中各个变量之间的逻辑关系的代数式。函数表达式可以从实际逻辑问题中得出，也可以由真值表直接得出，下面介绍后一种方法。

【例 5-2】　某一个逻辑问题的真值表见表 5-8，试写出其函数表达式。

表 5-8　例 5-2 真值表

A	B	C	Y	A	B	C	Y
0	0	0	0	1	0	0	0
0	0	1	0	1	0	1	1
0	1	0	0	1	1	0	1
0	1	1	1	1	1	1	1

解： A、B、C 有四组值使 Y 为 1，分别为 011、101、110、111，按照“变量取值为 1 的写成原变量，为 0 的写成反变量”的求乘积项的原则，可得四个乘积项：$\overline{A}BC$、$A\overline{B}C$、$AB\overline{C}$、ABC。将这四个乘积项加起来所得到的就是函数 Y 的表达式，即

$$Y=\overline{A}BC+A\overline{B}C+AB\overline{C}+ABC$$

这个结果是否正确，可通过列出的真值表予以验证。

（2）逻辑图　将逻辑函数式的运算关系用对应的逻辑符号表示出来，所得到的图称为逻辑图。由于逻辑图中的逻辑符号通常表示了实现逻辑功能的具体电路器件，所以逻辑图又称为逻辑电路图。

【例 5-3】　试画出函数 $Y=AC+BD+CD$ 所对应的逻辑图。

解：A 和 C、B 和 D 及 C 和 D 之间都是与的逻辑关系，可用与门实现；AC、BD、CD 三个与项之间是或的逻辑关系，可用或门实现。因此用三个与门、一个或门即可表示 Y，如图 5-7 所示。

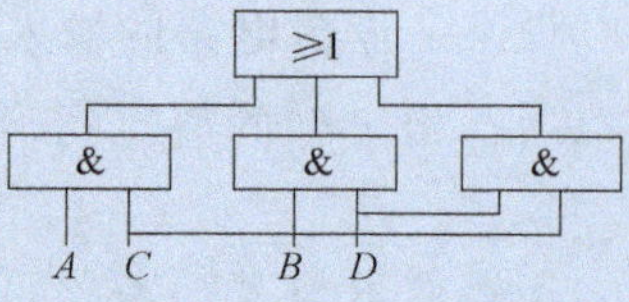

图 5-7　例 5-3 逻辑图

五、逻辑函数的化简方法

同一个逻辑函数可以写成不同形式的逻辑表达式，在实际应用中，逻辑电路的设计都是通过逻辑表达式来完成的，逻辑函数要用逻辑电路来实现。因此化简和变换逻辑函数可以使电路简化，降低成本，提高系统的可靠性。因此学习并掌握一定的逻辑函数化简方法是极其必要的。本节介绍常用的公式化简法和卡诺图化简法。

1. 公式化简法

下面介绍四种典型的利用公式化简逻辑函数的方法，读者可通过这四种方法体会逻辑函数的化简规律，如想深入学习公式法的化简方法，可参阅相关资料。

（1）并项法　利用公式 $AB+A\overline{B}=A$，把两个乘积项合并起来，消去一个变量。

【例 5-4】
$$Y=ABC+AB\overline{C}+\overline{A}B$$
$$=AB+\overline{A}B$$
$$=B$$

（2）吸收法　利用公式 $A+AB=A$，吸收掉多余的乘积项。

【例 5-5】
$$Y=\overline{AB}+\overline{A}D+\overline{B}E$$
$$=\overline{A}+\overline{B}+\overline{A}D+\overline{B}E$$
$$=\overline{A}+\overline{B}$$

（3）消去法　利用公式 $A+\overline{A}B=A+B$，消去乘积项中多余的因子。

【例 5-6】
$$Y=\overline{AB}+AC+BD$$
$$=\overline{A}+\overline{B}+AC+BD$$
$$=\overline{A}+\overline{B}+C+D$$

（4）配项消项法　利用公式 $AB+\overline{A}C+BC=AB+\overline{A}C$，在函数与或表达式中加上多余的项——冗余项，以消去更多的乘积项，从而获得最简与或式（常称之为冗余定理）。

【例 5-7】
$$Y=A\overline{C}+\overline{B}C+\overline{A}C+B\overline{C}\quad（加上乘积项\overline{A}B）$$
$$=A\overline{C}+\overline{B}C+\overline{A}C+B\overline{C}+\overline{A}B$$
$$=A\overline{C}+\overline{A}B+\overline{B}C+\overline{A}C+B\overline{C}$$
$$=A\overline{C}+\overline{A}B+\overline{B}C$$

2. 卡诺图化简法

（1）卡诺图及其相关定义　逻辑函数可以用卡诺图表示。所谓卡诺图，就是逻辑函数的一种图形表示。对 n 个变量的卡诺图来说，有 2^n 个小方格组成，每一小方格代表一个最小项。在卡诺图中，几何位置相邻（包括边缘、四角）的小方格在逻辑上也是相邻的。

最小项的定义：在 n 个变量的逻辑函数中，如乘积项中包含了全部变量，并且每个变量在该乘积项中或以原变量或以反变量的形式但只出现一次，则该乘积项就定义为该逻辑函数的最小项。通常用 m 表示最小项，其下标为最小项的编号。编号的方法是：最小项的原变量取 1，反变量取 0，则最小项取值为一组二进制数，其对应的十进制数便为该最小项的编号。如最小项 $\overline{A}\,\overline{B}\,\overline{C}$ 对应的变量取值为 000，它对应十进制数为 0。因此，最小项 $\overline{A}\,\overline{B}\,\overline{C}$ 的编号为 m_0，如最小项 $\overline{A}\,\overline{B}\,\overline{C}$ 的编号为 m_4，其余最小项的编号以此类推。对于最小项有如下的基本性质：

1）对于任意一个最小项，只有一组变量取值使它的值为 1，而其余各种变量取值均使它的值为 0。

2）不同的最小项，使它的值为 1 的那组变量取值也不同。

3）对于变量的任一组取值，全体最小项的和为 1。

图 5-8 分别为二变量、三变量和四变量卡诺图。在卡诺图的行和列分别标出变量及其状态。变量状态的次序是 00，01，11，10，而不是二进制递增的次序 00，01，10，11。这样排列是为了使任意两个相邻最小项之间只有一个变量改变（即满足相邻性）。小方格也可用二进制数对应于十进制数编号，如图中的四变量卡诺图，也就是变量的最小项可用 m_0，m_1，m_2，……来编号。

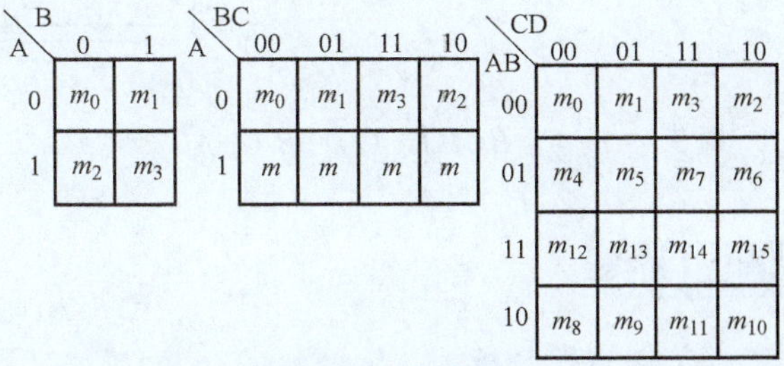

图 5-8　卡诺图

（2）卡诺图化简方法　应用卡诺图化简逻辑函数时，先将逻辑式中的最小项（或逻辑状态表中取值为 1 的最小项）分别用 1 填入相应的小方格内，其他的则填 0 或空着不填。如果逻辑式不是由最小项构成，一般应先化为最小项或将其列出逻辑状态表后填写。

1）一个正确卡诺圈的要求：

① 画在一个卡诺圈内的 1 方格数必须是 2^m 个（m 为大于等于 0 的整数）。

② 画在一个卡诺圈内的 2^m 个 1 方格必须排列成方阵或矩阵。

③ 一个卡诺圈内的 1 方格必须是对称相邻的。

2）利用卡诺图化简逻辑函数的步骤：

① 找没有相邻项的独立 1 方格，单独画圈。

② 找只能按一条路径合并的两个相邻方格，画圈。

③ 找只能按一条路径合并的四个相邻方格，画圈。

④ 找只能按一条路径合并的八个相邻方格，画圈。

⑤ 依此类推，若还有 1 方格未被圈，找合适的圈画出。

【例5-8】 化简 $Y_1=\overline{A}\,\overline{B}\,\overline{C}+\overline{A}\,\overline{B}\,C+\overline{A}BC+A\,\overline{B}\,\overline{C}$

解：

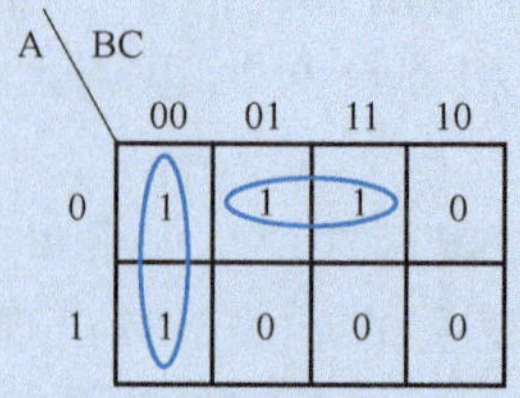

图5-9　例5-8Y_1化简图

则有：$Y_1=\overline{A}\,C+\overline{B}\,\overline{C}$

化简　$Y_2=\sum m$（0，3，4，5，12，13，14，15）

解：

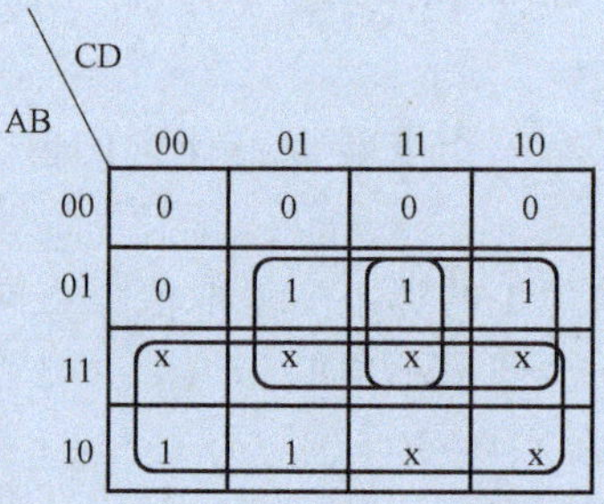

图5-10　例5-8Y_2化简图

则有：$Y_2=\overline{A}\,\overline{B}CD+\overline{A}\,\overline{C}\,\overline{D}+B\,\overline{C}+AB$

任务实施

1. 工作原理分析

本任务通过逻辑门电路的基本功能，进而控制门锁的控制信号，分为车辆在正常开关车门、车门未关好、钥匙遗忘在车内三种情况。电路中通过逻辑门电路控制，以发动机钥匙拔插、车门开关、车门锁的锁止与解锁三种信号状态为输入，通过门电路输出锁止信号和解锁信号对车门进行控制，所有环节均为高电平有效。

2. 工作过程分析

（1）正常情况　门锁控制电路如图5-3所示。

当驾驶人拔出发动机钥匙，准备锁车时，发动机钥匙检测开关断开，非门a输入高电平、输出低电平，与门c、e均输出低电平，控制解锁信号A的或门f状态由车门锁或车内门锁控制开关对其实现控制。

当车门锁插入钥匙锁车时，钥匙旋向锁止位置时，非门h输入低电平，输出高电平，控制锁止信号的或门m输出高电平，发出锁止信号B。当车门钥匙转向解锁位置时，非门i输入低电平，输出高电平，控制解锁信号的或门1输出高电平，发出解锁信号A。

当车门内锁控制开关置于锁止或解锁位置时，开关被扳向锁止或解锁位置时，或门m和或门1也会发出相应的锁止信号B和解锁信号A。

（2）车门未关好情况　准备锁车时，在由车门位置检测开关提供闭合信号的控制过程中，因为车门位置检测开关中必有一个闭合状态，与非门 b 有一个输入为低电平，所以输出为高电平，相应的使与门 c、d 均输出高电平，控制或门 1 输出高电平，发出解锁信号 A，使得车门无法锁止，提醒驾驶人车门未关好。解锁时，如果出现解锁装备未能到位的情况，开关则断开，解锁检测开关输入为高电平，非门 c、d 中有一个输出为低电平，与非门 f 输出为高电平，与门 g 输出为高电平，或门 1 输出为高电平，发出解锁信号 A，使解锁过程完全到位。

（3）钥匙遗忘车内情况　当驾驶人准备锁车时，此时发动机的钥匙检测开关处于闭合状态，非门 a 输入低电平、输出高电平，与门 c、d 输出均为高电平，或门 1 输出高电平，发出解锁信号 A，车门不能锁止，即提醒驾驶人钥匙遗忘车内。

3. 工作评价

序号	工作目标	自评	互评	师评
1	是否理解与门电路、或门电路、非门电路的逻辑功能			
2	是否理解与非门和或非电路的逻辑功能			
3	是否理解与或非门电路的逻辑功能			

任务 3　汽车数字显示仪表的功能分析

任务描述

能够分析车用仪表集成电路的基本功能，并且通过分析了解汽车组合逻辑电路的逻辑功能，认识汽车仪表专用显示集成电路 LM3914。图 5-11 所示为 LM3914 引脚图。

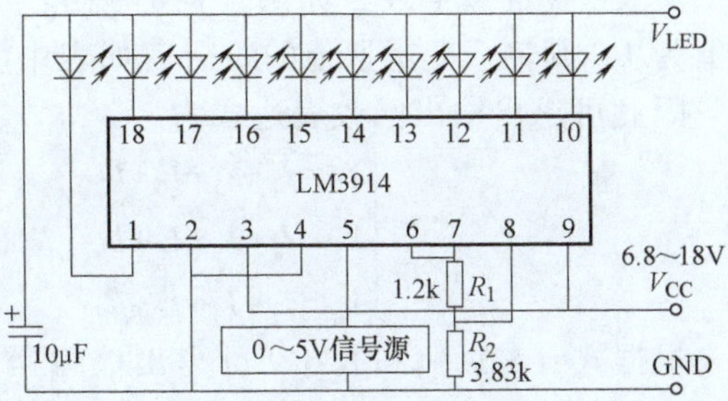

图 5-11　LM3914 引脚图

知识准备

在数字电路中，根据电路逻辑功能的不同特点，可将逻辑电路分成两大类，一类称为组合逻辑电路（简称组合电路），另一类称为时序逻辑电路（简称时序电路）。所谓组合逻辑电路，就是指任意时刻的输出仅取决于该时刻的输入，而与电路原来的状态无关。组合逻辑电路的应用非常广泛，汽车中所使用的集成电路也有多数属于组合逻辑电路，因此本节以最基本的几种组合逻辑电路如编译码器、数据选择和分配器等为例，介绍组合逻辑电路的基本原理及工作过程。

一、编码器

在数字电路中，将特定含义的输入信号编成不同输出代码的组合电路称为编码器。目前常使用的编码器分为普通编码器和优先编码器两类。现以二进制编码器为例进行介绍。

1. 二进制普通编码器

将输入信号编成二进制代码的组合逻辑电路称为二进制编码器。由于 n 位二进制代码有

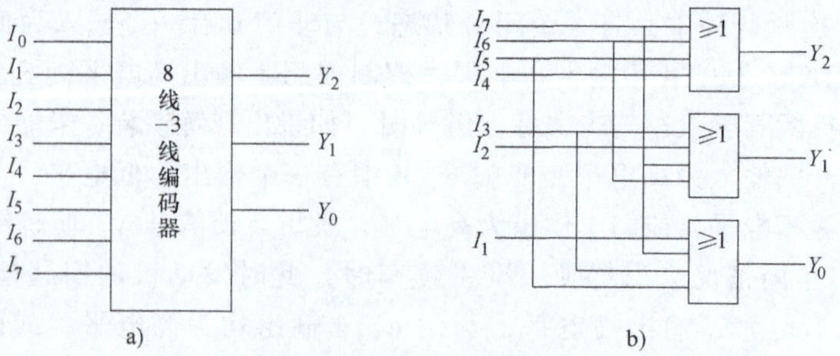

图 5-12　3 位二进制编码器

2^n 个取值组合，可表示 2^n 个信息，所以输出 n 位代码的二进制编码器有 2^n 个输入信号端。

图 5-12a 所示的是一个 3 位二进制编码器，有 8 个高电平信号输入端 $I_0 \sim I_7$，代表 8 个信号。当某一个信号为高电平时，电路为其编码。3 个输出端分别为 Y_2、Y_1、Y_0，为代码输出。因该电路有 8 个输入端和 3 个输出端，所以称为 8 线-3 线编码器。输出与输入的对应关系由表 5-9 给出。

表 5-9　3 位二进制编码器真值表

I_0	I_1	I_2	I_3	I_4	I_5	I_6	I_7	Y_2	Y_1	Y_0
1	0	0	0	0	0	0	0	0	0	0
0	1	0	0	0	0	0	0	0	0	1
0	0	1	0	0	0	0	0	0	1	0
0	0	0	1	0	0	0	0	0	1	1
0	0	0	0	1	0	0	0	1	0	0
0	0	0	0	0	1	0	0	1	0	1
0	0	0	0	0	0	1	0	1	1	0
0	0	0	0	0	0	0	1	1	1	1

见表 5-9 的真值表，如果任何时刻 $I_0 \sim I_7$ 当中仅有一个取值为 1，则输入变量取值的组合就如表中所列的 8 种状态。

因此可求出输出函数表达式为

$$\begin{cases} Y_2 = I_4 + I_5 + I_6 + I_7 \\ Y_1 = I_2 + I_3 + I_6 + I_7 \\ Y_0 = I_1 + I_3 + I_5 + I_7 \end{cases} \tag{5-11}$$

根据式（5-11）和表 5-9 可得出该编码器的电路图如图 5-12b 所示。

当任何一个输入信号为高电平时，3 个输出端的取值对应 1 个 3 位二进制码，如 I_3 为 1，其余输入端子为低电平时，输出代码为 011。

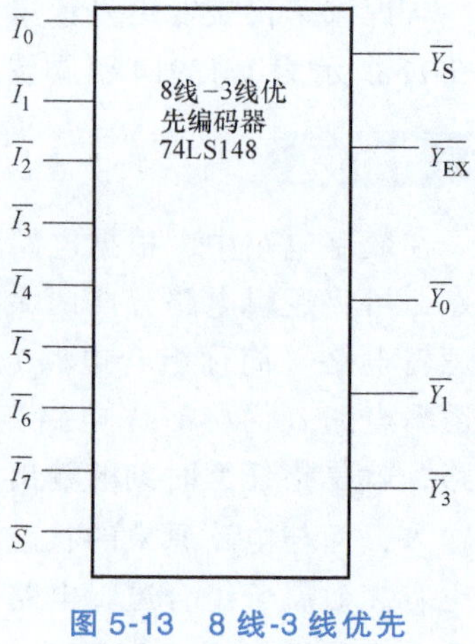

图 5-13　8 线-3 线优先编码器 74LS148

2. 二进制优先编码器

在优先编码器中，多个输入端同时有信号时，电路只对优先权最高的输入信号进行编码。它不对输入信号提出严格要求，使用可靠、方便，所以获得了广泛的应用。

图 5-13 给出了一个 8 线-3 线优先编码器 74LS148。$\overline{I_0} \sim \overline{I_7}$ 为输入信号端，$\overline{S}$ 端为控制端，$\overline{Y_2}$、$\overline{Y_1}$、$\overline{Y_0}$ 为编码器输出端，$\overline{Y_S}$ 为选通输出端，$\overline{Y_{EX}}$ 为扩展输出端，$\overline{Y_S}$、$\overline{Y_{EX}}$ 用于扩展编码器功能。

该编码器的真值表见表 5-10。当 $\overline{I_7}=0$ 时，不管其他输入端有无信号，编码器只对 $\overline{I_7}$ 的输入信号进行编码，即$\overline{Y_2Y_1Y_0}=000$；$\bar{I}_7=1$、$\bar{I}_6=0$ 时，编码器只对 $\bar{I}_6$ 输入信号编码，即 $\overline{Y_2Y_1Y_0}=001$；以此类推。输入、输出均为低电平有效。$\bar{I}_0\sim\bar{I}_7$ 具有不同的优先权，$\bar{I}_7$ 优先权最高、$\bar{I}_0$ 优先权最低。

表 5-10　8 线-3 线优先编码器 74LS148 真值表

$\bar{S}$	$\bar{I}_0$	$\bar{I}_1$	$\bar{I}_2$	$\bar{I}_3$	$\bar{I}_4$	$\bar{I}_5$	$\bar{I}_6$	$\bar{I}_7$	$\bar{Y}_2$	$\bar{Y}_1$	$\bar{Y}_0$	$\bar{Y}_S$	$\bar{Y}_{EX}$
1	×	×	×	×	×	×	×	×	1	1	1	1	1
0	1	1	1	1	1	1	1	1	1	1	1	0	1
0	×	×	×	×	×	×	×	0	0	0	0	1	0
0	×	×	×	×	×	×	0	1	0	0	1	1	0
0	×	×	×	×	×	0	1	1	0	1	0	1	0
0	×	×	×	×	0	1	1	1	0	1	1	1	0
0	×	×	×	0	1	1	1	1	1	0	0	1	0
0	×	×	0	1	1	1	1	1	1	0	1	1	0
0	×	0	1	1	1	1	1	1	1	1	0	1	0
0	0	1	1	1	1	1	1	1	1	1	1	1	0

当控制端 $\bar{S}=1$ 时编码器被封锁，输出皆为高电平；$\bar{S}=0$ 时，编码器正常工作。当 $\bar{S}=0$ 时，只有 $\bar{I}_0\sim\bar{I}_7$ 均为 1（无信号输入）的情况下，才使 $\bar{Y}_S=0$。因此，$\bar{Y}_S$ 的低电平输出表示“电路工作，但无编码输入”。用两片 74LS148 串联使用时，将高位片的 $\bar{Y}_S$ 和低位片的 $\bar{S}$ 相连，在高位片无信号输入的情况下，启动低位片正常工作；只要高位片有信号输入，$\bar{Y}_S$ 就为高电平，封锁低位片编码器。利用 $\bar{Y}_S$、$\bar{S}$ 可形成多个编码器优先级排队。

当控制端 $\bar{S}=0$ 时，只要输入端有信号输入，则 $\bar{Y}_{EX}=0$；如果无信号输入，则 $\bar{Y}_{EX}=1$。因此 $\bar{Y}_{EX}$ 的低电平输出信号表示“电路工作，而且有编码输入”。同时在多片编码器串接应用中可利用这一端作输出位的扩展端。

【例 5-9】　试用两片 74LS148 实现一个 16 线-4 线优先编码器。将$\overline{A_{15}}\sim\overline{A_0}$作为 16 个输入信号，低电平信号有效，1111~0000 为输出代码范围。要求$\overline{A_{15}}$优先级最高。

解：74LS148 有 8 个编码输入，故 16 个输入信号可分别接在两片上。将$\overline{A_{15}}\sim\overline{A_8}$ 8 个优先权高的输入信号接到前一片的 $\bar{I}_7\sim\bar{I}_0$ 8 个输入端，而将$\overline{A_7}\sim\overline{A_0}$ 8 个优先权低的输入信号接到后一片的 $\bar{I}_7\sim\bar{I}_0$ 8 个输入端。

根据优先权的要求，只有当 $\bar{I}_{15}\sim\bar{I}_8$ 无信号输入时才能对 $\bar{I}_7\sim\bar{I}_0$ 输入信号进行编码。因此将前一片的 $\bar{Y}_S$ 作为后一片的选通输入端信号 $\bar{S}$ 即可。

此外，当前一片有编码信号输入时，它的 $\bar{Y}_{EX}=0$，无编码信号输入时 $\bar{Y}_{EX}=1$，正可利用它作为输出编码的第四位，用以区分 8 个优先权高的输入信号和 8 个优先权低的输入信号的编码。编码输出的低三位为前后两片相应输出端的逻辑或关系。

图 5-14 所示为通过分析得到的 16 线-4 线优先编码器的逻辑图。

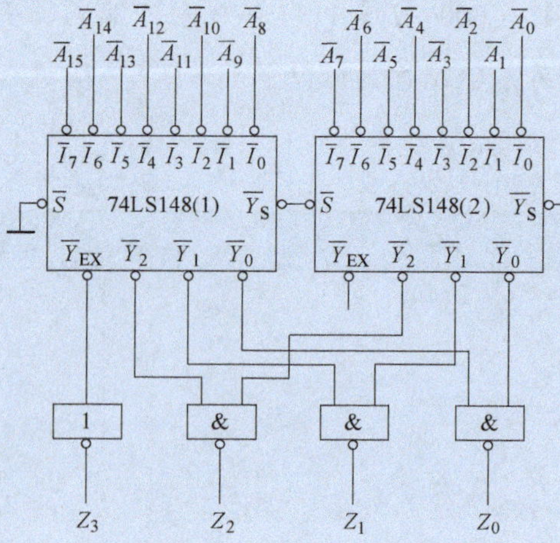

图 5-14 例 5-9 逻辑电路图

二、译码器

译码器是编码器的反操作，是将每个输入的二进制代码译成对应的高、低电输出平信号。

1. 二进制译码器

二进制译码器的输入是一组二进制代码，输出是一组与输入代码一一对应的高、低电平信号。图 5-15 所示是一个 3 线-8 线译码器 74LS138，A_2、A_1、A_0 是三个输入端，输入 3 位二进制代码，$\overline{Y}_7 \sim \overline{Y}_0$ 是译码器输出端，S_1、$\overline{S_2}$、$\overline{S_3}$是三个附加控制端。当 $S_1=1$、$\overline{S_2}+\overline{S_3}=0$ 时，译码器处于工作状态。否则译码器被禁止，所有输出端都被封锁在高电平，真值表见表 5-11。同时，这三个控制端也被称为片选输入端，利用片选的作用可以将多片译码器连接起来以扩展译码器的功能。

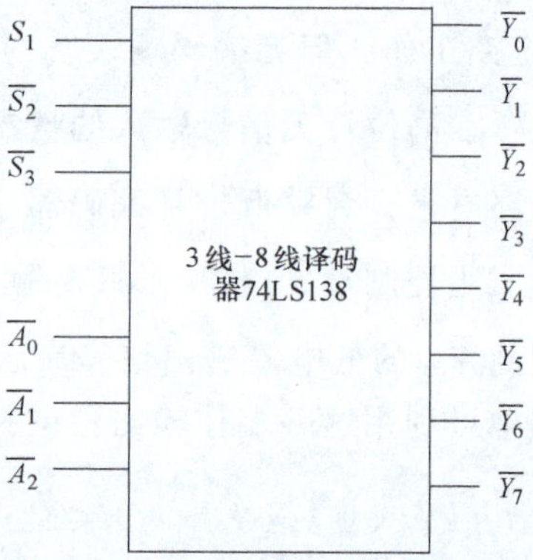

图 5-15 3 线-8 线译码器 74LS138

表 5-11 3 线-8 线译码器 74LS138 的真值表

S_1	$\overline{S}_2+\overline{S}_3$	A_2	A_1	A_0	$\overline{Y}_0$	$\overline{Y}_1$	$\overline{Y}_2$	$\overline{Y}_3$	$\overline{Y}_4$	$\overline{Y}_5$	$\overline{Y}_6$	$\overline{Y}_7$
0	×	×	×	×	1	1	1	1	1	1	1	1
1	1	×	×	×	1	1	1	1	1	1	1	1
1	0	0	0	0	0	1	1	1	1	1	1	1
1	0	0	0	1	1	0	1	1	1	1	1	1
1	0	0	1	0	1	1	0	1	1	1	1	1
1	0	0	1	1	1	1	1	0	1	1	1	1
1	0	1	0	0	1	1	1	1	0	1	1	1
1	0	1	0	1	1	1	1	1	1	0	1	1
1	0	1	1	0	1	1	1	1	1	1	0	1
1	0	1	1	1	1	1	1	1	1	1	1	0

2. 显示译码器

在数字系统中，常常将数字、文字和符号的二进制编码翻译成人们习惯的直观形式显示出来以便查看，如汽车多媒体设备的显示单元或者汽车数字显示仪表盘等。而数字显示电路一般由译码器、驱动器和显示器等组成。译码器和驱动器集成在一起，用以驱动显示器，这种译码器就称为显示译码器。常用的显示译码器是驱动七段数码管的 BCD 七段字符译码器。

七段半导体数码管是由七段独立的发光二极管组成的，通过这七段独立的发光二极管的不同点亮组合，来显示 0~9 这 10 个不同的数字。图 5-16 是一个半导体数码管的外形图和等效电路图。

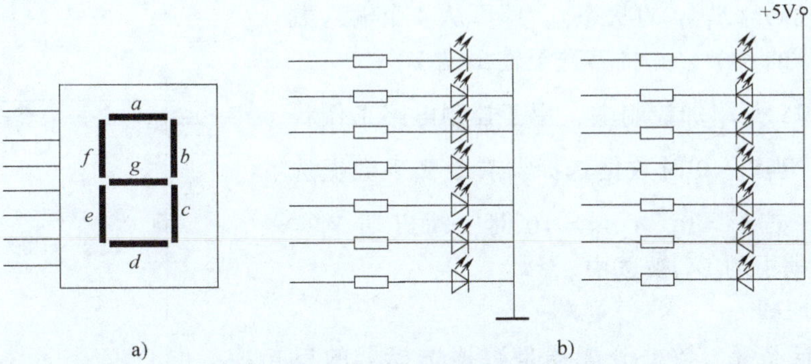

图 5-16　半导体数码管

a）外形图　b）等效电路图

如图 5-16b 所示，发光二极管七段显示器分为共阳极接法和共阴极接法两种。译码器输出高电平驱动显示器时，选用共阴极接法的发光二极管显示器；译码器输出低电平驱动显示器时，选用共阳极接法的发光二极管显示器。

七段字符显示译码器属于代码变换类的组合逻辑电路，它的输入是 8421BCD 码，输出是由七位二进制数构成的一种代码，这种代码的组成无明显规律，无须记忆。如果以 4 位二进制代码为显示译码器的输入，以 7 位二进制代码为输出，并规定用 1 表示数码管中线段的点亮状态，用 0 表示线段的熄灭状态。根据字形的要求可得出其真值表，见表 5-12。

表 5-12　BCD-七段显示译码器真值表

A_3	A_2	A_1	A_0	Y_a	Y_b	Y_c	Y_d	Y_e	Y_f	Y_g	数字
0	0	0	0	1	1	1	1	1	1	0	0
0	0	0	1	0	1	1	0	0	0	0	1
0	0	1	0	1	1	0	1	1	0	1	2
0	0	1	1	1	1	1	1	0	0	1	3
0	1	0	0	0	1	1	0	0	1	1	4
0	1	0	1	1	0	1	1	0	1	1	5
0	1	1	0	0	0	1	1	1	1	1	6
0	1	1	1	1	1	1	0	0	0	0	7
1	0	0	0	1	1	1	1	1	1	1	8
1	0	0	1	1	1	1	0	0	1	1	9

表中给出了七段译码显示器显示数字 0~9 十个数字时，对应的 BCD 代码状态和 a~g 状态的对应关系。

三、数据选择器与数据分配器

数据选择器是从多路数据中选择一路数据，送到唯一通道上的组合逻辑电路。数据选择器又称为多路选择器，简称 MUX；数据分配器则是将从一个数据源来的数据送到多个不同通道上去的组合逻辑电路。

1. 数据选择器

图 5-17 所示是一个双四选一数据选择器 74LS153。它由两个相同的四选一数据选择器构成，并有公共地址输入端，而数据输入端和输出端是各自独立的。通过不同的地址代码（A_1A_0 的状态），即可从 4 个输入数据中选出所需要的一个，并将其送至输出端 Y。

图中的$\overline{S_1}$和$\overline{S_2}$是附加控制端，用于控制电路工作状态和扩展功能。当$\overline{S_1}=0$ 时数据选择器有效实现数据选择功能。比如，若 $\overline{S_1}=0$、$A_1A_0=10$ 时，输出端 $Y_1=D_{12}$，故输入数据中的 D_{12} 被选中。

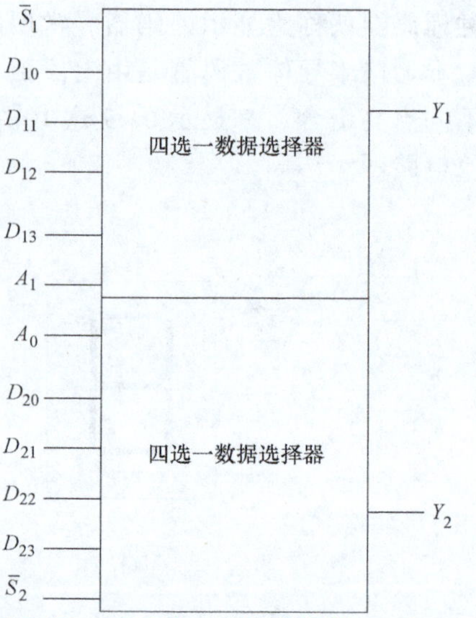

图 5-17 双四选一数据选择器 74LS153

2. 数据分配器

从逻辑功能上看，数据分配器是数据选择器的反向应用。它是把一个输入数据有选择地分配给输出端的某一路的组合逻辑电路。因此，数据分配器有一个数据输入端，多个输出端，另外还有地址选择输入端和选通控制端。

图 5-18 所示为一个数据分配器的示意图和 74LS138 数据分配器。A_2、A_1、A_0 是地址输入端；$\overline{Y}_0 \sim \overline{Y}_7$ 为数据输出端。将 S_1 接高电平，$\overline{S}_3$ 接低电平，$\overline{S}_2$ 作为数据输入端。若 $A_2A_1A_0=000$，则$\overline{Y_0}=\overline{S_2}$，即数据分配到 $\overline{Y}_0$ 数据输出端；若 $A_2A_1A_0=111$，则$\overline{Y_7}=\overline{S_2}$，即数据分配到 $\overline{Y}_7$ 数据输出端。

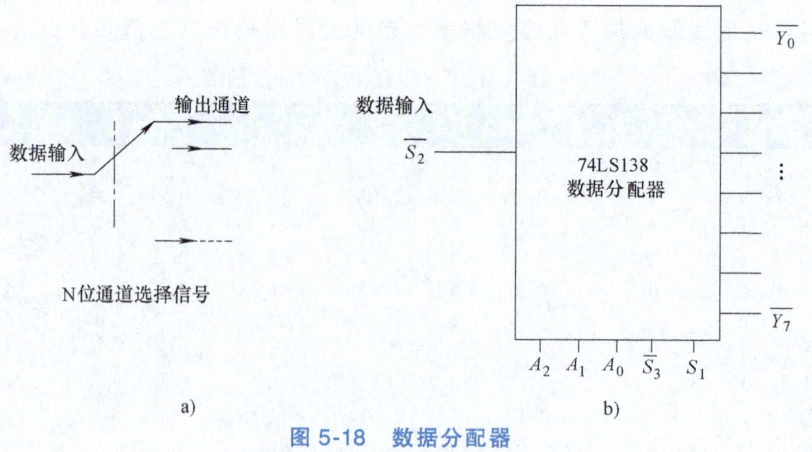

图 5-18 数据分配器

a）数据分配示意图 b）74LS138 数据分配器

任务实施

1. 工作过程分析

通过小组验证以下分析的结论：1 脚，10～18 脚为输出端，2 脚为电源电压，即接地；3

脚为电源电压端，即电源；5 脚为输入脚。当输入端电压逐渐增大时，10 个 LED 逐次点亮；9 脚为模式选择端，当 9 脚与电源接通时，LED 为线模式显示；9 脚悬空时，LED 为点模式显示；LM3914 电源电压为 3~20V，5 脚输入电压比电源电压底 1.5V。

2. 工作评价

序号	工作目标	自评	互评	师评
1	是否能够理解组合逻辑电路的特点及功能			
2	是否能够利用组合逻辑电路的知识分析汽车显示仪表电路的工作			

任务 4　集成 555 定时器构成的刮水器控制器分析

任务描述

该任务完成对集成 555 定时器构成的刮水器控制器的认识，汽车刮水器的设计，很多是通过采用数字电路中的 555 定时器进行控制的。图 5-19 所示，就是一个由 555 定时器构成的刮水器间歇控制电路的基本构成，通过学习，能够对其工作过程进行详细的分析。

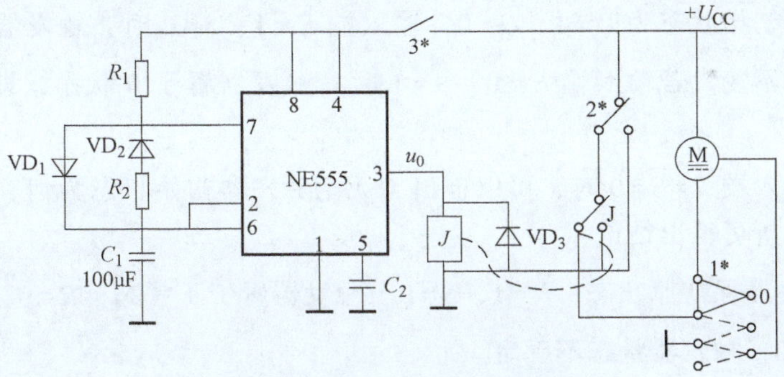

图 5-19　刮水器 555 间歇控制电路

知识准备

数字电路研究的基本工作信号是二进制数字信号，它只有 0 和 1 两个基本数字。触发器就是用来存放这种数字信号的基本单元，它具有 0 和 1 两个基本稳定状态，并且能够接收、保存和输出从输入端来的信号。常用的触发器按其工作稳定状态可以分成双稳态触发器、单稳态触发器和无稳态触发器等；按其功能可分为 RS 触发器、JK 触发器、D 触发器、T 触发器等。这几种触发器在汽车时序逻辑数字电路中经常使用，其中以 RS 触发器和 D 触发器应用最多。

一、常用触发器

1. 基本 RS 触发器

基本 RS 触发器是各种触发器中电路结构最简单的一种，也是许多复杂触发器的组成部分。其结构由两个与非门 G_1、G_2 构成，如图 5-20a所示。

图中 Q 和 $\overline{Q}$ 是它的两个逻辑关系互补的输出端，并且定义 $Q=1$、$\overline{Q}=0$ 为触发器的 1 状态，$Q=0$、$\overline{Q}=1$ 为触发器的 0 状态。两个输入端 $\overline{R}$ 和 $\overline{S}$ 分别称为复位端（置 0 端）和置位端（置 1 端）。该触发器低电平输入有效。图 5-20b 所示为基本 RS 触发器的符号。

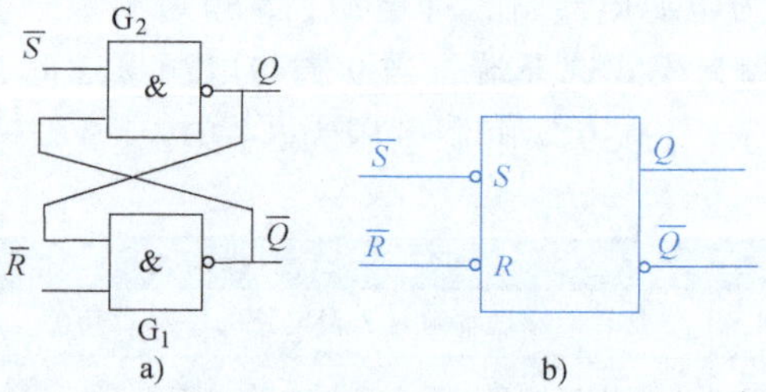

图 5-20　基本 RS 触发器

a）逻辑图　b）逻辑符号

假设触发器的初始状态为 $Q=0$、$\overline{Q}=1$，当输入端 $\overline{R}=\overline{S}=1$ 时，$Q=0$ 反馈至门 G_1 的输入端与 $\overline{R}$ 一同经过门 G_1，其输出 $\overline{Q}$ 必定为 1；而此时门 G_2 的两个输入端均为 1，故其输出 Q 必为 0，此刻触发器置于 0 状态。如果设触发器的初始状态为 $Q=1$、$\overline{Q}=0$，同理可推出当输入端 $\overline{R}=\overline{S}=1$ 时，触发器置于 1 状态，这说明触发器保持原状态不变。

如果依旧假设触发器初始状态为 $Q=0$、$\overline{Q}=1$，输入端 $\overline{R}=1$、$\overline{S}=0$ 时，可以推出触发器置于 1 状态，即触发器状态由 0 态翻转为 1 状态。若输入端 $\overline{R}=0$、$\overline{S}=1$ 时，触发器置于 0 状态，即触发器保持原状态不变。

若假设触发器初始状态为 $Q=1$、$\overline{Q}=0$，输入端 $\overline{R}=1$、$\overline{S}=0$ 时，触发器置于 1 状态，即触发器保持原状态不变。若输入端 $\overline{R}=0$、$\overline{S}=1$ 时，触发器置于 0 状态，即触发器状态由 1 态翻转为 0 态。

如果触发器输入端 $\overline{R}=\overline{S}=0$ 时，可以推出，无论触发器初始状态为何，触发器状态都不能确定。由以上分析可得出结论：

$\overline{R}=\overline{S}=1$　触发器保持原状态；$\overline{R}=1$、$\overline{S}=0$　触发器置于 1 状态；$\overline{R}=0$、$\overline{S}=1$　触发器置于 0 状态；$\overline{R}=\overline{S}=0$　触发器状态不确定。

用来反映触发器输出和输入之间关系的真值表称为特性表，它是一种特殊的真值表，主要体现了触发器的输出现状态 Q^{n+1} 和触发器输出原状态 Q^n 以及两个输入端之间的关系，见表 5-13。

表 5-13　基本 RS 触发器特性表

$\overline{S}$	$\overline{R}$	Q^n	Q^{n+1}	$\overline{S}$	$\overline{R}$	Q^n	Q^{n+1}
0	0	0	不定	1	0	0	0
0	0	1	不定	1	0	1	0
0	1	0	1	1	1	0	0
0	1	1	1	1	1	1	1

2. 同步 RS 触发器

基本 RS 触发器的主要优点是结构简单，且具有状态保持功能。但是由于该触发器是由两个输入端 $\overline{R}$ 和 $\overline{S}$ 直接控制的，这样会使得触发器的状态随着输入信号而随时变化，导致电路的抗干扰能力减弱。为了提高基本 RS 触发器的抗干扰能力，在原始的基本 RS 触发器的基础上进行了改进，使得其状态不仅由输入信号控制，还由一个时钟脉冲（CP）控制，这类触发器称为同步 RS 触发器。图 5-21 是同步 RS 触发器逻辑图和逻辑符号。由图 7-21a 可见，当 $CP=0$ 时，门 G_3、G_4 被封锁，输入信号不影响输出端的状态，故触发器保持原状态不变。

当 $CP=1$ 时，S 和 R 信号通过门 G_3、G_4 反相后加到由 G_1、G_2 构成的基本 RS 触发器上，此时 Q 和 $\overline{Q}$ 的状态跟随输入状态的变化而改变。表 5-14 是同步 RS 触发器的特性表。

同步 RS 触发器由时钟电平控制，只有 $CP=1$ 时触发器才能正常工作，因此抗干扰能力得到了加强。

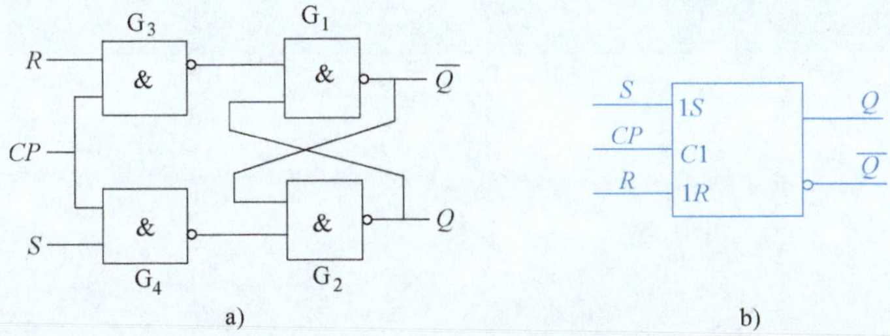

图 5-21　同步 RS 触发器

a）逻辑图　b）逻辑符号

表 5-14　同步 RS 触发器的特性表

CP	*S*	*R*	Q^n	Q^{n+1}
0	×	×	0	0
0	×	×	1	1
1	0	0	0	0
1	0	0	1	1
1	0	1	0	0
1	0	1	1	0
1	1	0	0	1
1	1	0	1	1
1	1	1	0	不定
1	1	1	1	不定

3. 同步 D 触发器

在 *CP* 作用下，根据输入信号 *D* 的不同，凡是具有置 0、置 1 功能的触发器都称为 D 触发器。图 5-22 是同步 D 触发器符号，表 5-15 是同步 D 触发器的特性表。

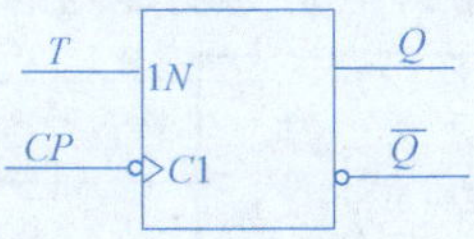

图 5-22　同步 D 触发器

表 5-15　同步 D 触发器特性表

D	Q^n	Q^{n+1}
0	0	0
0	1	0
1	0	1
1	1	1

4. 主从 JK 触发器

主从 JK 触发器由两个同步 RS 触发器组成，一个称为主触发器，另一个称为从触发器。

在 CP 作用下，随着两个输入信号 J、K 取值的不同，分别具有保持、置 1、置 0 和状态翻转功能的电路都称之为主从 JK 触发器。对于主从 JK 触发器来讲，其状态只会在 CP 脉冲下降沿到来时才能变化。主从 JK 触发器符号如图 5-23 所示，其特性表见表 5-16。

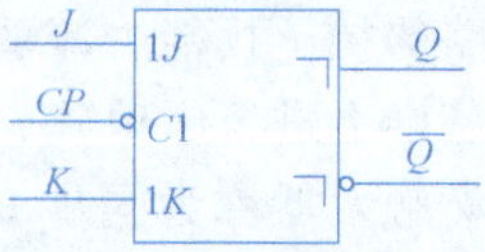

图 5-23 主从 JK 触发器

表 5-16 主从 JK 触发器特性表

CP	J	K	Q^n	Q^{n+1}
↓	0	0	0	0
↓	0	0	1	1
↓	0	1	0	0
↓	0	1	1	0
↓	1	0	0	1
↓	1	0	1	1
↓	1	1	0	1
↓	1	1	1	0

5. T 触发器和 T′触发器

在某些应用场合下，需要一种触发器，其功能为当输入信号 $T=1$ 时，每来一个 CP 信号它的状态就翻转一次；而当 $T=0$ 时，CP 信号到达后它的状态保持不变。具备这种功能的触发器称为 T 触发器。

T 触发器可通过 JK 触发器得到，即当 $J=K=T$ 时，就构成了 T 触发器，其电路符号如图 5-24 所示，其特性表见表 5-17。

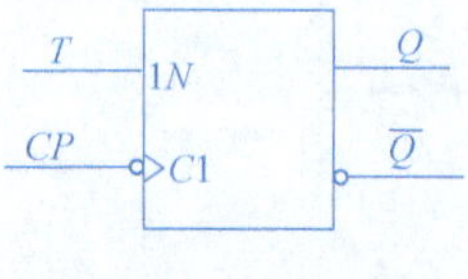

图 5-24 T 触发器

表 5-17 T 触发器特性表

T	Q^n	Q^{n+1}
0	0	0
0	1	1
1	0	1
1	1	0

对于 T 触发器来讲，如果将输入端 T 控制为恒等于 1，则通过表 5-17 可以看出，CP 信号每作用一次，触发器必然翻转成与初始状态相反的状态。对于这种接法的触发器称为 T′触发器。T′触发器实际上是一种特定工作状态下的 T 触发器。

二、常用时序逻辑电路

时序逻辑电路与组合逻辑电路相同，都是数字系统中常用的电路，但是其功能与组合逻辑电路不同。任一时刻的稳定输出不仅取决于该时刻的输入，还与电路原来状态有关，这样的电路称之为时序逻辑电路。一般情况下，时序逻辑电路由组合逻辑电路和存储电路两部分构成，存储电路将组合逻辑电路的输出反馈至输入，其结构框图如图 5-25 所示。

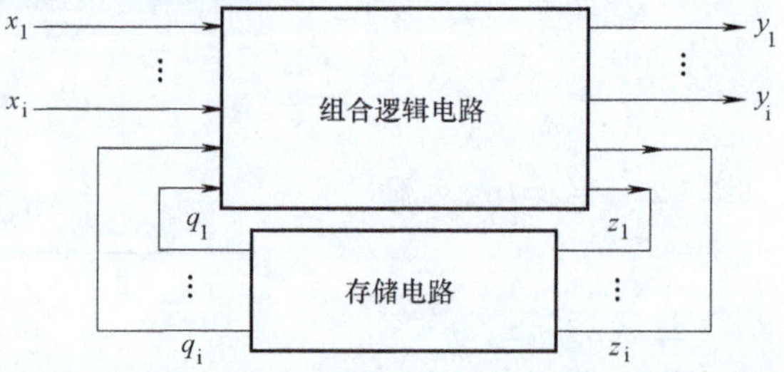

图 5-25 时序逻辑电路框图

常用的时序逻辑电路有寄存器、计数器以及555定时器等。

1. 寄存器

在数字系统中，经常要用到能够存放数据或指令的电路，这种电路称为寄存器。它是计算机和数字电路中的基本逻辑器件。寄存器由触发器和控制电路组成，触发器存储数据或代码，控制电路起存、取控制作用。常用的寄存器有基本寄存器和移位寄存器等。

(1) 基本寄存器　寄存器用来寄存一组二进制代码。因为寄存器由触发器组成，而1个触发器能储存1位二值代码，所以用 N 个触发器组成的寄存器能够储存一组 N 位二值代码。图5-26所示为4位寄存器74LS75的逻辑图。

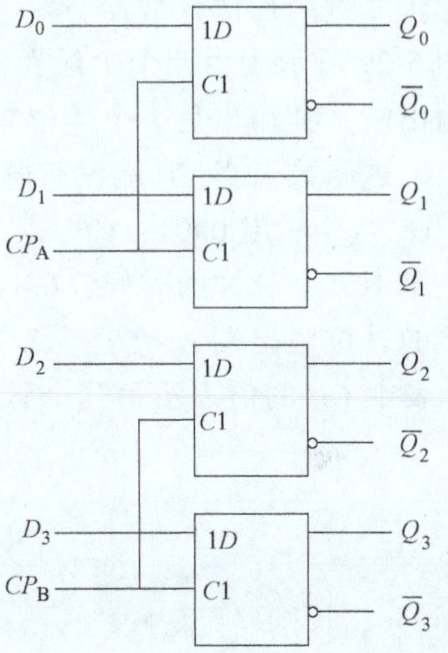

图5-26　4位寄存器74LS75的逻辑图

图5-26是一个由同步RS触发器组成的4位寄存器实例。由同步RS触发器的功能能够推断：当 $CP=1$ 时，Q 的状态跟随 D 端状态而变化，此时送到输入端的数据被存入寄存器；当 $CP=0$ 时，触发器不工作，此时寄存器中的数据将保持不变。

(2) 移位寄存器　移位寄存器不仅具有存储数码的功能，同时还具有移位的功能。所谓移位就是寄存器中存储的数据可以在移位脉冲作用下逐位向左或向右移动。图5-27所示为一个由 CP 边沿触发的D触发器组成的4位移位寄存器的逻辑图。

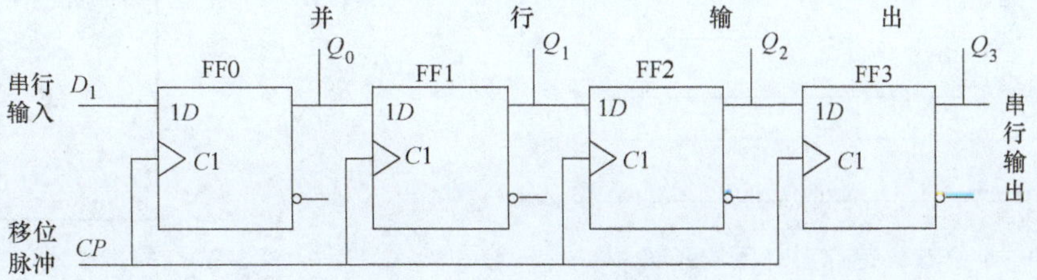

图5-27　4位移位寄存器逻辑图

假设串行输入的数字信号依次是10111011，并且设寄存器的初始状态为00000000态，当移位脉冲 CP 上升沿到来时触发器触发工作，可画出其电压波形图如图5-28所示。

可以看到，当第一个 CP 脉冲上升沿到来时，串行输入的第一位代码1就被移入了寄存器 Q_0 端；当第二个 CP 脉冲上升沿到来时，串行输入的第二位代码0则紧接着输入到了寄存器 Q_0 端，而之前 Q_0 端的代码1则被移入了 Q_1 端；随着第三个和第四个 CP 脉冲的到来，串行输入代码的第三位和第四位的两个1依次又被移入到了 Q_1 和 Q_0 端，而之前已经移入的10则被移入到了 Q_3 和 Q_2 端中。当经过8个 CP 信号后，串行输入的10111011代码就全部移入了移位寄存器中。

2. 计数器

在数字电路中，往往需要对脉冲的个数进行计算，以实现数字测量、运算的控制。用于累计输入脉冲个数的时序逻辑部件称为计数器。它是数字系统中应用最广泛的基本部件之一。它主要用作计数、分频、产生顺序控制信号以及进行数学运算等。

计数器按照各个触发器状态更新情况的不同分为同步计数器和异步计数器；按照计数长度的不同分为二进制、十进制及 N 进制计数器。严格地说，二进制和十进制计数器都是 N 进制计数器的特例。

这里以一个同步二进制加法计数器为例，简单介绍计数器的工作原理。图 5-29 所示为一个同步二进制加法计数器。

图 5-29 所示为由四个 T 触发器构成的计数器的外部引脚图。CP 为计数脉冲，$Q_3 \sim Q_0$ 为计数输出端，其输出是一个 4 位二进制数。每当 CP 端产生一个脉冲信号，$Q_3 \sim Q_0$ 就输出一个 4 位二进制数。当 CP 端没有脉冲输入时，$Q_3 \sim Q_0$ 输出为 0000；而当 CP 端产生第一个脉冲时，$Q_3 \sim Q_0$ 输出 0001；CP 端产生第二个脉冲时，$Q_3 \sim Q_0$ 就输出 0010，依此类推，当 CP 端产生第十五个脉冲的时候，$Q_3 \sim Q_0$ 输出为 1111；此后如果 CP 端再有脉冲产生，就会由计数器的进位输出端 C 产生一个进位信号 1。同步二进制加法计数器的状态转换情况见表 5-18（表中 CP 的值表示第几个脉冲）。

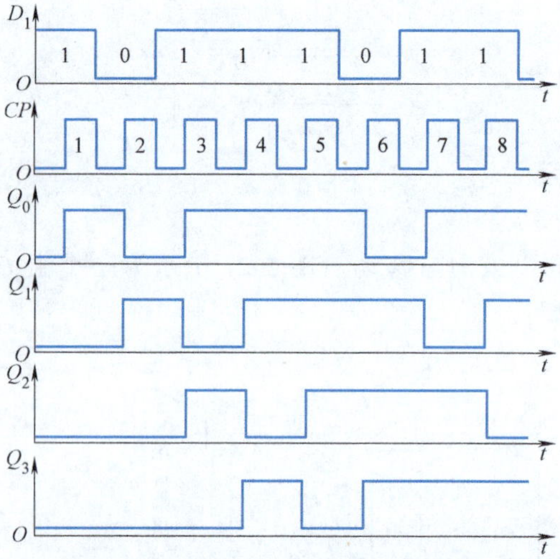

图 5-28　4 位移位寄存器电压波形图

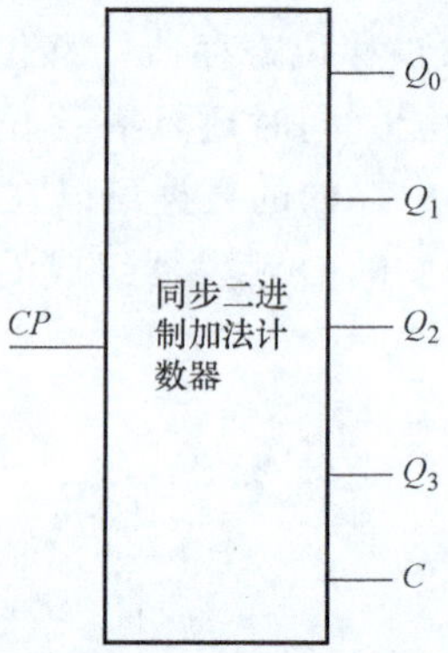

图 5-29　同步二进制加法计数器

表 5-18　同步二进制加法计数器状态转换表

CP	Q_3^n	Q_2^n	Q_1^n	Q_0^n	C
0	0	0	0	0	0
1	0	0	0	1	0
2	0	0	1	0	0
3	0	0	1	1	0
4	0	1	0	0	0
5	0	1	0	1	0
6	0	1	1	0	0
7	0	1	1	1	0
8	1	0	0	0	0
9	1	0	0	1	0
10	1	0	1	0	0
11	1	0	1	1	0

（续）

CP	Q_3^n	Q_2^n	Q_1^n	Q_0^n	C
12	1	1	0	0	0
13	1	1	0	1	0
14	1	1	1	0	0
15	1	1	1	1	1
16	0	0	0	0	0

三、555 定时器

555 定时器是一种模拟电路和数字电路相结合的中规模集成电路。如在其外部配接上几个电阻、电容元件，便能构成单稳态电路、自励多谐振荡电路和施密特触发器等。由于它性能优良、使用灵活，因而在实际工业生产和生活中都有广泛的应用。如汽车中的防盗报警器系统、转向闪光灯控制电路和刮水器间隙控制电路等都采用了 555 定时器作为主要的控制部件。

目前常用的定时器主要有国产的双极型定时器，型号为 5G555；CMOS 集成定时器的典型产品有 CC7555 和 NE555 等，它们的逻辑功能与外部引脚排列完全相同，基本结构也无差别。图 5-30 所示为一个典型 555 定时器的电路结构和引脚排列图。

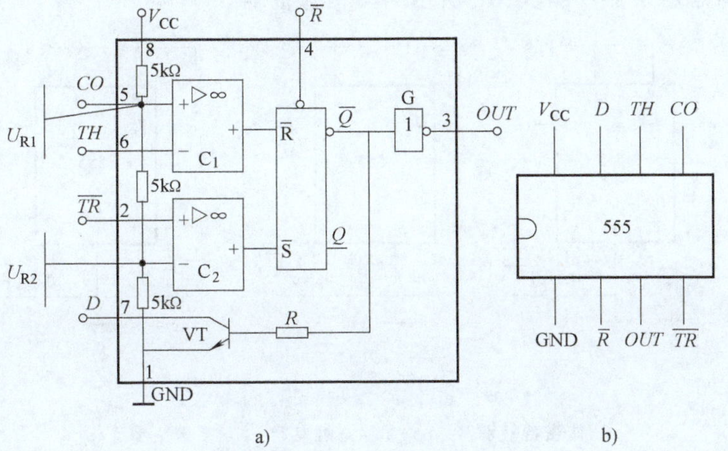

a)　　　　　　b)

图 5-30　555 定时器

由图 5-30a 可知，555 定时器是由两个电压比较器 C_1 和 C_2、基本 RS 触发器和集电极开路的放电晶体管 VT 三部分构成。图 5-30b 所示为该结构 555 定时器的引脚图。其中 GND 为接地端，$\overline{TR}$为低触发端，TH 为高触发端，OUT 为输出端，$\overline{R}$ 为复位端，CO 为电压控制端，D 为放电端，V_{CC}为电源端。

图 5-30a 中，由三个 5kΩ 的电阻作为分压器，使得在控制电压输入端 CO 悬空时，基准电压 $U_{R1}=\frac{2}{3}V_{CC}$，基准电压 $U_{R2}=\frac{1}{3}V_{CC}$。如果 CO 外接固定电压，则 $U_{R1}=U_{CO}$，$U_{R2}=\frac{1}{2}U_{CO}$。由于 $\overline{R}$ 是复位端，所以只有当 $\overline{R}$ 为高电平时，定时器才能正常工作。

555 定时器功能见表 5-19。可见，TH 接至比较器 C_1 的反相输入端，当 $U_{TH}>U_{R1}$时，比

较器 C_1 的输出电压输出低电平，使触发器置0，故 *TH* 称为高触发端（有效时置0）；$\overline{TR}$接至比较器 C_2 的同相输入端，当 $U_{\overline{TR}}<U_{R2}$时，比较器 C_2 的输出电压输出低电平，使触发器置1，故$\overline{TR}$称为低触发端（有效时置1）。

表 5-19 555 定时器功能表

输入			输出	
U_{TH}	$U_{\overline{TR}}$	$\overline{R}$	*OUT*	V
×	×	0	0	导通
$>U_{R1}\left(\frac{2}{3}V_{CC}\right)$	$>U_{R2}\left(\frac{1}{3}V_{CC}\right)$	1	0	导通
$<U_{R1}\left(\frac{2}{3}V_{CC}\right)$	$>U_{R2}\left(\frac{1}{3}V_{CC}\right)$	1	不变	不变
$<U_{R1}\left(\frac{2}{3}V_{CC}\right)$	$<U_{R2}\left(\frac{1}{3}V_{CC}\right)$	1	1	截止

四、555 定时器的应用

555 定时器的基本应用电路有三种，如图 5-31 所示。图 5-31a 所示为施密特触发器、图 5-31b 所示为单稳态触发器、图 5-31c 所示为多谐振荡器。

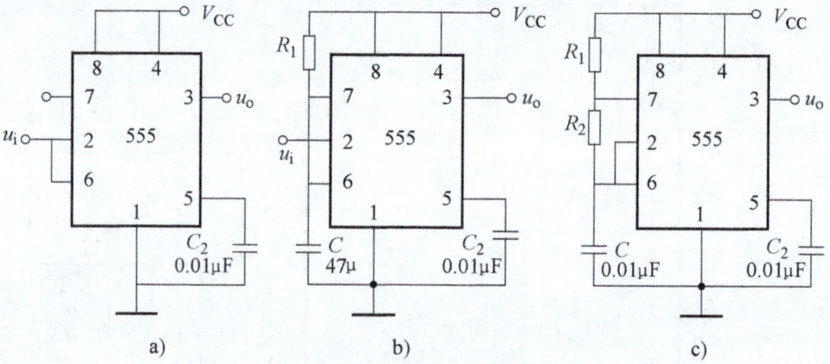

图 5-31 555 定时器的三种应用电路

a）施密特触发器 b）单稳态触发器 c）多谐振荡器

图 5-31a 中，将 555 定时器的 *TH* 端与$\overline{TR}$端连在一起，作为触发信号 u_i 的输入端，并从 *OUT* 端输出信号 u_o。为了提高基准电压 U_{R1} 和 U_{R2} 的稳定性，在控制端 *CO* 对地接一 0.01μF 的滤波电容，此时两个基准电压分别为 $U_{R1}=\frac{2}{3}V_{CC}$ 和 $U_{R2}=\frac{1}{3}V_{CC}$。

设施密特触发器的输入信号 u_i 为三角波，其工作波形如图 5-32 所示。

由波形图可见，输入电压 u_i 从 0 开始增大，只要未达到 $2V_{CC}/3$，电路状态就保持不变；当 u_i 达到 $2V_{CC}/3$ 时，触发器翻转，直至达到 V_{CC} 后 u_i 开始下降。在 u_i 从 V_{CC} 下降到 $V_{CC}/3$ 以前，电路状态依旧不变，直到 u_i 下降到 $V_{CC}/3$ 时，触发器才翻转。

由于施密特触发器具有两个基准电压，并且只有当输入电压达到后一个基准电压时触发器状态才会翻转，所以当输入电压在两个基准电压之间时的干扰就不会影响其状态，故施密特触发器的抗干扰能力较强。在汽车的照明等电路中多采用施密特触发器，在后面的章节将会为大家介绍。

图 5-31b 中，将 555 定时器的$\overline{TR}$端作为触发信号 u_i 的输入端，u_i 下降沿有效。放电晶体管 VT 的集电极通过电阻 R_1 接 V_{CC}，组成一反相器，并通过电容 C 接地。该电路中 R、C 作为定时器件。单稳态触发器输出脉冲的宽度 t_W 为暂稳态持续的时间，即电容 C 的电压由 0V 充到 $2V_{CC}/3$ 所需的时间。当没有触发信号时，电路工作在稳态，即 u_i 为高电平，$u_o=0$，放电晶体管 VT 饱和导通。当有输入触发信号时，其工作波形图如图 5-33 所示。

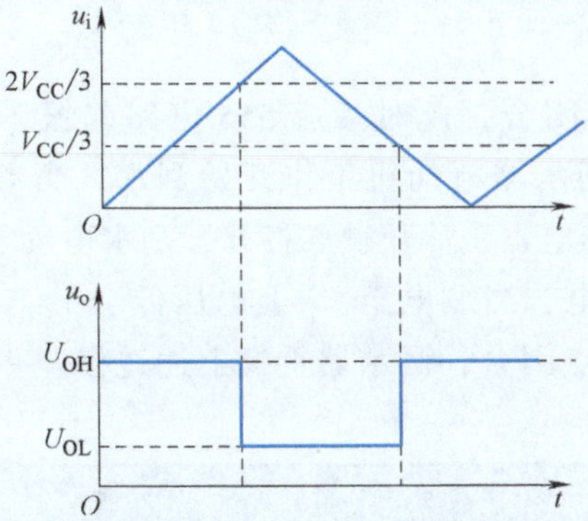

图 5-32　施密特触发器工作波形

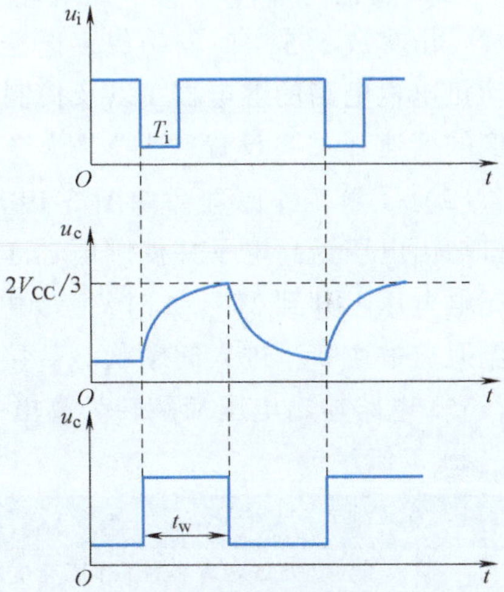

图 5-33　单稳态触发器工作波形

当 u_i 下降沿到来时，电路被触发，$u_o=1$，放电晶体管 VT 截止，此时电容 C 开始充电，在达到 $2V_{CC}/3$ 之前，电路保持暂态不变。

当电容 C 的电压达到 $2V_{CC}/3$ 时，触发器翻转，$u_o=0$，放电晶体管 VT 饱和，暂态结束；电容 C 通过放电晶体管 VT 放电，结束后，电路回到稳态，等待下一次触发脉冲的到来。

单稳态触发器广泛应用于数字电路，可以用于整形、延迟和定时。单稳态触发器有如下特点：

1）电路只有一个稳定状态和一个暂稳状态。

2）在外加触发脉冲信号的作用下，电路能从稳态翻转到暂稳态。

3）暂稳态维持一段时间后又自动返回到稳态。

4）暂稳态维持的时间仅取决于电路本身的参数，与触发脉冲无关。单稳态触发器的暂稳态通常是靠 *RC* 电路的充、放电过程来维持的。

图 5-31c 所示为由 555 定时器构成的多谐振荡器。R_1、R_2、C 是外接元件，2 脚和 6 脚连接起来（u_c）对地接电容 C。多谐振荡器是用来产生矩形波的自激振荡器，由于矩形波包含了基波和较多的谐波成分，因此称为多谐振荡器。另外，这种电路不存在稳定的状态，所以又称为无稳态振荡器。

当接通电源一瞬间，电容 C 来不及充电，此时 $u_c=0$，$u_o=1$，放电晶体管 VT 截止；随着电源的接通，电容 C 开始充电，直到达到 $2V_{CC}/3$ 时，触发器翻转，$u_o=0$，放电晶体管 VT 饱和导通；随后电容 C 开始通过 R_2 放电，u_c 不断下降，直到下降到 $V_{CC}/3$ 时，触发器翻转，$u_o=1$，放电晶体管 VT 截止。依此类推，电容不断充放电，进入循环，图 5-34 所示为多谐振荡器工作波形图。

多谐振荡器在汽车中的应用非常多，如汽车转向灯闪光器电路、汽车刮水器间隙控制电路等。

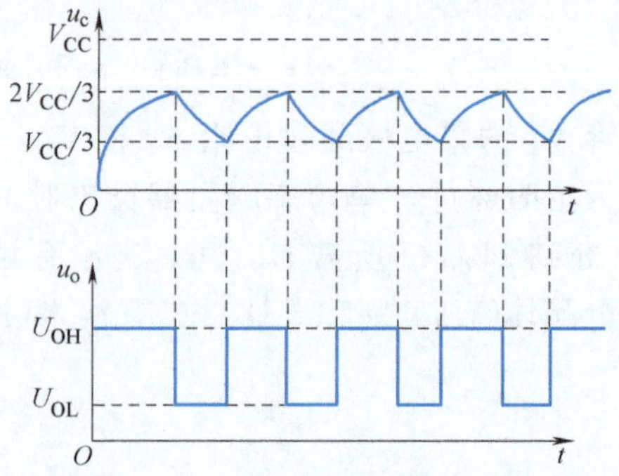

图 5-34 多谐振荡器工作波形

任务实施

1. 工作过程分析

（1）熟悉各部件功能　该电路主要由三个部分构成：由集成555定时器构成多谐振荡器、控制刮水电动机电枢电路的继电器J以及控制刮水电动机旋转速度的变速开关（设置“Ⅱ”“Ⅰ”“0”三档）。

（2）了解工作原理　如图5-19所示，将间歇开关3闭合，此时集成555电路起振，3端口输出电压为高电平并使继电器J常开触点闭合，使刮水器电动机工作开始刮水；当C_1的充电电压上升到$2V_{CC}/3$时，555电路输出电压翻转，继电器J常开触点打开，刮水电动机电流通道被切断，进入间歇状态；接下来电容C_1开始放电，当放电至C_1上电压低于$V_{CC}/3$时，555电路输出电压又翻转为高电平，继电器J常开触点闭合，刮水器重复上述过程。

2. 工作评价

序号	工作目标	自评	互评	师评
1	能够对555定时器的工作原理充分掌握			
2	能够对由555定时器构成的刮水器进行分析			

任务5　集成转向信号灯闪光器的认识与分析

任务描述

该任务完成对集成转向信号灯闪光控制器电路的认识，如图5-35为集成转向信号灯闪光控制器的构成电路。工作过程为当汽车转向时，开关S闭合到左或右端，接通左或右转向闪光控制电路，不转向时，转向开关S居中，则无闪光。

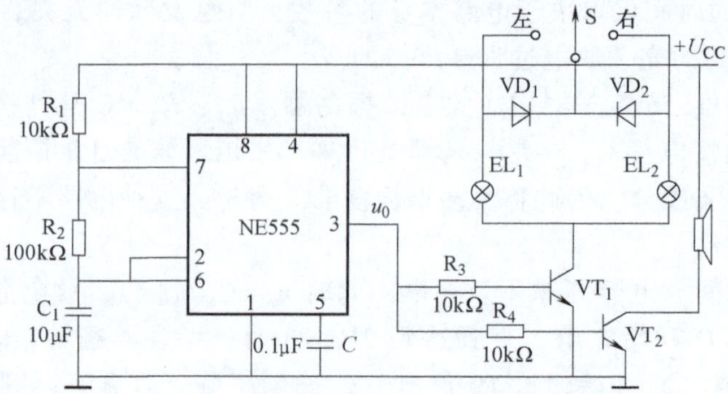

图 5-35 转向信号灯闪光器控制电路

知识准备

一、集成电路

所谓的集成电路其实就是一种微型电子部件。它采用特殊的工艺，把一个电子电路中所需要的晶体管、二极管、电阻、电容和电感等元器件集中在一起，并通过合理的布线相互连接，制作在一小块或几小块半导体晶片或介质基片上，最后封装在一个管壳内，使其具有所需要的电路功能。集成电路中所有元器件在结构上已组成一个整体，这样，整个电路的体积大大缩小，且引出线和焊接点的数目也大为减少，从而使电子元器件向着微小型化、低功耗和高可靠性方面不断进步。

集成电路具有体积小、重量轻、引出线和焊接点少、寿命长、可靠性高及性能好等优点，同时成本低，便于大规模生产。它不仅在民用电子设备如收录机、电视机和计算机等方面得到广泛的应用，同时在军事、通信和工厂等方面也得到广泛的应用。用集成电路来装配电子设备，其装配密度比晶体管可提高几十倍至几千倍，设备的稳定工作时间也可大大提高。它在电路中用字母“IC”（也可用文字符号“N”等）表示。图 5-36 所示为一种集成电路的外观。

图 5-36　集成电路

集成电路按其功能、结构的不同，可以分为模拟集成电路、数字集成电路和数-模混合集成电路三大类。

模拟集成电路又称线性电路，用来产生、放大和处理各种模拟信号（指幅度随时间连续变化的信号），其输入信号和输出信号成比例关系；而数字集成电路用来产生、放大和处理各种数字信号。

集成电路按制作工艺可分为半导体集成电路和膜集成电路。膜集成电路又分为厚膜集成电路和薄膜集成电路。

集成电路按集成度高低的不同可分为小规模集成电路、中规模集成电路、大规模集成电路、超大规模集成电路、特大规模集成电路和巨大规模集成电路。

集成电路按导电类型可分为双极型集成电路和单极型集成电路，它们都是数字集成电路。双极型集成电路的制作工艺复杂，功耗较大，代表集成电路有 TTL、ECL、HTL 等类型。单极型集成电路的制作工艺简单，功耗也较低，易于制成大规模集成电路，代表集成电路有 CMOS、NMOS、PMOS 等类型。

集成电路按应用领域可分为标准通用集成电路和专用集成电路。

早在 20 世纪 50 年代，集成电路就在世界范围内兴起并发展。到了 20 世纪 60 年代，我国也开始投入并研制集成电路的制造。经过了几十年的时间，如今集成电路的研发、制作和应用在我国已经取得了飞速发展和巨大成果，并且逐渐形成了较为完善的集成电路产业链格局，在社会生产和生活中占有举足轻重的作用。

二、集成电路在汽车中的应用

1. 电子仪表集成电路

汽车在行驶过程中的许多参数，如电压、油量、油压和冷却液温度等信息需要随时提供给用户，因此电子仪表的使用就必不可少。

LM3914 集成电路是一种能检测各种参数的模拟信号，并驱动 LED 进行模拟显示的单片集成电路，其采用的 10 级分压器浮动可连接很宽的电压范围，使用者可根据需要使油柱点状显示选线接通或断开。LM3914 的电路原理如图 5-37 所示。

1 脚和 10 到 18 脚为输出端口，驱动 10 个 LED 的发光；3 脚为电源电压，即连接蓄电池；5 脚为信号输入端，其内部连接一个电压跟随器，起隔离作用；9 脚为模式显示端口，当 9 脚与电源接通时，LED 线模式显示，9 脚悬空时，LED 点模式显示。

2. LD7208 汽车转弯报警专用集成电路的典型应用电路图

图 5-38 所示为典型汽车转弯报警集成电路。该电路的主要功能为当正常运行时，车灯完好，车灯与驾驶台的监视灯同时闪光，闪光频率为 80 次/min；一旦车灯损坏，则监视灯的闪光频率加快一倍，以示报警。

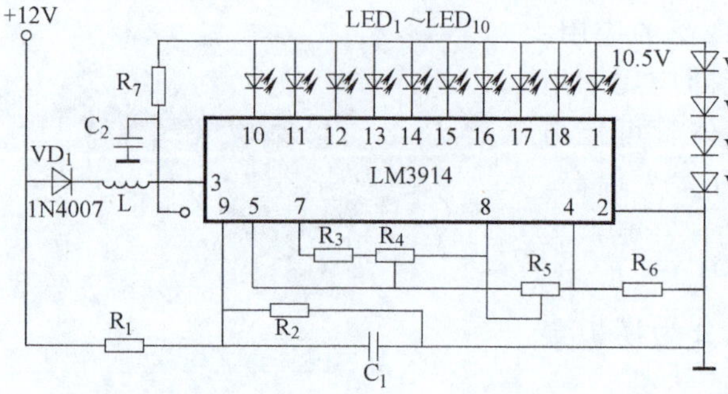

图 5-37 LM3914 电路原理

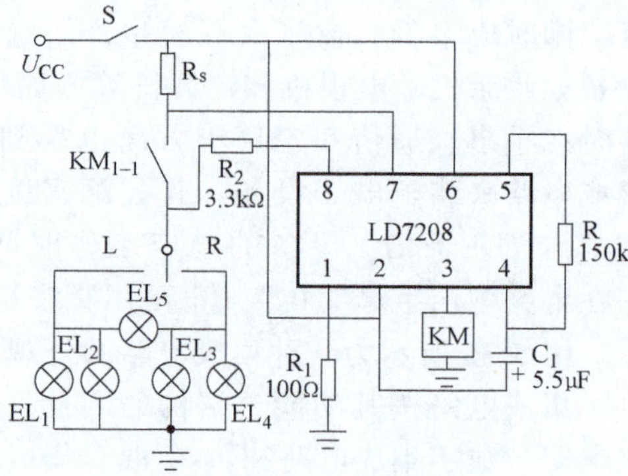

图 5-38 汽车转弯报警集成电路

任务实施

1. 工作过程分析

（1）右转向工作过程分析 如前面图 5-35 转向信号灯闪光器控制电路所示，当汽车右转向时，开关 S 闭合到右端，电源经 R_1、R_2 向电容 C_1 充电。充电开始阶段，2、6 两脚电压较低，小于 $2/3V_{CC}$，3 脚输出高电平，并通过 R_3、R_4 驱动 VT_1 和 VT_2 同时饱和导通，两个晶体管的集电极均为低电平，电源通过转向灯 EL_2 和晶体管 VT_1 搭铁构成回路，转向灯 EL_2 被点亮，扬声器发出轻微的“嘟”、“嘟”声，而 EL_1 因不能构成回路则不亮。当 2、6 两脚的电位升高到大于 $2/3V_{CC}$ 时，555 定时器内部的 RS 触发器发生翻转，使 C_1 通过 R_2 及内部的泄放管放电，放电期间 3 脚输出低电平，使得 VT_1 与 VT_2 同时截止，转向灯 EL_2 熄灭，同时扬声器关闭。当 2、6 两脚电压低于 $1/3V_{CC}$ 时，555 定时器内部的 RS 触发器再次翻转，电源重新通过 R_1、R_2 向电容 C_1 充电，继续上述过程。因此，转向灯会间歇点亮，扬声器发出间歇的“嘟”、“嘟”声，直到开关断开为止。

（2）分小组分析左转向工作工程 自行分析。

2. 工作评价

序号	工作目标	自评	互评	师评
1	是否能够理解时序逻辑电路的特点及作用			
2	能否根据时序电路的知识分析转向灯信号的工作过程			

项 目 小 结

1. 数字信号是一种不连续的信号，常用二进制数“0”“1”表示，反映在电路中就是高电平和低电平。二进制数与十进制数及其他进制数间可以转换。汽车数字电路均采用二进制数。

2. 基本逻辑关系有“与”“或”“非”三种，由此完成一定逻辑关系的电路称为门电路。它们是构成汽车数字电路的基本电路，如汽车数字仪表显示电路就是由门电路构成的组合逻辑电路组成的。

3. 公式法化简逻辑函数中常用的方法有并项法，吸收法，消去法，配项消项法四种；卡诺图法化简逻辑函数时，应先将逻辑函数绘制成卡诺图再进行化简。

4. 汽车时序逻辑电路是由基本触发器构成，它们的特点是有两个稳定输出状态，能够接收、保存、输出信号。

5. 555 定时器是一种数-模混合的集成电路，它是汽车集成电路中应用最多的数字电路，可构成多谐振荡器、单稳态触发器、施密特触发器等。

【思考与练习】

5-1　将下列十进制数转换为二进制数：3；6；7；13。

5-2　什么是组合逻辑电路？它的工作特点是什么？

5-3　写出下面图 5-39 所示组合逻辑电路输出 F 与输入信号 A、B 的关系。

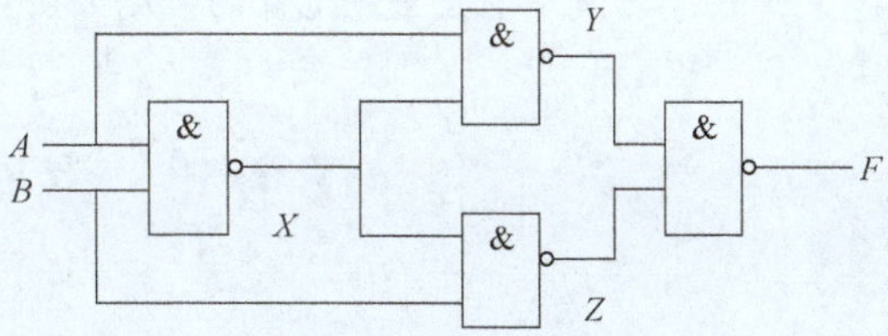

图 5-39　习题 5-3 图

5-4　利用公式法化简该逻辑式：

$$Y=AD+A\overline{D}+AB+\overline{A}C+BD+ACEF+\overline{B}E+DEF$$

5-5　用卡诺图化简下列逻辑表达式：

$$Y_1=A\overline{B}\,\overline{C}\,\overline{D}+\overline{A}B+\overline{A}\,\overline{B}\,\overline{D}+B\overline{C}+BCD+\overline{C}D$$

5-6　试用两个或非门组成 RS 触发器。

5-7　说明时序逻辑电路在功能上和结构上与组合逻辑电路有何不同？

5-8　555 定时器有哪些特点？

5-9　请举出一个 555 定时器在汽车上的应用，并分析其工作过程。

项目六 汽车电子控制技术基础认知

知识目标

- 掌握汽车电控系统基本构造和工作原理。
- 了解汽车单片机应用的特点。
- 了解汽车电子控制系统的发展过程。

技能目标

- 通过学习电控系统的控制原理能够进行汽车电控系统故障诊断。
- 通过学习解码器的使用，能够熟练调取、清除车辆故障码。
- 通过学习汽车电控系统元件的检测方法，理解掌握汽车电控系统一般故障诊断与排除手段。

任务1　汽车传感器的认知

任务描述

现代汽车已经全面实现了控制的电子化和网络化，这使得汽车的动力性、操控性、舒适性等性能指标大幅提升。在这样的控制环境下，汽车的运行参数必须通过各种各样的传感器进行采集、传输并由汽车的ECU处理后将控制信息发送给执行器进行控制。汽车的传感器犹如人体的神经系统一样，感受着压力、温度、速度、位置等信息。由于不同的传感器作用不同，所以它们安装的位置和外观都会有很大的差异，即使是同一作用的传感器，也有可能因为为不同ECU提供信号而安装在不同的位置。本任务是了解汽车发动机有关传感器的基本类型、作用及安装位置。

知识准备

一、汽车电子控制系统简介

20世纪80年代以来，提高汽车性能、节约能源和保护环境主要取决于电子控制技术。

在汽车上，电子控制技术的应用日益广泛，主要用于汽车动力性、安全性、舒适性和娱乐通信的信息控制。随着机电一体化汽车和电子化汽车的诞生，汽车电子学和汽车电子控制技术等方向的新科学、新技术正在蓬勃发展。汽车电子控制技术是伴随着汽车法规（油耗法规，排放法规，安全法规）要求的提高和电子控制技术的发展而逐步发展到当今控制水平的，其发展过程经历了机械控制、电子电路控制、模拟计算机控制和数字计算机控制等几个阶段。通过对汽车电子控制技术的简要学习可以更加方便地理解电子控制与汽车的结合。

现代汽车电控技术的理论基础就是现代控制理论。从早期的经典控制到目前的智能控制，控制理论在汽车电控中得到了广泛的应用。主要有 PID 控制、最优控制、自适应控制、滑模控制、模糊控制、神经网络控制以及预测控制等。现代控制理论的发展使得电控系统更能适应复杂的多变量系统、时变系统和非线性系统，甚至对于数学模型不甚精确的系统也能实施精确有效的控制，而这正是发动机电控得以实现的前提。电控系统主要由传感器、电子控制单元（ECU）、执行器三个部分组成。

1. 电子控制单元（ECU）

电子控制单元（Electronic Control Unit，ECU），又称“汽车电脑”“车载电脑”等。从用途上讲 ECU 是汽车专用微机控制器，也称为“汽车专用单片机”。不同汽车制造公司对 ECU 的叫法也不同。

ECU 是由集成电路组成的用于实现数据分析、处理、发送等一系列功能的控制装置，目前在汽车上广泛应用，并且集成度越来越高。

目前在一些中高级汽车上，不但在发动机上应用 ECU，在其他许多模块都可发现 ECU 的踪影，例如防抱死制动系统、四轮驱动系统、电控自动变速器、主动悬架系统、安全气囊系统、多向可调电控座椅等都配置有各自的 ECU。随着汽车电子化、自动化的提高，ECU 将会日益增多，电路会日益复杂。为了简化电路和降低成本，汽车上多个 ECU 之间的信息传递就要采用通信网络技术将整车的 ECU 形成一个网络系统，也就是 CAN（Controller Area Network）总线技术。

2. 传感器

汽车传感器的工作条件极为恶劣，它们能否精确可靠地工作至关重要。近年来在该领域中，理论研究及材料应用发展较为迅速，例如半导体和金属膜技术、陶瓷烧结技术等。因此，智能化、集成化和数字化将是传感器的未来发展趋势。

现代汽车电子控制系统中，传感器广泛应用在发动机、底盘和车身各个系统中。汽车传感器在这些系统中承担着信息采集和传输功能，它采集的信息经 ECU 进行处理后形成向执行器发出的指令，完成电子控制。传感器在电子控制和自诊断系统中非常重要，它能及时识别外界和系统本身的变化，而 ECU 根据传感器提供的信息控制系统工作。

传感器输出的信号有模拟信号和数字信号两种，其中数字信号直接输入，而模拟信号则要通过 A-D 转换器转换成数字信号后再输入 ECU。ECU 不断地检测各个传感器的信号，一旦检测出某个输入信号不正常，就可将错误的信号存入存储器内，需要时可以通过专用诊断仪或采取人工方法读取故障信息，再根据故障信息内容进行维修。

传感器的精度、频率响应特性、稳定性、耐久性等，对系统的稳定控制起着至关重要的作用。

传感器按照工作时是否需要外界电源的支持可以分为有源式和无源式两种。汽车上使用的大多数传感器都是有源式的，这种传感器需要外加电源才能产生电信号。汽车发动机、底盘和车身系统使用的很多种传感器，例如温度传感器、压力传感器、位置传感器、氧传感器、转速传感器等，ECU利用这些传感器的信号对发动机的汽油喷射、电子点火提前、自动变速器换档、自动空调调节等过程进行集中控制。下面对几种常见的重要车用传感器进行简单介绍。

（1）进气压力传感器　进气压力传感器（图6-1），一般安装在节气门后方（进气管或共振腔附近），其作用是反映进气歧管内的绝对压力大小的变化，是向ECU提供计算喷油持续时间的基准信号。

汽车常用的进气压力传感器为应变电阻式压力传感器。电阻应变片是将被测件上的应变变化转换成为电信号的敏感器件，它是应变电阻式压力传感器的主要组成部分之一。电阻应变片应用最多的是金属电阻应变片和半导体应变片两种。金属电阻应变片又有丝状应变片和金属箔状应变片两种。通常是将应变片通过特殊的粘合剂紧密地粘合在产生力学应变的基体上，当基体受力发生应力变化时，电阻应变片也一起产生形变，使应变片的阻值发生改变，从而使加在电阻上的电压发生变化。这种应变片在受力时产生的阻值变化通常较小，因此一般这种应变片都组成应变电桥，并通过后续的仪表放大器进行放大，再传输给处理电路（通常是A-D转换器和CPU）。

（2）空气流量计　按照空气计量方式的不同，空气流量计可分为翼片式空气流量计、量芯式空气流量计，卡门涡旋式空气流量计、热丝式空气流量计和热膜式空气流量计。常用的热膜式空气流量计，如图6-2所示，其作用是测量发动机吸入的空气量，提供给ECU作为计算喷油持续时间的基准信号。

图6-1　进气压力传感器

图6-2　热膜式空气流量计

（3）节气门位置传感器　节气门位置传感器又称为节气门开度传感器或节气门开关，其作用是测量节气门打开的角度，提供给ECU作为是否断油、控制空燃比和点火提前角修正的基准信号。它实质上是一只可变电阻器和几个触点开关，集成在节气门内部（图6-3）。

（4）曲轴位置传感器　曲轴位置传感器主要有三种类型：磁电感应式、霍尔效应式和光电式。磁电感应式曲轴位置传感器如图6-4所示，通常安装在分电器内或发动机曲轴前端，是控制系统中最重要的传感器之一（某些电控系统缺失曲轴位置传感器信号后无法正常起动发动机）。其作用是检测发动机转速（因此又称为转速传感器）、检测活塞上止点位置（故也称为上止点传感器），包括检测用于控制点火的各缸上止点信号、用于控制顺序喷油的第一缸上止点信号。

（5）氧传感器　氧传感器外观如图6-5所示，其作用是检测尾气中的氧浓度，提供给ECU作为控制空燃比在最佳值（理论值）附近的基准信号。氧传感器一般包括一根用于加热氧化锆元件的热棒，加热棒也受ECU控制，当进气量小（排气温度低）时电流流向加热棒加热传感器，能够精确检测氧气浓度。

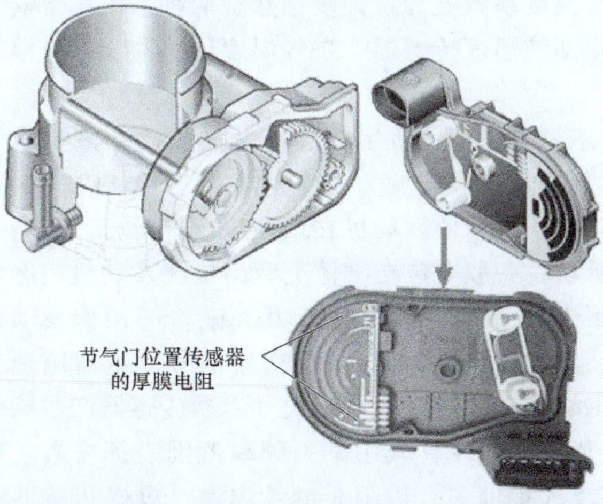

图6-3　集成在电子节气门内部的节气门位置传感器

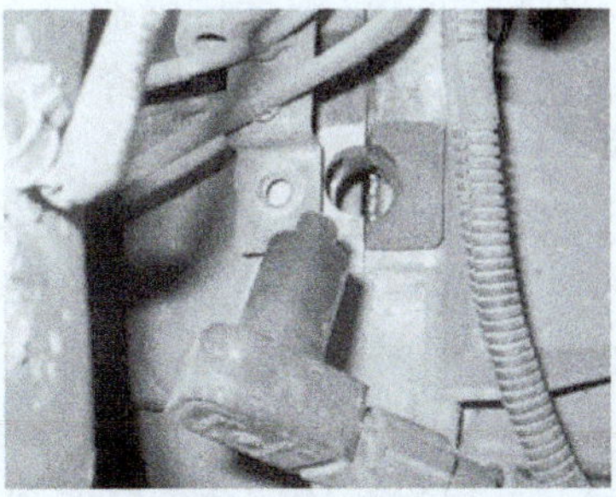

图6-4　磁电感应式曲轴位置传感器

在试管状二氧化锆（ZrO_2）的内外两侧，设置有白金电极，内侧输入氧浓度高的大气，外侧输入氧浓度低的汽车尾气，为了保护白金电极，用陶瓷包覆电极外侧。

采用三元催化器后，必须使用无铅汽油，否则三元催化器和氧传感器会很快失效。另外氧传感器在节气门稳定，配制标准混合气时起到较为重要的作用，而在频繁加浓或变稀混合气工况时，ECU将忽略氧传感器的信息，氧传感器不起作用。

1）氧传感器的根本作用是用来检测尾气中的氧浓度，ECU会通过氧传感器提供的氧浓度信号来判定发动机的燃烧状况或者催化器的工作效率。

2）前氧传感器信号用于闭环控制的输入信号，如果判断燃烧时混合气过稀则进行喷油加浓，过浓则进行喷油减稀，以此来使燃烧更为充分，使燃油经济性及发动机工作状况更好。

3）后氧传感器信号用来判断催化器转化效率，如果催化器严重老化或者失效，则无法对尾气进行有效催化，通过此时的氧浓度可以判断催化器是否工作正常。另外根据催化器后排气中的氧气浓度可以对燃油喷射进行修正，使燃油经济性及尾气排放指标更好。

（6）进气温度传感器　进气温度传感器如图6-6所示，它安装在进气管路中，其功用是检测进气温度，并将温度信号变换为数字信号输送给ECU。进气温度传感器信号是各种控制功能的修正信号。如果进气温度传感器信号中断，就会导致热（冷）起动困难、废气排放量增大。

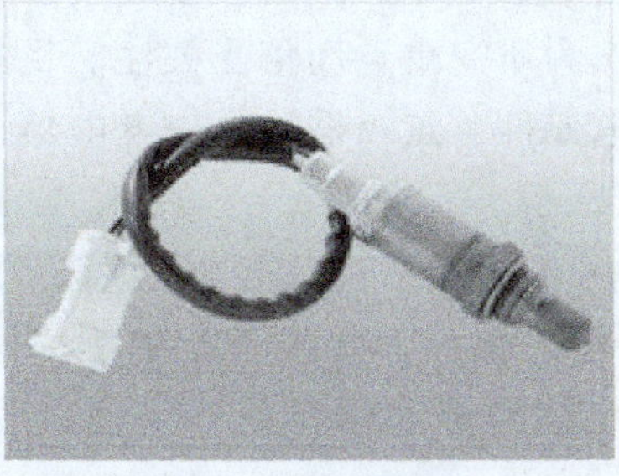

图6-5　氧传感器

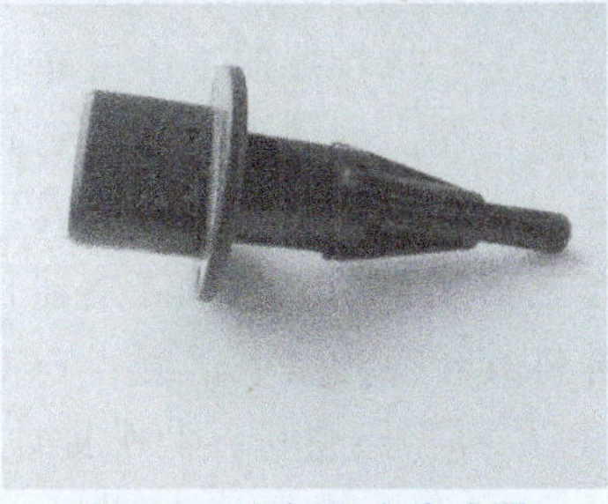

图6-6　进气温度传感器

温度传感器的种类很多，常用的有热敏电阻式、金属热电阻式、绕线电阻式、半导体晶体管式等。热敏电阻可分为正温度系数型热敏电阻、负温度系数型热敏电阻、临界温度型热敏电阻和线性热敏电阻。常用的热敏电阻有负温度系数型和正温度系数型两种。汽车普遍采用负温度系数型热敏电阻式温度传感器，如冷却液温度传感器、进气温度传感器、排气温度传感器、燃油温度传感器等。

（7）冷却液温度传感器　冷却液温度传感器如图6-7所示安装在发动机冷却液出水管上，其功用是检测发动机冷却液的温度，并将温度信号转变为数字信号输送给ECU。ECU根据发动机的温度信号修正喷油时刻和点火时刻，从而使发动机在最佳工况下运行。

（8）爆燃传感器　爆燃传感器如图6-8所示，一般安装在缸体上专门检测发动机的爆燃状况，ECU根据信号调整点火提前角。爆燃传感器由能感知机械压力或振动（例如发动机爆燃时能产生交流电压）的特殊材料构成，是一种压电装置，基于交流信号发生器原理工作，当振动或敲缸发生时，它产生一个小电压峰值，敲缸或振动越大，爆燃传感器产主峰值就越大。爆燃传感器通常可以测量5~15kHz范围的频率，其中某一频率范围表征爆燃或敲缸。当ECU接收到这些频率时，将重新修正点火提前角，以阻止继续爆燃，爆燃传感器通常十分耐用，但传感器也会因本身失效而损坏。

图6-7　冷却液温度传感器

图6-8　爆燃传感器

（9）凸轮轴位置传感器　凸轮轴位置传感器又称为气缸识别传感器，凸轮轴位置传感器的功用是采集配气凸轮轴的位置信号，并输入ECU，以便ECU识别一缸压缩上止点，从而进行顺序喷油控制、点火时刻控制和爆燃控制。此外，凸轮轴位置信号还用于发动机起动时识别出第一次点火时刻。因为凸轮轴位置传感器能够识别哪一个气缸活塞即将到达上止点，所以又称为气缸识别传感器。

3. 执行器

执行器用来精确无误地执行ECU发出的命令信号。因此执行器工作的精确将最终影响电子控制的效果，执行器的工作可靠性和精确性一直作为研究重点而倍受关注。目前，汽车电控系统的执行器类型繁多，有电磁阀、电动机、压电元件、点火器、电磁继电器、热电偶等。执行器正向着智能化的方向发展。

在汽车电子控制系统中，传感器作为输入部分，用于测量物理信号（温度、压力等），并通过处理将其转换为数字信号；ECU接收传感器的输入信号，并按设定的程序进行计算处理，输出命令信号；执行器则根据ECU输出的命令信号驱动执行机构，使之完成目标动作。

任务实施

1. 工作过程分析

1）将桑塔纳2000型轿车停放于水平地面，熄灭发动机，拉紧驻车制动手柄。

2）打开驾驶人车门，释放发动机舱盖锁，打开发动机舱盖。

3）断开蓄电池负极，待发动机温度降低至室温。

4）结合部件实物照片找到其所在位置并完善表6-1。

表6-1　部件安装位置

序号	外观	名称	安装位置
1			
2			
3			
4			
5			

（续）

序号	外观	名称	安装位置
6	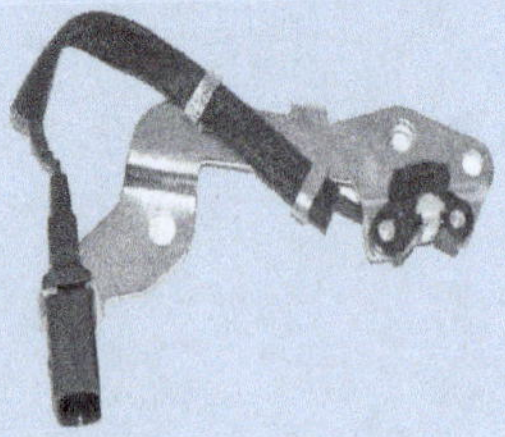		

2. 工作评价

序号	工作目标	自评	互评	师评
1	在对汽车传感器的认知程度			
2	了解各传感器的功用			
3	传感器的安装方式和位置			
4	总结提炼工作任务中出现的问题和经验			

任务2 单片机与电子控制单元的认知

任务描述

目前汽车中绝大部分的新发明都与电子器件的运用直接相关。某些欧洲高档车型（如BMW7系列）中的电子控制单元（ECU）已达80多个。这些ECU依靠网络建立相互通信联系，形成一个庞大复杂的系统。每个ECU中一般至少有一个“大脑”——单片机，这些单片机的性能、功能和可靠性，对ECU能否正常工作是至关重要的。汽车ECU改装，俗称刷“ECU”，也叫电脑芯片改装或电脑改装，可以通过修改软件程序将供油及点火的曲线重新搭配，进行多方面参数的调整，从而达到增加发动机功率的目的。

知识准备

一、单片机

单片微型计算机简称单片机，是典型的嵌入式微控制器（Microcontroller Unit，MCU），它最早是被用在工业控制领域。单片机由芯片内仅有中央处理器（Central Processing Unit，CPU）的专用处理器发展而来。最早的设计理念是通过将大量外围设备和CPU集成在一个芯片中，使计算机系统更小，更容易集成进复杂的而对体积要求严格的控制设备当中。INTEL公司的Z80是最早按照这种思想设计出的处理器，从此以后，单片机和专用处理器的发展便分道扬镳。现代电子设备中所采用的单片机由运算器、控制器、存储器、输入输出设备构成。

早期的单片机都是4位或8位的。其中最成功的是INTEL公司的8031单片机，其因为简单可靠且性能不错获得了广泛的好评。此后在8031单片机系统上发展出了MCS51系列单片机系统。基于这一系统的单片机系统直到现在还在广泛使用。

随着工业控制领域要求的提高，开始出现了16位单片机，但因为性价比不理想并未得到很广泛的应用。20世纪90年代后随着电子消费产品大发展，单片机技术得到了巨大提升。随着INTEL i960系列特别是后来的ARM系列的广泛应用，32位单片机迅速取代16位单片机的地位，并且进入主流市场。传统的8位单片机的性能也得到了飞速提升，处理能力比20世纪80年代提高了数百倍。目前，高端的32位单片机主频已经超过300MHz，性能直追20世纪90年代中期的专用处理器，而普通的型号出厂价格仅1美元，最高端的型号价格也只有10美元。当代单片机系统已经不仅在裸机环境下开发和使用，大量专用的嵌入式操作系统也被广泛地应用在全系列的单片机上。

单片机比专用处理器更适合应用于嵌入式系统，因此得到了广泛的应用。事实上单片机是世界上数量最多的计算机。现代人类生活中所用的几乎每件电子和机械产品中都会集成有单片机。手机、计算器、家用电器、电子玩具、掌上电脑以及鼠标等电脑配件中都配有1~2部单片机。而在汽车上一般配备40多部单片机。

单片机又称单片微控制器，它不是完成某一个逻辑功能的芯片，而是把一个计算机系统集成到一个芯片上，相当于一个微型的计算机。和计算机相比，单片机只缺少了I/O设备。概括地讲：一块芯片就可视为一台计算机。它的体积小、质量轻、价格便宜，为学习、应用和开发提供了便利条件。

单片机是一种在线式实时控制（现场控制）计算机，需要有较强的抗干扰能力和较低的成本，这也是和离线式计算机（比如家用个人计算机）的主要区别。

二、ECU的组成

ECU和普通的单片机一样，由中央处理器（CPU）、存储器（只读存储器ROM、随机存储器RAM）、输入/输出接口（I/O）、模-数转换器（A-D）以及大规模集成电路组成。发动机ECU的功能是根据其内存的程序和数据对各种传感器输入的信息进行运算、处理、判断，然后输出指令，控制执行器完成相应动作。ECU由单片机、输入、输出电路及控制电路等组成，如图6-9所示。

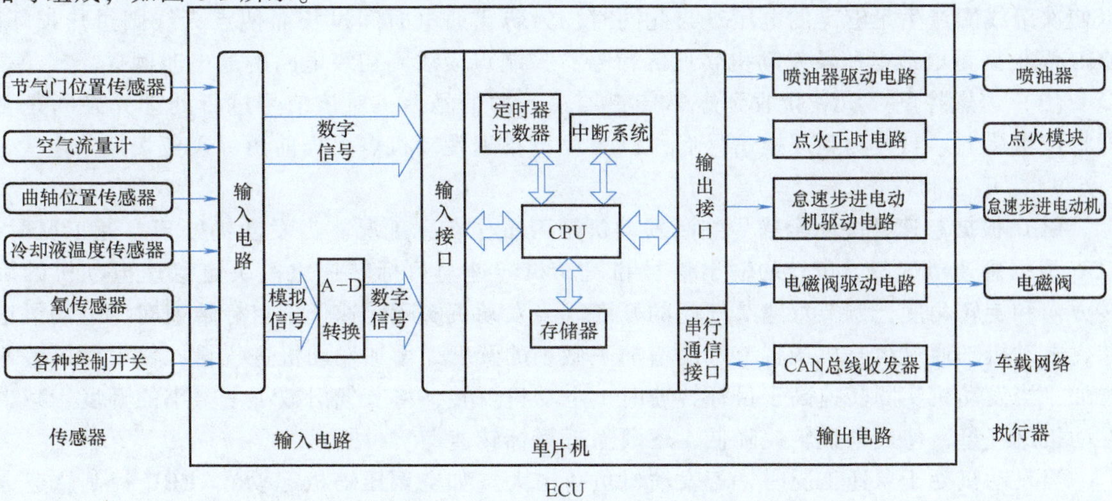

图6-9　汽车ECU的组成示意图

三、ECU 的主要功能

汽车发动机电子控制单元（ECU）是汽车发动机控制系统的核心，它可以根据发动机的不同工况，向发动机提供最佳空燃比的混合气和最佳点火时间的控制，使发动机始终处在最佳工作状态，从而使发动机的性能（动力性、经济性等）达到最佳，其主要功能包括以下几个方面。

1. 电子燃油喷射（EFI）控制

（1）喷油量控制　发动机 ECU 将进气量和发动机负荷作为主要控制信号，以确定喷油脉冲宽度（即基本喷油量），并根据循环冷却液温度、进气温度、进气压力、尾气氧含量等信号修正喷油量，最后确定总喷油量。

（2）喷油正时控制　采用多点顺序燃油喷射系统的发动机，ECU 除了控制喷油量外，还要根据发动机各缸的点火顺序，将喷油时间控制在最佳时刻，以使燃油充分燃烧。

（3）断油控制　减速断油控制：汽车在正常行驶中，驾驶人突然松开加速踏板时，ECU 自动中断燃油喷射，直至发动机转速下降到设定的低转速时再恢复喷油。

超速断油控制：当发动机转速超过安全转速或汽车车速超过设定的最高车速时，ECU 自动中断喷油，直至发动机转速低于安全转速一定值且车速低于设定的最高车速一定值时恢复喷油。

（4）燃油泵控制　当打开点火开关后，ECU 控制燃油泵工作 3s，用于建立必要的油压。若此时发动机不起动，ECU 控制燃油泵停止工作。在发动机起动和运转过程中，ECU 控制燃油泵正常运转。

2. 电子点火提前（ESA）控制

（1）点火提前角控制　发动机运转时，ECU 根据发动机的转速和负荷信号，计算相应工况下的点火提前角，并根据发动机的冷却液温度、进气温度、节气门位置、爆燃信号等修正点火提前角。当气缸活塞运动到最佳的点火提前角的时刻，ECU 控制点火线圈的初级线圈通电和截止，并在次级线圈中感应出高压电使相应气缸的火花塞点火，点燃混合气。

（2）通电时间（闭合角）控制　点火线圈初级电路在断开前需要保证足够大的电流，以使次级线圈产生足够高的电压。与此同时，为防止通电时间过长而使点火线圈过热损坏，ECU 需根据蓄电池电压及发动机转速等信号，控制点火线圈初级电路的通电时间。

（3）爆燃控制　ECU 接收到爆燃传感器输入的信号后，对该信号进行处理并判断是否即将产生爆燃。当检测到爆燃信号后，ECU 立即推迟发动机点火提前角，避免爆燃产生。

3. 怠速控制（ISC）

ECU 根据怠速开关闭合信号判断发动机是否工作在怠工况。当发动机处于怠速工况时，ECU 根据怠速节气门电位计的输出信号和发动机转速与目标转速之差决定怠速电动机的旋转方向和旋转角度，调节怠速节气门的开度。当发动机实际转速低于目标转速时，电动机正转，电动机轴通过齿轮机构将节气门增加一微小的开度，增加发动机进气量，使发动机转速增加；当发动机实际转速高于目标转速时，电动机反转，将节气门减小一微小的开度，减少发动机进气量，使发动机转速降低，逐渐逼近目标转速。

当发动机处于怠速工况时，若发动机负荷增大（如空调压缩机起动），ECU 控制怠速电动机调节怠速节气门开度来提高发动机转速，防止发动机熄火。

4. 排放控制

（1）汽车尾气排放污染控制 在汽车发动机的排气管上安装三元催化转化器可净化排气中的CO、HC、和 NO_x 三种有害气体成分，但三元催化转化器只能在空燃比接近理论值（14.7：1）附近起作用。在排气管上安装氧传感器可检测排气中氧的含量，来获取混合气空燃比的信息。ECU 根据氧传感器输入的信号，对喷油量进行修正，实现空燃比的反馈控制，使混合气的空燃比接近理论空燃比，三元催化转化器能更有效地起净化作用，使有害气体的排放量降到最低。汽车尾气排放欧Ⅳ标准为 HC≤0.46%，CO≤1.5%，NOx≤3.5%，微粒≤0.02%。

（2）废气再循环（EGR）控制 当发动机的废气排放温度达到一定值时，ECU 根据发动机的转速和负荷信号，控制 EGR 阀动作，使一定数量的废气进行循环再燃烧，以降低排气中 NOx 的排放量。

（3）活性炭罐清污电磁阀控制 ECU 根据发动机冷却液温度、转速和负荷等信号，控制活性炭罐清污电磁阀的工作，将活性炭吸附的汽油蒸气吸入进气管，进入发动机燃烧，降低汽油蒸气排放。

5. 自诊断与报警

（1）故障报警 当发动机电子控制系统出现故障时，ECU 点亮仪表盘上的故障指示灯，提醒驾驶人发动机已出现故障，应立即检查修理。

（2）故障记录 当发动机电子控制系统出现故障时，ECU 将故障以代码的形式存储在 ECU 的存储器中，维修人员通过故障诊断插座，使用专用故障诊断仪调出故障信息或通过故障指示灯的闪烁情况确定故障信息。

（3）应急备用功能 若汽车出现了故障就立即关闭电子控制系统，会给驾驶人的行车造成危险，为此发动机控制系统设有应急备用功能，可以协助驾驶人将汽车开到汽车维修站。应急备用功能只有在发动机出现故障时才启用，此时正常运行功能被关闭，ECU 用存储器中预先设定的参数代替传感器检测的信息来控制发动机，使发动机继续运行。如果故障被排除，正常功能立即投入使用，应急备用功能自动关闭。

6. CAN 总线接口

发动机 ECU 预留 CAN 通信接口，以便与车内其他 ECU 通过 CAN 总线方式进行数据通信，形成车内局域网。

任务实施

1. 工作原理分析

ECU 改装完全采用量身定做的方式，需要 ECU 改装工程师针对每台车一对一调校，原则上不会影响原车功能设定上的改变。改装 ECU（写入式）并非通过欺骗传感器或给 ECU 错误信息来提升动力，所以原厂诊断仪检测时也不会出现无法消除的故障码，原车安全防盗系统也不会受到影响，ECU 改装主要改进如下。

1）自然进气的发动机可增加 10%~15%的功率及转矩，低档时转矩的增加明显，因此小排量车型原车一二档换档时发抖的问题也会因此而消失。

2）带涡轮增压的车型可增加 30%以上的功率和转矩。原装带涡轮增压的车型一般设定发动机转速在 1800r/min 左右涡轮才起作用，而改装 ECU 后，涡轮会更早地介入，1500r/min 左右涡轮就介入工作，从而使转矩更早地发挥作用，因此也会使汽车相对原车更加省油。

3）改装后自动变速器车型换档会变得更平顺，动力衔接更顺畅。正常驾驶时相对原车会较早换档从而达到省油的目的。反之急加速时会延迟升档，使提速更加迅猛，从而会使驾驶人享受到更强的推背感和驾驶乐趣。

4）可解决许多原厂无法解决的问题如：怠速过低、易熄火、区段爆燃问题、自动变速器换档振动等问题。

5）发动机转速提升非常明显，有些甚至是改装升级前的2倍以上。

6）目前最简单，最快捷，最有效的改装方式，绝大部分车型无须拆卸任何原车硬件，仅仅通过每台车自带的OBD-Ⅱ车载诊断接口即可读写ECU程序。

ECU改装升级后，用汽车原厂诊断仪对其检测诊断的过程不发生改变，而且所有的程序都经过严格的校检，不会出现尾气排放超标等问题。当燃，ECU改装升级后，对油品的要求更严格，甚至因为动力输出的改变而破坏原车各项性能的和谐关系，从而导致零件损坏或者寿命降低。

2. 需用器材

标致206轿车ECU一块，电烙铁，数据线，笔记本电脑一台，专业拆装工具。

3. 工作过程分析

1）断开汽车蓄电池负极。

2）拆下ECU总成，如图6-10所示。

3）打开ECU外壳，焊接数据线，如图6-11所示。

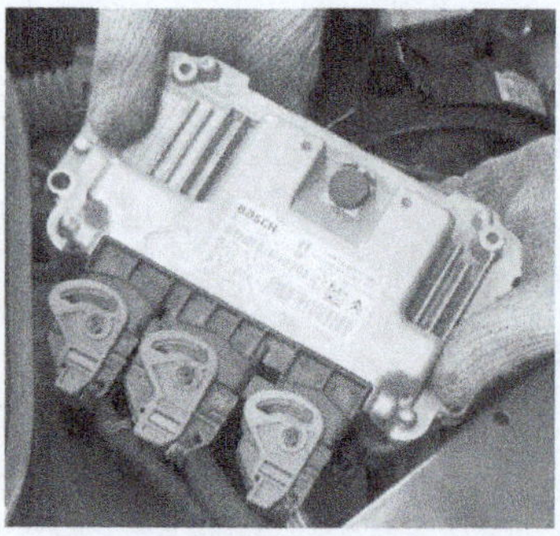

图6-10　ECU总成

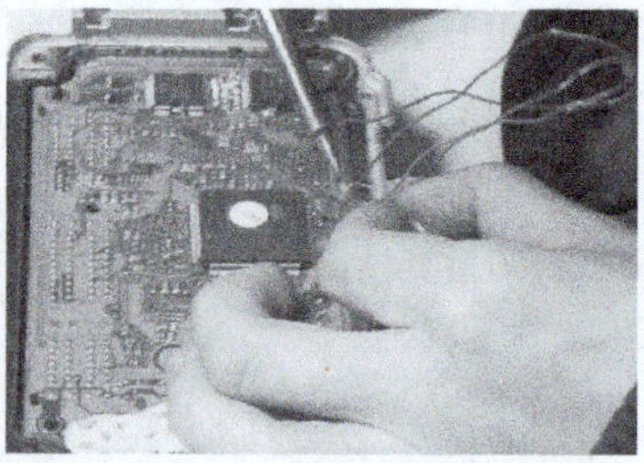

图6-11　焊接数据线

4）ECU接通电源线（将ECU接驳到电脑通信端口），如图6-12所示。

5）用专用软件（CHIPTRONIC）读取ECU数据，如图6-13所示。

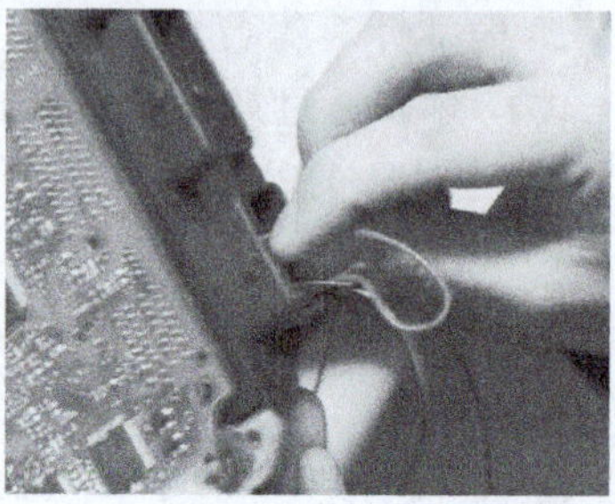

图6-12　ECU接通电源线

图6-13　数据读取过程

6）将读取的数据上传程序供应商，由供应商将修改好的程序发送回来，再将修改好的程序写入 ECU，完成升级，如图 6-14 所示。

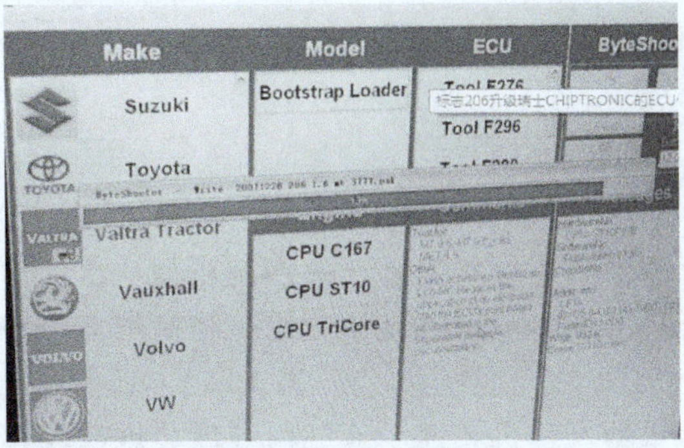

图 6-14　ECU 程序写入

7）将数据线去除，复装 ECU，试车。

4. 工作评价

序号	工作目标	自评	互评	师评
1	掌握 ECU 在汽车上的作用			
2	掌握数据线的焊接方法			
3	了解 ECU 升级后的性能评估标准			
4	熟练总结提炼工作内容中的重点			

任务 3　汽车发动机电控系统故障诊断与排除

任务描述

随着制造工艺和材料质量的提升，汽车发动机的机械故障日趋减少。现代发动机在长时间使用运行后，往往会出现汽车电控系统的元件故障，造成发动机工作不良，仪表台发动机故障灯点亮，给驾驶人带来一定的麻烦和困扰以及行车安全隐患。当发动机出现电子控制系统故障后，在诊断故障的过程中，需借助专用的仪器设备对故障进行确认。本任务主要学习汽车电子控制系统的典型故障诊断与排除。

故障案例

张先生于 2010 年购置天津一汽威志轿车一辆，经过多年驾驶后，近日在车辆使用过程中出现起动困难、怠速不稳、加速无力、油耗增大等故障现象，且仪表台的发动机故障警告灯（图 6-15）点亮。

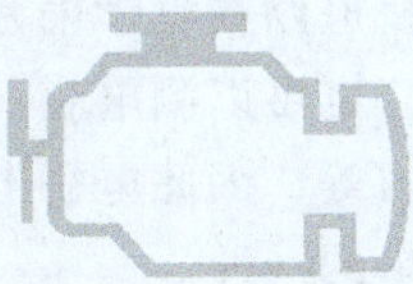

图 6-15　发动机故障警告灯

张先生到当地 4S 店进行故障诊断，维修人员根据张先生反映的故障现象，结合故障诊断仪调取的车辆故障码，确定该车进气压力传感器故障。

本任务根据以上案例结合维修实际操作流程，对进气压力传感器的故障诊断进行练习。

知识准备

一、进气压力传感器

进气歧管绝对压力（Manifold Absolute Pressure，MAP）传感器简称进气压力传感器，是一种间接测量发动机进气流量的传感器。

（1）作用　进气压力传感器与空气流量计的功用相似，将气体压力转换为电信号，并发送给ECU，主要应用于D型燃油喷射系统中，由于控制精度不高，多用于中低端车辆或辅助空气流量计使用。

（2）检测原理　ECU根据发动机转速、节气门开度、进气歧管绝对压力与进入发动机气缸的空气流量的对应关系，计算出进气量，进而换算出基本的燃油喷射量。

（3）安装位置　一般安装在节气门后部的进气歧管上。节气门前部与大气相通，进气压力为大气压；而其后部的压力为变化的负压（低于大气压的气体压力状态）。

（4）类型　常见的类型有：电磁式、压电效应式和电阻式三类。现代汽车中，考虑制造成本和检测精度等因素，多采用压电效应式进气压力传感器。

（5）压电效应式进气压力传感器　该传感器主要由压力转换元件和放大压力转换元件输出信号的混合集成电路构成。

压力转换元件是利用半导体的压电效应制成的硅（膜）片，硅（膜）片的一面是真空区，另一面作用的是进气管压力。

硅（膜）片为正方形，中部经刻蚀工艺形成直径2mm、厚约50μm的薄膜。在膜片薄膜规定位置有四个应变电阻，以惠斯顿电桥方式连接。

进气歧管内的气体压力越高，硅（膜）片的变形量就越大，其变形量与承受的压力成正比，膜片上的应变电阻值的变化也与膜片变形的变化成正比。这就可以利用惠斯顿电桥将硅（膜）片的变形转换成电信号。

因为单纯依靠压力转换元件输出的电信号非常弱，所以需要集成电路配合进行放大后才能输出给ECU使用。

进气压力传感器属于D型电控燃油喷射系统重要的进气量测量元件。随着技术的发展，车用进气量的检测方式决定了发动机电子控制系统的控制精度和先进程度，按照检测精度从低到高划分，它们依次为“进气压力传感器→卡门涡旋式空气流量计→热线式或热膜式空气流量计”。先进中高档轿车普遍采用热线式或热膜式空气流量计进行进气量的检测，进气压力传感器作为辅助修正信号对进气量参数进行修正。

二、惠斯顿电桥

电桥电路在电学中是一种很基本的电路。利用电桥平衡原理构成的电测仪器，不仅可以测电阻，也可以测电容、电感，并可通过这些物理量的测量来间接测量非电学量，例如温度、压力等，因此电桥电路在自动化仪表和自动控制中有着广泛的应用。惠斯顿电桥只是其中最简单的一种。

用惠斯顿电桥测量电阻的原理如图6-16所示。

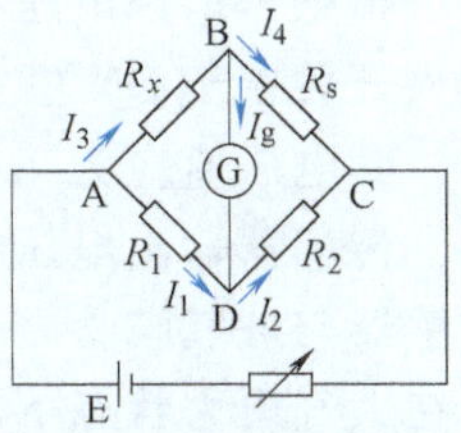

图 6-16　惠斯顿电桥测量电阻原理图

R_1，R_2 是已知标准电阻；R_s 是可变标准电阻；R_x 是被测电阻；B、D 之间接检流计。

接通电路后，检流计一般不是零，说明 B、D 两点电位不相等，通过调节 R_s，使检流计中无电流通过（$I_g=0$），此时电桥达到平衡。

电桥平衡的条件是 B、D 两点电位相等，即

$$I_1R_1=I_3R_x, I_2R_2=I_4R_S \tag{6-1}$$

电桥平衡时 $Ig=0$，可知

$$I_1=I_2, I_3=I_4 \tag{6-2}$$

所以有

$$R_x=\frac{R_1}{R_2}R_s \tag{6-3}$$

令 $M=R_1/R_2$，则式（6-3）可写为

$$R_x=MR_S \tag{6-4}$$

要使电桥平衡，一般固定比率 M，调节 R_s 使电桥达到平衡。检流计在测量过程中起判断桥路有无电流的作用，只要检流计有足够的灵敏度来反映桥路电流的变化即可。由于标准电阻可以制作得比较精密，所以利用电桥的平衡原理测电阻的准确度可以大大提高。

任务实施

1. 工作原理分析

车辆使用过程中出现起动困难、怠速不稳、加速无力、油耗增大等故障现象，且仪表台的发动机故障警告灯点亮，结合故障诊断仪调取的车辆故障码，实施故障诊断与排除任务。

2. 需用器材

1）工具：故障诊断仪，数字万用表，汽车示波器，进气压力真空表，12V/5V 变压器，常用工具 1 套，跨接线若干。

2）设备：天津一汽威志轿车或丰田 8A 发动机台架。

3）材料：进气压力传感器 8~10 只。

3. 工作过程分析

案例分析：张先生威志轿车发动机起动困难、油耗上升、怠速运转不稳或加速不良、发动机运转中进气管回火或排气管冒黑烟等现象。

（1）故障原因分析

1）进气压力传感器内部电路断路或短路。

2）进气压力传感器输出信号不能随进气歧管真空度的变化而变化。

3）进气压力传感器输出信号的电压过大或过小，其值偏离正常范围。

此外，进气压力传感器和 ECU 的连接电路断路或短路、传感器和进气歧管之间的真空软管堵塞或漏气、进气歧管真空孔堵塞等，也会使传感器的输出信号不正常。

（2）电路分析　进气压力传感器电路如图 6-17 所示，V_{CC} 为电源端，E_2 为搭铁端，PIM 为进气压力传感器输出端。

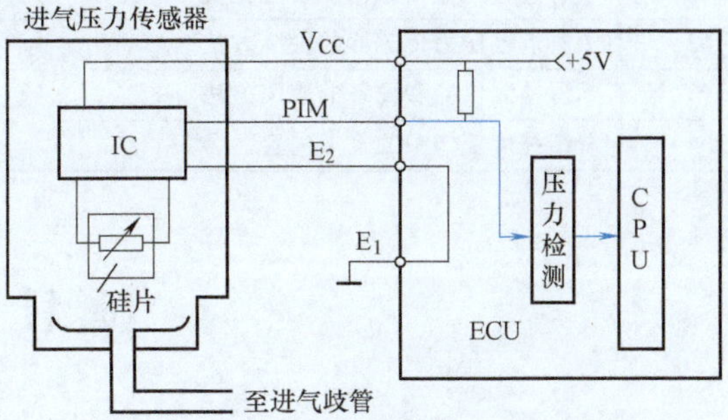

图 6-17　进气压力传感器电路

传感器电源电压检测：点火开关置于OFF位置，拔下进气压力传感器的插接器，然后，点火开关置于ON位置（不起动发动机），用万用表电压档测量插接器中V_{CC}和E_2之间电压，其电压值应为4.5~5.5V。

传感器输出电压检测：将点火开关置于ON位置（不起动发动机），拆下连接进气压力传感器与进气歧管之间的真空软管，在ECU插接器侧用万用表的电压档测量PIM与E_2端子间在大气压力状态下的输出电压。

（3）检测过程

1）关闭点火开关，将故障诊断仪组装好（选择OBD-Ⅱ诊断接口），将诊断仪连接至车辆OBD-Ⅱ诊断座，打开点火开关至ON位置，打开故障诊断仪，按照引导提示选择正确车型和系统，读取该车辆故障码。

2）记录故障码，依次关闭故障诊断仪、点火开关；打开发动机舱盖，查找进气压力传感器位置。

3）拆下进气压力传感器，用跨接线将进气压力传感器和原车线束连接好，并将进气压力真空表介入进气压力传感器进气压力检测口，测试气密性。

4）打开点火开关至万用表连接测试跨接线，分别在参考标准值（表6-2）的不同压力下测量进气压力传感器输出的信号电压（填入表6-3）。

5）将测试电压与标准电压值进行比对，如有较大差异或不符，应关闭点火开关，对进气压力传感器进行更换。

6）更换进气压力传感器后，重新连接故障诊断仪，打开点火开关，按照故障诊断仪的引导提示清除原车故障码。起动发动机试车，若不再出现故障码，则车辆故障消除，本任务操作完毕，对操作现场进行整理清洁。

表6-2　参考标准值

真空度/mmHg	不起动时	100	200	300	400	500
输出电压/V	2.3~2.5	1.9~2.1	1.5~1.7	1.1~1.3	0.7~0.9	0.3~0.5

注：1mmHg≈133.32Pa

表6-3　实际测量值

真空度/mmHg	不起动时	100	200	300	400	500
输出电压/V						

4. 工作评价

序号	工作目标	自评	互评	师评
1	了解进气压力传感器的安装位置			
2	了解进气压力传感器的检测方法			
3	掌握检测仪器和设备的使用方法			
4	总结提炼工作中的重点内容			

项目小结

1. 汽车电控系统主要由传感器、电子控制单元（ECU）和执行器组成。

2. 汽车发动机电控技术包括电控燃油喷射（EFI）系统、电子点火提前（ESA）控制系统、怠速控制（ISC）系统、废气再循环（EGR）电控系统、故障自诊断系统等系统的控制技术。

3. 单片机在现今汽车电子控制系统中已经得到普遍应用，例如汽车仪表、自动空调、自动变速器、发动机 ECU 等诸多元器件都离不开单片机技术。

4. 了解汽车发动机 ECU 的程序更新方法。

【思考与练习】

6-1　汽车电控系统的优点有哪些？

6-2　汽车常用的重要传感器有哪些？其作用分别是什么？

6-3　汽车发动机电子控制系统包括哪些内容？

6-4　汽车 ECU 升级的优势有哪些？

附录

附录 A　部分电气图形符号

附表 A-1　电阻器、电容器、电感器和变压器

图形符号	名称与说明	图形符号	名称与说明
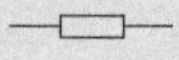	电阻器一般符号		电感器、线圈、绕组或扼流圈。 注:符号中半圆数不得少于 3 个
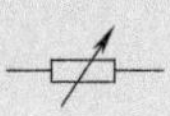	可变电阻器或可调电阻器		带磁心、铁心的电感器
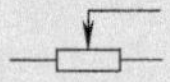	带滑动触点的电阻器	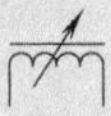	带磁心连续可调的电感器
	极性电容器		双绕组变压器 注:可增加绕组数目
	可变电容器或可调电容器	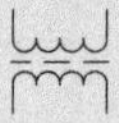	绕组间有屏蔽的双绕组变压器 注:可增加绕组数目
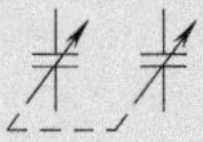	双联可变电容器。 注:可增加同调联数		在一个绕组上有中间抽头的变压器
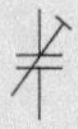	预调电容器		

附表 A-2　半导体管

图形符号	名称与说明	图形符号	名称与说明
	二极管一般符号		N 型沟道结型场效应晶体管
	发光二极管		P 型沟道结型场效应晶体管

（续）

图形符号	名称与说明	图形符号	名称与说明
	光电二极管		PNP 型晶体管
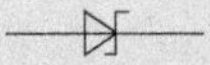	稳压二极管		NPN 型晶体管
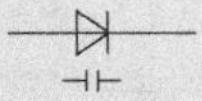	变容二极管	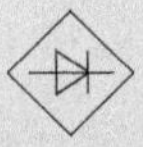	桥式全波整流器

附表 A-3 其他电气图形符号

图形符号	名称与说明	图形符号	名称与说明
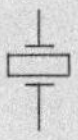	具有两个电极的压电晶体注：电极数目可增加	 或 	接机壳或底板
	熔断器	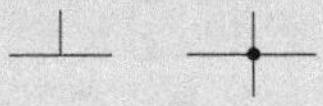	导线的连接
	指示灯及信号灯	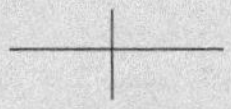	导线的不连接
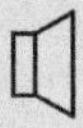	扬声器		动合（常开）触点开关
	蜂鸣器	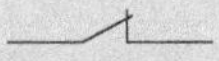	动断（常闭）触点开关
	接地		手动开关

附录 B　部分汽车仪表指示灯

仪表指示灯类型	功能说明
 驻车制动指示灯	驻车制动手柄拉起或驻车制动器作用时，此灯点亮。驻车制动手柄释放或驻车制动器解除时，该指示灯自动熄灭。在部分车型上，制动液不足时此灯点亮
 蓄电池指示灯	显示蓄电池工作状态的指示灯。接通电路后仅由蓄电池供电时，该灯点亮，发电机工作后熄灭，如果接通电路后不亮或发动机起动后不熄灭，应立即检查发电机及充电电路

（续）

仪表指示灯类型	功能说明
 制动盘指示灯	显示制动盘片磨损情况的指示灯。正常情况下此灯熄灭，点亮时提示车主应及时更换故障或磨损过度的制动盘片，修复后熄灭
 机油警告灯 (指示灯)	显示发动机机油(润滑油)压力的指示灯，本灯亮起时表示润滑系统机油压力过高或过低，润滑系统内可能存在堵塞或渗漏，此时应立即停车关闭发动机，及时检查维修
 冷却液温度 警告灯	显示发动机冷却液温度过高的警告灯，此灯点亮报警时，应立即停车并关闭发动机，检查冷却系统，待排除故障后再继续行驶。部分车辆无冷却液温度表，车辆起动后冷却液温度未达正常值时此灯点亮，冷却液温度正常后熄灭
 安全气囊 指示灯	显示安全气囊工作状态的指示灯，接通控制电路后点亮，3～4s自检结束后熄灭，表示系统正常，自检不亮或一直点亮说明系统存在故障需要检修
 ABS指示灯	接通电路后点亮，3～4s自检后熄灭，表示系统正常。不亮或长亮则表示系统故障，此灯点亮后，ABS在制动过程中不工作，但传统制动系统工作正常，仅在制动力过大时车轮产生抱死现象
 发动机自检灯	发动机电子控制系统工作状态的指示灯，接通电路后点亮，3～4s自检后熄灭，则发动机电子控制系统正常。不亮或长亮表示发动机电子控制系统故障，需及时进行检修
 燃油指示灯	提示燃油不足的指示灯，该灯亮起时，表示燃油即将耗尽，一般从该灯亮起到燃油耗尽之前，车辆还能行驶约50km
 车门状态指示灯	显示车门是否完全关闭的指示灯，车门打开或未能关闭时，相应的指示灯亮起，提示车主车门未关好，车门关闭后熄灭
 清洗液指示灯	显示风窗清洗液存量的指示灯，如果清洗液即将耗尽，该灯点亮，提示车主及时添加清洗液。添加清洁液后，指示灯熄灭

（续）

仪表指示灯类型	功能说明
 电子节气门指示灯	本灯多见于大众公司的车型中，车辆开始自检时，EPC 灯会点亮数秒，随后熄灭，出现故障，本灯亮起，应及时进行检修
 前后雾灯指示灯	该指示灯用来显示前后雾灯的工作状况，前后雾灯接通时，两灯点亮，图中左侧的是前雾灯显示，右侧为后雾灯显示
 转向指示灯	转向灯亮时，相应的转向灯按一定频率闪烁。按下双闪警告灯按键时，两灯同时闪烁，转向灯熄灭后，指示灯自动熄灭
 远光指示灯	显示前照灯是否处于远光状态，通常的情况下该指示灯为熄灭状态。在远光灯接通和使用远光灯瞬间点亮功能时亮起
 安全带指示灯	显示安全带状态的指示灯，按照车型不同，灯会亮起数秒进行提示，或者直到系好安全带才熄灭，有的车还会有声音提示
 O/D档指示灯	O/D 档指示灯用来显示自动档的 O/D(Over-Drive) 档即超速档的工作状态，当 O/D 档指示灯闪亮，说明 O/D 档已锁止
 内循环指示灯	该指示灯是用来显示车辆空调系统的工作状态，平时为熄灭状态。当打开内循环按钮，车辆关闭外循环时，该指示灯自动点亮
 示宽指示灯	示宽指示灯用来显示车辆示宽灯的工作状态，平时为熄灭状态，当示宽灯打开时，该指示灯随即点亮
 VSC指示灯	该指示灯用来显示车辆 VSC(电子车身稳定系统)的工作状态，多出现在日系车(丰田)上。当该指示灯点亮时，说明 VSC 已被关闭
 TCS指示灯	该指示灯用来显示车辆 TCS(牵引力控制系统)的工作状态，多出现在日系车上。当该指示灯点亮时，说明 TCS 已被关闭

参考文献

[1] 席时达. 电工技术 [M]. 3版. 北京：高等教育出版社，2010.
[2] 劳振花. 电工技术 [M]. 北京：机械工业出版社，2008.
[3] 赵景波. 电工电子技术 [M]. 北京：人民邮电出版社，2008.
[4] 刘皓宇. 汽车电工电子技术 [M]. 北京：高等教育出版社，2007.
[5] 王宝根. 汽车电工电子技术应用 [M]. 上海：复旦大学出版社，2007.
[6] 姚道如. 汽车电工与电子技术 [M]. 武汉：武汉理工大学出版社，2009.
[7] 吕爱华. 汽车电工电子技术 [M]. 2版. 北京：电子工业出版社，2008.
[8] 刘晓岩. 汽车电工电子技术 [M]. 北京：化学工业出版社，2008.
[9] 何金戈. 汽车传感器原理与检修 [M]. 北京：化学工业出版社，2009.
[10] 王新. 汽车电工电子技术 [M]. 济南：山东科学技术出版社，2008.
[11] 林妙山. 汽车电气设备结构与检修 [M]. 北京：化学工业出版社，2009.
[12] 吴涛. 汽车电气设备与维修 [M]. 西安：西安电子科技大学出版社，2006.
[13] 林平勇. 电工电子技术 [M]. 北京：高等教育出版社，2008.
[14] 熊幸明. 电工电子实训教程 [M]. 北京：清华大学出版社，2007.
[15] 舒华. 汽车电子控制技术 [M]. 3版. 北京：人民交通出版社，2012.
[16] 曹才开. 电工电子技术实验 [M]. 北京：清华大学出版社，2007.
[17] 阎石. 数字电子技术基础 [M]. 5版. 北京：高等教育出版社，2016.
[18] 余春晖. 汽车电器与辅助电子系统 [M]. 北京：清华大学出版社，2015.
[19] 赵京. 电工电子技术实训教程 [M]. 北京：电子工业出版社，2015.
[20] 刘冰. 汽车电工电子技术基础 [M]. 北京：人民邮电出版社，2010.
[21] 郑安文. 汽车安全 [M]. 北京：北京大学出版社，2014.